# EMPFEHLUNGEN

"Du schreibst so wundervoll; ich fühle jedes Wort. Ein weiteres exzellentes Werk von dir, liebe Freundin. Ich kann deinen Hunger spüren, deinen durchdringenden Durst, und er erfüllt mich."
—Deborah Rachel „Deb" Filler. International gefeierte Autorin, Schauspielerin, Musikerin und Komikerin. Mit ihrer Eine-Frau-Show „Punch Me in the Stomach" ist sie auf der ganzen Welt aufgetreten.

"*Das Cello singt noch immer* ist eine Geschichte, die sowohl das andauernde Trauma der zweiten Generation von Holocaust-Überlebenden als auch die heilende Kraft der Musik einfängt. Es ist eine mitreißende, generationsübergreifende Erzählung, welche aufdeckt und beleuchtet."
—Lawrence Sutin. Emeritierter Professor für Kreatives Schreiben und die freien Künste an der Hamline University in Saint Paul, Minnesota und Professor von Fernstudiumskursen am Vermont College.

"[Leonard Bernstein] stand den Überbleibseln des Unaussprechlichen gegenüber, als er im Frühling des Jahres 1948, im Alter von 29 und auf dem Weg zu weltweitem Ruhm, ein

Ensemble in der deutschen Stadt Landsberg dirigierte. Janets Vater Gyuri (George) spielte das Cello... in dem von Bernstein geführten Orchester... Die Nachwirkungen jener emotionalen Schaffung markieren den Rahmen für die bemerkenswerte Geschichte, welche die Cellistin Janet Horvath in diesem eindrucksvollen Buch erzählt."

—Martin Goldsmith. NPR Radiosprecher für klassische Musik und Autor von *Die unauslöschliche Symphonie: Musik und Liebe im Schatten des Dritten Reiches—eine deutsch-jüdische Geschichte.*

"*Das Cello singt noch immer* ist eine fesselnde Schilderung von Janet Horvaths persönlichem Streben, die Geschichte und das Trauma ihrer Eltern aus der Zeit der Besetzung Ungarns durch die Nazis zu enthüllen. In dieser wundervoll geschriebenen Erzählung verwebt Horvath das gegenwärtige Leben und die Suche nach der Wahrheit mit der Fülle ihrer Familiengeschichte und den schrecklichen Ereignissen des Zweiten Weltkriegs. Sie bringt die heilende Kraft der Musik zum Vorschein und beleuchtet wie sie der Strang war, der mehrere Generationen verband. Diese Memoiren haben mein Herz geöffnet. Das Schicksal dieser Familie rührte mich zu Tränen und ihr Mut erfüllt mich mit Ehrfurcht."

—Ilana (Nancy) Rowe. Professor für Transpersonale Psychologie an der Universität Sofia.

"Janet Horvaths *Das Cello singt noch immer* besteht zum Teil aus Memoiren und zum Teil aus Biografie, eine inspirierende Darstellung davon, wie sie die Geschichte von ihrem Vater und sechzehn weiteren Holocaust-Überlebenden aufdeckt, die kurz nach ihrer Befreiung zusammen ein Orchester gründeten. Horvath folgt den Spuren ihres Vaters und fordert zurück, was ihrer Familie zusteht—ein Vermächtnis von Musik, Verlust und schlussendlicher Erfüllung. Den Lesenden wird es den Atem verschlagen."

—James A. Grymes. Autor von *Violins of Hope: Violins of the Holocaust—Instruments of Hope and Liberation in Mankind's Darkest Hour* und Gewinner des National Jewish Book Award.

"Janets Buch ist eine wundervolle Erinnerung an ihren Vater und ein Beweis für die beständige Macht der Musik und ihre Fähigkeit, Menschen zu vereinen. Ihre Sicht auf die Musik, aus dem Inneren heraus, gibt den Lesenden ein Gefühl dafür, wie es ist, eine professionelle Musikerin zu sein."
—Maestro Marin Alsop. Hauptdirigentin des ORF Radio-Symphonieorchesters Wien.

"In einer Welt, in der Antisemitismus wieder ansteigt, offenbart sich Horvaths Buch—gleichsam verstörend und inspirierend—als ein bedeutendes Leseerlebnis. Ein lyrischer und detaillierter Tribut an die Kraft der Musik und der Familie."
—*Kirkus Reviews*, starred review.

"Janet Horvath erzählt die ergreifende Geschichte [ihrer Eltern] mit Ehrlichkeit und Humor in einem einnehmenden Stil, als würde sie mit einem Freund sprechen."
—Musikmagazin THE STRAD.

"Frau Horvaths Fähigkeit zur uneingeschränkten Selbstreflexion, kombiniert mit ihrem eloquenten Schreibstil und ihrer Art komplexe Ereignisse verständlich zusammenzufassen, wird Sie dieses Buch nicht beiseitelegen lassen."
—Jewish Book World.

"*Das Cello singt noch immer* ist ein Muss für all jene, die Kinder von Überlebenden verstehen wollen. Es ist voller Schmerz, wenn sie vom Mord an tausenden ungarischen Juden zum Ende des Krieges schreibt; es ist heroisch, wenn sie vom neuen Leben ihrer Eltern in Kanada erzählt; es ist liebevoll, wie sie die Geschichten ihres Vaters aus seinem Gedächtnis lockt; es ist aufbauend, wenn sie zu Ehren ihres Vaters und den tausenden von Juden, die nicht überlebt haben, in Landsberg spielt."
—Saint Paul Pioneer Press.

# DAS CELLO SINGT NOCH IMMER

### EINE GENERATIONSÜBERGREIFENDE GESCHICHTE VOM HOLOCAUST UND DER TRANSFORMATIVEN MACHT DER MUSIK

## JANET HORVATH

ap

# INHALT

| | |
|---|---|
| *Vorwort* | xiii |
| Anmerkung der Verfasserin | 1 |
| Prolog | 5 |

## TEIL I

| | |
|---|---|
| 1. Ein Konzert mit Leonard Bernstein im Mai 1948 | 9 |
| 2. Vom Künstler zum Sklaven | 33 |
| 3. Eine Reise in die Vergangenheit | 56 |

## TEIL II

| | |
|---|---|
| 4. Paprika, Predigt und Verfolgung | 71 |
| 5. Das Cello (und der Mann) meiner Träume | 91 |
| 6. Noch einmal alles verlieren | 119 |
| 7. Ein letztes Konzert für Katherine | 138 |
| 8. Eichmann in Budapest, Eine Geschichte von Monstern getarnt als Menschen | 150 |

## TEIL III

| | |
|---|---|
| 9. Gesandter aus einer schrecklichen Zeit | 189 |
| 10. Papas Tod und die unsterbliche Musik | 247 |

## TEIL IV

| | |
|---|---|
| 11. Eine Musikerin, die sich vor Geräuschen fürchtet | 271 |
| 12. Pilgerfahrt | 285 |
| 13. Ein Leben in Isolation | 347 |
| 14. Wenn Geschichte umgeschrieben und geleugnet wird | 360 |
| 15. Die Angst vorm wachsenden Antisemitismus | 372 |

## TEIL V

| | |
|---|---|
| 16. Als ich für mein Volk in Deutschland spielte (Landsberg, 2018) | 385 |
| Nachwort | 419 |
| Ein Genozid-Wörterbuch | 422 |

| | |
|---|---|
| *Danksagung* | 443 |
| *Buchclub-Fragen* | 445 |
| *Anhang* | 447 |
| *Über die Autorin* | 455 |
| *Amsterdam Publishers Holocaust Bibliothek* | 457 |
| *Anmerkungen* | 475 |

ISBN 9789493322578 (eBuch)

ISBN 9789493322561 (Taschenbuch)

Herausgeber: Amsterdam Publishers, Niederlande

info@amsterdampublishers.com

Copyright © Janet Horvath, 2024

Cover design: Denise Tsui

Cover: Janet Horvath, Photo von Ann Marsden

Übersetzung: Nino Raimondo Torricelli

Die englische Originalausgabe erschien 2023 unter dem Titel *The Cello Still Sings. A Generational Story of the Holocaust and the Transformative Power of Music* (Amsterdam Publishers)

Alle Rechte vorbehalten. Ohne vorherige schriftliche Genehmigung des Herausgebers darf kein Teil dieser Veröffentlichung reproduziert, verbreitet oder auf irgendeine Weise elektronisch oder mechanisch weiterverwendet werden, einschließlich Fotokopien, Aufzeichnungen oder andere Informationsspeicher- und Abrufsysteme.

*An meine Familie und all jene,
welche die Last der Vergangenheit mit sich tragen*

# VORWORT

Der unverwüstliche und inspirierende Dirigent, Komponist, Pianist und ungeweihte Rabbiner Leonard Bernstein verkündete in einem seiner fesselnden Bücher: „Musik kann das Nicht-Benennbare benennen und das Unbegreifliche kommunizieren." Dabei hätte er hinzufügen können, dass sie „das Unheilbare heilen" kann.

Lenny, wie die meisten ihn nannten, stand den Überbleibseln des Unaussprechlichen gegenüber, als er im Frühling des Jahres 1948, im Alter von 29 und auf dem Weg zu weltweitem Ruhm, ein Ensemble in der deutschen Stadt Landsberg dirigierte, welches—mit einem kleinen Klacks Ironie—als das Ex-Konzentrationslager-Orchester bekannt war. Die Aufführungen wurden innerhalb eines Vertriebenenlagers veranstaltet, dessen Insassen/Musiker noch immer als staatenlos galten, 3 Jahre nach Ende des Krieges, welcher sie alle zu monatelangen Aufenthalten hinter den höllischen Mauern von Auschwitz, Dachau, Belsen, Theresienstadt, Mauthausen und den vielen anderen Einrichtungen Osteuropas, dessen Namen noch heute schwer auf dem Herzen lasten, verdammt hatte. In einem Brief an die Heimat schilderte Lenny, dass man ihm eine Konzentrationslageruniform als Geschenk überreicht hatte. „Ich wurde von einer Parade Kindern mit Blumen und den höchsten Ehren begrüßt. Ich führte ein

Konzentrationslager-Kammerorchester ... und mein Herz hat geweint..."

Die Nachwirkungen jener emotionalen, musikalischen Schaffung markieren den Rahmen für die bemerkenswerte Geschichte, welche die Cellistin Janet Horvath in diesem eindrucksvollen Buch erzählt. Auch ihr Vater Gyuri spielte Cello in seinem Heimatland Ungarn, bis er in Jugoslawien zur Sklavenarbeit gezwungen wurde. Sein Umherirren in der Nachkriegszeit brachte ihn schlussendlich zum bereits erwähnten Lager für Vertriebene in Landsberg, wo er Teil des Orchesters wurde, welches Bernstein 1948 dirigierte. 70 Jahre später gehörte seine Tochter zu den Musikern, die dem Ex-Konzentrationslager-Orchester mit einem Konzert in Landsberg gedachten, wo sie es war, die Max Bruchs gespenstische Version des *Kol Nidrei* vortrug, das ehrwürdige Gebet, mit dem jedes Jahr der Gottesdienst des Jom Kippur beginnt.

Für Janet Horvath versprach—und erfüllte—diese Vorführung eine tiefemotionale Katharsis, eben jene Art von Läuterung der von Tragödie gezeichneten Seele, die sich Aristoteles vorgestellt hatte, als er den Begriff vor 2.300 Jahren prägte. Für einen Großteil—wenn nicht die Gesamtheit—ihres Lebens als Erwachsene kämpfte sie mit ihrer Identität als Mitglied der Zweiten Generation: ein Kind von Überlebenden des Holocaust. Es ist ein Zustand, den ich bereits auf den ersten Seiten ihrer Geschichte erkennen kann.

Meine Eltern waren Nazi-Deutschland vergleichsweise unbeschadet entkommen. Als Mitglieder einer vollständig jüdischen Organisation für Darstellende Künste, die von Joseph Goebbels verwaltet wurde und einen wichtigen Aspekt seines Reichsministeriums für Volksaufklärung und Propaganda verkörperte, gelang es ihnen bis zu ihrer Flucht im Frühling 1941 zu überleben. Ihre Familien hatten sie jedoch in der Alten Welt zurücklassen müssen, wo sie in Auschwitz, Theresienstadt, Riga und Trawniki ermordet wurden. Somit verblieben meine Eltern George und Rosemary mit der Bürde ihres Verlustes, welcher sie mit Stille, Schuld und gelegentlichen Wutausbrüchen entgegentraten.

Wie bekannt mir doch Janets Erinnerungen an ihren Vater, an sein Bedürfnis nach Pünktlichkeit und seinen obsessiven Drang zur Ordnung, vorkommen! Wie schnell sich ein klar gezeichnetes Bild aus meiner Vergangenheit erhebt, wenn ich von Janets „tiefliegenden, lebenslangen Unwohlsein damit, [s]ich als Jüdin zu offenbaren" lese. An einem Sommermorgen, mein Vater war bereits über 90 Jahre alt und litt unter Demenz, zog ich ein T-Shirt über, welches auf meinem Kleiderberg ganz oben lag, ohne zu bemerken, dass darauf „Pasadena Jewish Book Festival" geschrieben stand. Als ich meinen Vater dann im Altersheim besuchte, waren seine ersten Worte, gesprochen in einem verschwörerischen Flüsterton: „Das hast du nicht wirklich draußen auf der Straße getragen, oder?"

Janets Aussage zu dem Thema beschreibt eine Wahrheit, die jedes Mitglied der Zweiten Generation bestätigen kann: „Als die Verkörperung ihres Überlebens versuchte ich [meine Eltern] vor jedem weiteren Schmerz zu schützen." Eine Freundin von mir, eine weitere Tochter von Überlebenden, erzählte mir einst davon, wie sie als siebenjährige vom Fahrrad gefallen war und sich das Knie aufgeschrammt hatte. Doch statt nachhause zu hinken und nach ihren Eltern zu schreien, schlich sie die Treppen hoch und kümmerte sich im Badezimmer selbst um ihre Wunde: „Selbst im jungen Alter verstand ich, dass ihnen etwas schlimmes passiert war und dass ich sie mit so etwas belanglosem, wie einem blutigen Knie, nicht beunruhigen sollte."

Doch Teil der 2G zu sein—die gängige Abkürzung für die Zweite Generation—beinhaltet auch, sich der Entdeckung unserer religiösen und kulturellen Traditionen hinzugeben, vor dessen gemeinsamer Erkundung sich unsere Eltern häufig fürchteten, so wie es in meinem Haushalt der Fall war. Selbst der bescheidene Granatapfel kann zum gewichtigen Symbol werden, schreibt Janet. Nach jüdischem Glauben trägt ein Granatapfel sechshundertdreizehn Kerne in sich, wovon jeder einzelne ein Gebot repräsentiert, welches man ehren muss, um ein rechtschaffendes Leben zu führen. Janet erklärt: „Das jüdische Volk hat, trotz jahrhundertelanger Verfolgung, die Fruchtbarkeit und

Erneuerung erreicht, welche der Granatapfel verspricht. Aus seiner Saat ist eine Generation entsprungen—meine Generation—welche von Holocaust-Überlebenden aufgezogen wurde, die weiterhin nach gutem und gerechtem Verhalten streben." In meinem eigenen, wirren Versuch, meiner 2G-Identität gerecht zu werden, verfolgte ich ein zwanzigmonatiges Studienprogramm voller Diskussionen und Lehren, welches im Frühling 2008 damit endete, dass ich im Alter von 55 ein Sohn des Gebots—ein Bar Mitzwa Junge—wurde.

Was diese Generation jedoch letzten Endes als unsere wichtigste Aufgabe ausgemacht hat—und was dieses Buch bestärkt—ist, dass wir der immer kleiner werdenden Gemeinschaft jener Leidenden und Überlebenden aus der Ersten Generation Trost spenden, Liebe schenken und Verständnis zeigen. Die Worte des Herzogs von Albany am Ende von Shakespears „König Lear" beschreiben es ausgesprochen passend: „Dem Ältsten war das schwerste Los gegeben, Wir Jüngern werden nie so viel erleben."

—Martin Goldsmith

# ANMERKUNG DER VERFASSERIN

Wir Kinder von Holocaust-Überlebenden haben unsere Leben damit verbracht, dass genetische Trauma unserer Eltern zu verarbeiten. Da wir uns dem unwahrscheinlichen Wunder durchaus bewusst sind, welches das Leben unserer Eltern— und folglich auch das unsere— darstellt, nehmen wir ihre Vergangenheit höchst intensiv und ausgesprochen real wahr, als ob wir selbst dort gewesen wären und jene Schrecken erfahren hätten. Auch wir haben ihre Erfahrungen unser Leben hinweg immer wieder durchgemacht, wenn auch nur in unseren Köpfen.

Ich habe mich dazu entschlossen, die Entr'actes in diesem Buch—gewisse Erinnerungen und Gedanken aus meiner Vergangenheit—im Präsens wiederzugeben, da jene Zeiten für mich auf ewig gegenwärtig sein werden.

Ungarisch ist eine komplexe Sprache. Einige Passagen dieses Buches beinhalten ungarische Worte und deren Übersetzung.

Hängt man die Buchstaben *ka* an das Ende eines Namens, dann fügen sie die Bedeutung „klein" hinzu. Janetka wird so zur kleinen Janet; Robika ist der kleine Robert.

Die Buchstaben *kém* am Ende eines Namens bedeuten „mein/e kleine/r". Janetkém ist dann also meine kleine Janet.

Mein Vater nannte mich außerdem *Mucikám*, ein ungarischer Kosename, welcher mit „mein kleiner Schatz" übersetzt werden kann.

Ungarn ist eine kleine, von Land eingeschlossene Nation, 93.000 Quadratkilometer groß und inmitten Europas gelegen. Es gehörte einst zur Österreichisch-Ungarischen Monarchie und wurde vom Herrschergeschlecht der Habsburger regiert. Jenes mächtige Reich brach nach dem Ersten Weltkrieg zusammen und Ungarns heutige Grenzen wurden etabliert.

Karte von Ungarn. Ungarns Hauptstadt Budapest wird aufgrund seiner reichen Historie, gastronomischen Genüssen und malerischen Aussicht auf die Donau häufig als das „Paris des Ostens" bezeichnet. Shutterstock_144077101 R1.

# PROLOG

## DIE GEISTER UNSERER VORFAHREN IN DEUTSCHLAND (MAI 2018)

Hier liegen keine Körper. Man findet nur Namen. Eingraviert auf trostlosen Steintafeln und vergessenen Säulen. Dort steht ein Zugwagen, der sich von außen abschließen lässt, und eine rostige Plakette: Unbekannter; „Grave of thousands unknown". Ich steige weiter den überwucherten Pfad hoch und frage mich worauf oder über wen ich da wandle. Weit entfernt kann ich eine einsame Gedenkstätte erkennen. Sie ist von Steinen umgeben, dort platziert von einem Sohn in Erinnerung an seinen Vater. Ich fühle mich unwohl, heimgesucht von stechendem Zweifel, und folge meinen eigenen Schritten zurück zur mittelalterlichen Stadt am See—Landsberg am Lech. Farbenfrohe Fassaden umgeben das Kopfsteinpflaster. Im Stadtzentrum verstreute Sonnenschirme—orange, blau und grün—schützen Tische überfüllt mit Wiener Schnitzeln, Marzipankeksen, Apfelstrudel und dunklem Bier. Ich höre Gelächter. Für die Bewohner der Stadt scheinen die jahrzehntealten Denkmäler unsichtbar zu sein.

Man erwartet mich. Ich eile zurück ins Hotel, ziehe mir meine Robe über und mache mich auf den Weg zum Theater, wo ich von einer Frau in eine karge Kabine geführt werde. Graue Wände, grauer Boden, ein Kleiderständer ohne Kleiderbügel. Obwohl es kaum genug Raum für drei Schritte in jede Richtung gibt, beginne ich auf und ab zu gehen. Vielleicht verfliegt das Schwindelgefühl ja noch. Aufregung vor einem Auftritt ist absolut normal, doch dies ist kein normales Konzert. Nach monatelanger Planung bin ich nun kurz davor, eines der heiligsten Werke jüdischer Liturgie zu spielen, *Kol Nidrei*, in Deutschland, genau an dem Ort, wo mein Vater 1948, vor auf den Tag genau 70 Jahren, mit einer Gruppe von Holocaust-Überlebenden auftrat.

Ich sammele meinen Mut, öffne die Tür und blicke unwirtliche Betonstufen hinunter. Ein Schwall heiterer Stimmen steigt mir entgegen. Die Eröffnungsgala hat bereits begonnen und von der Bühne kommend vernehme ich Lachen und Applaus. Der Lärm reißt mich aus meiner Benommenheit. Es ist Zeit sich aufzuwärmen. Ich fühle die Saiten, lasse meine Hände langsam von Note zu Note gleiten und spüre die Vertrautheit in meine Fingerkuppen kehren, spüre, wie die Haut weicher wird und das Metall auf das Griffbrett aus Ebenholz trifft, die sanfte Krümmung und Kraft in jedem Finger. Ein wundervoller Klang ertönt. Ich versuche mich darauf zu Kontentrieren, den richtigen Ton für den Abend zu finden. Vielleicht ist mein Vertrauen in die Musik in der Lage den Nebel der Unsicherheit aufzulösen. Doch ich kann nicht aufhören, an meinen Vater zu denken und mich an die Tatsache zu erinnern, dass er seine Leidensgeschichte für einen Großteil meines Lebens unterdrückt hat. Wie sehr ich mich doch geirrt hatte. Die Emotionalität, Paranoia und feinfühlige Schönheit seiner Musik waren keine Zeichen der Schwäche, sondern ein Beweis für seine Widerstandsfähigkeit.

Wie in einer Art Trance spanne ich meinen Bogen und beschwöre seine Aufführung durch das Spielen des Anfangsmotivs —D' D-D-C#' C#-C#-A'. Dunkle Klänge erfüllen jede Pore meines Körpers, das Klagen einer verirrten Seele. Ich werde von einem Klopfen an der Tür unterbrochen—es ist so weit. Mit dem Cello fest in meiner Hand stehe ich auf und manövriere vorsichtig die engen, schwach beleuchteten Treppen hinab. Am saphirfarbenen Samtvorhang vorbei trete ich auf die Bühne... und die Geister unserer Vorfahren stehen mir zur Seite.

# TEIL I

## UNERWARTETE ENTHÜLLUNGEN
## GEORGES (GYURIS) GESCHICHTE

Die Musik drückt das aus, was nicht gesagt werden kann und worüber zu schweigen unmöglich ist.

—Victor Hugo (1802-1885)

# 1

# EIN KONZERT MIT LEONARD BERNSTEIN IM MAI 1948

Er hatte an dem Morgen bereits drei Mal angerufen. „Janetkém. Wann du kommst her?" Mit meinen Händen an das Lenkrad gekrallt, fuhr ich im Slalom die schwarzen, gefrorenen Straßen auf dem Weg zum Hochhaus meines Vaters entlang. Der dichte Verkehr und der prekäre Asphalt erschwerten mir das Vorankommen. Ich entschied mich einen Umweg zu nehmen, schneebedeckt, aber trotzdem einfacher zu navigieren. Meine Schultern bis zu den Ohren hochgezogen, schlitterte ich auf einen Parkplatz und wappnete mich für den kalten Weg zur Haustür. Mein aufgeregter Puls überraschte mich nicht. Der düstere Himmel drohte mit mehr Eisregen und ich war kurz davor mich zu verspäten.

Ich fuhr hoch bis zum 13. Stock. Die Aufzugtüren öffneten sich und dahinter wartete bereits mein Vater, glattrasiert und in seinen Kamelhaarmantel und flotten, schwarzen Chapeau gekleidet. Darunter trug er, wie es für ihn bei jeglichem Ausgang üblich war, einen Anzug—den grauen mit den Nadelstreifen—und ein maßgeschneidertes Hemd mit einer passenden, mehrfarbigen Seidenkrawatte sowie Lederschuhen.

Seine widerspenstigen, angegrauten Augenbrauen wanderten

seine Stirn hinauf und mit einem Funkeln in seinen Augen fragte er mich: „Janetkém, wo warst du so lange?"

Wir umarmten uns und nahmen zusammen den Aufzug.

Im Alter von 87 Jahren war mein Vater noch immer scharf von Verstand, kritisch und aufmerksam; er hatte nichts von seiner altmodischen, europäischen Eleganz und hohem Anspruch zur Etikette verloren; sein Geschmack in Sachen Mode, Kunst und Küche waren kompromisslos unverändert; und sein starker ungarischer Akzent verblieb so ausgeprägt wie eh und je. Der kleinste Affront konnte ihn noch immer zur Weißglut treiben.

Er stützte sich wacklig auf seinen Gehwagen. Wann war seine Haltung so gebeugt geworden, seine Form so fragil? Allzu oft vergaß er seine eigene Unsicherheit, was den ein oder anderen Sturz zur Folge hatte.

Eisiger Wind begrüßte uns, als wir aus dem Gebäude traten, und ich war dankbar, dass nicht ich es gewesen war, die diesen Ort für meine Eltern ausgesucht hatte, da mir dies wohl auf ewig vorgehalten worden wäre. Mein Vater liebte alles, was schön war. Er hatte die Eigentumswohnung wegen ihrer ästhetischen, goldenen Ausstattung im Badezimmer und den modernen Marmorböden auserkoren. Die Lobby des mehrstöckigen Hauses auf der Yonge Street, der Hauptstraße vom Süden in den Norden Torontos, strahlte—mit seinen Ledermöbeln, deckenhohen Spiegeln und üppigen Pflanzen—Vornehmheit aus und das Gebäude selbst war eine eindrucksvolle Skulptur, welche auf die geschäftige Straße hinabblickte. Doch der steile Anstieg zwischen dem Parkplatz und dem Eingang ist selbst für junge Menschen nicht angenhem. In der ersten Woche, nachdem meine Eltern dort eingezogen waren, war mein Vater gestürzt und hatte sich die Nase gebrochen. Abergläubisch wie er war, hatte er entschieden, dass der Ort verflucht sein musste.

Wir lehnten uns gegen den Wind und ich hielt ihn fest umschlossen. So kämpften wir uns zum Auto hinüber, wo ich ihn daran erinnerte zuerst seinen Hintern zu platzieren und sich zu ducken, um sich nicht den Kopf zu stoßen. Ich bückte mich und hob seine Beine in den Wagen. Erfolgreich. Keine blauen Flecke oder Brüche. Nach dem ich den Gehwagen in den Kofferraum gehievt hatte, setze ich mich auf den Fahrersitz und seufzte laut in Erwartung der ermüdenden Fahrt zu einem weiteren Arztbesuch, diesmal zum Neurologen, wegen seiner Parkinsonsymptome.

„Fahr vorsichtig, Janetkém."

Ich fühlte mich unbehaglich, also konzentrierte ich mich auf seine raue Stimme, auf das Trommeln seiner Finger auf der Mittelkonsole. Die Finger eines Cellospielers müssen geschmeidig bleiben. Er war immerzu am üben, selbst ohne das Instrument, selbst auf einer Armlehne, selbst jetzt, wo er nicht mehr spielte. Eine lebenslange Angewohnheit, die dem Zittern seiner Gliedmaßen zumindest für den Moment Einhalt gebot.

Ich suchte nach harmlosen Gesprächsthemen und landete bei der Musik. Darüber konnte er sich immer unterhalten. Mein Orchester bereitete sich auf ein Festspiel zu Ehren von Leonard Bernstein vor—dem legendären Maestro, Lehrer und Pianisten, Bad Boy und Superstar—das Genie, welches „West Side Story" komponiert und für fast ein halbes Jahrhundert die New Yorker Philharmoniker dirigiert hatte.

Trotz mehr als 3 Jahrzehnten des Cello Spielens, habe ich Bernstein nie kennengelernt. Doch mein Vater, früher selbst ein begnadeter Cellist, hatte, zuerst als Mitglied der Budapester Symphoniker und später im Symphonieorchester von Toronto, nach den Taktstöcken der renommiertesten Dirigenten gespielt.

Er konnte mittlerweile nicht mehr besonders gut hören, also rief ich: „Papa. Hast du je mit Leonard Bernstein gespielt?" Das Trommeln nahm ein abruptes Ende. Er wurde blass, wand sich auf seinem Sitz, rieb sich seine tränenden Augen und legte eine Hand auf seine Wange. Mehrere Momente lang geschah nichts. Sollte ich anhalten? Ich entschied mich, still zu bleiben und mich auf die Straße zu konzentrieren, als er plötzlich laut ausatmete.

„Ja", sagte er. „Es war sehr heißer Tag. Er ist gekommen. Um jüdisches Orchester in den Lagern zu dirigieren. 1948. Nach Krieg. Er hat George Gershwin „Rhapsody in Blue" gespielt auf Piano. Er war nur ein Junge und einfach fan-tas-tisch! »Gentlemen«, er sagte. »Lasst uns Jacken ausziehen und Ärmel hochkrempeln. Wir schwitzen!«" Mein Vater lachte. „Wir haben geredet... auf Deutsch. Ich hab gesagt: »Ich will nach Amerika kommen.« Bernstein war so freundlich. Er sagte ich bin großartiger jüdischer Musiker. Ich soll nach Palästina gehen."

Schweiß lief mir den Nacken runter. Ich widerstand dem Impuls zu bremsen und dachte über meinen nächsten Schritt nach. Er hatte mir noch nie von dieser Geschichte erzählt. Eisregen peitschte gegen das Auto und mein Vater, ein grundlegend schweigsamer Mann, hatte soeben ein lange gehegtes Geheimnis ausposaunt. Mit der Hoffnung auf mehr und dem Versuch ihn in seinen Gedanken nicht zu unterbrechen fuhr ich weiter.

An Musik erinnerte er sich immer genau—eine Weber Ouvertüre, die „Rhapsody in Blue" vorausging, und ein wunderhübsches, junges Mädchen namens Henia, die das Publikum mit jiddischem und hebräischem Gesang begeisterte.

„Chaim Arbeitman, ein fan-tas-tischer Violinist, spielte solo. Ein Klang! Jünger als ich—18 er war vielleicht? Er hat sein Name geändert, als er nach Amerika kam—zu Arben? David Arben? Er wurde von Philadelphia Orchester angenommen", sagte mein Vater stolz, als wäre es sein eigener Erfolg gewesen. „Wir haben gespielt für 5.000 Leute. Alle brauchten Musik, brauchten Bernsteins Musik."

Das Gesicht meines Vaters strahlte, als er von Bernstein sprach, von seinem vollen Haar, das seine Stirn herabhing, seiner lebendigen Persönlichkeit und überschwänglichen Gestik. Von seiner leidenschaftlichen Darbietung von „Rhapsody in Blue", seinem hin und her schwankenden Körper, wie er das Ensemble mit nicht mehr als einem Nicken, einem Schwenken seiner Hüfte oder Zucken seiner Schultern zu führen wusste. Mein Vater erinnerte sich an die heilende Kraft der Musik, nicht an das Leid jener Zeit.

Wie viele andere Holocaust-Überlebende äußerte sich Papa so gut wie nie zum Krieg und seinen Erfahrungen danach. Was hatte meine Frage da entfesselt?

Gedanken rasten mir durch den Kopf. Wie und wann ist er nach Deutschland gegangen? Warum Deutschland, gerade

Deutschland? War meine Mutter auch dort gewesen? Hatten sie in dem Lager gelebt? Wieso hatte Papa nie zuvor mit der Begegnung mit Bernstein angegeben?

„Aber Papa. Wie hast du—?"

Mein Vater sackte in seinem Sitz zusammen und drängte sich näher an die Beifahrertür. Er schüttelte den Kopf; seine Augen wurden ernst. Seine Finger nahmen das Trommeln wieder auf und er starrte still geradeaus.

Ich lernte bereits als Kind, keine Fragen zu stellen. Nach den Schrecken des Krieges vergruben meine Eltern jede Erinnerung daran, wer und was sie davor gewesen waren. Sie ließen ihre Vergangenheit verstummen, um eine Zukunft zu haben. Mein kleiner Bruder Robert und ich wuchsen im Toronto der Sechzigerjahre auf, in ständiger Verwunderung gegenüber der intensiven Emotionen unserer Eltern. Wenn sie sprachen, hörten wir. Was anderes kam uns nicht in den Sinn. Wir versuchten die artigsten Kinder zu sein. Trotzdem sammelte sich der Unmut meines Vaters regelmäßig in seinem Hals und lief dann irgendwann in der Form von ohrenbetäubendem Schreien über. Wir fragten uns oft, was wir getan hatten, um solche Wut hervorzurufen.

Das Englisch meines Vaters war zurückhaltend, mit einem starken Akzent belegt und einfach... anders: „Lange Zeit kein gesehen" „Wie geht dir?" „Warum dauert so lange?" Mit 10 war ich bereits zur offiziellen Übersetzerin geworden. Meine Eltern waren bei Telefonanrufen, beim Lesen und Schreiben von Briefen und beim Verständnis von amerikanischen Redewendungen auf mich angewiesen.

Anders als die meisten kanadischen Väter spielte Papa kein Baseball und schaute kein American Football. Er probte den ganzen Tag mit dem Cello. Abends spielte er Konzerte und am Wochenende trat er auf Hochzeiten und Beerdigungen auf. In der

Nacht hörte ich häufig Schluchzen. Mir war bewusst, dass andere Väter nicht so weinten wie er.

Wann immer meine Mutter plötzlich tief einatmete, verwandelte sie sich in ein Abbild stählerner Kontrolle. „Erzähle *niemanden*, dass du Jüdin bist", sagte sie oft. Mir war es nicht erlaubt alleine draußen zu spielen oder bei Freunden zu übernachten und ich fragte mich, wieso ich nicht so sein konnte wie andere kanadische Kinder. Wieso konnte ich nicht Weißbrot mit Erdnussbutter zu Mittag essen? Im Einkaufszentrum abhängen? Segeln gehen? Auf Dates gehen... nicht mal mit jüdischen Jungs? Ich wollte nicht anders sein.

Selbst als Erwachsene fürchtete ich mich davor, ihre Emotionen zu entfesseln. Wenn ich darüber nachdachte, was meine Eltern erlebt hatten—selbst wenn es nur für einen kurzen Moment war—kochten Angst, Besessenheit und Schuldgefühle in mir zu einem dicken Gulasch zusammen. Kälte oder Müdigkeit zu verspüren, hungrig oder ungeduldig zu sein, sich zornig oder enttäuscht zu fühlen beschämte mich. *Worüber beschwerst du dich? Du bist nicht in einem Konzentrationslager.* Meine Eltern sprachen nie darüber. Doch war unser Heim von nebelhaften Erinnerungen, finsteren Vorstellungen und unterdrückten Emotionen erfüllt.

Eines Tages klopfte es an unserer Tür, als mein Bruder und ich gerade dabei waren, in den Schlaf zu fallen. Wir hörten die Stimmen unserer Eltern einen aufgewühlten Sturm ungarischer Worte von sich geben, sprangen aus dem Bett und rannten in die Arme unserer Mutter. Ich fing an zu weinen. Ein Klopfen an der Tür, so spät in der Nacht, konnte nur eine Katastrophe bedeuten.

Mein Vater schlich zur Tür. „Wer ist da?"

„Ich bin's, Phil", antwortete eine Stimme. „Ihr Nachbar."

Mein Vater öffnete die Tür einen Spalt und blickte hinaus.

„Ihre Scheinwerfer sind an. Ich hatte nicht vor Sie zu beunruhigen", entschuldigte sich Phil, obwohl ich erkennen konnte, dass er sich nicht sicher war wieso.

Mein Bruder und ich waren völlig verwirrt. So unschuldig die Situation schien, waren wir von der Reaktion unserer Eltern in den

Morast ihrer Furcht gezogen worden. Ich verbrachte einen Großteil meines Lebens damit ein- und selten auszuatmen.

Nach der Konversation über Leonard Bernstein und nachdem ich meinen Vater an dem Januarabend zurück in seiner Wohnung abgesetzt hatte, eilte ich an meinen Computer. Sicherlich war von diesem bemerkenswerten Ereignis in irgendeiner Form berichtet worden. Unzählige Gedanken schwirrten mir durch den Kopf. Ich fragte mich, wer die Musiker gewesen waren. Wie hatten sie sich getroffen? Woher hatten sie Instrumente, Kleidung, Noten und die Kraft aufzutreten? Und, so absurd sich das jetzt auch anhört, als mein Vater mir erzählte, dass er in einem Orchester von Überlebenden gespielt hatte, stellte ich mir ein vollständiges Symphonieorchester mit hundert Musikern vor.

Sobald ich auf Leonard Bernsteins Webseite gelangte, sprangen mich die Informationen regelrecht an: Am 10. Mai 1948 dirigierte Bernstein im bayerischen Landsberg und Feldafing, in Vertriebenenlagern in der amerikanischen Besatzungszone, vor tausenden von Holocaust-Überlebenden, Zuschauern, und Personal des amerikanischen Militärs. Bernstein beschrieb seine Erfahrung und merkte das verwahrloste Erscheinungsbild der Handvoll Musiker an. Mein Vater war einer von nur siebzehn gewesen—allesamt Überlebende—die an dem Tag zusammen mit Bernstein aufgetreten waren.

Bis spät in die Nacht hinein jagte ich weiteren Details hinterher. Ich fand einen Zeitungsartikel vom 14. März 2008:

„*Leonard Bernstein: Ein musikalischer Tribut. Das Israel Philharmonic und Tony Bennett ehren Leonard Bernstein.*"

Mehrere Koryphäen besuchten die Veranstaltung, darunter auch Rita Lerner, Kuratorin für das Museum of Jewish Heritage in New York City. Ein Zitat von ihr besagte: „Meine Mutter Henny Durmashkin Gurko wurde 1948 in München von Leonard Bernstein begleitet. Meine Mutter sang [mit dem Ex-Konzentrationslager-Orchester] hebräische Lieder aus dem Ghetto

... Jahre später spendete sie ein ausgedrucktes, von Bernstein unterschriebenes Programm ... an das Holocaust Museum."[1] Trotz der späten Stunde hämmerte ich weiter auf der Tastatur. Ich schrieb eine Email an das Museum: „Mein Vater ist 1948 mit Leonard Bernstein aufgetreten. Könnte ich vielleicht vorbeikommen und das signierte Programm in ihrer Kollektion anschauen?"

Die Antwort erhielt ich am nächsten Tag: „Ja, das unterschriebene Programm haben wir hier. Sie können einen Termin machen und es sich angucken, sobald Sie das nächste Mal in New York sind. Aber wollen Sie denn nicht die Fotos und den auf Video aufgezeichneten Augenzeugenbericht von Frau Gurko sehen?" Mein Ehemann war im Stock unter mir. „Howie", rief ich ganz aufgeregt. „Sie haben Fotos!"

Meine nächste Möglichkeit nach New York zu reisen kam 4 Monate später im Mai 2009. Ich hatte eine Tour mit dem Minnesota Orchester geplant. In der Zwischenzeit schickte mir das Museum of Jewish Heritage eine Lizenzvereinbarung zum Unterschreiben, damit ich eine Kopie des Programms erhalten durfte. Sie spiegelte das Alter und die Fragilität des Originaldokumentes authentisch wieder, inklusive Falten, Risse und abgenutztem Rand. Mein Vater hatte das gesamte Programm exakt wiedergegeben.

Die aufgeführten Musikstücke waren mir alle bekannt, doch ich brauchte die Hilfe eines Deutsch sprechenden Freundes zur Übersetzung der restlichen Worte. Nach genauer Untersuchung verkündete er: „Das ist kein Deutsch."

*Natürlich. Jiddisch. Wie sonst hätten Überlebende aus so vielen Ländern miteinander kommunizieren sollen?* Ich erwartete ungeduldig meinen Trip nach New York, wo ich in der Carnegie Hall spielen und—noch wichtiger—die Fotos sehen würde.

> Central Committee of Liberated Jews, Jewish Agency for Palestine
> **AMERICAN JOINT DISTRIBUTION COMMITTEE**
> IN THE U.S. ZONE OF OCCUPATION
>
> Direktorjum far Kultur un Dercijung
> in der U.S. Zone
>
> Montik, dem 10. V. 1948 13 a zejger in Lager Feldafing
> Montik, dem 10. V. 1948 20 a zejger in Lager Landsberg
>
> # LEONARD BERNSTEIN
>
> tret ojf far der Szeerit Hapleitah mit dem
> Reprezentanc Orkester fun der Szeerit Hapleitah
>
> un kinstler fun der Szeerit Hapleitah:
> FOLKSZINGERIN H. DURMASZKIN / TENOR M. GOLDSZTEIN
> FIDLER CH. ARBEITMAN
>
> ### PROGRAM
>
> 1. Ouverture fun der oper „Freischütz"   Carl Maria von Weber
> 2. Menuet un Farandol fun Suite L'Arlesienne . . . . G. Bizet
>    Reprezentanc Orkester unter lejtung fun Gast-Dirigent *Leonard Bernstein*
> 3. Sonate G-Moll . . . . . . . Tartini  *Ch. Arbeitman*
> 4. „Jeruszalaim" . . . . . Erec-Jisroel Lid  *Ch. Dormaszkin*
> 5. „Kalanijot" . . . . . . Erec-Jisroel Lid
> 6. Arje fun der oper „Rigoletto" . G. Verdi  *M. Goldsztein*
> 7. Arje fun der oper „Tosca" . . G. Puccini
> 8. „Rapsody in Blue" . . . . G. Gershwin  *Leonard Bernstein*

Papa nannte mich manchmal *Mucikám*—mein kleiner Schatz—nach meiner Mutter. Ich bin ihr auffallend ähnlich—etwa 1,50 m groß, haselnussbraune Augen, Adlernase und eine temperamentvolle Persönlichkeit. Es ist ihr Gesicht, das ich sehe, wenn ich mich selbst im Spiegel betrachte. Sie war energiegeladen, redselig, aufmerksam und lief vor Lebenskraft nur so über: das absolute Gegenteil zu meinem bedrückten Vater, dessen Wut auf die Welt immer wieder aufflammte und ihn verzehrte.

Meine Mutter war es, die den Abgrund, der sich in ihrem Leben aufgetan hatte, überwand, die nach mehr strebte als nur zu überleben. Mit beeindruckender Kraft trieb sie meinen Vater in diesem neuen Land zum Erfolg an, während sie sich nach jenen sehnte, die sie verloren hatte, und versuchte die Wunde in ihrem Herzen mit etwas neuem zu füllen.

Der Freundeskreis meiner Eltern, allesamt ungarische Überlebende, war eine abgekapselte Versammlung von Menschen, welche keinerlei Erfahrungen mit einem normalen Leben abseits von Angst, Verfolgung und Tod hatten. Welche von Moment zu Moment existierten, eine humane Art zu leben finden mussten, in einer ehrlicheren und faireren Welt. Welche mehr als alles andere der Schönheit zugeneigt waren—in der Kunst, der Literatur, feinen Klamotten, Gastronomie, in der Musik und der Liebe.

Meine Eltern freuten sich ungemein auf meine Geburt. Nach all den Anpassungen in der Not, dem Überwinden so vieler Hürden, brachten diese Fremden ohne Englischkenntnisse, ohne Verwandte und mit so gut wie keinem Hab und Gut, abgesehen von einem Cello, ein kanadisches Kind zur Welt, nachdem nur dreißig Prozent der ungarischen Juden den Holocaust überlebt hatten. Ihr Wunsch nach Kontinuität bezwang die Furcht davor, ein weiteres jüdisches Kind dieser grausamen Welt auszusetzen. Man hätte mich nicht mit mehr Freude willkommen heißen können—ein nicht vorzustellendes Wunder, die erste gute Sache, die ihnen in Jahren passiert war. Sie gaben mir den Namen Janet—absichtlich englisch, nicht ungarisch und vor allem nicht jüdisch. Später erfuhr ich, dass Janet, eine mittelalterliche Abwandlung von Jane, auf Hebräisch „Gott war gnädig" bedeutet.

Meine frühesten Erinnerungen sind ausnahmslos schön. Ungarische Schlaflieder, warme Umarmungen und der zarte Klang des Cellos. Meine Präsenz hatte jeglichen Zorn zeitweilig verstummen lassen, die Kluft der Vergangenheit mit Glück überflutet; nur das Flüstern in der Nacht und die sporadischen Seufzer verrieten den anhaltenden Kummer.

Die aufgeladene Stimmung in unserem Heim formte das Wesen unserer beklommenen Beziehung. Mit der Zeit lernte ich, wie ich Konflikten aus dem Weg gehen konnte—mit dem Cello und der Musik.

**Entr'acte 2007**

„Ein Corned Beef Sandwich auf Roggenbrot bitte, ohne Körner, kein Senf, eine Essiggurke und dazu eine Matzeknödelsuppe", bestelle ich völlig außer Atem. Ein Blick zur Uhr. Mein Vater, da bin ich mir sicher, läuft bei dem Gedanken an sein Lieblingssandwich schon das Wasser im Mund zusammen. Er sitzt seit Jahren zuhause mit meiner invaliden Mutter und ihrem Krankenpfleger Ian fest. Es fällt auf mich zurück, die Köstlichkeiten zu besorgen. Mittag hat exakt um zwölf auf dem Tisch zu stehen.

Den ganzen Morgen bin ich von Erledigung zu Erledigung geeilt, das alles in einem geliehenen Ford Focus an einem scheußlichen, bitterkalten Tag in Toronto. Ich kämpfe mich stromaufwärts durch den Verkehr und vermeide so gut wie möglich jeden Stau. Meine lange To-Do-Liste habe ich abgearbeitet: Lebensmittel einkaufen, check; Medikamente abholen, check; ein paar neue Outfits und Nachthemden für meine Mutter besorgen, check; zur Bank gehen und Rechnungen bezahlen, check; den Vorrat an Erwachsenenwindeln und flüssigem Verdickungsmittel aufstocken, check; eine Schachtel Gummihandschuhe für die Pflege holen, check; ein paar leckere Desserts, um meines Vaters unstillbaren Heißhunger auf Süßes zu besänftigen, check—alles Erledigungen, die ich in ein paar wenige Tage gezwängt habe, Erledigungen, die jeder kennt, der sich um seine alternden Eltern kümmert. Bei meinen häufigen Besuchen aus Minnesota geht es möglicherweise darum, vielleicht auch unbewusst, meine sonstige Abwesenheit wiedergutzumachen.

Jede Ampel wird Rot kurz bevor ich die Kreuzung erreiche. *Verdammt!* In dieser riesigen, ach so beschäftigten Stadt brauche ich für alles immer länger, als ich denke. Ich komme an Designerboutiquen und eleganten Frauen vorbei, an Kiosks mit davor ausgestelltem, nicht zu identifizierbarem Gemüse und rohem Hühnchen, bärtigen Männern, die sich in breitkrempigen Hüten und langen, schwarzen Mänteln gegen den Wind stemmen, europäischen Backwarenhändlern und Neonschriftzügen in verschiedensten Sprachen: Französisch, Italienisch, Chinesisch, Kreolisch, Punjabi, Filipino.

Der Ansicht meines neurotisch pünktlichen Vaters nach müssen auch Corned Beef Sandwiches rechtzeitig sein. Meine gesamte Kindheit über war mein Vater mit großer Verlässlichkeit zu früh dran. Wenn er verkündete, dass wir um sechs losfahren würden, befand er sich bereits um fünf im Auto, machte den Motor an und hupte alle paar Minuten. Als Kind trippelte ich los; als Jugendliche hielt ich ihn hin; als Erwachsene bin ich in Eile.

Von den eisglatten Straßen unbeirrt, rase ich von Spur zu Spur, Schimpfe hier und da, erreiche aber mit all den Schätzen mein Ziel.

Ich kämpfe mich schwer beladen vom Parkplatz hoch zur Eingangstür des Hochhauses. Der Wind bring mich nahezu zu Fall, doch ich bleibe auf meinen Beinen und halte die Schachtel mit dem Sandwich gut fest. Der Pförtner—ein älterer, ausgesprochen netter Herr—lässt mich rein und grüßt freundlich. „Wieder hier?" Er lächelt. „Sie sind eine hingebungsvolle Tochter." Ich kann das leider nicht bestätigen. Ich bin die Tochter, die weggezogen ist, die nicht genug macht, nie gut genug sein kann, nie lange genug bleibt, die ihren Mann und kleinen Jungen in Minnesota zurücklässt. Offensichtlich keine gute Tochter, keine gute Mutter, keine gute Ehefrau. „Mammi", sagt mein Sohn manchmal. „Hast du Oma und Opa mehr lieb als mich?"

Ich nehme den Aufzug zum 13. Stock und versuche noch so gut wie möglich mein wildes Äußeres zu richten, da ich davon ausgehe, von meinem bereits wartenden Vater an der Tür empfangen zu werden. Und genau so finde ich ihn vor, wie immer gepflegt, diesmal in einem Kaschmirpullover, einem weißen, frisch gebügelten Hemd, einer Hose aus Tweed und gerade polierten Lederschuhen. Ein paar einsame Haare liegen ordentlich über seinen kahlen Kopf gekämmt. „Janetkém. So eine lange Zeit hast du gebraucht."

Seine modebewusste Kleidung ist nicht in der Lage seine gebrechliche und gebeugte Statur zu verstecken. Er lehnt sich in meine Richtung und lässt seinen Gehwagen los. Ich schaffe es ihn zu stützen, ohne die Einkaufstaschen und das lang ersehnte Mittagessen fallen zu lassen, während er mein Gesicht und meine Ohren mit nassen, lauten, kleinen Küsschen bedeckt.

In der Wohnung ist es unangenehm stickig. Ich gehe rein und grüße eilig die beweglose Figur im Rollstuhl—meine Mutter—und packe meine wertvollen Mitbringsel aus—für meinen Vater kommen nur ungarische Spezialitäten in die Tüte: Kohlrouladen, *Gulyás* Suppe, *Pick* Salami, *Dobos*-Torte, Apfelstrudel und die Zutaten für all die Mahlzeiten, die ich vorhabe zu kochen, wovon ich einige für später einfrieren werde.

Um zwölf setze ich meinen Vater zum Essen an den Tisch. Er packt sein Corned Beef fast schon liebevoll aus und die Freude auf die reichhaltigen Gerüche und Geschmäcker ist ihm ins Gesicht geschrieben. „Gib Mammi auch etwas", sagt er, nimmt das obere Roggenbrot vom Sandwich und zieht ein paar Scheiben Fleisch herunter. Er zückt die Gabel. Ich nehme etwas Corned Beef, schmeiße es zusammen mit ein wenig Brühe und Gemüse in den Mixer, füge einen Esslöffel Verdickungsmittel hinzu und mische das Ganze zu einem Püree. Es muss eine ganz bestimmte Konsistenz haben, damit Mama es herunterschlucken kann.

Mein Vater schlingt das Sandwich herunter. Eine buschige Augenbraue hebt sich bei jedem Bissen. Eine Art Gurren entflieht seinem genießenden Mund. Nachdem ich meine Mutter mit dem Löffel gefüttert habe, setze auch ich mich und stochere in etwas Käse und Beeren herum. „Janetkém, ess mehr! Du esst kein Brot? Hab ein Toast. Strudel." Er betrachtet es als einen persönlichen Affront, wenn ich Dessert ablehne.

Ich lenke seine Aufmerksam zu den übergroßen Outfits, die ich für Mutter gekauft habe. Die Klamotten müssen farbenfroh, paillettenbesetzt, kunstvoll geschneidert, aber einfach anzuziehen sein—weit ausfallend mit großem U-Ausschnitt, Reisverschlüssen oder Knöpfen und großzügigen Ärmeln. Mein Vater besteht darauf, dass sie stilvoll und perfekt aussieht, so wie sie es immer getan hat.

„Sein diese nicht wun-der-voll?" fragt er aufgeregt meine stille, reglose Mutter, während er ihr jedes Kleidungstück vor die leeren Augen hält. Die Antwort scheint ihm zu gefallen. Dann dreht er sich zu mir und runzelt besorgt die Stirn. „Du bist müde. *Du bist müde.* Leg dich hin", sagt er. Ich hatte vorgehabt zu üben. Sobald ich wieder zuhause bin, muss ich mich voll dem Cello hingeben.

Mein Vater gestikuliert in Richtung des Wohnzimmers. Ich falle artig auf das von Kissen bedeckte Sofa. Es ist schon bald Zeit, das Abendessen vorzubereiten. Schließlich muss es genau um sechs serviert werden.

Was ich jetzt weiß, wusste ich nicht, als ich aufwuchs. Über die Dreißigerjahre hinweg und bis in den Zweiten Weltkrieg hinein lebten Juden trotz allgegenwärtigem Antisemitismus in relativer Sicherheit, solange Ungarn mit Deutschland verbündet war. Am 19. März 1944 fielen die Nazis in Ungarn ein, zu einem Zeitpunkt, an dem ein Großteil der Welt glaubte, der Krieg neige sich dem Ende zu. Tausende ungarisch-jüdische Männer wurden deportiert und zur Arbeit in den Minen gezwungen. Sie mussten Gräben ausheben, Schienen verlegen und später Körper verbrennen und vergraben.

Meine Eltern heirateten am 26. Mai 1944 mit dem Wissen, dass mein Vater am nächsten Morgen zur Sklavenarbeit eingezogen werden würde. Für ihn sollte es in die Kupferminen von Bor in Jugoslawien (heute östliches Serbien) gehen. Ein Todesurteil, so zumindest dachte mein Vater. Meine 18 Jahre alte Mutter verschwand. Bis zum Juli—weniger als 2 Monate später—wurden 440.000 Juden in die Gaskammern von Auschwitz geschickt. Ein Schleier legte sich über die Gräuel jener Zeit; Tanten und Onkel, die in Gräber geschossen wurden, Freunde, die in Ketten gelegt und in die Donau geschmissen wurden, hunderttausende deportiert, verstreut, abgeschlachtet. Irgendwie gelang es meinen Eltern, Großeltern, meiner Tante und meinem Onkel zu überleben.

Meine Familie wurde von der Musik gerettet. Sie war es, die uns gelegentlich vom Alptraum der Verdrängung erlöste. Obwohl mein Vater im Symphonieorchester von Toronto spielte und meine Mutter Klavierunterricht gab, erfüllte keiner von beiden ihre

Träume. Mein Vater hatte Ingenieur werden wollen, doch Juden war es im Ungarn der Zwanzigerjahre bereits nicht erlaubt, die Universität zu besuchen. Stattdessen wand er sich dem Cello zu und träumte davon Solist oder zumindest das Erste Cello eines renommierten Orchesters zu werden. Meine Mutter setzte große Hoffnungen in ihre gerade aufblühende Gesangs- und Schauspielkarriere. Doch dann kam der Krieg.

Danach sehnten sich meine Eltern nach einem Neuanfang, weit entfernt vom blutgetränkten Europa. Ohne einen Groschen in der Tasche entflohen sie jener Hölle auf Erden. Zu dieser Flucht gehörte ein emotionaler Abschied—von Eltern, Geschwistern, Freunden und allem, was sie kannten. In Kanada nahmen sie jede Arbeit, die sie kriegen konnten—als Näherin im Ausbeutungsbetrieb, nächtlicher Straßenkehrer und Putzkraft für Büros.

Obwohl mein Bruder ein talentierter und leidenschaftlicher Waldhornspieler war, pochten meine Eltern darauf, dass er, der langersehnte Sohn, Medizin studiert—von einem jüdischen Jungen wurde das erwartet. Es war also an mir, sich in der Musik hervorzutun.

Der Klang des Cellos hatte bereits vor jeder bewussten Erinnerung mein Sein erfüllt—die satten, goldenen Töne, der menschlichen Stimme so nah. In meinen frühesten Erinnerungen liege ich neben meinem Vater auf den Boden, während er am Cello übte und das Metronom den Puls der resonanten Musik bestimmte. Er probte stundenlang und sein Repertoire ging in mich über, bevor ich das Instrument zum ersten Mal berührte. Sobald der Moment dann kam, bläuten mir meine Eltern Disziplin, Hingabe und Beharrlichkeit ein—Cello vor der Schule und Piano nach dem Abendessen im Wohnzimmer, wenn meine Mutter den Abwasch machte. Das meine kleine Statur und winzigen Hände nicht ideal für das Cello waren, dass ich mich damit schwertun würde, diese Bestie von einem Instrument herumzuschleppen, kam meinen Eltern nie in den Sinn. Und sie behielten recht. Trotz der vielen Hürden umschloss ich das Cello wie in einer Umarmung, arbeitete hart daran, die Kraft zu erlangen, die das

Spielen des Instruments benötigt und strebte danach, die verführerischen Töne hervorzubringen, die mein Vater seinem Cello entlockte.

Meine Eltern opferten unglaublich viel, um mir das Studium an den großen Musikschulen der USA und Europa zu ermöglichen. Nach Jahren des intensiven Trainings erlangte ich 1980 die Position als Stellvertretende Solocellistin im Minnesota Orchester. Als ich mit diesen Neuigkeiten zuhause anrief, konnten die Freudenschreie aus Toronto den ganzen Weg nach Minneapolis gehört werden. Doch ihre Entzückung wurde schon bald zum Kummer. Meine Karriere führte mich in eine weit entfernte Stadt.

Nach einer kurzen Zeit im Symphonieorchester von Indianapolis am Ende der Siebziger war ich in Minneapolis heimisch geworden. Als ich 1993 heiratete, mussten mein Mann Howard und ich unsere anspruchsvollen Karrieren und wachsende Familie unter einen Hut bekommen. Wir reisten weiter so oft wie wir konnten nach Toronto, vor allem nach der Geburt unseres Sohnes Harris.

Obwohl sich meine Eltern weiterhin dem Unterfangen widmeten, die Welt durch Musik zu einem schöneren Ort zu machen, hüllten sie ihre Vergangenheit noch immer in Stille. Mit dem älter werden überzeugte ich mich selbst, dass das fieberhafte Tempo meines Lebens die nähere Erforschung jenen Themas unmöglich machte. Würde es nicht nur eine weitere Beschwerlichkeit sein? Wieso sollte ich sie nach all den Jahrzehnten auf einmal deswegen verhören?

Und doch konnte ich das Enigma nicht einfach ruhen lassen. Mit den Jahren wuchs meine Besessenheit und ich las alles über den Holocaust, was ich in die Finger bekam. Ich versuchte mir vorzustellen, was meine Eltern wohl durchgemacht hatten, und versuchte dann, die Bilder wieder aus meinem Kopf zu verbannen. In mir schlummerte das Unaussprechliche, zumeist unterdrückt von der schrecklichen Bürde selbst. Sich davon befreien zu wollen war hoffnungslos. Ich war genetisch gestempelt. Um meine Eltern, meine Erziehung und nicht zu allerletzt meine eigenen unergründlichen Ängste und Verhalten verstehen zu können, entschloss ich mich dieser Vergangenheit auf den Grund zu gehen.

## Entr'acte 1964

Die Geräusche, die der Rachen meines Vaters hervorbringt, sind wirklich ekelhaft—gurgeln, schniefen, Schleim spucken. Die kehligen Ausstöße kommen, zumeist bei Nacht, aus dem Badezimmer und lassen einen Schauer über meinen Rücken laufen.

Ich höre meinen Vater schluchzen. Diesmal rolle ich aus dem Bett und öffne die Badezimmertür um einen Spalt. „Was ist los, Papa?"

Die Szene vor meinen Augen: eine wimmernde, weinende Gestalt gestützt von meiner Mutter, die sich mit aller Macht an ihn klammert. Seine Nase ist rot.

„Mama. Ist Papa krank?"

Ihr schockierter Gesichtsausdruck lässt mich sofort zurück ins Bett trippeln.

Am nächsten Morgen betrachte ich meine Eltern genau, doch sie tun so, als wäre nie etwas gewesen. „Papa, warst du gestern Nacht krank?"

„*Na*, Janetkém. Iss Frühstück. Ich mach dir ein Omelette genau wie du magst." Mutter schwenkt die Pfanne mit besonders viel Elan und einem angespannten Lächeln auf dem Gesicht.

„Ich dachte ich hätte etwas gehört... weinen..."

„Was du meinst?" Mein Mutter schaut mich seltsam an, als ob sie zum ersten Mal eine gewisse Reife in mir erkennt. „Komm, iss jetzt. Du kommst zu spät zu Schule."

Doch ich kann es nicht so einfach loslassen. „Warum warst du traurig, Papa?"

Zunächst weicht er meinen Blicken aus. Die Stille macht mir Gänsehaut. Wenn er mich dann anschaut, sehe ich Abscheu in seinen Augen. „Hör mir zu. Hör jetzt. Der geht dich nichts an. Nichts ist passiert, *nichts*."

Man stelle sich eine Zeit vor, in der die Hölle auf Erden weilte, in der Hände, die an den Bogen eines Musikers, den Stift eines Autoren, das Skalpell eines Arztes, den Pinsel eines Künstlers oder die Nadel eines Schneiders gewohnt waren, Schaufeln voller Steine oder menschlichen Überresten greifen mussten; in der die Luft nach Rauch, Asche und Trauer roch; in der die Fundamente unserer Existenz und die Illusionen, welche sie aufrecht erhalten hatten, zusammenbrachen. Mein Vater, ein junger Mann voller Vertrauen in seine Zukunft, wurde aus der Gesellschaft gerissen, ein zelebrierter Künstler zum Sklaven gemacht. Die geschwollenen und blutigen Fäuste, die knochenharte Arbeit, die Freiheit der Musik nicht länger zu vernehmen. Nach der Scham der Hilflosigkeit, dem Schock der Nacktheit und dem Schrecken ausgelöst von stampfenden Männern in Uniform, konnte er es nie wieder aushalten allein zu sein. Nicht mehr als ein Hauch von kochendem Kohl, rostigem Kupfer oder tropfendem Blut in der Luft und die Furcht packte ihn. In unserer Familie kam das Vertrauen in die Zukunft nie wieder zurück.

Nach den Jahren des Leidens und der aufgezwungenen Stille juckte es meinem Vater in den Fingern und der Hunger nach der Musik begann an ihm zu nagen. Sein Spiel blühte in einer Kraft, Tiefe und Spiritualität auf, die ich heute nur bewundern kann. Es muss so zermürbend gewesen sein, das Fühlen wieder zu erlernen, wenn das eigene Überleben so lange davon abhängig gewesen war, es zu vergessen. Zumindest solange er spielte, fand sein Geist ein wenig Ruhe; sein Cello weinte, seine Musik berührte jene, deren Seele gleichsam vernarbt war.

Ein seltsames Gefühl ergriff mich, wann immer ich ihn spielen hörte. Der ausschweifende Vibrato verlieh dem Klang eine Wärme und erzählte eine bewegende Geschichte, nicht durch Worte oder Gedanken, sondern durch Emotionen, welche einen Weg zur Wiedergeburt erleuchteten.

Ich weiß jetzt, dass Schönheit und Inspiration das Beste im Menschen hervorbringen. Das unbändige Pulsieren, die physische

Präsenz eines Instruments in den eigenen Händen und das gemeinsame ein- und ausatmen von Musik transformiert uns, erhebt uns, verbindet uns und treibt uns auf Arten und Weisen an, die wir nicht erklären können.

Meine Eltern versuchten uns den Schmerz jener grauenhaften Jahre zu ersparen. Ihr Überleben brachte eine schwere Bürde mit sich und veränderte sie für immer. Heute weiß man bereits viel mehr über die Nachwirkungen ihrer körperlichen und psychologischen Tortur—Erniedrigung, Paranoia, posttraumatische Belastungsstörung (PTBS) und die darauffolgenden Schuldgefühle und Sorgen. Doch als ich ein Kind war, gab es diesen Gefühlen nur Stoizismus entgegenzusetzen.

Laut der vergleichsweise neuen Wissenschaft der Epigenetik ist ein Wandel in der genetischen Zusammensetzung ein natürliches Ereignis, welches vom Lebensstil und Umfeld eines Menschen bestimmt wird. Jüngste Studien lassen darauf schließen, dass Trauma an die nächste Generation weitergegeben werden kann. Kinder von Eltern, die Massaker überlebt haben, die mit alkoholkranken oder gewalttätigen Eltern aufgewachsen sind und Kinder von Holocaust-Überlebenden tragen toxische Belastungen mit sich, welche Narben auf ihrer DNA hinterlassen, ein molekulares Überbleibsel des Leids. Psychologische Tendenzen und Verhaltensweisen können vererbt werden. Ich fühle mich von der Tragödie unserer Epoche angegriffen und verletzbar. Ich fühle mich, als würde ich die Trauer meiner Eltern mit mir tragen.

Von meiner Mutter habe ich meine Haar- und Augenfarbe geerbt, meine Körpergröße und Hautfarbe. Von beiden habe ich meine Intelligenz und musikalischen Fähigkeiten. Doch meine extreme Wachsamkeit und der Hang dazu, mir horrende Desaster auszumalen, kommen von meinem Vater.

Noch immer Gefangene der Vergangenheit, voller Angst vor dem, was vor ihnen lag, wappneten sich meine Eltern vor einer Welt, die jederzeit in sich zusammenbrechen könnte. Dies, so habe ich für mich selbst entdeckt, ist das Vermächtnis, das Siegel, das einen genetischen Abdruck auf meiner Seele hinterlassen hat.

Ich versuchte zwecklos die Vergangenheit zu verstehen—sowohl ihre als auch meine. Selbst in gehobenem Alter kochte das ungarische Temperament meines Vaters bei der kleinsten Beleidigung über. Auf solch eine Eruption folgte strafende Stille, manchmal für Monate, in denen das Telefon ignoriert, Anrufer abgewiesen und Familie vermieden wurde. „Papa. Erinnerst du dich an „Schindlers Liste", den Film, den du geguckt hast? Ich hab ihn auch gesehen. Atemberaubend, oder? Steven Spielberg hat Regie geführt. Er hat die Erfahrungsberichte von Überlebenden aufgenommen, von Leuten, eh, von Leuten wie dir. Sie haben ihre Geschichten erzählt, Augenzeugen..."

Zwischen 1994 und 1999 sammelte die von Steven Spielberg gegründete USC Shoah Foundation Zeugenberichte von tausenden Holocaust-Überlebenden. Ich hoffte, dass mein Vater vielleicht gewillt wäre interviewt zu werden, sollte die Shoah Foundation Interesse an seiner Geschichte zeigen.

Jedoch ließ mich sein finsterer Blick auf meinem Sitz zusammenschrumpfen. Ich wich seinen Augen aus und meine Stimme wurde plötzlich ganz schwach. Hatte ich einen Frosch im Hals? Ich schluckte, sammelte meinen Mut und sagte: „Es ist wirklich mutig—"

„Du denkst ich reden mit Fremden? Vor. Ein. Ka-me-ra?"

Er kämpfte sich von seinem Stuhl hoch. Dann floh er und ließ mich in einer Atmosphäre der Empörung zurück, die mir den Atem nahm.

**Entr'acte 1957**

Der Boden ist in schillernde Gelb- und Rottöne gehüllt— leuchtendes Granat, Citrin und Bernstein. Mein Bruder und ich rollen im Laub umher, bis wir darin verschwinden. Als Mutter uns zum Abendessen ruft, steigen wir aus unserem goldenen Schrein heraus und rennen zur Haustür unseres bescheidenen Bungalow in einem Vorort Torontos. Ich klopfe noch schnell das Grünzeug von meinem Mantel, bevor Mama uns an der Tür begrüßt. Ein gelbes Blatt hängt fest. Meine Mutter wird blass im Gesicht, reißt das verirrte Stück Natur grob von meiner Jacke und zieht uns ins Haus.

„Schnell, Kinder", zischt sie. „Papa kommt nachhause bald. Räumt eure Spielzeug auf!" Wir alle drei huschen durch die Räume, als wären wir Eichhörnchen auf der Jagd nach Nüssen. Nichts darf am falschen Ort sein. Alles muss in perfekter Ordnung sein: Plastik das Sofa bedecken; das Spielzeug in unserem Zimmer in der zugehörigen Box; Wäsche, Klammotten und andere Gegenstände akkurat verstaut; Betten gemacht und Schuhe perfekt aneinandergereiht im Schrank. Mama wischt einen Fleck auf dem Fenster weg. Wenn mein Vater von seiner Orchesterprobe zurückkommt, könnte er Beethoven summen oder wegen einer Kränkung—so gemeint oder nur so aufgenommen—vor Wut überkochen. Die Tür öffnet sich und zuerst begrüßt uns das Cello. Wir untersuchen das Gesicht meines Vaters und halten den Atem an.

„Gottverdammte, antisemitische Bastarde!"

„Gyurikám, die Kinder", murmelt meine Mutter.

„*Baszdmeg.*"

Robert und ich verschwinden in unser Zimmer und wechseln uns damit ab, die Szene zu beobachten. Meine Mutter berührt vorsichtig den Arm meines Vaters, aber er zieht ihn mit einem zornigen Brummen weg. Ihre Versuche ihn zu beruhigen haben den gegenteiligen Effekt. Er explodiert. „Immer du bist auf ihrer Seite! Schütz sie nicht, scheiß Bastarde!" Er stampft in ihr Schlafzimmer und knallt die Tür zu. Wir können Gips bröckeln hören.

Ich wimmere, als meine Mutter in unser Zimmer schleicht und uns in einer großen Umarmung an sich zieht. „Papa is sauer. Kein Sorge, Lieblinge. Alles gut." Ich versuche das krampfhafte Schluchzen meines Vaters zu ignorieren.

Damals dachte ich wohl alle Väter verhielten sich so nach einem harten Tag bei der Arbeit. Erst später verstand ich. Paranoid. Misstrauisch. Unberechenbar. Nach Stunden oder Tagen mussten die verdrängten, angestauten Emotionen irgendwo hin. Der Vulkan brach aus.

Nach einer oder 2 Stunden kommt mein Vater aus dem Schlafzimmer. Er kniet sich hin, um mich zu umarmen, und vergräbt seine nasse Nase in meinem Hals. Mein Körper versteift sich. Ich drücke mich sanft weg.

Tage später und von Gewissensbissen geplagt versucht er vergeblich sich selbst zu erklären. „Mein Leben war ein schreckliche Folter, keine Groschen wert. Ich bin verflucht, eine Versager... Alle gegen mich, arrogante Bastarde... Sie sprechen zu mich wie ein Tier. Immer hinter mein Rücken reden sie." Seine Schimpftiraden ergeben für uns keinen Sinn.

Unsere ansonsten so zähe Mutter steht reglos da und hört zu, ein gequälter Ausdruck auf ihrem Gesicht.

***George Horvath, Cellist, 1940er.*** *Papa sieht ganz schön schick aus, im Frack gekleidet und für ein Werbefoto posierend, in völliger Unwissenheit darüber, dass seine Welt schon bald auf den Kopf gestellt werden würde.*

***Die Blitzhochzeit.*** *In einem geliehenen Kleid heiratete Katolina ihren geliebten Gyuri, eine hastig organisierte, standesamtliche Trauung am Abend vor Gyuris Deportation.*

***Dirigent Leonard Bernstein, 1948.** Quelle: Foto aus den Archiven der American Jewish Joint Distribution Committee (JDC), New York, NY.*

# 2

# VOM KÜNSTLER ZUM SKLAVEN

Für die tristen Winter Minnesotas ist es üblich in einem Adagio zu enden, doch in dem Jahr, voller Erwartung meines Konzertes in der Carnegie Hall in New York, erschien mir die Jahreszeit schier endlos. Doch irgendwann schmolzen die Berge aus Schnee endlich und hinterließen einen Film aus Matsch. Mit der Zeit erlangten die Bäume ihre Pracht zurück und aromatische Blüten erfüllten die Luft mit ihrem Duft. Ich war zu angespannt, um mich an der erwachenden Natur zu erfreuen. Der Trip mit dem Orchester würde mehr als stressig werden—Flug nach New York am späten Abend, eine Übernachtung im Hotel direkt gegenüber der berühmten Konzerthalle auf der West 57th und Seventh, eine neunzigminütige Probe am nächsten Tag, ein wenig Zeit, um was zu essen, das Konzert geben, sofort die Busse beladen, um zum Flughafen zu fahren, und nachhause Fliegen. Würde das zweistündige Zeitfenster am Morgen ausreichen, um zum Museum zu gelangen, die Bernstein-Mementos zu betrachten und rechtzeitig die Probe in der Carnegie Hall zu erreichen?

Ich habe allgemein einen eher unruhigen Schlaf, doch jene Nacht in New York schaute ich die ganze Zeit über alle 5 Minuten zur Uhr. Dann krabbelte ich endlich—sehr früh—aus dem Bett, zog mich schnell an, ließ mich von Kaffee und Frühstück nicht aufhalten und rief nach einem Taxi. „Zum Museum of Jewish Heritage beim Battery Park und so schnell wie's geht, bitte", sagte ich.

Der Fahrer setzte mich beim Museum ab, als die Wächter gerade die Haupttüren öffneten. Nach einer obligatorischen Sicherheitsuntersuchung wurde ich die Treppen hoch zu den Büros begleitet. Die Hauptarchivarin Esther Brumberg, eine winzige Frau mit wunderschön frisiertem, silbernem Haar, schien meine Aufregung spüren zu können. Während sie die archivierte und nummerierte Schachtel holte, mahnte ich mich selbst zum Atmen. Esther kam mit einem schwarzen, Schuhkarton-großen Behälter wieder. Sie setzte sich, zog weiße Kalbslederhandschuhe über und öffnete vorsichtig, fast schon zärtlich, den Deckel. Dann hob sie vier winzige, 60 Jahre alte Schwarzweißfotografien aus der Box, jede davon in eine schützende Folie gehüllt.

Sie legte sie Seite an Seite auf den kleinen Tisch vor mir. „Das ist er! Das ist mein Vater!", kreischte ich. Es gab keinen Zweifel. Da stand er, adrett mit Schnurrbart und vollem Haar, zwischen sechzehn anderen Musikern und Leonard Bernstein. Auf einer dazugehörigen Fotokopie konnte man Notizen machen und einige der Musiker waren bereits identifiziert worden. Über dem Kopf meines Vaters stand nichts geschrieben. Die Archivarin griff sich einen Stift und zeichnete mit bestimmter Hand einen Pfeil in das Bild. Sie vermerkte seinen Namen: „George Horvath, Ungar, Toronto, Kanada."

Euphorie und Schrecken packten mich im Angesicht dieses nicht von der Hand zu weisenden Beweises und brachten meinen ganzen Körper zum Kribbeln. Ich blickte weiter wie gebannt auf die Fotos und fragte dann irgendwann: „Könnte ich eine Kopie davon haben?"

Vielleicht würden diese Bilder dem Gedächtnis meines Vaters auf die Sprünge helfen. Vielleicht würde er einige der anderen Mitglieder des Orchesters erkennen und identifizieren können.

Sobald Esther die Fotos zurück in die Box gelegt hatte, führte sie mich zu einer überfüllten Kabine, wo jede Oberfläche, inklusive des gesamten Bodens, von Papierhaufen bedeckt war. Sie schob einen Stapel Hefte beiseite und hievte einen alten Schwarzweißfernseher auf ein Regal. Dann legte sie eine Kassette in den Videorekorder, drückte den Startknopf und verließ den Raum.

Die Lautsprecher knisterten und die Kamera zoomte an Henia heran. Wie eine Statue stand sie da, hohe Wangenknochen und blutrote Lippen, ihre Augen erfüllt von stiller Trauer. Sie war vor dem Krieg eine der talentiertesten Schülerinnen des Konservatoriums von Vilnius gewesen und ihr Gesang in dem Konzert mit Leonard Bernstein war, genau wie mein Vater es beschrieben hatte, zutiefst ergreifend. Der Film, welcher nur wenige Jahre vor Henias Tod fertiggestellt wurde, leuchtete mit ihrer Kraft und Würde. Sie schien nach den richtigen Worten zu suchen, um das Unbeschreibliche zu beschreiben: „Musik, Kultur —geben den Menschen Hoffnung. Mit diesem Schmerz kannst du nicht leben." Es sind kaum noch jiddische Sänger und Sängerinnen am Leben, erklärte sie, und nur sehr wenige erinnern die Worte der Lieder aus den Dörfern und Ghettos. Dann begann sie, mit geschlossenen Augen und den Händen vor ihrer Brust umschlossen, zu singen. Ich vernahm ein sanftes Surren, als ob die Pein selbst den Lautsprechern entfuhr:

Ghetto! / Wir stehen vor den Mauern / Voller Kummer, verloren, wehrlos / Die Hände hängen und fallen. / Wie die Äste der Trauerweide.

Diese absteigenden Intervalle begleiteten Juden aus Vilnius, wie Trauertauben, zu ihrem Ende in den Vernichtungslagern.

Meine nach innen gekehrten Gedanken wurden unterbrochen, als der Film verstummte. Die Archivarin spähte in die Kabine hinein: „Henias Tochter Rita lebt hier in New York. Ich hab sie angerufen. »Eine Frau ist den ganzen Weg aus Minnesota gekommen und schaut sich das Video deiner Mutter an!« Rita ist neugierig. Ihre Mutter hat uns vor 7 Jahren verlassen. Würden Sie sie anrufen?"

Rita. Kam mir bekannt vor. Dann dämmerte es mir. Sie war in

der Zeitung zitiert worden, wodurch ich überhaupt erst auf das von Bernstein unterschriebene Programm und meinen Wunsch hier zu sein gekommen bin. Ich nickte. „Natürlich."

Ich blickte auf meine Uhr. Die 2 Stunden waren vorbei und ich durfte die Probe nicht verpassen. Durch Menschengemengen und dichten Verkehr bahnte ich mir meinen Weg zur Carnegie Hall und hatte gerade genug Zeit, um die Koffer mit den Instrumenten im labyrinthartigen Backstage-Bereich ausfindig zu machen, mein Cello aus dem großen, schwarzen Versandkoffer zu nehmen—wir nennen sie Särge—und auf die Bühne zu gehen. Carnegie ist die berühmteste Konzerthalle des Landes. Es war nicht mein erster Auftritt hier, doch ich hatte Schwierigkeiten mich auf die Musik vor meinen Augen zu konzentrieren. In einer Pause eilte ich hinter die Bühne, um Rita anzurufen. Innerhalb weniger Augenblicke wurde uns klar, dass mein Vater zusammen mit ihrer Mutter und Tante in dem kleinen jüdischen Orchester gespielt hatte. Sie erwähnte einen Dokumentarfilm über das Ex-Konzentrationslager-Orchester —„Creating Harmony: The Displaced Persons' Orchestra from Saint Ottilien" von John Michalczyk, einem erfahrenen Regisseur und Professor für Bildende Kunst am Boston College—inspiriert von einem Buch von ihrer Cousine Sonia Beker namens „Symphony on Fire", worin sie ihre Familiengeschichte schildert. Ich konnte es kaum erwarten Rita und Sonia persönlich kennenzulernen, doch ich musste auf den nächsten Trip nach New York warten.

Nach der Probe rief ich meinen Vater an. „Papa. Weißt du noch als du mir von dem Konzert mit Leonard Bernstein erzählt hast— 1948? Ich hab das Programm in einem Museum gesehen. Da sind Fotos, auf denen du auch drauf bist! Und so jung und gutaussehend."

„Fotos? Daran ich kann mich nicht erinnern. Du hast Bernstein gesehen? Hast du Arbeitman gesehen?"

Der andauernde Krieg vertrieb hundertausende Menschen aus ihrer Heimat. Die jüdischen Insassen der Konzentrationslager und die vielen Sklavenarbeiter stellten komplexe Probleme dar. Für die amerikanischen Befreier schien es die logische Lösung, die Vertriebenen wieder nachhause zu schicken, doch für die Juden gab es keinen Weg zurück. Sie konnten nicht zurück zur Verwüstung, zu geplünderten und zerstörten Häusern. Überlebende misstrauten den Nachbarn, die sie ausgeliefert hatten, den Ganoven, die ihr Hab und Gut an sich gerissen hatten, jenen, die willentlich an der Verfolgung und Ermordung teilgenommen hatten. Auf der Suche nach Angehörigen, welche die grausamen Jahre überlebt hatten, hinterließen viele Nachrichten an Pfählen und Mauern, an was auch immer noch aufrecht stand. Sie verhörten andere Lagerinsassen: „Hast du meinen Bruder gesehen, meine Mutter, meinen Sohn?" Krankenstationen und provisorische Lager wurden mit planlosem Engagement errichtet. Sie versuchten weiterzumachen, wenn sie denn konnten, und nach ihren Lieben zu suchen.

Jene die überlebt hatten, standen dem Tod nahe. Die jüdischen Vertriebenen starben zu dutzenden an Typhusinfektionen, brauchten dringend medizinische Versorgung, nahrhaftes Essen, saubere Kleidung und Entlausung. Die herzzerreißenden Bilder aus der Zeit lassen keinen Raum für Zweifel—ausgemagerte Körper in gestreiften Pyjamas, die zerlumpte, von Läusen infizierte Kleidung der Konzentrationslager; ein alter Mann so unterernährt, dass nur seine gelbliche Haut die Knochen bedeckt; ein junges Mädchen mit Blut auf ihren geschwollenen Lippen und einem leeren Blick; eine Mutter, die ihr lange totes Kind in ihren Armen wiegt.

Während des Krieges benutzten die Nazis die Erzabtei St. Ottilien nahe München als Krankenhaus für deutsche Soldaten. Nach dem Krieg brauchte es gehörige Überredungskünste auf Seiten der Amerikaner, um die Juden hinein und die Deutschen hinaus zu bekommen. St. Ottilien wurde zu einem unterbesetzten, jämmerlichen Zufluchtsort für die todkranken, ausgezehrten Überlebenden des Holocaust. Auch eine Handvoll Musiker landete dort. Nach langen Tagen harter Arbeit waren einige von ihnen dazu gezwungen worden, die Nazis in den Lagern zu unterhalten. Gerade 15 Jahre alt und am ganzen Körper zitternd wurde Henia dazu genötigt für Nazi-Offiziere zu singen.

Wie ich später erfuhr wurde Chaim Arbeitman mehr als einmal aus der Schlange der „Selektierten" gezogen—was so viel heißt wie der Gaskammer entkommen, weil „der kleine Violinist" so schön Beethoven und Mozart spielte und als „privilegierter Gefangener" galt.

Und mein Vater? Eine dem Cello zugeneigte Nazi-Wache gab ihm ein Paar Handschuhe, um seine Hände zu schützen.

Die gefangenen Juden hielten mit Hilfe der Musik ihre Gemeinschaft intakt und ihre Hoffnung am Leben. Sie schwelgten in Erinnerungen an bessere Zeiten. Sie gewannen beim Singen von Ghettoliedern, dem Summen von Melodien aus ihrer Kindheit und dem Brüllen von tragisch spöttischen Balladen—„Wachhaus Resort" oder „Transport" oder Theresienstadt: Die beste Stadt der Welt"—etwas von ihrer Menschlichkeit zurück.

Die Nazis nutzten Musik, um ihre Truppen zu mobilisieren und ihre Opfer zu verspotten. Fotos von talentierten Gefangenen, welche in Theatergruppen und Jazz, Varieté und klassischen Ensembles auftraten, zirkulierten in den Medien und wurden zur Propaganda benutzt, um zu demostieren wie gut die Gefangenen behandelt wurden. In Wahrheit zwangen die Nazis die Musiker selbst vor den Türen der Gaskammern von Auschwitz zu spielen. Sie spielten, während Sklavenarbeiter vor ihnen hin und her marschierten; sie spielten bei Hinrichtungen und für Besprechungen von Nazi-Offizieren. Wurde auch mein Vater zu dieser Tortur genötigt?

Ich weiß mittlerweile, dass viele der Künstler, die nach Theresienstadt—dem „Vorzeigelager"—gebracht wurden, dazu gezwungen wurden, Felix Mendelssohns Oratorium „Elias", Giuseppe Verdis „Requiem" und sogar im Reich ansonsten verbotenen Jazz aufzuführen. Die Kinderoper „Brundibár", 1938 von Hans Krása komponiert und Adolf Hoffmeister geschrieben, wurde in Theresienstadt etwa fünfundfünfzig Mal, mit ständig neuer Besetzung, vorgeführt. Neuankömmlinge im Lager ersetzten die Kinder, welche in den Krematorien gelandet waren. Das Internationale Rote Kreuz war 1944 vor Ort, um das Vorzeigelager zu inspizieren und fand rasch verbesserte Lebensbedingungen vor. Sie waren hinters Licht geführt worden. Selbst das Gras war nur grün angemalt.

Die Dichter hörten nicht auf zu schreiben, die Musiker hörten nicht auf zu komponieren, bis sie 1944 nach Auschwitz geschickt wurden. Die Nazis konnten sie foltern, doch an die Worte und Harmonien, die in ihnen erblühten, kamen sie nicht heran.

Auf dem Gelände von St. Ottilien fanden sich die dort genesenden Künstler. Die befreiten Musiker verstanden, wie wichtig Hoffnung sein würde, wie bedeutend die Inspiration der Musik. Was könnte besser dazu geeignet sein, Trost zu spenden und den Triumph zu feiern? Sie entschieden sich ein Konzert zu geben: ein Konzert der Freiheit. Unter dem Namen Ex-Konzentrationslager-Orchester traten sie am 27. Mai 1945 zum ersten Mal in St. Ottilien auf.

Mit so viel Holz, wie sie finden konnten, bauten Vertriebene und Personal eine Bühne auf dem Rasen auf. Zusammengenähte Fallschirmüberreste bedeckten einen Teil der Bretter. Ein paar Sitzreihen wurden aufgestellt, doch die meisten Zuschauer lagen auf dem Gras, zu schlapp, zu taub, zu gebrechlich, um zu sitzen. Ihre eigenen Namen waren ihnen abhanden gekommen und die erlangte Freiheit war für sie noch immer unvorstellbar. Drei oder vier Geigenspieler saßen über ihre Instrumente gebeugt auf wackligen Stühlen. Ein knochiger Herr, ein Sänger, betrat mit verschränkten Händen die Mitte der Bühne. Notenblätter auf Drahtständern flatterten im kalten Wind und eine bunt zusammengewürfelte Gruppe Instrumentalisten—ein Schlagzeuger, ein Akkordeonist, ein Klarinettist, ein Kontrabassspieler, der mit seinem gewichtigen Instrument kaum aufrecht stehen konnte— hockte neben einem heruntergekommenen Piano. Große Davidsterne dominierten die Szenerie, darauf gedruckt das Wort „JUDE"—das hasserfüllte Abzeichen, welches jeden Mann, jede Frau und jedes Kind als minderwertig markierte und auf Befehl des Nazi-Regimes den Krieg über von allen Juden getragen werden musste. Von nun an sollte es zu einem Emblem des Überlebens werden. Gelbe Sterne hingen vom hastig aufgestellten Bühnenhintergrund, eine Wand symbolisch mit Stacheldraht versehen. Die kleine Gruppe spielte in ihren übelriechendenden, gestreiften Pyjamas vor einem Banner, auf dem „Am Yisroel Chai" geschrieben stand: Das Volk von Israel lebt! Mit Mühe brachten die Musiker ihre eingerosteten Finger in Bewegung. Dann, in einem Ritardando, das Tempo sanft verzögert, flüsterte die Musik: Du mögest heilen und wachsen. Atme. Finde wieder die Hoffnung auf eine Welt, in der Güte und Schönheit den Sieg erringen.

Sonia Bekers Eltern, Fanny und Max Beker, waren auch in dem Orchester, genau wie Henia, Fannys Schwester. Nur einen Monat zuvor, im April 1945, befanden sich Fanny und Henia auf einem Todesmarsch nach Dachau und wurden von amerikanischen Panzern befreit. In dem Buch „Symphony on Fire" beschreibt Zweiter Weltkriegsveteran und Augenzeuge des Konzertes Robert Hilliard:

> Ein Konzert im Namen der Freiheit, bei dem die befreiten Menschen zu schwach zum Stehen waren. Ein Konzert im Namen der Freiheit, bei dem ein Großteil der Anwesenden noch nicht glauben konnte, dass sie frei waren... Die Musiker spielten Mahler und Mendelssohn und Stücke anderer, deren Musik von den Nazis verboten worden war—ein Konzert im Namen des Lebens.

Die Musik brach durch einen dunklen Nebel und ermöglichte die Sicht auf eine ferne Heimat und verschleierte Erinnerungen— Lieder von zuhause und von der Synagoge, besonders das gefühlvolle *Kol Nidrei*, ein Werk reich an Symbolik und Bedeutsamkeit, mit dem jedes Jahr der Gottesdienst des Jom Kippur seinen Anfang findet. An jenem heiligen Tag werden die

Schriftrollen der Tora aus der Lade genommen. Auf beiden Seiten des Kantors stehen Rabbis und dann beginnt das Klagelied und schenkt leidenden Geistern seine Kraft:

> Möge all den Menschen Israels vergeben werden, auch all den Fremden, die unter ihnen leben, denn alle Menschen sind schuldig in ihrer Ignoranz. (15:26)

Das jüdische Ensemble, welches zunächst das Ex-Konzentrationslager-Orchester und später *Shearith HaPleitah* (überlebender Rest) Orchester genannt wurde, erreichte schon bald internationale Berühmtheit und trat in Genesungsheimen, Armeestützpunkten, Vertriebenenlagern und sogar im Nürnberger Opernhaus während der Nürnberger Prozesse im Jahr 1945 auf.

Andere überlebende Musiker nahmen die Reise nach St. Ottilien auf sich, um an der Mission des Orchesters teilzunehmen. Mein Vater war noch kein Mitglied. Die blutige Belagerung Budapests hatte am 13. Februar 1945 sein Ende gefunden und die Stadt lag in Ruinen. Hundertausende Bewohner lagen Tod zwischen den Trümmern. Mein Vater war noch auf dem Weg zurück nach Ungarn—zu Fuß—nachdem er von der Sklavenarbeit befreit worden war.

Die American Joint Distribution Committee (JDC) und die United Nations Relief and Rehabilitation Administration (UNRRA) waren für sieben Millionen Vertriebene in Europa verantwortlich und finanzierten das Orchester. Die Organisationen stellten den Musikern Klammotten, Instrumente und amerikanisches Dosenessen zur Verfügung. Zu dem Zeitpunkt konnte mein Vater von einem bisschen Brot, einem Stück Seife und einem Mantel gegen den beißenden Wind nur träumen.

Brot bedeutete Freiheit. In meiner Kindheit bestand mein Vater auf mindestens zwei getoastete Scheiben dicken, jüdischen Roggenbrotes zu jeder Mahlzeit. Freitags und an Feiertagen inhalierte er das leicht süßliche, saftige Challa regelrecht. Viele jüdische Gerichte repräsentieren wichtige Grundsätze; das Eierbrot symbolisiert die Trennung zwischen der weltlichen Woche und der

Spiritualität des Sabbat. Das Challa wird zu einem langen Laib geflochten. Sechs Teigstränge eng zusammengebunden stellen 6 Tage der Woche dar und werden zum Zeichen der Einigkeit am Tag des Sabbat. An den Hochheiligen Tagen wird Challa in einer runden Form gebacken, um den Zyklus eines Jahres zu symbolisieren—ein einziger Teigstrang, der durch harte Arbeit makellos wird, so wie wir es uns auch für uns selbst wünschen.

Ähnlich wie die Brioche ist das Challa in egal welcher Form luftig lecker: leicht süßlich und weich wie ein Kissen. Am nächsten Morgen machte Mama oft Challa French-Toast. Sie briet dicke Scheiben in einer geschmackvollen, gewürzten Mischung aus Eiern, Milk, Honig, Vanille und Zimt. Das aus der Küche strömende Aroma lockte die gesamte Nachbarschaft aus dem Bett.

Unsere Familie verpasste nie die Hochheiligen Tage, welche jedes Jahr auf den 1. und 2. Tag des jüdischen Kalenders fallen—im September oder Oktober. Die *Jamim Nora'im*—oder Ehrfurchterweckenden Tage—sind auf das 3. Jahrhundert vor Christus zurückzuführen und geben uns die Möglichkeit uns selbst —und somit auch den Rest der Welt—zu verbessern. Es geht darum das eigene Innere zu erforschen. Während des Gottesdienstes am Tag des Rosch ha-Schana erklingt der klagende Schrei des Widderhorns—des Schofar—und zerschmettert unsere Selbstzufriedenheit. Ein Aufruf zur Tat. Zwischen Neujahr, Rosch ha-Schana und Jom Kippur sollen wir unser eigenes Verhalten kritisch betrachten und uns vollends der *Teshuvah*, *Tefilah* und *Tzedakah* hingeben—der Buße, dem Gebet und den guten Taten.

Als Kinder wurde uns beigebracht, dass Gott ein Buch hat, in dem Er die Namen jener verzeichnet, die leben sollen und die dahinscheiden werden.

Um die Strenge des Dekrets zu mildern, müssen wir für unsere Sünden um Verzeihung bitten und versprechen, nächstes Jahr besser zu handeln. Gott um Gnade zu bitten ist nicht genug, erklärte meine Mutter. Um Seinen Segen zu verdienen ist es unsere Pflicht, für jeden Schmerz, den wir möglicherweise bei unseren Eltern, Geschwistern, Nachbarn, Freunden oder Mitarbeitern verursacht haben, persönlich um Entschuldigung zu bitten—egal ob wir es mit Absicht taten oder nicht—und jedem zu verzeihen, der uns um Entschuldigung bittet. Nach Versöhnung sowie besserem Verständnis und größerer Akzeptanz von anderen zu streben ist eine der Mitzwa—der Gebote des Judentums.

Das *Kol Nidrei* gibt den Ton für die Meditation an Jom Kippur an. Mein Vater führte das antike Gebet, vom Komponisten Max Bruch für das Cello und Piano arrangiert, jedes Jahr auf. Er probte wochenlang den ganzen Tag, formte liebevoll jede Note und begeisterte die Gemeinde mit seinem passionierten Auftritt. Das klangvolle Cello flüsterte zuerst und steigerte sich dann zu einer eindrücklichen Bitte:

> Höre gut und aufrichtig zu. Erinnere unsere Vorfahren, denen das Gebet verboten wurde. Lege deine Angst vor anderen, dein Misstrauen gegenüber dem Fremden, ab und verehre die Gesamtheit der göttlichen Schaffung.

**Entr'acte 1967**

Unsere Familie bereitet sich auf die Monate der Hochheiligen Tage vor. In Toronto werden die Tage kürzer und der September bringt bereits kühles Wetter mit sich. „Mama", frage ich. „Kann ich dieses Jahr einen Hosenanzug tragen? Ich habe diesen wirklich schönen, dunkelblauen—"

„Hosen? Ein Mutter die ihren Tochter Hosen tragen lässt in der Synagoge? Es gehört sich nicht." Sie sucht einen wollenen Faltenrock, eine passende Jacke, Strumpfhosen und Mary Janes aus Lackleder für mich aus. Meinen Bruder kleidet sie in einen dunklen Anzug, weißes Hemd und Fliege.

Wir quetschen uns ins Auto. Meine Eltern sitzen vorne, wir Kinder hinten und zwischen uns das unersetzliche Cello, zu alt und wertvoll für den Kofferraum. Mein Vater trommelt auf dem Lenkrad, übt auch jetzt noch das Stück. Robert, ich und selbst unsere Mutter sitzen den ganzen Weg bis zum Tempel Sinai ohne ein Wort zu sagen.

Sobald er die heilige Stätte betritt, sich setzt und das erste D in *Kol Nidrei* spielt, weiß ich, dass es eine wundervolle Vorführung wird. Ich höre nicht nur die flehende Musik. Ich erhasche einen Blick auf sein weggesperrtes Herz in flüchtiger Freiheit.

Am nächsten Morgen wachen wir früh auf, um dem Jom Kippur Gottesdienst beizuwohnen. Mein Vater wartet bereits unten in Anzug und Krawatte und ruft: „Janetkém, *Mucikám*. Warum du bist nicht fertig?"

Ich bin mir sicher Mama schwitzt schon vor lauter Eile. *„Yay Istenem* (Oh mein Gott). Ich schminke mich! *Jaaannaaattte*! Du bist fertig?"

„Nein, Mama. Es ist erst 9:30 Uhr." Ich bin dabei, mit dem Glätteisen gekonnt meine langen Locken zu frisieren.

„Beeil dich. Du kennst dein Papa."

„Ich beeil mich ja schon. Warum müssen wir immer so früh los?"

„Robika is bereit! Du nicht, mein Schatz?"

Mein Vater sitzt mit laufendem Motor im Auto und fängt an zu hupen. Ich ziehe mir meine Bluse über, zwänge mich in die Jacke, schraube meine Füße in die Pumps, stolpere mit meiner hechelnden Mutter im Rücken die Treppen runter und höre das beharrliche *wuuRRR, wrruum* des Gaspedals. Mein Vater macht ein finsteres Gesicht, als ich einsteige. Er nuschelt etwas und schnellt ruckartig aus der Einfahrt. Mir kommt plötzlich die Idee, dass ich möglicherweise den Stecker des Glätteisen nicht aus der Steckdose gezogen habe. Vielleicht brennt es sich gerade in meine Kommode. Ich stelle mir ein dunkles, krustiges Loch vor, das in Flammen aufgeht und das Haus niederbrennt, doch bei dem Gedanken, meinen Vater zu bitten umzukehren, fängt mein Herz an zu pochen. Ich schlucke. Meine Stimme bricht und ich spreche pianissimo.

„Papa. Ich glaube... ich habe das Glätteisen nicht aus dem Stecker gezogen."

„Was? Was?!"

„Ich hab gesagt, ich glaube, eh..." Dann, *molto prestissimo*: „Das Glätteisen ist noch an!"

„Immer du denkst nicht. Du sollst dir schämen. Danke sehr. Du machst unser Leben kürzer!"

Er reist am Lenkrad, dreht den Wagen um und fährt wieder in unsere Einfahrt. Das Auto kommt mit einem weiteren, heftigen Ruck und ein paar besonders ausgesuchten, ungarischen Schimpfwörtern zum Stehen. Ich sprinte zur Haustür und springe die Treppen hoch zu meinem Zimmer. Ich hatte das Glätteisen nicht stecken lassen, doch die Erleichterung ist nur von kurzer Dauer. Die Augen meines Vaters glühen, weil ich zu lange mit den Schlüsseln fummle. Ich eile zurück ins Auto, wohl wissend, dass es keinen Sinn hat, mich zu verteidigen, zu erklären, dass wir noch massig Zeit bis zum Gottesdienst haben.

Mein Vater explodiert bei der ersten roten Ampel: „*Baszdmeg*! Verdammte, scheiß Bastarde!"

Ein merkwürdiges Gefühl in meinem Hals wandert meinen Körper hinab und expandiert.

„*Na*, Gyurikám, langsam. Zu schnell. Hier abbiegen!", sagt Mama. „Nimm Seitestraßen."

Eine plötzliche Wende lässt die Bremsen aufkreischen.

„*Baszdmeg, a szar*. Scheiße!"

„Gyuri. Es is *nächste* Straße. Nicht hier! Pass auf. Was mach du? Gyuri, lass mich fahre!"

Ich schmecke den Speichel in meinem Mund sauer werden. Als wir den Parkplatz des Tempels erreichen, trifft uns die nächste Salve Schimpfwörter: „Scheiße. *Seggfej*. Keine Platz. Immer wir gehen spät!"

„Es war dein falsche Weg, deswegen sind wir spät!", wirft Mama ein.

„KATO. Was sagst du? DU bist so langsam. Und Janet denkt nicht."

„Papa. Hör auf. Hör auf zu schreien. Hör auf!"

Rob gibt mir einen Stoß mit dem Ellbogen. „Janet. Sei still."

„Warum? Ich kann mir das nicht anhören!"

„Du machst es nur noch schlimmer."

„Mach ich nicht!"

„Doch, das tust du!"

„*Jaaannaaattte*. Warum redest du zurück?" Das Gesicht meiner Mutter ist puterrot, ihr Mund zusammengepresst.

„Um Himmels Willen, Papa. Es ist nur ein Parkplatz!"

Rob gibt mir einen weiteren Stoß.

„Mit wer redest du? Schreist du deine eigene Vater?" Er dreht sich um und funkelt mich böse an. „Was denkst du? Du kannst so reden mit mir? Denkst du?"

Ich schrumpfe eingeschüchtert zusammen und stammele: „Nein. Also, du—"

„Wie dein Mutter. Immer reden. Immer Vortrag."

Mein ganzer Körper bebt. „Hör auf! Ich kann das nicht—"

„Was du mach, ich kann nich ertragen. Du mach wieder. Seit 15 Jahre..."

Obwohl sich das Auto noch bewegt, stoße ich die Tür auf und springe raus.

„*Jaaannaaattte!* Komm zurück."

Ich stolpere davon—weg vom Auto, weg von ihnen, weg vom Tumult unseres Lebens.

Das Konzentrationslager Landsberg—63 Kilometer westlich von München und 55 Kilometer südwestlich vom größeren Lager Dachau—wurde am 28. April 1945 befreit und beherbergte von da an über 5.000 Holocaust-Überlebende. Nach dem Verlust geliebter Familienmitglieder und der Tortur der Todeslager wurde den Überlebenden ein neuer Status zuteil: staatenlos. Frei, aber ohne Identität, ohne Geschichte, ohne Heimatland, ohne zu wissen, was mit ihren Angehörigen geschehen war. Frei und doch noch immer gefangen—in von Stacheldraht umzäunten Baracken, unter schmählichen Umständen, in der Nähe von hundertfünfzig Nazi-Kriegsverbrechern, welche in Landsberg zunächst festgehalten und dann hingerichtet wurden.

Die Überlebenden warteten, viele von ihnen jahrelang. *Meine Eltern auch?* Sie warteten in endlosen Schlangen auf Essen, medizinische Versorgung und Nachrichten von Verwandten und

Freunden. Sie warteten auf die richtigen Papiere, um in andere Länder zu emigrieren. Im September 1945 begannen zwei amerikanische Soldaten, Robert Hilliard und Edward Herman, eine Briefschreibekampagne, welche die prekäre Situation der Vertriebenen zum Vorschein brachte. Als die Neuigkeiten Präsident Truman und die New York Times erreichten, erhielt General Eisenhower den Befehl, die fortwährende Misshandlung von Überlebenden zu unterbinden. Dringend benötigte Vorräte wurden endlich geliefert. Und trotzdem: Viele Länder implementierten strikte Restriktionen in Bezug auf jüdische Migration.

Im Jahr 1948 hatte Leonard Bernstein bereits von den mutigen Musikern des Ex-Konzentrationslager-Orchesters gehört. Auf einer Tour durch Europa ersuchte er ein Treffen. Das erste von zwei bedeutenden Konzerten mit Bernstein fand im Mai 1948 im Vertriebenenlager von Landsberg statt, das Programm, von dem mir mein Vater 2009 erzählte. Bernstein beschrieb das Erlebnis in einem Brief an Helen Coates vom 11. Mai 1948, 2:30 Uhr. Der folgende Auszug stammt aus seinen Memoiren „Erkenntnisse - Beobachtungen aus 50 Jahren":

> Das Münchner Konzert war das bisher erfolgreichste. Vor allem weil ich drei Hindernisse zu überwinden hatte—Jugend, das Amerikaner sein und das Jude sein. Und was für ein wilder Erfolg! Es gibt nichts erfüllenderes als ein Opernhaus voller vor Freude kreischender Deutscher... Fast noch aufregender waren die beiden Konzerte in Vertriebenenlagern gestern (Montag). Ich wurde von einer Parade Kindern mit Blumen und den höchsten Ehren begrüßt. Ich führte ein Konzentrationslager-Kammerorchester (Und dann auch noch Freischütz!) und mein Herz hat geweint... Es ist alles so großartig und schrecklich und wunderschön und grauenhaft und durcheinander und inspirierend.

„Der Freischütz", die auf einer deutschen Legende basierende Oper von Carl Maria von Weber, hat etwas düsteres an sich: „Hat denn der Himmel mich verlassen?"

Zusätzlich zu den Bouquets bekam Bernstein von den Musikern noch ein weiteres Geschenk—eine Konzentrationslageruniform. Die musste er irgendwann wieder weggeben, da ihr Gestank nicht rauszukriegen war.

**Toronto, Juli 2009**

Im Juli, 2 Monate nach dem Konzert in der Carnegie Hall, erhielt ich Sonia Bekers „Symphony on Fire" per Post. Das Buchcover ist schwarz und zeigt ein weiß umrandetes Foto ihrer Eltern über rostfarbenen Stacheldraht. Darunter sind Musiker in gestreifter Konzentrationslagerkleidung abgebildet: Einer der Violinisten ist Sonias Vater Max Beker, Sonias Mutter Fania sitzt am Piano und, mit dem Rücken zur Kamera, steht ein Dirigent. Sonias Familie kommt aus dem kulturellen Zentrum von Vilnius, der Hauptstadt Litauens, und eine Handvoll von ihnen gehörte zu den 100.000 Menschen, die nahe der Zugstation von Ponary, einem Vorort von Vilnius, erschossen und begraben wurden. Unter den ermordeten waren 80.000 Juden, viele tausende Polen und russische Kriegsgefangene. Der Untertitel des Buches (auf Deutsch: „Eine Geschichte von Musik und spirituellem Widerstand in Zeiten des Holocaust") fängt perfekt ein, was unserer Meinung nach unsere Eltern am Leben erhalten hat.

Sonia hatte mir auf der Innenseite des Covers eine Nachricht hinterlassen:

Liebe Janet,

Wie selten und wundervoll ist es doch eine Seelenverwandte zu finden, einen Ast vom selben Baum. Es ist schön, ähnliche Erfahrungen und Erinnerungen zu teilen, genau wie den starken Wunsch, die Welt durch unsere Geschichten und unser

Vermächtnis zu einem besseren Ort zu machen! Zum Glück haben wir uns gefunden. Die Musik spielt weiter!

In Liebe, Sonia

Etwas hielt mich davon ab, sofort durch das Buch zu blättern. Vielleicht sollte ich warten. Vielleicht war es voreilig, die Erinnerungen meines Vaters zu erkunden, bevor er mir davon erzählt hatte.

In Vorbereitung auf einen weiteren Besuch bei meinem Vater hatte ich die winzigen Schwarzweißfotografien auf Postergröße ausgedruckt, sie zusammengerollt und in eine Papprohre gesteckt. Ich setzte mich in den Flieger, das wertvolle Gepäck fest unter meinen Arm geklemmt und von nervösen Fragen geplagt: Würde ich den rechten Moment finden, um meinem Vater die Bilder zu zeigen? Würde er dazu bereit sein, sich an diese tragische Zeit zu erinnern? Würde er irgendwelche weiteren Details von diesem bemerkenswerten Tag preisgeben? Würde er mich tadeln oder loben? Sobald ich landete, eilte ich durch die Sicherheitskontrolle. Ich konnte seine Stimme in meinem Kopf hören: „Wann du kommst, Janetkém?"

Mit einem Seufzen stieg ich in den Fahrstuhl des Hochhauses meines Vaters. Als sich die schweren Türen öffneten, stand er gegen die Wand gelehnt da.

„Janetkém, *Mucikám*, lang nicht gesehen! So ein lange Reise." Nach einer schwachen Umarmung begann er sich zu bücken, um meine Tasche aufzuheben, doch mir gelang es an ihm vorbei zu manövrieren und zuerst danach zu greifen. Bei diesem merkwürdigen, kleinen Tanz fiel mir fast die Papprohre aus der Hand. So viel zu dem Versuch, sie zunächst aus seinem Sichtfeld zu behalten.

„Was du hast da in das Ding? Zeig mal. Zeig mal schon!", sagte er, während wir in seine Wohnung watschelten.

„Jetzt? Okay, Papa. Komm, wir gehen ins Esszimmer, da haben wir mehr Platz."

Ich durchschritt das Wohnzimmer zur anderen Seite der

Wohnung, wo der Tisch stand, die Oberfläche mit *Tchotchkes* bedeckt—riesige Vasen mit künstlichen Blumen, eingerahmte Familienfotos, ein Tablett voller künstlicher Früchte, eine fein geformte Lladrófigur, eine noch in Cellophan verpackte und mit goldener Schleife versehene Naturkerze und eine selbstgehäkelte Tischdecke. Eine Vision setzte sich vor meinen Augen zusammen—wundervolle, mehrgängige Mahlzeiten; Mama, die in unserem Familienheim kocht.

Ich versuchte den Tisch frei zu räumen. Mein Vater suchte nach seiner schwarzen Bifokalbrille, einer Lupe und seinem bauschigen, verschlissenen Sitzkissen aus Cord für seine alten Knochen, welche vom zu vielen Sitzen wehtaten.

Während ich die vergrößerten Fotos hervorholte und vorsichtig ausrollte, nahm er seinen Platz am Kopf des Tisches ein. Für einen Moment schien er zu zögern und blickte nicht die Bilder an, sondern mich. Mein Herz begann zu flattern. Würde er doch nichts damit zu tun haben wollen? Doch dann beugte er sich vor, sein Gesicht nur ein paar Zentimeter über dem ersten Foto, und schaute sich ein Gesicht nach dem anderen an. Darauf folgte minutenlange Stille.

„Da is Hofmekler. Er hat dirigiert, manchmal Violine gespielt. Stupel. Da. *Da*. Stupel, der Konzertmeister. Pole. Er war sehr gute Violinist. Alter als ich. Ich war mit ihm gute Freunde. Und noch eine Cellist. Was war seine Name?" Er guckte hoch zu mir und zeigte auf einen älteren, glatzköpfigen Herren mit ausgeprägten Zügen. Ich bemerkte, dass ich den Atem anhielt. Er konnte sich erinnern.

„Ich hab dir gesagt. Von Chaim Arbeitman—jüngste Violinist. Hier. Hier er is. Muss 18 sein. Immer wir saßen zusammen in Bus."

„Das ist toll, Papa, toll. Immer? Was meinst du mit... immer?"

Mein Vater verzog das Gesicht, nahm seine Brille ab und lehnte sich in seinen Sitz zurück.

„Wir spielte zwei Konzert jeden Woche, manches Mal mehr. Sie haben uns mit Bus gefahren... Ich hab zweihundert Konzert gespielt. Vielleich in hundert Lager? Manches Mal mehr als ein. Spät Nacht kamen wir erst zurück." Eine Pause. „Für Überlebende, für amerikanische Soldate, für Mensche in Heim. Jüdische Orchester hat uns gerettet, nachden wir Ungarn verlassen haben."

Ein finsteres Gemüt erfüllte den Raum. Mein Vater versuchte sich aus dem Stuhl zu drücken, doch er fiel erschöpft wieder zurück. Ich nahm seine Hände sanft in die Meinen, als seine Finger gerade ihren gewöhnlichen Stepptanz beginnen wollten. Sein Gesichtsausdruck verriet das innere Chaos zwischen Sorgen des Geschehenen und der Realität des Hier und Jetzt. Den Rest meines Besuchs verbrachten wir damit, Musik zu hören und darüber zu sprechen, behagliche Themen—Dirigenten, Komponisten, Konzerthallen. „War das nich einfach wun-der-schön?" Doch wir vermieden jegliche Konversation über die Vergangenheit. Das aufblitzen von Informationen, so flüchtig es auch gewesen sein mag, ließ mich auf mehr hoffen.

Zurück in St. Paul setzte ich mich wieder an meine Detektivarbeit. Ich klickte mich durch Google, durchforstete Zeitungen und wartete ungeduldig auf den Dokumentarfilm über das Orchester. Das Buch hatte ich bei meinem Vater in Toronto gelassen. Für den Moment musste Sonias Webseite ausreichen. Ich tippte die Adresse ein. Ein Foto ploppte auf meinem Bildschirm auf —das St. Ottilien Orchester. Diesmal saßen sie in zwei Reihen. Fünf Musiker stehen vor der Wand und da, in der Mitte, ist mein Vater.

Quelle: Foto aus dem Archiv von Sonia P. Beker, Autorin von „Symphony on Fire: *A Story of Music and Spiritual Resistance During the Holocaust*".

**Entr'acte 1978**

Das Paar schreitet Arm in Arm in den berühmten Russian Tea Room. Der ältere Gentleman ist schick gekleidet, in Anzug und Krawatte sowie einer Jacke aus Kamelhaar. Sein klassischer Homburg liegt verwegen gekippt auf seinem Haupt und bedeckt sein angegrautes Haar. Die junge Frau hat ein strahlendes Lächeln auf dem Gesicht. Der Herr neben ihr hatte zuvor am selben Tag das Outfit gekauft, was sie jetzt trägt—eine Bluse aus durchscheinender Seide mit graubraunen Blüten darauf und ein bis zur Mitte der Waden hängender, geschwungener Rock. Ihre freche Hochsteckfrisur wird von einer unechten Perlenhaarnadel zusammengehalten. Die Oberkellnerin verspricht, mit einem komplizenhaften Lächeln und vor Innuendo triefendem Zwinkern, die beiden an einen privaten Tisch ganz hinten zu geleiten.

Mein Vater und ich sind auf einem Date, durch puren Zufall. Ich habe eine Position im Symphonieorchester von Indianapolis ergattert, als Stellvertretende Solocellistin—ein eindrucksvoller Einstieg—und mein Vater hätte nicht stolzer sein können. Er spielt noch immer im Symphonieorchester von Toronto. Deren Auftritt in der Carnegie Hall hatte gestern Abend stattgefunden und meine ist für morgen angesetzt. Zufällig ein seltener freier Tag zusammen im Big Apple.

Wir genießen unseren Vater-Tochter-Tag in vollen Zügen: das Shoppen; unser Abendessen aus herzhaftem Rotkohl, Blinis mit einem Löffel schwarzem Kaviar und Sour Cream, Lammschaschlik und russische Kirschküchlein; und eine Balletaufführung im Lincoln Center.

Ich erinnere mich an jedes Detail—eines der wenigen Male, in denen mein Vater und ich Zeit zusammen verbrachten, nur wir beide. Zuvor war es zwischen uns zumeist angespannt gewesen, doch diesmal—zwei Erwachsene, zwei professionelle Cellisten, und ein Tag voller Lieblingsaktivitäten in einer aufregenden Stadt —bringt es das Beste in uns beiden hervor.

Es weht eine sanfte Brise und stiller Sonnenschein berührt unsere Haut. Unsere gute Laune nimmt der Stadt ihre scharfen Kanten und wir tänzeln an teuren Läden vorbei.

Am nächsten Abend schleiche ich regelrecht auf die Bühne für mein erstes Konzert in dem berühmten Saal. Das grelle, buttrige Scheinwerferlich nimmt mir den Atem—der in fürstlich rotes Samt gehüllte Balkon passt perfekt zu den Sitzen; die cremefarbenen, rundlichen Wände sind mit Gold und verspieltem Basrelief verziert und der Klang erblüht wie ein Garten voller Chrysanthemen in den prachtvollsten Farben. Aufs genaueste auf die Schwingungen jener Musiker und Komponisten abgestimmt, die vor uns diese Bühne beehrt haben: Pjotr Iljitsch Tschaikowski, Erschaffer von „Der Nussknacker" und der „Ouvertüre 1812", dirigierte das erste Konzert in der Eröffnungsnacht; Igor Strawinsky, Sergei Rachmaninow, Benny Goodman, Itzhak Perlman, Philip Glass sowie Dr. Martin Luther King Jr. Wir Musiker vergessen nie, dass es unser Ziel ist, durch großartige Musik mystische, meditative und erleuchtende Erfahrungen zum Leben zu erwecken. Mein Vater nimmt von seinem Sitz im Publikum aus teil, trommelt die Melodie des Cellos mit den Fingern seiner linken Hand auf der Armlehne. Jede einzelne Note spielt er mit mir.

Unser einzigartiger Tag zusammen bringt mich dazu meinem

Vater etwas persönliches zu erzählen. Ich hatte gerade erst eine lange Beziehung beendet. Er begleitet mich zu den Treppen des Orchesterbusses. „Viele Mensche liebe dich, Janetkém. Schon bald, ich bin sicher, ein besondere wird dich liebe und dein Liebe verdienen, mein Schatz."

Er lächelt schüchtern und winkt dem davonfahrenden Bus hinterher. Brahms „1. Symphonie" in C-Moll erklingt in mir weiter. Ihr unnachgiebig pochender Puls und die flehenden Streicher—intensiv und opulent, *un poco sostenuto*—sind das Band, das mich enger mit ihm verbindet.

**Leonard Bernstein und das Ex-Konzentrationslager-Orchester.** Bernstein (ganz rechts, im weißen Hemd), Fania Durmashkin (links von ihm), Max Beker (vierter von rechts), Henia Durmashkin (siebte von rechts) und mein Vater (neunter von rechts, zweite Reihe hinter dem Trompetenspieler im grauen Anzug). Quelle: Foto aus dem Archiv von Sonia P. Beker, Autorin von „Symphony on Fire: A Story of Music and Spiritual Resistance During the Holocaust".

*Papa schaut sich die Bilder von 1948 an. Mein Vater beugte sich seiner Vergangenheit entgegen und fiel 6 Jahrzehnte tief in den Morast belastender Erinnerungen.*

*Auftritt des Ex-Konzentrationslager-Orchesters in St. Ottilien, 1945.* Quelle: Foto aus dem Archiv von Sonia P. Beker, Autorin von „Symphony on Fire: A Story of Music and Spiritual Resistance During the Holocaust".

## 3

# EINE REISE IN DIE VERGANGENHEIT

Ein paar Wochen später erreichte mich endlich der Dokumentarfilm „Creating Harmony: The Displaced Persons' Orchestra from St. Ottilien".

Ich riss das Paket auf. Wie das Buch ist auch die DVD hauptsächlich Schwarz. Ein gelber Davidstern und ein einzelner Violinist mit hohlen Wangen und trüben Gesichtsausdruck, der in seinem schäbigen, gestreiften Pyjama auftritt, schmücken das düstere Cover.

Ich hielt die DVD in meinen schwitzigen Händen, halb in der Annahme, dass sie jederzeit lebendig werden würde, und las immer wieder den Text auf dem Cover: „Eine bemerkenswerte Dokumentation über Erneuerung, Widerstand und Unverwüstlichkeit." Weltpremiere am 10. Juni 2007 im Museum of Jewish Heritage—Ein lebendes Denkmal an den Holocaust, Co-Produzenten John J. Michalczyk und Ronald A. Marsh.

War ich für das bereit, was ich vielleicht sehen würde? Aus Unsicherheit wegen der Reaktion meines Vaters—oder möglicherweise meinem eigenen Kleinmut—entschloss ich mich, mit dem Schauen des Films zu warten, bis ich ihn im kommenden Sommer in Toronto besuchte.

Doch am nächsten Tag erhielt ich einen gruseligen Anruf von

Rob. Unser Vater litt plötzlich an Brustschmerzen. „Ihm geht's jetzt ganz gut. Papa hat etwas Nitroglyzerin genommen", erklärte er mit seiner beruhigenden Arztstimme.

„Was waren die Symptome?" frage ich.

„Es ist eine Angina. Typische Indikatoren."

„Aber zusammen mit Parkinsons? Was meinst du?"

„Alles nicht besonders ungewöhnlich für sein Alter. Er's 87. Kein Grund zu überreagieren. Wir schauen es uns nochmal genauer an diese Woche."

War es vielleicht ernster, als er bereit war preiszugeben? Selbstvorwürfe plagten mich. Vor lauter Schuldgefühlen war mir Robs versteckte Sorge nicht aufgefallen.

Wir machten einen ständigen Wechsel von Pflegern durch, bis wir im Jahr 2004 endlich Ian fanden. Herman Ian Barçon, stämmig und stark, mit obsidianfarbenen Augen und sanftem Gemüt, hatte zunächst Bank- und Finanzwesen an der Uni studiert. Er änderte seinen Kurs, als er von einer Initiative der kanadischen Regierung hörte, durch die ausgebildeten, philippinischen Krankenpflegern Jobpositionen bei Kanadiern fortgeschrittenen Alters angeboten wurde und zwar inklusive der Option, sich für eine permanente Aufenthaltserlaubnis zu bewerben. Es war sein Pfad zu einem besseren Leben. Ian schrieb sich in die konkurrenzreiche Krankenpflegerschule ein und begann zu pauken. Seine Bewerbung und ein Gespräch reichten aus, um mich zu überzeugen.

Ians endlose Gelassenheit und einnehmendes Lächeln waren beruhigend für uns alle. Er kümmerte sich um unsere Mutter als wäre sie die seine. Er war den ganzen Tag und die ganze Nacht über bereit auf das kleinste Geräusch und die kleinste Bewegung aus dem Schlafzimmer zu reagieren. Er wusch sie, wechselte ihre Windeln, zog sie an und aus, hob sie aus dem Bett und legte sie sanft wieder hinein. Er pürierte ihr Essen, fütterte sie mit größter Geduld und—das vielleicht anspruchsvollste an seiner Arbeit—

hielt meinen Vater bei Laune. Doch Papa war trotzdem einsam. Er brauchte meine Gesellschaft und mein jährlicher Urlaub im August war noch einige Wochen hin.

Ich versuchte nicht allzu sehr über seine Gesundheit nachzudenken. Stattdessen machte ich mir bewusst, wie wichtig es war, ihm das Video zu zeigen. Ich durfte die Zeit, die ich mit meinem Vater noch übrig hatte, nicht verschwenden. Ich wollte unbedingt mehr von seinen Erinnerungen hören. Ein kurzer Blick auf meinen Terminkalender zeigte mir 4 freie Tage am Stück, schon bald, im Juli, vor der Sommersaison. Ich buchte einen Flug nach Toronto.

Das Flugzeug landete pünktlich. Trotzdem hatte mich mein Vater bereits angerufen, sich nervös auf jedes mögliche Unheil vorbereitet, unnormale Normalität unseres Lebens. Ich rief ihn sofort zurück, versicherte ihm, dass ich auf dem Weg war und erinnerte ihn daran, dass ich, mit Stau, möglicherweise 45 Minuten brauchte, um zu seiner Wohnung zu gelangen.

„Du has gute Auto? Fahr vorsichtig, Janetkém. Langsam. Fahr langsam."

Ich sammelte so schnell wie ich konnte mein Gepäck ein, fand den Mietwagen und bahnte mir meinen Weg aus dem geschäftigen Flughafen.

„Klopf Holz, Janetkém. Dank Gott, du bis da", sagte mein Vater und klopfte sich leicht an die eigene Schläfe. Er lehnte sich vorsichtig zielend in meine Richtung, doch die Küsschen landeten trotzdem auf meinem Ohr.

Ich war nach der üblichen Zeit fürs Abendessen angekommen und mein Vater hatte mit den vor mir aufgetischten Köstlichkeiten auf mich gewartet, obwohl Essen eigentlich immer den Vorrang hatte. Ich erspähte Schokoladen-*Babka* und stellte meine Agenda fürs erste hinten an.

Glücklich summend verschlang mein Vater sein Essen, als ob es sich jederzeit in Luft auflösen könnte. „Wunderbar. Diese Suppe. Fan-tas-tisch. Probier! Du mags den Huhnchen? Ess mehr. Mama hat den immer für dich gemach."

Der Küchentisch hatte kaum genug Platz für uns alle: mein

Vater, Ian, ich und meine Mutter in ihrem Rollstuhl. Wenig hilfreich dabei waren auch die wild aufblühenden, lila und weißen Orchideen, die uns umringten. Eine Erinnerung nistete sich bei mir ein. Der Garten meines Vaters. Pflanzen liebevoll gehegt. Während der harschen Winter Torontos wurden sie ins Haus gebracht und um den Familienesstisch platziert. Die alljährliche Pflanzenpflege meines Vaters brachte bissige Kommentare von meiner Mutter mit sich: „Wie ich soll Essen machen, mit alle diese überall? Wir können uns nich bewegen! Ich muss auf sie treten? Den ganze Tag du buddels draußen. Du tust dir noch weh. Heb nicht diese schwere Topfe! Trag ein Hut in die Sonne... Dein Hände!"

Mein Vater unterbrach meine kleine Zeitreise: „Ess Kuchen. Willst du nich *Babka*?"

„Papa. Ich hab reichlich gegessen und—"

„Was du redest. So frisch. Ess." Er sah missmutig aus.

Mich packte unerwartet die jugendhafte Angst vor der Wut meines Vaters. Ich nahm mir ein kleines Stück und aß.

Schnell wie der Blitz hatte er drei weitere Stücke Kuchen verspeist ohne den kleinsten Krümel übrig zu lassen und war genauso schnell aufgestanden, um das Geschirr zu waschen, so wie er es immer getan hatte. Ian nahm ihm die Teller aus der Hand. „Alles gut, *Lolo* George, ich mach das. Das ist okay. Geh und setz dich zu Janet."

Ich war ganz aufgeregt. *Können wir jetzt anfangen?* Ich fragte meinen Vater, ob er sich in der Lage fühlte, zu den Stühlen vor dem Fernseher zu gehen. Ian und ich halfen ihm dabei. Der Körper meines Vaters, starr und unnachgiebig, ermüdete schnell. Mit einem tiefen, hörbaren Atemzug ließ er sich in einen der Stühle fallen und tastete nach seiner Brille. Ich nahm das Video aus der Hülle. Das Ticken der Uhr schien mir ausgesprochen laut. Während ich den Dokumentarfilm in den Spieler legte, blätterte mein Vater in „Symphony on Fire" herum. Er ging nah an die Seiten heran. Einige Momente vergangen, doch ich unterbrach ihn nicht. Ab und zu meinte ich, ihn nuscheln zu hören. Mein Hals war trocken.

„Bist du bereit, Papa?"

Wir saßen dicht beieinander und hielten Hände—wappneten uns. Musik durchbrach unsere angespannte Stille. Eine einsame, melancholische Violine spielte Jules Massenets „Méditation" aus der Oper „Thaïs". Die Kamera fing den Stacheldraht um Auschwitz ein. Ein Vogel schwebte über den Bildschirm.

Plötzlich platzte es aus meinem Vater heraus: „Da bin ich!"

Mein Vater zeigte auf sein junges, gutaussehendes Gesicht. „Da. Da bin ich. Und wieder. Ich hatte so viel Haare!"

Ich sprang auf, berührte den Bildschirm als ob ich versuchte Teil der Szene zu sein und rief: „Da bist du, Papa!"

Die Kamera schwenkte entlang der Musiker, welche zusammengedrängt im Bus saßen, einfach ein paar junge Leute unterwegs. Dann blieb sie auf meinen Vater gerichtet. Er sah vornehm aus, mit einem eleganten Schal, der in einem dunklen Wollmantel verschwand und einer Krawatte, die auf seinem feinen Hemd hervorstach. Die Musiker, die eine offensichtliche Kameradschaft und Wärme ausstrahlten, waren nicht zum Spaß auf Reisen, sondern zu einem der Konzerte in den Vertriebenenlagern unterwegs—auf einer Mission im Namen der Hoffnung. Die Kamera schwenkte zu seinem Sitznachbarn.

„Da. Da is Chaim Arbeitman. Er war ein fan-tas-tische, junge Violinist, ich hab dir erzählt," sagte mein Vater und zeigte auf den jungen Mann mit dem frechen Lächeln. „Und da is Dirigent Hofmekler! Is das nich Stupel? Sehr gute Violinist, alter, mittlere Alter, ich glaube."

Ich spulte zurück, damit wir die Nahaufnahme von meinem Vater noch einmal sehen konnten. Nachdem ich mich hingesetzt hatte, begann ich die Namen und Details so schnell wie möglich zu notieren—wer weiß wie lange diese Erinnerungen so erhalten bleiben würden. Mein Vater starrte auf den Fernseher und schüttelte den Kopf. Dann wendete er sich zurückhaltend an mich, Augenbrauen hochgezogen, verwirrt seine erwachsene Tochter neben sich zu haben.

„Wer hat diese Film gemacht? Woher habe sie Fotos?"

Er seufzte noch einmal und versuchte erfolglos seine Fassung zu bewahren. Grenzen verschwammen. Wer war dieser schüchterne junge Mann auf dem Bildschirm? Einen Moment später schaute er mich wieder an.

„Unglaublich, Janetkém. Wie du has die gefunden, *kicsi* (kleine) Janetkém, *Mucikám!*"

Papa und ich lächelten und weinten zugleich.

Der körnige, schwarzgraue Film schwenkte über eine große Menschenmenge, darunter Militärpersonal und fahle, ausgemergelte Überlebende. Sie alle sahen gleich aus, Männer, Frauen und Kinder mit rasierten Köpfen, kränklich eingefallenen Wangen und schmutzigen Gesichtern—doch sie lebten. Die Einstellungen rochen regelrecht nach Aas. Blutig geschundene Füße und Finger waren provisorisch mit dreckigen Stofffetzen verbunden worden. Dampf stieg aus einem gewaltigen, kochenden Kessel. Ein abgemagerter kleiner Junge wartete geduldig auf ein Stück Brot. Ich konnte die Reglosigkeit spüren. Einige der Überlebenden waren auf Bahren zu einem großen, offenen Feld getragen worden. Andere standen, in Decken gehüllt, Schulter an Schulter. Sie alle weinten und trauerten, wurden von der Musik über jedes weltliche Gefühl und jedes Fassungsvermögen hinaus transportiert, hinweg von dem, was sie durchgemacht hatten, an einen sicheren—einen heiligen—Ort.

Archivierte Aufnahmen waren mit gegenwärtigen Interviews zusammengeschnitten worden. Zu den Erzählern gehörten Rita Lerner und ihre Mutter Henia Durmashkin Gurko, die Sängerin des ursprünglichen Programms; Sonia, ihr Vater Max Beker und Chaim Arbeitman, zwei der Violinisten des Programms; und die amerikanischen Soldaten Robert Hilliard und Edward Herman. Wenn es von etwas keine Originalaufnahmen gab, wurden Auftritte von Schauspielern nachgestellt oder durch Fotografien vermittelt. Die Musiker begannen mit Stille, ließen sich dann mit einem einheitlichen Atemzug tief in ihr Inneres hinabfallen und appellierten mit ihrer Musik an die Kraft und den Geist der kürzlich befreiten Gefangenen. Die Konzerte erlaubten ihnen, ihre Verluste zu betrauern, gaben ihnen Hoffnung und verzauberten sie mit lange vergessenem Frieden: Musik als Nahrung und Medizin für die Seele. Die Überlebenden, noch immer in ihre zerlumpten, gestreiften Pyjamas gekleidet, waren voller Sehnsucht, warteten nervös auf Neuigkeiten von ihren Angehörigen und beteten für die wertvollen Dokumente, die es ihnen erlauben würden, Europa zu verlassen.

Hätten die Macher des Films gewusst, dass mein Vater noch am Leben war, wäre er Teil der Dokumentation gewesen. Aber das war egal. Ich war in den Besitz eines weiteren Puzzleteils gekommen. Wir ließen den Film mehrmals abspielen, damit mein Vater die Erinnerungen vollends in sich aufnehmen konnte. Fühlte er Angst? Pein? Stolz?

„Papa", sagte ich vorsichtig. „Bist du nicht müde? Vielleicht sollten wir eine Pause machen. Wir können morgen weitergucken, okay?"

„Was? Wie viel Uhr haben wir? Schon 10? Es is spät. Iy-awn (Ian), Ich möcht schlafen."

Ian half meinem Vater langsam ins Schlafzimmer zu schlurfen, um sich bettfertig zu machen. Ich sprang auf, meine Brust dem Bersten nahe—die plötzliche Stille, erdrückend, das Ausmaß dieser Geschichte zu groß, um es so schnell verdauen zu können. Wie waren die Musiker auch nur in der Lage gewesen, ihre Finger zu bewegen, geschweige denn ihre Instrumente zu spielen? Von einer Welle der Übelkeit ergriffen kämpfte ich mich in Richtung Balkon, öffnete die Tür einen Spalt und atmete die frische Luft von draußen tief ein. Und was war mit den Grauen vor dem Konzert? Ich musste davon erfahren, auch wenn ich mich vor dem Wissen fürchtete.

Sobald mein Vater bettfein war, winkte mich Ian ins Schlafzimmer, um ihm einen Gutenachtkuss zu geben.

In jener Nacht wurde ich von der Vergangenheit heimgesucht. Als ich erwachte, war ich wegen Robs lila Gästezimmer völlig desorientiert. Mein Magen zog sich zusammen. Wie ein Kind riss ich mir die Decke über den Kopf. Zwischen träumen und wach sein versuchte ich mich auf die unglaublichen Entdeckungen der letzten Monate zu konzentrieren und die weiche Daunendecke zu genießen, doch ich konnte die Schrecken nicht lange von mir weisen. Die Bilder färbten alle anderen Eindrücke mit ihren düsteren Farben. Ich verpasste sogar den sehr frühen Anruf meines Vaters.

„Janetkém, wann du kommst endlich?"

Ohne jede Rücksicht auf mein Aussehen—für mich unüblich—zog ich mich an und griff nach meinem roten Pullover (den mein Vater so sehr mochte) und sprang ins Auto, um rüberzufahren. Ich machte mir Sorgen, dass etwas nicht stimmte. Fernsehergeräusche, noch lauter als sonst, waren bereits im Fahrstuhl zu hören. *Los geht's! Aus den Bob Barker Studios von CBS in Hollywood, Der Preis ist heiß!* Mein Vater begrüßte mich kaum. Er war verschlossen; sprach wenig, seine Arme blieben verschränkt. Wir saßen den ganzen Tag über zusammen vor dem Fernseher, unsere Reise in die Vergangenheit scheinbar vergessen. Er wollte nichts außer meiner Gesellschafft.

*Die Busfahrt—Die Musiker aus St. Ottilien auf dem Weg zu einem Konzert. Mein Vater, mit voller Haarpracht und Krawatte, sitzt am Fenster.* Quelle: Foto aus dem Archiv von Sonia P. Beker, Autorin von „Symphony on Fire: A Story of Music and Spiritual Resistance During the Holocaust".

**Bernstein und das St. Ottilien-Orchester verbeugen sich, Feldafing.** Leonard Bernstein auf dem Podium in der Mitte, mein Vater rechts daneben (nach vorne schauend). Quelle: Foto aus den Archiven der American Jewish Joint Distribution Committee (JDC), New York, NY, welche die Konzerte finanzierte und die Musiker mit Essen und Equipment ausstattete.

***Das St. Ottilien-Orchester bereit für den Downbeat.*** *Bernstein steht rechts, mein Vater sitzt ganz links.* Quelle: Foto aus den Archiven der American Jewish Joint Distribution Committee (JDC), New York, NY.

***Bernstein erhält Blumen, Feldafing.*** *Gesponsert von der American Jewish Joint Distribution Committee am 10. Mai 1948, nahe München.* Quelle: Foto aus den Archiven der American Jewish Joint Distribution Committee (JDC), New York, NY.

# TEIL II

## BACH, BEETHOVEN UND BRUTALITÄT
## KATHERINES (KATOS) GESCHICHTE

Wenn ich Musik höre, fürchte ich keine Gefahr. Ich bin unverletzbar. Ich sehe keinen Feind. Ich bin verbunden mit den ersten und mit den letzten Zeiten.

—Henry David Thoreau (1817-1862)

4

# PAPRIKA, PREDIGT UND VERFOLGUNG

„Erdnussbutter? Sie geben ihre Kinder Erdnussbutter für Mittag." Meine Mutter war außer sich. Und das sollten angeblich die guten Familien von Toronto sein? Unerhört. Regelrechte Misshandlung. Aus der Sicht meiner ungarischen Mutter hatte das Mittagessen gefälligst ein höchstkomplexes Unterfangen zu sein. Rob und ich trugen Papierbeutel mit einem Wiener Schnitzel in einem 20 Zentimeter langen Mohnbrötchen, zur rechten Jahreszeit einem saftigen Pfirsich, ungarischen Backwaren—vielleicht Kirschstrudel oder ein paar *Rugelach* gefüllt mit Walnüssen, Zimt oder Schokolade—und einem großen Stück frische, grüne Paprika zur Schule. Wie sollte ich diesen absurd großen Beutel verstecken und ungesehen in meinen Spind schmuggeln? Die Kinder an der Willowdale Middle School konnten gemein sein, ihre Kommentare verletzend: „Ih! Eklig! Was ist das?"

Trotzdem liebten meine Freunde es, uns zuhause zu besuchen. Der Akzent meines Vaters und seine europäische Art waren angenehm und exotisch. Bevor es an der Tür klingelte, versuchte ich das unvermeidliche zu verhindern. Jeder Gast war *ihr* Gast. Es war schlichtweg unakzeptabel, einen Besucher nicht formell an der Tür zu begrüßen. Nachdem sie schnell die Plastiküberzüge von den Möbeln gezogen hatten, geleiteten sie meine Freunde in das

Wohnzimmer und ich schlich hinterher. Während mein Vater mit dem Smalltalk begann, bereitete meine Mutter die Horsd'œuvres und eine Auswahl jüdischen und ungarischen Gebäcks vor—gefüllt mit Marzipan oder Mohn—Käseblintze und geschichtete Cremetorten serviert auf Tellern, so groß, dass sie für die ganze Nachbarschaft gereicht hätten. Es war undenkbar, Besuch zu haben und ihm nicht eben diese Gastfreundlichkeit entgegenzubringen. Nicht das sie verhungern! Da ich bereits vom magischen Essen Amerikas verführt worden war—Donuts, Hot Dogs, Spaghetti mit Fleischbällchen, M&Ms—flehte ich meine Mutter an, die grüne Paprika wegzulassen.

Meine Mutter fragte meine Freunde aus: „Was macht deine Vater? Wo wohnst du? Du solltest den Schminke tragen. Warum du trägst nicht den Schminke? Du wärest so hübscher." Im Umgang mit Menschen war Taktgefühl nicht ihre Stärke. Ich kam nicht zu Wort.

Ungeduldig und voller Groll begann ich zu fantasieren. Jemanden, der zum Essen bestimmt ist. Ja, das brauchte ich—jemanden der isst und isst und isst, damit ich meine beste Freundin für ein wenig Privatsphäre in mein Zimmer schleusen könnte.

Meine Familie speiste wie Österreichisch-Ungarischer Adel. Mama war eine vollendete kulinarische Virtuosin, die jeden Abend ein Festmahl auftischte. Sie rannte manchmal mitten in der von ihr gelehrten Klavierstunde die Treppe hoch und ließ ihren Schüler dort sitzen, während sie ein paar Kohlrouladen vorbereitete. Dann eilte sie, ohne mit der Wimper zu zucken, zu ihrem Schüler zurück, dessen Magen, bei den himmlischen Gerüchen, die aus der Küche kamen, gewiss schon zu knurren anfing.

Hähnchen *Paprikás*, dicke Blumenkohlsuppe mit Teigtaschen, *Rizsi Bizsi* (schon der Name brachte uns zum Kichern)—ein Mischmasch aus Erbsen und Reis mit einer pikanten Soße—und, natürlich, Gulasch, mit einer großzügigen Menge süßer Paprika und serviert zusammen mit ihrem deliziösen Kartoffelpüree sowie ein paar Scheiben Roggenbrot oder Frühkartoffeln und Zwiebeln gebraten, bis sie goldbraun waren. Allein das Aroma war zum Dahinschmelzen. Mein Vater war eine unverbesserliche

Naschkatze. Zuletzt das Schlussspektakel—papierdünne, im Mund zergehende *Palacsinta*: berühmte, ungarische Crêpes, gefüllt mit gemahlenen Walnüssen und Zucker oder Schokolade und Aprikosenmarmelade oder Ricotta-ähnlichem Käse mit Zitrone und Zucker (mein Favorit) oder *Pité* mit frischen, sauren Kirschen. Die größte Freude meines Vaters war *Dobos*: eine cremige, schokoladige Schichttorte mit einem Topping aus festem Karamell. Trotz des Risikos für gehörige Bauchumfänge kam kein anderes Essen auf den Tisch. Alles, was nicht ungarisch war, konnte keineswegs mithalten.

Die größten Meisterstücke behielt sich Mutter für Gäste vor. Dabei stimmte sie ihr Opus magnum präzise auf die Ankunft der Besucher ab. Sie wurden direkt und ohne Ablenkung in das Esszimmer geführt. In den Augen meiner Mutter waren Ablenkungen in dem Fall Gespräche, Trinken, Knabbern und vor allem Fernsehen. Gäste wurden für eine Sache eingeladen: Essen. Für meine Mutter galt höchste Alarmstufe. Es durfte nicht kalt werden!

Sie war außer Atem, hatte Schweißperlen auf der Stirn und war bereit aufgehäufte Kellen ihrer berühmten ungarischen Bohnensuppe *Bableves* auszuteilen. Plötzlich hatte man eine kolossale, bis an den Rand gefüllte Schüssel dicke Suppe voller Fleisch, Kidneybohnen, Gemüse und perfekt geformten, kleinen Teigtaschen vor sich. Eine volle Mahlzeit für sich. Und bereits über das hinaus, was ich essen konnte. Doch es wurde nachgeschöpft, bis ich irgendwann protestierte: „Nein! Ich möchte nicht mehr!" Man musste seine Schüssel aus ihrer Reichweite ziehen. Beleidigt und rot anlaufend warf meine Mutter zurück: „*Na*, Janetkém, du bis zu dünn. Du isst wie Vögelchen!"

„Setz dich und iss mit uns, Mama."

„Nimm mehr!", redete sie mir zu.

Meine Mutter betrachtete ihr eigenes Mahl mit Argwohn. Was wenn jemandem der Hauptgang nicht gefiel? Problem gelöst: zwei Hauptgänge. Sie schaute mir dabei zu, wie ich in einem kleinen Stück gebratenem Kalbfleisch rumstocherte. „Was? Gefällt dir nich die Kohlrouladen?"

Erst viel später realisierte ich, dass ihr obsessives Talent in der Küche nicht einfach die übliche Vorliebe fürs Essen widerspiegelte, welche die meisten jüdischen Mütter prägte. Nach den Entbehrungen ihrer Jugend definierte sie sich selbst darüber, uns ausreichend zu ernähren—als Beweis dafür, dass diese Tage hinter ihr lagen. Und das fixiert sein meiner Eltern auf perfekt gebügelte Hemden und modische Outfits vertrieb die dunklen Erinnerungen an Schmutz, Läuse, zerfetzte Klamotten und Schuhe ohne Sohlen.

Meine lebhafte Mutter, immerzu fesch gekleidet von Kopf bis Fuß—U-Ausschnitte, paillettenbesetzte Blusen, geraffte Röcke und stilvoll abgestimmte Schuhe und Handtaschen—ging nie aus, ohne sich herzurichten, eine stundenlange Prozedur: Lidschatten über ihren schönen, haselnussbraunen Augen, Puder auf ihrer makellosen Haut (*Lass dich nie ohne Schminke sehen*) und Korsette, um die ein oder andere Delle zu verstecken. Ihr zuhause gefärbtes Haar, normalerweise flach anliegend, verwandelte sich nach 2 Stunden im Badezimmer in eine voluminöse Toupierfrisur. Dann sprühte sie das ganze ausgiebig mit VO5 Haarspray ein, welches durch das ganze Haus zog und uns mit seinem sirupartigen Aroma erstickte. Wieso sein hart verdientes Geld an Schönheitssalons verschwenden—Mama frisierte ihr dunkles Haar selbst und das außerordentlich gekonnt.

Die Haare vom Rest von uns konnten ihren Ansprüchen nie gerecht werden. Der Kopf meines Vaters war so gut wie kahl, mit langen, einsamen Strähnen hinten und an den Seiten. Er ergab sich den Anweisungen meiner Mutter, kämmte sie jeden Tag über die unansehnliche Schädeldecke und sprühte das Ganze ein, bis es fest saß.

Meine Frisur und Klammottenwahl waren Grund zur ständigen Kritik. Sie schaute mich abgeneigt an, schüttelte unzufrieden den Kopf und sagte: „*Jaaannaaattte!* Bausch deine Pony!"

Keine Miniröcke für mich. Ich spielte Cello. Mit so einem Rock kannst du die Beine nicht spreizen. Und Jeans? Absolut unakzeptabel, nicht feminin genug und ordinär.

**Entr'acte 1957**

In einem alten, blauen Fotoalbum meiner Familie, von Cellophan geschützt, gibt es ein Foto. Es ist Sommer und ich bin vielleicht 5 Jahre alt. Die Sonne flimmert durch dichtes Blätterwerk und betupft den ordentlichen Steingarten mit ihrem Licht. Wir stehen vor unserem Fünfzimmerbungalow, Nummer 958, Castlefield Avenue. Meine Mutter und ich halten Hände und auch wenn sie etwas verschlossen wirkt, ihr Kopf leicht zur Seite gelehnt, habe ich ein breites Lächeln auf dem Gesicht. Ich posiere in schicken, schwarzen Mary Janes, weißen Socken und einem Kleid mit Reifrock. In der rechten Hand halte ich den Riemen einer weißen Tasche und ein Paar Handschuhe.

Meine Mutter sieht edel aus in ihrem eng anliegenden, dunklen Outfit—ein Satinrock, ein passendes, kurzärmliges, zugeknöpftes Hemd und Opernhandschuhe. Ihre Schuhe sind schwarz und offen an den Zehen. Wie ich hält meine Mutter den Riemen ihrer Handtasche in der Hand. Die längliche Form ähnelt der meinen, doch ihre ist natürlich dunkel, passend zum Rest. Unsere Hüte fallen auf—beide weiß, besetzt mit ein paar Blumen, ausgesprochen weich, Filz vielleicht, und merkwürdig geformt, Halbhüte, damals der letzte Schrei—eng am Kopf anliegend und steif wie ein Heiligenschein (so auch von Königin Elisabeth II. in den Fünfzigern getragen und beliebt bei Bräuten zu der Zeit). Ich bin Mamas winziges Ebenbild.

In Sachen Äußeres war das Wort meiner Mutter Gesetz. Selbst als Jugendliche, Jahre später, ließ ich die zusammenpassenden Outfits über mich ergehen. Alles musste doppelt gekauft und getragen werden und ich unglücklich der Anführerin folgen. Sie und ich stöberten nach Klammotten mit dem *made-in-Canada* Etikett, zunächst in einem Kaufhaus. Manchmal war es meinem Vater erlaubt, uns zu begleiten. Seine Augen leuchteten auf. Papa verehrte alles Schöne: Schmuck, Kunst, Musik und stilvolle

Kleidung. Er hatte große Freude daran, uns beim posieren mit den teuersten Designeroutfits zuzuschauen, auch wenn wir sie uns nicht leisten konnten. Doch seine Anwesenheit lenkte von der strikten Agenda meiner Mutter ab—mich ordentlich einzukleiden. Meine Eltern kabbelten sich deswegen sogar. „*Gyurikám*. Hier wir kaufen nicht!", forderte meine Mutter. In der Zwischenzeit stahl ich mich davon und durchsuchte ungehindert den hinteren Teil des Ladens. Vielleicht, so dachte ich, konnte ich ja so tun, als würde ich sie nicht kennen.

Alle paar Minuten fand mein Vater etwas. „Janetkém, guck. Guck hier!"

Ich riss mich von einem Outfit los, dass mir ins Auge gefallen war, und trottete zurück zu meinem Vater, welcher mir mit einem grässlichen Fund vor der Nase rumwedelte, in einer Größe, die zu einer etwas überdrallen Frau gehobenen Alters gepasst hätte.

„Papa, das ist so hässlich! Und viel zu schickimicki. Keiner meiner Freunde trägt sowas!"

„Probier ihn."

Dann kehrte ich ihm meist einfach den Rücken zu und floh zur anderen Seite des Geschäfts zurück. Völlig unbeirrt kam nur einen Moment später: „Janetkém, is diese nich wun-der-schön! Kauf ihn!"

Andere Kunden drehten sich zu uns um. In der Hoffnung, dass meine Eltern mich dort nicht vermuten würden, versteckte ich mich in der Übergrößenabteilung.

Mama—verärgert und entnervt wie sie war—hätte Preise im Blitzeinkaufen gewinnen können. Meine Eltern rannten mit den Armen voller Klammotten in die Ankleideräume. Sie quetschte sich zu mir in die winzige Kabine, so offensichtlich unangenehm es mir auch war. Ich wollte mich vor ihr nicht ausziehen. Sie kam zu nahe und schaute sich alles genau an. Laut meiner Mutter waren wir exakt gleich, vor allem unsere Tendenz dazu, unseren kompakten Figuren Umfang zuzulegen. Sie beschrieb uns gerne mit dem jiddischen Wort *zaftig*.

„Mama, ich liebe diesen Pullover. Können wir den kaufen? Und den Rock. Die sind *in*."

„*Jaaannaaattte!* Du siehs dich nich von hinten!"

Wir beide wussten, dass sie das letzte Wort hatte—nichts zu enges, zu tief ausgeschnittenes oder zu kurzes. Sie traf die Entscheidungen, untersuchte die Etiketten und notierte heimlich die Codenummern der Kleidungsstücke, bevor wir einen schnellen Abgang machten.

Dann zog sie mich in die Innenstadt zu einem Industriegelände, wo die Klammotten hergestellt wurden, und suchte dort nach den auserwählten Stücken. Anprobieren war dort nicht möglich.

In den überfüllten, in Rauch gehüllten Gängen feilschte meine Mutter in einem energischen Flüstern. Ich stand an der Seite und schaute zu Boden. Nach einer Weile gab der Aufseher immer nach. Sie kaufte ihre Kleidung nur so—nie nach Einzelhandelspreis. Meine Mutter holte das Geld hervor, zählte jeden Dollar und kaufte zwei identische Outfits, wenn auch in sehr unterschiedlichen Größen. Für sie war das normal. Schließlich hatte sie den besten Geschmack und ich hatte doch bestimmt den selben. Den smaragdgrünen Rock mit Verzierungen aus schwarzen Samt, das einteilige Kleid aus lila Wolle und den modischen Pulli, den ich so unbedingt haben wollte, gab es dort nicht. Ich flehte meine Mutter an, zurück in das Kaufhaus zu gehen. In der Regel waren die Klammotten bis dahin schon verkauft worden.

Kurz nach meinem Geburtstag im Jahr 1952 kam der Klavierunterricht meiner Mutter in unserem Heimstudio ins Rollen. Ihre eigene Liebe für die Musik in anderen zu wecken war ihre Passion. Sie konnte nicht aufhören zu ihren jungen Schülern, inklusive Rob und mir, über die vielen Vorteile zu sprechen, die das Spielen eines Instruments mit sich brachte—Disziplin, Motivation, Durchhaltevermögen, Konzentration, Koordination, Geschicklichkeit und Kreativität sowie besseres Erinnerungsvermögen, Hör- und Leseverständnis. Sie war eine großartige Lehrerin, bei ihren Schülern beliebt und gefürchtet.

Samstag morgens konnte ich sie sogar oben in meinem Zimmer

hören: „Du weiß nich, wie man ein Dur-Tonleiter macht? Zwei ganze, ein halbe—drei ganze, ein halbe." Sie zeigte die alternierenden Töne am Piano. „Spiel mit Aus-druck! Eins und zwei und..." sang sie vor und das Klimpern ihrer Schüler kam kaum dagegen an. Ich zog die Decke über meinen Kopf und grummelte: „Ist das eine Klavierstunde oder Gesangsunterricht? Wie soll sich das arme Kind selbst denken hören, geschweige denn spielen?"

Rob und ich besuchten die Kunstgalerie so gut wie jedes Wochenende mit meinem Vater. Kultur hatte immer den Vorrang. Meine Mutter ging sicher, dass wir in der klassischen Literatur Europas adäquat belesen waren. Doch am wichtigsten war die Musik. Mozart, Beethoven, Bach, Brahms, Strawinsky und, natürlich, der große ungarische Komponist Béla Bartók konnten in unserem Heim fast durchgängig vernommen werden—ein wahres Konzerthaus. Musikstunden und tägliches Üben waren Pflicht und häufig hörte man in unserer Nachbarschaft gleichzeitig zwei Cellos, ein Horn, das Piano und das Trällern meiner Mutter. Selbst als wir noch sehr klein waren, gingen wir regelmäßig auf Konzerte und unsere Eltern waren stolz auf unser gutes, ruhiges Verhalten während der Vorstellung. Eine ältere Dame merkte einmal an: „Gute Frau, ich muss Ihnen gratulieren. Ihre Kinder sind unglaublich brav."

„Nun, ich hoffen doch", antwortete meine Mutter. „Ihre Vater spielt."

Mama stellte sich vor, wie ich extravagant auf die Bühne schreite, in einem langen, transparenten Kleid, Cello fest in der Hand. Meine Eltern lauschten meinen Proben und konnten mit der Kritik nicht an sich halten: „Janetkém. Spiel lang-sa-mer... Du bis aus den Takt."

„*Na, Jaaannaaattte*. Spiel *nochmal*. Zähl!"

Sie ließen keine Möglichkeit aus, mit mir anzugeben. Wann immer wir Gäste oder sonst ein Publikum hatten, kam unausweichlich der Befehl: „Janetkém, spiel der neue Stück. Guck wie musikalisch sie is!" Dann schoben sie mich zum Piano im Wohnzimmer und ich musste spielen, egal wie unangenehm es dem Besuch zu sein schien.

Aber es waren die verlockenden Klänge des Cellos, denen ich wahrlich verfiel. Ich sehnte mich danach, die Geheimnisse hinter der atemberaubenden Ausdrucksreichweite zu entschlüsseln—der tiefe, klagende Bariton, der seidige Tenor und der schillernde Sopran.

Ich übte beharrlich und ging meinen Weg, auch wenn er nicht ohne seine Hürden war. Sobald ich bereit für meinen ersten Soloauftritt war, erlaubte mir mein Vater, sein wunderschönes, italienisches Cello aus dem 18. Jahrhundert zu spielen, das Instrument, welches er aus Europa mitgebracht hatte, ein Panormo: handgefertigt, die Decke aus Fichte, der Boden aus flammenden Ahorn und fein lackiert. Das Konzert sollte 1970 in der Kunstgalerie von Ontario stattfinden—ein prestigeträchtiger Standort für eine Siebzehnjährige. Die Räumlichkeiten brachten gewisse erschwerende Umstände mit sich. Die höhlenartige Halle stand Museumsbesuchern offen und die porösen, weißen Marmorwände sorgten für eine hallende Akustik. Das Publikum, welches an griechischen Säulen vorbeigucken mussten, bestand aus neugierigen Museumsbesuchern, Musikenthusiasten, die hofften das neueste Wunderkind zu hören und Müttern mit hibbeligen Kindern, die sich einfach nur hinsetzen wollten.

Als ich mich in einem Hinterzimmer aufwärmte, ergriff mich die Nervosität. Warum hatte ich mir ein so schweres Stück ausgesucht, Bachs „Cello-Suite Nr. 3" in C-Dur? Selbst für einen erfahrenen Musiker eine Herausforderung. Ich versuchte mich zu konzentrieren, atmete kontrolliert ein und aus. Dann war es so weit. Ich atmete noch einmal tief durch, griff das Cello, erinnerte mich daran, mein Kleid anzuheben, um nicht darüber zu stolpern, zeigte mit einem breiten Lächeln meine Zähne (worauf meine Mutter bestand) und stolzierte selbstbewusst über die Bühne. Ich fixierte den Stachel des Cellos im unnachgiebigen Holzboden und spielte das erste C der Melodie. Was folgte war der Alptraum eines jeden Cellisten: Mein Cello rutschte mir aus den Händen und schaukelte vorwärts. Ich konnte es gerade noch mit meinen Knien auffangen, bevor es zu Boden krachte. Irgendwie gelang es mir, ohne Unterbrechung weiterzuspielen, während ich das Instrument wieder aufrecht setzte, doch ich traute mich nicht aufzublicken. Mein Vater war in seinem Sitz nach vorne gerutscht und hatte laut aufgestöhnt. Mein Atem beruhigte sich nach einer Weile, doch er war kreidebleich.

Danach zog ich mich in das Hinterzimmer zurück und der Bühnenmanager rollte das Piano in Position für das nächste Stück. Mein Vater sprang auf und richtete sich an die anderen Zuschauer: „Hat jemand Taschenmesser?"

Jemand hatte eines von seinem Schlüsselband hängen. Mein Vater nahm das Messer, erklomm die Bühne, ging auf alle Viere und hackte ein Loch in den Boden. Zufrieden damit, weitere Katastrophen verhindert zu haben, kehrte er an seinen Sitz zurück. Als ich wieder auf die Bühne ging, sah ich die brandneue Kerbe zunächst nicht. Ich wollte den Stachel gerade erneut fixieren, da sah ich meine Mutter wild herumwedeln. *„Jaaannaaattte!"*, rief sie und meine Blamage war vollkommen. „Deine Vater hat eine Loch gemacht! Er hat eine *Loch* gemacht!"

**Entr'acte 1961**

Herbst—eine liebliche Jahreszeit mit seinen goldgelben und roten Farben, dem Erntemond, dem fahlen Dämmerlicht und dem spielerischen Halloween: wo jeder, der gerne jemand anderes wäre (wenn auch nur für eine Nacht), an der ultimativen Maskerade teilnehmen kann. Überall Kostüme und gruselige Dekorationen, das Spektakel von Horror und Angst, von Haus zu Haus gehen mit der lächelnden Drohung: „Süßes oder Saures!"

Meine Mutter findet Halloween abscheulich. Erst in meinen Zwanzigern verstand ich, dass es sie an Attacken gegen Juden erinnerte, Pogrome wie die Kristallnacht vom 9. November 1938, die Nacht, als das Dogma der Nazis sein hässliches Haupt erhob. Als organisierte Massaker ihren Lauf nahmen und Ghettobewohner terrorisiert wurden. Als kummervolle Hilferufe ohne Antwort blieben. Als brutale Menschenmassen Geschäfte und Heime plünderten und im Namen der Nation Synagogen schändeten. Als jüdische Männer verprügelt (oder ermordet), zusammengetrieben und nach Dachau geschickt wurden—30.000 von ihnen—und die Polizei als Komplize daneben stand. Die Nacht, als alles—Gesetz und Ordnung, die Gesellschaft, Zugehörigkeit, Zivilcourage, Gerechtigkeit, Ehre und Menschlichkeit—in Frage gestellt werden musste.

Deswegen gibt es bei uns auch an Weihnachten keine Feier; deswegen bekommen Rob und ich dann keine Geschenke und unser Haus bleibt das einzige im gesamten Häuserblock ohne Lichter und Dekorationen. Wir verstehen das. Wir singen trotzdem in unseren Schulaufführungen und kennen alle Weihnachtslieder. Ich erinnere mich an „Fernab in einer Krippe". Dabei lasse ich ein Wort immer summend aus: „In keinem Bett sondern Stroh, Ist der kleine *hm* hm froh."

Wir finden die Feiertage schön und lächeln höflich, wenn uns frohe Weihnachten gewünscht wird, selbst wenn wir uns bewusst sind, dass sie wissen, dass wir Juden sind.

Jeden Morgen in der Schule stehen wir auf und sagen das Vaterunser: „Vater unser im Himmel, geheiligt werde dein Name. Dein Reich komme. Dein Wille geschehe..." *Dein Wille geschehe?* Im Angesicht der vielen Gräuel unserer Weltgeschichte frage ich mich, wie häufig die Bedeutung dieser Zeilen im Namen des Bösen verzerrt wurde.

Beten meine Eltern? Ich weiß es nicht, doch sie lehren mich das *Schema*. Es ist ein Kernstück des Judentums, so vorgegeben in der Tora. Ich kann die ersten zwei Zeilen auf Hebräisch auswendig und wir hören die Worte und Melodie bei jedem Gottesdienst in unserer Synagoge; tatsächlich erklingen sie in jeder Synagoge auf der ganzen Welt.

Als ultimatives Glaubensbekenntnis ist das *Schema* das wichtigste aller jüdischen Gebete und sollte täglich morgens und abends, zum Ende von Jom Kippur und vor dem Tod aufgesagt

werden. Am wichtigsten sind dabei die ersten sechs Worte und die Antwort ebenfalls bestehend aus sechs Worten:
*Schema jissra-el, adonái elohénu, adonái echad.*
*Baruch schem kewod malchuto le-olam wa-ed.*

Höre Israel, der Ewige ist unser Gott, der Ewige ist einzig. Gelobt sei der Name der Herrlichkeit Seines Reiches auf immer und ewig.

Darauf folgt:

Du sollst den Ewigen, deinen Gott, lieben mit deinem ganzen Herzen, deiner ganzen Seele und deiner ganzen Kraft. Diese Worte, die Ich dir heute gebiete, sollen in deinem Herzen sein. Du sollst sie deinen Kindern einschärfen und davon sprechen, wenn du in deinem Haus sitzt und wenn du auf dem Weg gehst, wenn du dich niederlegst und wenn du aufstehst...

Diese Worte erwecken starke Gefühle in mir. In den Zeiten der spanischen Inquisition wurde jeder, der auch nur das Wort *Schema* in den Mund nahm, hart bestraft. Später erfuhr ich, dass das Aufsagen der ersten beiden Zeilen auf Hebräisch meinem Vater das Leben gerettet hatte.

Eine neblige Erinnerung schwebt in der Luft. Ein Abendgebet, doch es ist nicht das *Schema*. Es ist ungarisch. Ich kuschel mich unter die Decke und meine Mutter sitzt auf dem Bett. Zusammen sagen wir... Was war es noch gleich? Ich tue mich schwer, doch Fragmente kommen Stück für Stück zurück:

*Én Istenem, Jó Istenem, Lecsukódik már a szemem.*
*De a tiéd nyitva Atyám, amíg alszom, vigyázz reám!*

Wahrscheinlich habe ich die Worte mein ganzes Leben lang falsch ausgesprochen, doch nach einer Weile beharrlichen Suchens finde ich das Gebet auf einer katholische Internetseite: „Mein Gott, Guter Gott. Meine Augen sind bereits geschlossen.

Doch Deine bleiben offen. Bitte wache über mich in meinem Schlaf." Und dann kommt das Bitten im Namen der Familie: „Wache über meine lieben Eltern und meinen kleinen Bruder, damit wir uns küssen können, wenn der Tag erneut beginnt."

Wieso brachten sie mir ein christliches Gebet bei? Selbst als Kind hatte ich eine Ambivalenz gespürt. Nach allem, was geschehen war, kamen meine Eltern voller Entschlossenheit nach Kanada. Mit der Intention ihr jüdisches Erbe zu vergessen. Doch sie konnten diesen Teil ihres Selbst nicht einfach auslöschen, vor allem nicht nach der Geburt ihrer zwei Kinder. Unsere unwahrscheinliche Existenz stellte einen Triumph über die Nazis dar. Ich habe herausgefunden, dass meine Mutter während des Holocaust falsche Papiere bei sich hatte, die sie als römisch-katholisch auswiesen. Vielleicht hatte sie sich christliche Gebete eingeprägt. Vielleicht dachte sie, es sei klug, uns christliche Rituale beizubringen. Um uns vorzubereiten, falls wir auch irgendwann unsere Religion verstecken müssten. Es könnte zwischen Leben und Tod entscheiden.

**Entr'acte April 1961**

Meine Wahrnehmung beginnt sich zu verändern. Ich bin 9 Jahre alt. Meine Eltern drängen sich um unseren gerade neu gekauften Schwarzweißfernseher. Sie schauen auf den Bildschirm und Besorgnis zeichnet sich auf ihren Gesichtern ab. Auch ich gucke bang auf das merkwürdige Gerät, nicht in der Lage ihr aufgeregtes Ungarisch zu verstehen. „*Na, Gyurikám. Nem!* Nein. Wechsel Kanal! *Itt van Janetke és Robika* (Janet und Robert sind hier). *Kapcsold ki* (Mach es aus)."

„*Baszdmeg. Az a szar* (Dieses Stück Scheiße) Eichmann."

Sie schalten umher, auf der Suche nach Weltnachrichten. Eichmann. Prozess. Die Invasion in der Schweinebucht. Was für eine Bedeutung hatte all das für uns? In Kanada? Sonst gucken wir Sonntagabend immer die „Ed Sullivan Show", harmlos und unterhaltsam. Doch diese Woche liegt der Fokus der Welt auf dem

Nazi Adolph Eichmann, einem der berüchtigtsten Kriegsverbrecher der Weltgeschichte.

Seine Geschichte bringt die Gräuel der Nazis in die Heime unzähliger Menschen. Es ist der erste im Fernsehen übertragene Gerichtsprozess. Zum ersten Mal seit Ende des Krieges äußern sich hundertsechzehn Holocaust-Überlebende zu ihren traumatischen Erlebnissen. Eichmann, Agent der Endlösung, transportierte Millionen von Juden in Todeslager in ganz Europa.

Ich erinnere mich auch an etwas anderes. Kein Prozess. Ich sehe eine Karte von einer Insel namens Kuba, einen Angriff auf jemanden genannt Castro, von den USA unterstützte Aufrührer und ein paar Monate später im Jahr 1962 höre ich von Raketen und einer dramatischen Auseinandersetzung zwischen Präsident Kennedy und einem Russen, Nikita Chruschtschow.

Meine Eltern machen sich Sorgen. In einem unterdrückten Wimmern diskutieren sie das Graben eines Bunkers in unserem Garten, Verstecken, Wasser und Nahrung Horten und Schmuck Vergraben.

Erst Jahrzehnte später habe ich den Mut zusammen, um mir Teile des Eichmannprozesses anzuschauen. Man kann ihn auf YouTube finden. Am ganzen Körper angespannt blicke ich auf den Angeklagten, der gelassen in einem Käfig aus bruchsicherem Glas sitzt. Sein Gesicht wird von einer schwarzen Brille dominiert. Eichmann war der Oberaufseher der Deportation und Ermordung von Ungarns Juden. Jeden Tag wurden 12.000 Männer, Frauen und Kinder gegen ihren Willen nach Auschwitz gebracht, wo die meisten von ihnen in den Krematorien landeten. Grausames Genie? Ein mickriger, kleiner Mann mit einer Vorliebe für Bach, Beethoven und Brutalität.

**Entr'acte 1962**

Im Sommer machen wir häufig ein Picknick im Rouge Hill, einem öffentlichen Strand und Park mit Blick auf den Ontariosee. Eine Gruppe Ungaren—inklusive Ada, der besten Freundin meiner Mutter, und ihrem Ehemann Tibor—treffen sich mit ihren vollgestopften Metallbehältern: *Körözött* (ein Streichkäse bestückt mit Paprika und grünen Zwiebeln); *Halászlé* (Seemannssuppe), was, wenn man es mit einer Knoblauchzehe abkühlen lässt, geliert und so serviert unglaublich köstlich ist; *Kifli* (ähnlich wie Croissants) mit Fleisch und Käse überhäuft; Paprikascheiben; und als Nachtisch Wassermelone und *Begli* (ein spiralförmiges Brot gefüllt mit süßen, gemahlenen Walnüssen oder Mohn). Aber genau wie andere Kinder betteln Rob und ich nach Eiscreme und wenn etwas Geld übrig ist, hüpfen wir glücklich zum Eiscremestand.

Meine Haare sind mit Klumpen Sonnencreme verklebt, die Mama auf jeden Millimeter meiner freien Haut schmiert. Es fühlt sich eklig an. Sie signalisiert mir, mich im Schneidersitz auf die Decke zu setzen und packt die dicke Holzbürste aus. Dann kniet sie sich hinter mich und glättet meine Locken. Ich kann ihren sanften Atem in meinem Nacken spüren.

„Mama, wieso haben Ada und Tibor keine Kinder?"

Sie zögert. „Sie können kein Kinder haben."

„Wieso, Mama?"

Eine Pause. Sie hält den Atem an. „Nun. Etwas is passiert während Krieg."

„Was, Mama?"

Eine weitere Pause. „Ada war in schlimme Ort, eine Lager. Die Deutsche... Sie kann kein Kinder haben wegen Lager."

Mama sammelt meine Haare—etwas zu schroff—zu einem festen Dutt zusammen. Ich drehe mich nicht um. Ich weiß über den Krieg Bescheid. Ich weiß, dass aus irgendeinem Grund Juden wehgetan wurde. Ich weiß zu dem Zeitpunkt bereits, dass ich nicht darüber reden soll, Jüdin zu sein. Doch ich habe Freunde, die den Sommer über in Ferienlagern Spaß haben.

„Mama. Wieso hat sie diese Nummer auf dem Arm?" Die tätowierten Zahlen lassen einen Schauer über meinen Rücker laufen und meine Frage bringt ungewollte Pein mit sich.

„*Na*! Janetkém. Ada war in wirklich schlimme Ort. Deutsche haben da Juden gebracht. Judische Gefangene haben Nummer auf Arm bekommen."

Ich drehe mich um. Mamas Augen weiten sich und sie zieht

sich von mir zurück. „*Yay Istenem* (Oh mein Gott)", stotterte sie. „Viele, viele Mensche sind gestorbe. Deine Papa... Wir hatte Glück. Ich wurde nich gefangen. Wir wurde nicht geschick nach... Es war—"

Sie steht abrupt auf und watet ins Wasser. Obwohl die Sonne scheint und Graupelikane durch die Lüfte schweben, fühle ich ein kaltes Schaudern. Jüdische Gefangene? In einem schlimmen Lager? Sie wurden nicht gefangen? Eine plötzliche Unruhe ergreift mich. Ich habe Fragen gestellt, die ich nicht fragen soll.

***Elegante Mama.*** *Österreichisch-Ungarischer Adel? Wer würde denken, dass diese Schönheit Flucht, Entbehrungen und Terror durchleiden musste?*

***Mutter-Tochter Duo, Mai 1957.*** *Hier bin ich 5 Jahre alt und Mamas Ebenbild.*

*Janet und Robert genießen ihr Eis, Rouge Hill.*

*Rouge Hill und ein Tag schrecklicher Antworten.* Für Mama waren Frisur und Aussehen eine ernste Angelegenheit, selbst bei einem Picknick.

# 5

# DAS CELLO (UND DER MANN) MEINER TRÄUME

Meine Zukunft überließen Mama und Papa nur dem besten Lehrer —dem brillanten, ungarischen Cellisten und Pädagogen János Starker. Genau wie meine Eltern hatte Starker an der renommierten Franz-Liszt-Musikakademie in Budapest studiert. Um den Ruinen des Zweiten Weltkriegs zu entfliehen, war er 1948 in die Vereinigten Staaten ausgewandert und zunächst Solocellist im Symphonieorchester von Dallas geworden, hatte danach die selbe Rolle in der Metropolitan Opera eingenommen und sich zuletzt dem Symphonieorchester von Chicago angeschlossen. Nachdem seine Solokarriere ins Rollen gekommen war, war er einer der verehrten Professoren an der Jacobs School of Music der Indiana University in Bloomington geworden, wo er unzählige Cellisten unterrichtet und hunderte, wenn nicht tausende Musiker inspiriert hatte. Ich erfuhr irgendwann, dass Starker zwei ältere Brüder gehabt hatte, beides Violinisten, die während des Holocaust ermordet worden waren.

Meine Mutter hat nie den Auftritt von Starker in Budapest vergessen, den sie vor dem Krieg beiwohnen konnte. Ein außergewöhnliches Talent in kurzen Hosen und Hosenträgern, welches sich dem Spielen des Cellos mit solcher Virtuosität hingegeben hatte. Er war der Liebling der Budapester

Kunstgemeinschaft gewesen. Als junger Teenager hatte meine liebreizende Mutter die Chance auf ein Date mit dem Wunderkind ergattert. Da hatte er noch Haare gehabt—dunkel und in einer Art Topfschnitt getragen, welcher die Ohren bedeckt hatte, aber die buschigen Augenbrauen und stechenden Augen frei ließ. Jahrzehnte später hatte Starker seinen Spaß damit, seine Frau mit dem Rendezvous zwischen ihm und meiner Mutter zu necken.

Mein Abschluss des Musikprogramms an der University of Toronto rückte näher. Es war Zeit, nach größeren Bühnen zu streben. Die Juilliard hatte so ihre Reize. Der Lehrer dort, Leonard Rose, ein angenehmer Mann, spielte das Cello mit einem strahlend klaren Klang. Starkers kompromisslose Erwartungen waren unter potentiellen Schülern berüchtigt, seine herbe und mit starkem Akzent belegte Art zu sprechen wohl voller giftiger Urteile: „Ich wünschte, ich könnte dir die Hände abhacken und sie jemanden geben, der sie verdient." Trotzdem konnte er sich seine Schüler aus der Crème de la Crème aussuchen.

Bei uns zuhause gab es hitzige Diskussionen.

„Janetkém. *Mucikám*. Warte. Wenn er dich hört, er wird deine wunderschöne Klang lieben. Beste Schüler von ganze Welt gehen zu Starker. Ein fan-tas-tische Cellist."

„*Na, Jaaannaaattte*! Du weiß nich was für Lehrer is Rose. Nach New York? So ein gefährliche Stadt? Genug gerede. Wir kenne Starker. Er's Ungare."

Als Starker das nächste Mal mit dem Symphonieorchester von Toronto auftrat, sprach mein Vater ihn an, meinen Protesten zum Trotz, und fragte ihn, ob er sich vorstellen könnte, mich als Schülerin aufzunehmen; wenn er denn der Meinung war, dass ich eine Zukunft als Cellistin hätte. Starker willigte ein, mir ein wenig seiner kostbaren Zeit zu opfern.

Am nächsten Tag nahmen mein Vater und ich, kreidebleich, den Fahrstuhl hoch zu Starks Hotelzimmer. Nach einer knappen Begrüßung bat Starker mich mein Cello auszupacken. Hatte ich mir das ausgedacht oder hat er meine kleinen Hände beäugt?

Während ich mich nervös vorbereitete, füllte er ein Glas mit Eis und einer großzügigen Menge Scotch, zündete eine Zigarette an, nahm einen tiefen Zug und ließ sich langsam in einen Sessel sinken. Seine scharfen Züge, bohrender Blick und kahler Kopf wurden von einer Rauchwolke umgeben. Eine Szene aus Bram Stokers „Dracula" schoss mir in den Kopf. Ich schien zurück in mein neunjähriges selbst zu stürzen, das gerade so ein quietschen aus dem halbgroßen Cello bekam.

Ich spannte meinen Bogen und begann mit vorgegaukeltem Selbstbewusstsein Tschaikowskis „Rokoko Variationen" zu spielen, ein Stück, welches jede Herausforderung des Instruments beinhaltet, ein Feuerwerk der Musik, das ich schon oft aufgeführt hatte. Dann fiel ich in die Vibratohölle, meine schlaffen Finger wurden langsamer, die Töne flatterten und verdünnten.

Starker verschränkte seine Arme, überkreuzte die Beine, lehnte sich weit in dem Ledersessel zurück und durchbohrte mich mit seinen Augen. Er unterbrach mich: „Du." Er schien das Wort regelrecht auszuspucken. „Du hast in Sachen Physis noch viel, viel Arbeit vor dir."

Ich sackte in meinem Stuhl zusammen und versteckte mich hinter dem Cello. Was meinte er damit? Joggen? Liegestütze? Etwas noch anstrengenderes, wie Klettern? Oder war ich einfach viel zu winzig, um Cello zu spielen?

Wir wurden bündig entlassen und nahmen den Bus nachhause. In völliger Stille.

In der Hoffnung auf gute Neuigkeiten erwartete meine Mutter uns bereits am Fenster. Wir schleppten uns und das Panormo, welches mittlerweile mir gehörte, ins Haus. Ich rannte die Treppen hoch, schloss die Tür zu meinem Zimmer und hielt mir die Ohren zu. Ich wollte den Fragen meiner Mutter und der Sektion meines Vaters entkommen.

Tage nach dem demütigenden Vorspielen in Starkers Hotelzimmer schwor ich mir selbst etwas: *Ich werde ein Jahr üben wie verrückt. 7 Stunden am Tag. Mehr, wenn es sein muss. Dann wird er sehen. Ich werde bereit sein. Ich weiß, dass ich es kann.*

### Entr'acte 1972

Es ist mein erster Konzertwettkampf und ich fahre im Auto meiner Eltern zur Musikschule in der Innenstadt Torontos. Sie wollen nicht, dass ich das Cello im Bus mit mir rumtrage und schon kaputt bin, ohne die Finalrunde überhaupt begonnen zu haben. Ich fahre auf die Einfahrt des Gebäudes, um das Cello reinzubringen, bevor ich einen Parkplatz suche. Mit angelassenen Blinkern und Cello in der Hand renne ich rein. Als ich wieder rausgelaufen komme, liegt die Vorderseite des Autos unter einem gewaltigen Truck. Der verlegene Fahrer löst sich mit einem fürchterlichen Scharren. Ich traue mich kaum, die zerquetschten Überbleibsel anzuschauen; das entblößte Metall, die Rückstände roter und grüner Farbe. Ich zittere vor Angst bei dem Gedanken, zuhause anzurufen. Meine Gedanken sind nicht mehr bei dem Wettbewerb, sondern bei der Reaktion meines Vaters. Er explodiert ja schon bei dem kleinsten Fauxpas. Ich trotte zur Telefonzelle und lasse dem Schluchzen freien Lauf. Meine Mutter kann mich am anderen Hörer kaum verstehen. Doch sobald sie realisiert, dass ich unversehrt bin, rüttelt sie mich wach: „Janetkém. Lass den Auto. Spiel. Und spiel gut."

Trotz des Autodesasters bin ich bereit, mich dem Klang des Cellos voll und ganz hinzugeben, als mein Auftritt beginnt. Es ist das erste Mal, dass ich Tschaikowskis „Rokoko Variationen" vorführe, die lyrische Eröffnung, süß, beschwingt und doch prekär. Der Bogen darf nicht wackeln. Ich versuche nicht an die noch kommenden, schwierigen Variationen zu denken, so ausgesprochen schnell und virtuos. Die langsamen, gewundenen Bewegungen sind meine Stärke. Mit reichlichem Vibrato entlocke ich dem Cello einen samtigen Ton und ergebe mich seiner Aura. Die Juroren verziehen keine Miene, doch ich glaube es läuft gut.

Nachdem man gespielt hat, gesellt sich jeder Teilnehmer zu den anderen und wir sitzen in einer Reihe auf dem Boden des Gangs, wo wir gespannt auf das Ergebnis warten. Am Ende des Tages wird es dann endlich preisgegeben und wir alle sammeln uns um das bedeutende Blatt Papier. Mein Name steht ganz oben.

Selbst das eingedellte, zerschrammte Auto kann meine Freude nicht hemmen. Ich kann es kaum erwarten, nachhause zu kommen und es meiner Mutter zu erzählen. Sie öffnet die Tür und gibt mir eine innige Umarmung. Ihr geheimnistuerisches Grinsen verwirrt mich.

„Du weißt es schon?", frage ich.

Mit einem peinlich berührten Kichern sagt sie: „Nuuuunn... Ich hab kleine Anruf gemacht bei Jury. Ich hab ihn gesagt du hattest schlimme Unfall! Du kanns viel besser spiele, als heute nach Unfall! Doch sie sagen mir: »Frau Horvath, Janet hat schon gewonne.«"

Ich laufe rot an. Dann zwänge ich mich zurück in meine Stiefel und renne ohne sie zuzumachen raus in den matschigen Schnee. Ihre Stimme folgt mir: *„Jaaannaaattte! Lauf nich weg. Komm zurück! Ich bin dein Mutter. Rede mit mir."*

Privatsphäre war meinen Eltern fremd. Eine geschlossene Tür und ein eigenes Zimmer waren amerikanischer Luxus. Jüdische Familien aus der Generation meiner Eltern waren enge, eingeschworene Verbände; und zwar eng im übertragenen Sinne, im buchstäblichen Sinne und aus Notwendigkeit. Jeder wusste alles über jeden. Und wieso nicht? Was für Geheimnisse würdest du vor deinen eigenen Eltern versteckt halten wollen? Meine Mutter lauschte, wenn ich telefonierte, fragte mich ständig, wo ich war, wollte jedes Detail über meine Beziehungen wissen und erwartete von mir, mich sofort zu melden, sobald ich irgendwo hinging oder ankam (selbst nachdem ich in die USA gezogen war). Dazu kam, dass das Werk eines Musikers gehört werden kann. Meine Proben waren nie ohne Kritiker.

Es wurde nicht geklopft, bevor man mein Zimmer betrat, und fürs Badezimmer galt dasselbe. Neugierige Augen überall. Das erste, was mein ordnungswütiger Vater jeden Morgen tat, war die Klammotten und Hausaufgaben, die ich am Abend zuvor für die Schule herausgelegt hatte, wegzuräumen und dabei zu nörgeln, dass ich ja so chaotisch sei. Pille verstecken? Kannst du vergessen. Er machte mein Bett, während ich noch drin lag. Meine Mutter durchlöcherte meine Freunde mit Fragen über mich und hielt sich nicht dabei zurück, ungebeten ihre Meinung zu äußern.

Das alles brachte mich dazu, unbedingt ausziehen zu wollen, diesem klaustrophobischen Umfeld zu entfliehen. Einmal mehr verstand ich erst Jahrzehnte später, warum das eng beieinander sein für meine Eltern von größter Bedeutung war. Nachdem sie vom Nazi-Regime in Ghettos verfrachtet wurden, bedeutete getrennt werden die Deportation an ungewisse Ziele und Schicksale zu entsetzlich, um sie sich vorzustellen. Alleine zu sein, ein Symbol für Heimatlosigkeit und Verlust, stellte die höchste Bestrafung dar. Der Wunsch nach privatem hatte in ihrer Welt keinen Platz.

Doch auch das Zusammenbleiben garantierte keine Sicherheit. Als die Nazis in Budapest einmarschierten, war der Cousin meiner Mutter, Arpád, gerade zu Besuch.

„Was soll ich machen, Onkel Nándor", fragte er.

Als mein Großvater ihm erklärte „Dein Platz ist bei deinen Eltern", verließ Arpád Budapest sofort. Mein Großvater hat sich dafür nie vergeben können. Arpád und seine Eltern starben in Auschwitz.

1975, nach einem Jahr intensiven Übens und verbesserter „Physis", erlaubte mir Starker Teil seiner exklusiven Gruppe von Schülern zu werden. Ich war 22 Jahre alt. Als ambitionierte Musikerin war ich davon überzeugt, meiner wahren Berufung zu folgen; tatsächlich war es schlichtweg mein Pfad zur Flucht. Die einzige Möglichkeit, eigenständig zu werden und dem erdrückenden, besitzergreifenden Einfluss meiner Eltern sowie der Bürde ihrer Vergangenheit zu entkommen, war wegzuziehen. In ein anderes Land.

Zweifel schlichen sich bei mir ein. Würde ich Starkers Anerkennung gewinnen können? Den Standards der Schüler entsprechen, die aus aller Welt anreisten, um von ihm zu lernen? Meine eigenen Erwartungen erfüllen? Abgesehen vom Sommercamp war ich noch nie weg von zuhause gewesen. Würde ich das packen? Doch ich wusste, was es brauchte, die Musikerin zu werden, die ich sein wollte. Und so brachten meine Aspirationen jegliche Bedenken zum Schweigen.

Die Ironie ist mir heute durchaus bewusst. Ich entschied mich zu gehen—ein Luxus, den meine Eltern nie hatten. Mein Vater ist im Alter von 22 aus seinem Haus gerissen, weg von seiner Familie, von seinem Cello, und zur Sklavenarbeit geschickt worden. Später machten sich meine Eltern auf zu einer verzweifelten Reise in eine ungewisse Zukunft, an einen völlig fremden Ort, ohne die Unterstützung von Familie, ohne die Sprache zu kennen, ohne jedes Vermögen und nach undenkbaren Entbehrungen. Doch damals wollte ich darüber nicht nachdenken oder mich der Tatsache stellen, dass ihnen meine Entscheidung, so weit wegzuziehen, das Herz brechen würde. Rückblickend sehe ich das Loch, das meine Abwesenheit hinterlassen hat. Sie haben es nie ganz verkraftet. Ich schätze ich auch nicht.

Mich gehen zu lassen, war nur eine von vielen Sorgen. Meinen Eltern war klar, wie hart umkämpft die Musikszene war. Ich war nur eine von einem Dutzend talentierter Cellisten in János Starkers Eliteklasse an der Indiana University. Um mein volles Potential zu erreichen, brauchte ich ein besseres Instrument. Nicht ohne Bedenken ließen sich mich nach New York gehen, um mich dort mit Verkäufern zu treffen. Mein Vater forschte nach, welche hochklassigen Geschäfte und Privatpersonen ich besuchen sollte. Das alles kam überhaupt nur in Frage, weil meine Tante Magda in New York lebte. Bei ihr konnte ich die Tage über bleiben.

Wie wohl nicht unüblich für eine zweiundzwanzigjährige, ging ich den Trip ziemlich unbekümmert an—das erste Mal in New York, das Abenteuer meines Lebens. Der renommierte Händler „Jacques Français"—bekannt für das vielleicht beste Sortiment an

Instrumenten, war meine erste Anlaufstation. Warum nicht gleich oben anfangen? Ich nahm den langsamen Fahrstuhl zum oberen Stockwerk. Hinter den Türen erwartete mich ein großer, mit Teppich ausgestatteter Ausstellungsraum. Mehrere potentielle Käufer schwebten an den mit Streichinstrumenten versehenen Wänden entlang. All die Räume, die zum ausprobieren bereit standen, waren mehr als voll und das Echo von Mendelssohns „Violinkonzert" traf auf Elgars „Cellokonzert". Aus einem Raum erreichten mich Tonleitern, Arpeggios und Oktaven—vertraute, wohltuende Kakofonie. Français selbst, ein hochgewachsener, eleganter, perfekt gekleideter Mann umgeben von einer Aura kultivierten Hochmuts, grüßte seine vornehmen Klienten. Aber das hielt mich nicht zurück. Ich stellte mich ihm vor und erklärte, dass ich Cellos ausprobieren wollte. Die Preisklasse, die ich angab, war höher als die Vorgabe meiner Eltern.

Français suchte mehrere Cellos aus und brachte sie zu mir. Da der Laden so voll war, nahm ich mir einen Stuhl, setzte mich in den enormen Vorraum und begann zu spielen. Ich war sofort hin und weg—ein italienisches, honigfarbenes Instrument mit einem exquisiten, polierten Ton. Ich wusste, es war das Eine. Das richtige Instrument zu finden, ist wie deinen Seelenverwandten zu finden—du weißt es sofort.

Ich verlor mich in den Klängen des Cellos und bemerkte zunächst nicht den älteren Herren, der mir aufmerksam zuhörte. Er fragte mich, bei wem ich lernte. Starkers Name schien ihn dazu zu motivieren, mich zu beraten. Ich spielte exzellent auf diesem Cello und wir würden gut zusammenpassen, meinte er. Ein paar Momente später trat ein jüngerer (und gutaussehender) Mann an uns heran; auch er lobte den Ton. Doch selbst nach zwei Komplimenten hatte ich noch meine Zweifel. *Du hast dich in das erste Cello verliebt, dass du ausprobiert hast. Was machst du da? Du hast doch keine Ahnung.*

Trotz des inneren Nörglers folgte ich meinem Instinkt und nahm das Instrument mit in die Wohnung meiner Tante, um es besser kennenzulernen.

Ich legte es vorsichtig neben mich auf den Rücksitz eines Taxis, den Protesten des Fahrers zum Trotz (er konnte nicht verstehen, wieso ich meine neue Liebe nicht in den Kofferraum tun wollte), und ließ mich zu meiner Tante fahren. Sie begrüßte mich mit einer Überraschung: ein Ticket zu einem Konzert des Bostoner Symphonieorchesters im Lincoln Center. Ich hatte das Orchester noch nie spielen hören, eines der besten Ensembles des Landes. An dem Abend steckte mich meine Tante ins Taxi und ich fuhr alleine zur Vorführung (Meine Eltern wären schockiert gewesen).

Ich machte es mir auf dem weichen Sitz in der Alice Tully Halle des Lincoln Centers gemütlich und las das Programm. Es sollte ein aufregender Abend mit Beethoven und einer Zusammenstellung aus Prokofjews Ballett „Romeo und Julia" op. 64 werden, alles zu meiner Lieblingsmusik gehörend. Ich schaute zu, wie die Musiker ihre Positionen einnahmen, und sank dann plötzlich um einiges tiefer in meinen Sitz. Der ältere Herr, der zuvor bei Français mit mir gesprochen hatte? Das war der *Solocellist* des Bostoner Symphonieorchesters. Und der jüngere Mann? Auch einer der Cellisten. Beschämt wurde mir klar wie naiv und arrogant ich ihnen vorgekommen sein musste, ohne angemessene Achtung für die renommierte Gesellschaft, die mich umgab.

Doch die Musik beruhigte mich. Ich entschloss mich, nach dem Auftritt bei der Bühnentür zu warten und mich zu entschuldigen.

Der jüngere (und gutaussehende) Mann schritt als erstes aus der Tür. Er lud mich auf einen Aperitif ein (ich konnte das Entsetzen meiner Eltern spüren) und an dem Abend schlug er vor, uns am nächsten Morgen bei der Konzerthalle zu treffen. Dabei bot er an sein Cello mitzubringen, damit ich es ausprobieren konnte—eine tolle Chance für jemanden mit sehr wenig Erfahrung mit dem Spielen hochwertiger Cellos. Außerdem hatte er die Idee, das Instrument, welches ich mir ausgesucht hatte, für mich auf der Bühne zu spielen, damit ich dessen Klang von einem anderen Blickwinkel betrachten konnte. Sein wundervolles Cellos zu spielen, gab mir Sicherheit. Das meine (oder was ich hoffte bald meines zu sein) klang besser. Meine Eltern waren sprachlos, als ich sie anrief. Wie hatte ich so schnell das richtige Instrument gefunden? Wie sollten sie das bezahlen? Wie konnten sie meinem Urteil vertrauen?

Am nächsten Tag war ich bereits hoffnungslos verliebt—in das Cello meine ich. Der junge (und gutaussehende) Mann, welcher wohl Interesse an mir fand, gab mir einen Tipp: „Lass bloß nicht raushängen, dass du das weißt oder woher du es weißt." Er beugte sich in meine Richtung. „Für Français ist das Cello ein Konsignationsgeschäft. Die Person, die ihm das Cello anvertraut hat, ist ein anderer Cellist bei uns im Orchester. Er muss das Cello nicht verkaufen, um sich ein besseres leisten zu können." Anders gesagt: Français würde so oder so nur eine Provision erhalten, einen kleinen Prozentanteil des Verkaufspreises.

Unwissend darüber, dass man mit Jacques Français nicht feilschte, hatte ich mich entschieden—ich konnte das meinen Eltern nicht antun. Sie regelrecht ins Armenhaus befördern, meine ich. Entweder Français war bereit mir mit dem Preis entgegenzukommen oder ich musste das Cello aufgeben.

Am nächsten Tag war der elegante Ausstellungsraum erneut dicht mit Klienten bepackt. Ich stellte mich in eine Ecke des Raumes und versuchte mit meinen Armen eng um das Cello geschlungen unauffällig zu wirken, während ich den Mut sammelte, um Français anzusprechen. Er eilte von Kunde zu Kunde, trug Violinen, Bratschen und Cellos hin und her. Kurze Zeit später schlenderte er zu mir herüber. Mit so viel Selbstbewusstsein, wie ich aufbringen konnte, und einem klammernden Griff ums Cello sagte ich: „Herr Français. Ich liebe dieses Cello. Es ist das Eine für mich, doch ich kann das meinen Eltern nicht antun. Bitte geben sie es mir für—" Français riss mir das Instrument aus den Händen, drehte sich um und sagte, ohne mit der Wimper zu zucken, zu einer anderen Kundin: „Sie, Mademoiselle, müssen auch diese Schello probieren." Sehr zu meinem Ärger fühlte ich heiße Tränen meine Wangen herablaufen. *Was soll das? An einem Moment wie diesen, wo du stark sein musst? Reiß dich zusammen.* Trotz meiner guten Vorsätze wusste ich, dass ich nicht ohne das Cello gehen konnte.

Français wirbelte weiter durch sein Geschäft. Doch irgendwann konnte er die weinende junge Frau in seinem Ausstellungsraum nicht länger ignorieren. Er packte mich am Arm und führte mich in sein Büro. Français suchte aufgeregt nach Taschentüchern. „Aber meine Liebe. Meine Liebe! Diese ist nicht meine Schello! Nimm die Schello. Keine Sorge. Ich werde mit die Besitzer sprechen." Und so verließ ich den Laden mit meiner neuen Liebe.

Nach kurzen Verhandlungen ließ sich Français darauf ein, einen der Bögen meines Vaters als Tausch an sich zu nehmen, um so einen Teil der Kosten abzudecken. Außerdem gab er meinen Eltern ein volles Jahr, um den Rest zu bezahlen. Mein Vater hatte so seine Zweifel bezüglich meiner Entscheidung, aber ich war mir sicher: Das Cello sollte viele Jahrzehnte lang mein ständiger Begleiter sein, das Instrument, welches ich meine gesamte Karriere über spielen würde.

## Entr'acte 1975

Das Packen dauert lange. Es wäre gut nicht allzu viel mitzunehmen, doch es ist nicht leicht mit einem Cello und haufenweise Notenblättern. Meine geliebten Bücher und wunderschön gearbeiteten Menora-Buchstützen kann ich auch nicht zurücklassen. Ich lege sie vorsichtig in eine Schachtel, die mein Vater mir später zuschicken wird, und ohne weiteres Zögern fliegen wir davon, mein Cello und ich, nach Indiana, für immer weg aus Kanada—auch wenn ich das jetzt noch nicht weiß.

Meine Sorgen darüber, wo ich die nächsten 2 Jahre verbringen würde, sind nicht unbegründet. Das Taxi fährt auf den Parkplatz des Studentenheims, von wo ich das weiße Hochhaus zum ersten Mal sehe—quadratisch, praktisch, unfreundlich. Ich betrete ein steriles Zimmer, nicht mehr als eine Kammer und ohne jeden Charme. Darin finde ich ein schmales Bett, eine Kommode, einen Schrank ohne Tür, einen kleinen Schreibtisch und eine grelle Lampe an der Decke. Ich warte. Meine Bücher, so denke ich, könnten dieses Loch etwas heimeliger machen.

Als meine Schachtel endlich eintrifft, schneide ich sie auf und wiege die Schätze in meinen Armen. Doch die Menora-

Buchstützen sind weg. Ich renne den Gang entlang zum Telefon—eines pro Stockwerk—und rufe meinen Vater an.

„Papa. Wo sind meine Menora-Buchstützen? Ich weiß, ich hab sie mit den anderen Sachen in die Box getan, aber sie sind nicht da."

„*Mucikám*. Janetkém. Was du denkst? Warum sie solle wisse du bis Judin?"

Meine außergewöhnliche Erfahrung an der Indiana University, mit Starker und Eliteschülern aus der ganzen Welt, ist nur schwer in Worte zu fassen. Intensiv, inspirierend, bereichernd und streng. Meine Zeit dort bereitete mich nicht nur auf eine Karriere als Cellistin, sondern als Musikerin mit Mission vor, die gemäß Starkers Mantra ihr Werk „unter die Leute bringt". Zum ersten Mal fühlte ich die Verantwortung und das Privileg, zur Heilung der Welt beizutragen. Zum ersten Mal verstand ich die Musik als eine lebensbringende und geisteserweiternde Macht und ich realisierte, wenn auch unterbewusst zu der Zeit, dass mein Vater sein Leben eben diesen Aspekten der musikalischen Schaffung gewidmet hatte. Mir war noch nicht bewusst, dass seine Kunst „Kulturkost" für Holocaust-Überlebende nach dem Krieg gewesen war und ich hatte nur ein vages Gefühl für seinen Glauben an die moralgebende Kraft der Musik und ihre Bedeutsamkeit für die Menschheit.

Nach meinem Abschluss im Jahr 1977 verbrachte ich den Sommer auf dem Aspen Musikfestival, darauf erpicht so viele Kontakte wie möglich mit den großartigen, dort auftretenden Künstlern zu knüpfen. Ich hatte den erwünschten Platz ergattert—Solocellistin des Aspener Kammerorchesters—und hoffte auf einen Job, vorzugsweise in den USA. In dem Sommer, dem Sommer in dem ich 25 wurde, wurden mir mehrere attraktive Angebote gemacht. Ich lehnte einen Heiratsantrag ab, doch ich sagte ja zum Dirigenten des Symphonieorchesters von Indianapolis.

Mein erster Job! Ich übermittelte die tollen Neuigkeiten an meine Eltern. Man hatte mir die Stelle des Stellvertretenden Solocellos angeboten, aber ihre Reaktion bezeugte mehr Sorge als Freude.

„Janetkém, du has Vertrag?", fragte mein Vater.

„*Yay Istenem*. In die Staate? So weit", stellte meine Mutter fest.

„Was is mit Vorspiel? Keine Job bis du Vertrag has."

*So ein Pessimist. Er sieht immer nur was schiefgehen könnte.*

In dem Sommer hatte ich mich auf den prestigereichen Internationalen Musikwettbewerb in München vorbereitet, welcher im Herbst stattfinden sollte. Ich übte jeden freie Minute zwischen Proben und Konzerten, ignorierte wunde Finger und schmerzende Muskeln. Die Zeit verging wie im Flug und plötzlich waren mehrere Wochen vergangen, ohne dass ich etwas aus Indianapolis gehört hatte. Ich rief beim Manager des Orchesters an: „Hallo. Janet Horvath am Apparat und, eh..."

Eine lange Pause suggerierte mir, dass mein Name nicht erkannt worden war. Niedergeschlagen nuschelte ich: „Der Dirigent hatte mir eine Celloposition angeboten? Als Stellvertretende Solocellistin—"

Der Manage unterbrach mich: „Vorspiele für das Stellvertretende Solocello finden am 12. September statt." In einem missbilligenden Ton fuhr er fort: „Wollen Sie das Repertoire für die Vorspiele? Dann schicken Sie uns bitte ihre Anmeldung und die 25 Dollar Gebühr."

Kaum in der Lage meine Gedanken bei mir zu behalten, antwortete ich: „Ja. Bitte schicken Sie mir das Repertoire und, eh... könnten Sie den Dirigenten bitten, mich anzurufen?"

Nicht mal eine Stunde später rief mich der Dirigent zurück: „Was genau hast du dem Manager erzählt? Denn wenn *er* glaubt, *du* denkst, du hast den Job, dann ist das ein Nachteil für dich. Wir halten die Vorspiele. Solltest du einen Preis bei dem Wettbewerb gewinnen, wäre das ein großer Pluspunkt. Danach können wir arrangieren, dass du für unsere Solocellistin spielst. Als Formalität."

Das schlimmste an der ganzen Sache war, es meinem Vater zu

erzählen. Er hatte recht behalten. Was wenn das Komitee sich für jemand anderen entscheiden würde? In Aspen hatten mir alle zum Erlangen der Position gratuliert. Ich weinte bitterlich, als mir mein Vater riet, den Wettbewerb in München auszulassen. Ich stornierte meinen Flug. Stattdessen blieb ich zuhause, übte wie verrückt und reiste nach Indianapolis, um dort vorzuspielen und mir den Job zu holen. Ich würde spielen, was auch immer sie wollten und wie sie es wollten—schneller oder langsamer, kürzer oder länger, legato oder staccato, wenn es sein musste auch auf dem Kopf. Nach meinem Vorspiel gratulierte mir die Solocellistin: „Sehr schön gespielt. Danke dir und viel Erfolg."

*Viel Erfolg?* Ich habe doch gerade perfekt gespielt oder nicht? Ich habe sogar ein mir unbekanntes Solo vom Blatt abgelesen und das nach ihren Markierungen für Fingersatz und Bogenführung in leuchtend rot, grün und blau.

Eine zermürbend lange halbe Stunde später schlenderte der Dirigent in den Raum. „Ach, es gab nie einen Zweifel, dass du den Job bekommst."

Meine Mutter und Rob fuhren von Toronto nach Indianapolis, um mir zu helfen, eine passende und sichere Wohnung zu finden, einzuziehen und das wichtigste einzukaufen. Ich glaube nicht, dass Mama je zuvor in einem Zayre Discounter gewesen war. Nachdem Rob die schweren Sachen hoch zur Wohnung geschleppt hatte, gingen wir los, um etwas zu essen zu suchen. Meine Mutter ließ sich überraschenderweise darauf ein, zu White Castle zu gehen, wo sie zum ersten Mal kleine Cheeseburger mit Pommes aß, doch damals gab es auch nicht wirklich viel Auswahl in Indianapolis, vor allem keine ungarische Küche. „Nicht so schlecht diese... wie nennst du?"

Mama verpasste so gut wie keinen meiner Soloauftritte. Sie reiste oft ohne meinen Vater aus Kanada an, da er häufig mit seinem eigenen Orchester beschäftigt war. Egal wo ich spielte, Festivals, Konzerte oder Wettbewerbe, in Kanada oder den USA, ich konnte mich auf das *„Bravo-oh-OH!"* meiner Mutter verlassen, laut genug, dass ich es auch im Applaus des Publikums heraushören konnte.

Ich bereitete mich etwas verlegen auf mein erstes Konzert mit dem Symphonieorchester von Indianapolis vor, da ich mir meines auffällig jungen Aussehens in einer so hohen Tätigkeit andauernd bewusst war. Würde ich einen guten Eindruck machen? Und—für mich vielleicht noch wichtiger—würde die Qualität des Orchesters an das von Toronto rankommen, wo mein Vater seit 27 Jahren spielte?

Die Frauen mussten eine lange, schwarze Robe tragen, dafür konzipiert, dass alle gleich aussahen, aber individuell nicht besonders schmeichelhaft. Meine Mutter wartete hinter der Bühne, während ich mich umkleidete. Und was für eine Verwandlung. Ich gebe zu, die aufgeplusterten Ärmel ließen mich aussehen wie ein prähistorisches, fliegendes Reptil. Als ich vom Ankleideraum zurück nach oben kam, schreckte meine Mutter regelrecht zusammen. „Was is DAS?", fragte sie laut genug, dass das gesamte Orchester es hören konnte.

⸸

Indianapolis war nur ein Sprungbrett für meine weitere Karriere. Ich setzte mich 1980 gegen starke Konkurrenz durch und ergatterte die Position der Stellvertretenden Solocellistin des Orchesters von Minnesota. Auch diesmal kam meine Mutter nach Minneapolis, um mir beim Umzug in eine winzige Wohnung in der Innenstadt zu helfen. Ich konnte es nicht abwarten, ihr alles zu zeigen. Jede Sprache kann auf den vollen Straßen Torontos vernommen werden, eine dicht gedrängte, kulturell diverse, dynamische Stadt mit gewaltigen Wolkenkratzern. Dagegen sind die Städte Minneapolis und St. Paul deutlich ruhiger. Doch die verzaubernden Parks, das viele Grün und 10.000 Seen sowie zwei exzellente Orchester und eine florierende Theaterszene machten das locker wett.

Der Wind trug bereits das Versprechen kälterer Tage mit sich.

Mama ließ die Szenerie still auf sich wirken, obwohl ihre Füße vom langen Weg um den Lake Harriet schmerzten. Das jahrzehntelange Tragen spitzer High Heels, um ihre nicht mal 1,50 m etwas größer erscheinen zu lassen, forderte nun seinen Tribut.

Wir spazierten Arm in Arm an der Nicolett Mall entlang, dem offenen Einkaufszentrum, in dem sich die gehobenen Geschäfte der Stadt befanden. Als wir uns der Orchesterhalle näherten, trafen wir auf eine Kollegin von mir und ihren Freund.

Danach zog mich meine Mutter beiseite und machte eine Grimasse. „Sie is wirklich hässlich. Wie kann so *hässliche* Medchen ein so hübsche Mann habe?"

Ich biss mir auf die eigenen Zähne. „Mama! Was soll das? Wie kannst du sowas gemeines sagen?"

Wir beide wussten genau, worauf sie hinauswollte. Mein romantisches Versagen stellte ein großes Problem in ihrem Leben dar.

Im viel zu fortgeschrittenen Alter von 40—aus der Sicht meiner Mutter war ich bereits eine Matrone—traf ich 1992 endlich meinen zukünftigen Ehemann auf einem Blind Date in die Wege geleitet von seiner Mutter Adelyne und einer gemeinsamen Freundin.

Howard fuhr in einem schnittigen Mercedes zu meinem charmanten Steinhaus. Als er ausstieg und zur Tür ging, fing ich an nervös zu zittern. Ich fummelte an dem Türknauf herum. Seine geheimnisvolle Art zog mich sofort an—volles, dunkles Haar, eine robuste Figur und ein markantes Kinngrübchen. Sein weißes, kurzärmliges Shirt und graue Anzughose passten nicht besonders gut zu meinem roten Kleid mit goldenen Knöpfen. Wieder einmal overdressed. Der Einfluss meiner Mutter.

Für unser erstes Date suchte er sich einen Jazz Club auf der anderen Seite der Stadt aus. Howie nahm die malerische Route entlang des Minnehaha Creek, ein Nebenfluss des Mississippi, welcher 35 Kilometer durch die Städte führt und von Geh- und Fahrradwegen, üppigem Blattwerk sowie frisch gemähten, gelbgrünen Wiesen, die aussehen wie ein weicher Teppich, umgeben war. Howie öffnete die Fenster, erfreute sich an der sanften Sommerbrise und sprach die ganze Fahrt über. Ich konnte nicht anders, als auf seine wohlgeformten und perfekt gepflegten Finger zu starren.

Es war ziemlich offensichtlich, dass ich gerne dabei zuhörte, wie er von seinen Interessen und Erfolgen erzählte und ich dachte es war ein gutes Zeichen, als er suggerierte, dass er ein Liebhaber der klassischen Musik war, doch als wir das Restaurant erreichten, muss ich zugeben, dass ich begann mich zu fragen, wann er denn anfangen würde, Interesse an mir zu zeigen. Nachdem wir Wein bestellt hatten, sagte er: „Janet. Das ist das letzte Mal, dass du mich über mich selbst sprechen hörst." Und genau so war es. Howie ist ein Mann weniger Worte.

Ich konnte in der Nacht nicht schlafen. Meine Aufregung und Schlaflosigkeit nahmen für die nächsten 3 Monate, in denen wir mehr Zeit miteinander verbrachten, ihren Lauf. Rückblickend wussten wir beide bereits nach dem zweiten Date, dass wir heiraten würden.

Kein Arzt, aber fast genauso gut, ein Anwalt. So ziemlich das, was sich meine Mutter für mich erträumt hatte. Natürlich musste Howie sich erst ihren Segen verdienen. Ich plante einen Trip nach Toronto, um ihn meinen Eltern vorzustellen.

Mode gehört nicht zu Howies Stärken. Ich bläute ihm eine lange Liste von Regeln ein, doch trotz meiner Instruktionen trug er an 2 Tagen hintereinander dasselbe, langärmlige Polohemd—ein kariertes, *Flanellhemd*. Meine Mutter war bestürzt. Mein Vater, wie immer früh auf, saß auf dem Wohnzimmersofa in Hemd und Krawatte—*Seidenkrawatte*.

„Diese Hauward. Er's Anwalt? Das is gut. Gut. Aber. Warum er trägt so eine Hemd? So *hässlich*. Wann du wirs endlich Baby haben?"

„Mama. Er entspannt sich. Die meisten Menschen tragen am Wochenende gemütliche Klammotten zuhause."

„*Na*, Janetkém. Warum er immer schläft nach Mittag? Du wers nich junger. Werd schwanger."

Wir waren erst 6 Monate zusammen, als Howard und ich Urlaub auf Hawaii machten, einem Ort, an dem ich noch nie zuvor gewesen war. Sobald wir an Bord des Fliegers waren, schlief Howie ein. So verging ein Großteil des Fluges und ich fragte mich, ob ich wirklich so langweilig war oder ob ich einen riesen Fehler machte. Meine Familie schlief nie tagsüber. Wir waren zu sehr damit beschäftigt, zu üben.

Howie und ich hatten einen wunderschönen Urlaub, doch trotz romantischer Spaziergänge im Mondlicht am Strand, trotz der fesselnden Stille, dem Rauschen des Meeres und heißer Umarmungen, stellte er die große Frage nicht.

Ich war verdutzt. Er sprach so wenig. Meine geschwätzige Mutter atmete kaum zwischen den Worten. Wenn sie still wurde, bedeutete dies, dass etwas nicht stimmte—Frustration oder sogar Wut. Und nach den explosiven Ausbrüchen meines Vaters zog er sich betrübt und verletzt in die Stille zurück. Howies merkwürdige Verschwiegenheit und seine Fähigkeit so leicht in den Schlaf zu fallen waren das Resultat innerer Ruhe.

Rückblickend, nach 25 Jahren Ehe, gibt sich Howie noch immer gerne einem teuren Schlaf hin und zeigt dabei eine bemerkenswerte Fähigkeit aufrecht zu bleiben—im Theater, während Filmen, im Unterricht und bei Konzerten (selbst bei meinen). Ich, die vollendete Kriegerin, wühle die ganze Nacht im Bett umher und kann nicht schlafen, selbst liegend und in Dunkelheit.

Ein paar Monate nach unserem Urlaub auf Hawaii, als wir eines Morgens unter verschlungenen Decken dösten, murmelte Howie: „Ich möchte, dass du meine Frau wirst." Ich war mir nicht sicher, ob ich ihn richtig verstanden hatte. Was war mit hinknien? Dem Ring? Dem Champagner und eleganten Abendessen? Erst als ich hörte, wie er seiner Ex-Frau erklärte, dass er wieder heiraten würde, wusste ich mit Sicherheit, dass er einen Antrag gemacht hatte. Wir planten eine Sommerhochzeit, einige Monate später, im Jahr 1993. Ein guter Fang, auch wenn er dasselbe karierte Flanellhemd 2 Tage hintereinander trug.

„Eine Anwalt, danke Gott. *Na!* Wann du bis schwanger?"

Meine Mutter hatte bereits vier Enkel. Rob und seine erste Frau Ziporah, auch eine Tochter von Überlebenden, hatten eine große Familie zusammen—allesamt nicht von der Hand zuweisende Beweise, dass die Nazis versagt hatten. Direkt nach dem Krieg sehnten sich Überlebende danach, so schnell wie möglich Kinder zu bekommen. Leben zu schenken. Enkel symbolisierten noch größere Kontinuität. Meine Uhr tickte und das wusste ich. Trotzdem machten mich die Tiraden meiner Mutter zu dem Thema ausgesprochen wütend.

Und da gab es ein weiteres Problem. Als Howie und ich uns kennengelernt hatten, hatte er sofort gesagt: „Keine Kinder, Janet." Er war 50 Jahre alt und hatte bereits eine zwölfjährige Tochter, Alexandra. Keine Kinder? Ein Schock. Ich meldete mich krank, was ich so gut wie nie tat, und lag in meinem Bett, meine Hände zu Fäusten geballt, die Decke über den Kopf gezogen. Ich dachte lange und gut darüber nach. *Ich habe den Einen getroffen. Ich könnte Schluss machen und nie wieder jemanden finden. Und vielleicht kann ich in meinem Alter gar nicht mehr schwanger werden.*

Noch vor unserer Hochzeit—nach einer Nacht ungeschütztem Sex und viel schneller, als man erwarten würde—wurde ich schwanger. Erst nach vier Clearblue Schwangerschaftstests konnte ich es glauben.

Ich wartete damit, die Neuigkeiten zu verbreiten, außer natürlich gegenüber Howie.

Ich bat ihn, sich zu setzen und fühlte mich wie ein schuldiger Teenager. „Howie, ich muss dir was sagen." Er bemerkte meine Zurückhaltung, während ich es ihm erzählte.

Für eine kurze, viel zu lange Weile sagte er nichts, ausdruckslos wie immer. Dann sagte er: „Nun, wir können einen dieser Babysitze kaufen und den kleinen Schreihals mitnehmen; auf Reisen, in Restaurants und so. Das sollte uns nicht allzu sehr aufhalten."

2 Wochen vor unserer Hochzeit musste Mama ins Krankenhaus gebracht werden. Eine unbestätigte Diagnose. Die Zahl ihrer weißen Blutkörperchen war gefährlich gesunken. Als ich im Krankenhaus anrief, hörte sich meine Mutter überhaupt nicht wie sie selbst an. Ihr Temperament schien bezwungen. Um ihr Kraft zu geben, offenbarte ich mein Geheimnis übers Telefon: „Mama, ich bin schwanger! Im März bekommst du ein Enkelkind."

Kein erfreuter Aufschrei. Keine glücklichen Worte. Keine Reaktion. Für die nächsten Tage sah es so aus, als würde es meine Mutter nicht zur Hochzeit schaffen. Das durfte nicht sein. Sie hatte all die Jahre ungeduldig auf diesen Moment gewartet. Keine meiner anderen Erfolge hatten sie diesen Wunsch vergessen lassen können. Nichts war so wichtig.

Wir hielten den Atem an und, wie durch ein Wunder, erholte sich Mama genug, um zu unserer Hochzeit in Minneapolis zu kommen, auch wenn sie mit einer Pflege reisen musste. Auch andere Familienmitglieder kamen aus Kanada geflogen—Rob, Ziporah, ihre vier kleinen Kinder, Tante Eva, Onkel Tibi, mein Cousin Peter und meine Cousine Susie. Arbeitskollegen von mir boten an Franz Schuberts „Forellenquintett" für die Hochzeit zu spielen, ein herrliches Musikstück für Violine, Bratsche, Cello, Kontrabass und Piano; Alexandra, meine Stieftochter, spielte Flöte; und ein Koch bereitete ein prächtiges Fischmahl zu. Selbst das Wetter gab uns den Segen in Form eines indigoblauen Himmels und einer sanften Brise—gerade genug, um die Gäste abzukühlen ohne die Chuppa, den Traubaldachin worunter die jüdische Hochzeitszeremonie abgehalten wird, umzuwerfen. Das traditionelle Konstrukt, aufrechterhalten von vier Stangen, repräsentiert das neue Heim von Braut und Bräutigam. Eine Seite der Chuppa bleibt offen, als Symbol dafür, dass das Haus dem Besuch immer offen stehen und gastfreundlich sein soll. Das weiße Marmor meiner Haut glich meinem Kleid, welches, wegen meines schwangeren Bauches, drei Mal hatte vergrößert werden müssen. Ich musste mich an dem Tag in der Dusche übergeben, war jedoch zumindest während der Hochzeitsriten in der Lage meine Übelkeit zu überwinden.

Am 20. August 1993 heirateten Howie und ich im Garten unserer Freunde, umgeben von blühenden Narzissen, Zinnien und lila Schwertlilien.

Wir hatten uns gegen einen traditionellen Hochzeitskuchen entschieden—nur europäischer Süßkram sollte unsere Tische schmücken—Apfelstrudel; ein Hefekuchen gefüllt mit Johannisbeeren, Nelken und Marzipan; und ungarische *Dobos*-Torte zur Zufriedenheit meines Vaters. Ich konnte nichts essen, doch er verschlang mehrere Stücke von jedem Dessert, immer dann wenn er meinte, Mama würde es nicht sehen. Während des ersten Tanzes umarmte er mich fest, vergrub wie so oft seine Nase in meinem Hals und murmelte wie sehr er mich liebte, wie glücklich ich ihn machte.

Auch meine Mutter schien zufrieden. Endlich war ich verheiratet und schwanger, erfüllte die Erwartungen an eine Tochter.

Mama sah wie immer ausgesprochen schick aus in ihrem maßgeschneiderten, weißen Anzug, ihre Haut glatt, ihre Schminke perfekt. Nach dem Essen trug sie mit leicht zitternder Hand neuen Lippenstift auf. Keiner von uns verlor ein Wort über ihre Gesundheit. Wir ignorierten wie müde sie aussah, wie wenig sie sprach. Verdrängung schien der einfachere Weg. *Nicht meine Mutter. Nein, nein.* Sie war immer das Fundament gewesen, auf dem wir gestanden hatten.


**Entr'acte 1957**

Ich wühle mich durch alte Alben und halte vor einem Schwarzweißfoto inne. Ich muss 4 oder 5 sein und Rob nicht älter als 2. Ich erinnere mich nicht daran, meinen Vater je mit so einem Gesichtsausdruck gesehen zu haben. Er strahlt.

Rob und ich sitzen auf seinem Schoß und wir drei schauen nach links, weg von der Kamera. Papas Finger scheinen uns fest zu greifen. Er hält meinen Torso und Robs kleiner Arm ist sicher von der rechten Hand meines Vaters umschlossen. Sein Mund ist offen, seine Zähne und Zunge sichtbar und seine Augen funkeln glücklich unter buschigen Brauen. Und doch sieht er förmlich aus —dünner Schnurrbart, volles, dickes, dunkles Haar und, wie immer, eine Krawatte und ein weißes, schlichtes, aber perfekt gebügeltes Hemd.

Ich lehne mich nach vorne, offensichtlich fasziniert, doch Rob sieht etwas bedrückt aus. Seine Augenbrauen sind angehoben und seine kleine Stirn leicht gerunzelt, als ob er nicht so recht weiß, was er mit dem anfangen soll, was er da sieht.

Auch wir sind schick hergemacht, also muss es sich um irgendeinen Anlass handeln. Rob sieht entzückend aus mit seiner gepunkteten Ansteckfliege, weißen Hemd und einer Hose, die aus dunklem Tweed zu sein scheint. Unter einem schwarzen Trägerkleid trage ich eine kurzärmlige, weiße Bluse mit bauschigen Schultern. Das Kleid scheint eine cremige Textur zu haben, wie Samt. Auch wenn Mama nicht auf dem Foto zu sehen ist, hat sie uns ganz offensichtlich frisiert. Sie hat mein Pony kurz geschnitten und meine wilden Locken gebändigt. Robs Haare glänzen, als ob eine großzügige Menge Brylcreem aufgetragen wurde.

Rechts von uns ist eine Form zu erkennen. Da es eine helle Farbe hat, muss es sich um unser Klavier handeln. Es nahm einen Ehrenplatz in unserem Wohnzimmer ein. Wir hatten sonst nicht viel.

Ich drehe das Foto um. Darauf steht etwas geschrieben, auf Ungarisch, in der Hand meines Vaters. Ich starre auf die gedrungene Schreibschrift und versuche zu lesen. *Gute Mutter, alles Liebe: Robertke, Janetke und dein Sohn, 12. Apr. 1957.*

Ich schätze, dass das Foto von dem Abend stammt, an dem mein Onkel Tibor, der ältere Bruder meiner Mutter, sicher aus Budapest in Toronto ankam—der erste Verwandte meiner Eltern, der nach dem Aufstand von 1956 aus dem kommunistischen Ungarn geflohen war. Wie glücklich meine Mutter gewesen sein muss, als sie endlich ihren geliebten Bruder wiedersah.

Ich kann die Szene noch immer lebhaft vor mir sehen: Tibis fast komplett kahler Kopf glänzt und seine Augen strahlen Wärme aus. Ich tanze für ihn, schwinge meine Beine so hoch ich kann, um ihn zu beeindrucken. Sobald ich meine Vorführung beende und mich zu Rob auf den Schoß meines Vaters geselle, reißt Tibi das Scheinwerferlicht an sich. Obwohl er kein Englisch spricht, sind wir sofort von ihm verzaubert. Sein fantastisches, gummiartiges Gesicht verformt sich, wird lang und schelmisch. Dann bläst er seine Wangen auf, zieht an seinen Ohren und streckt seine Zunge raus, etwas was ich noch nie bei einem Erwachsenen gesehen hatte. Doch in dem Moment, wo wir lachend explodieren, verändert sich sein Gesicht erneut. Tibi fasst sich an den nackten Schädel und zieht an nicht existierendem Haar, wie der Komiker Stan Laurel, das schlanke, alberne Mitglied des Duos Dick und Doof. Mit hochgerissenen Augenbrauen und traurig schlappem Mund verfällt er in närrischen Kummer. Robs plötzliche Sorge lässt uns in noch mehr Kichern aufgehen, doch mehr als alles andere ist es das Lachen meines Vaters, dass uns mit einstimmen lässt.

Tibi war der einzige in meiner Familie, der unseren Vater zum Lachen bringen konnte. Mehrere Minuten lang starre ich wie angewurzelt auf das Foto und diese Seite von ihm—eine Seite, die wir selten zu Gesicht bekamen—keine verwüstete Seele in Aufruhr, sondern ein fröhliches, entspanntes und für den Moment sorgenfreies Wesen.

Die Hochzeit war das letzte Mal, dass ich meinen Onkel sah. 6 Monate später starb Tibi ohne jede Vorwarnung. Er wurde nur 72 Jahre alt. Meine Tante Eva rief sofort ihren Sohn Peter und ihre Tochter Susie an. Danach erreichte sie Rob, der mit seiner Familie etwa 2 Stunden nördlich von Toronto Ski fahren war. Rob, der Arzt, mit seiner ruhigen, einfühlsamen Art, würde schon wissen, wie er meiner Mutter und mir diese schrecklichen Neuigkeiten übermitteln musste. Ich war zu der Zeit in meinem 9. Monat und der Verlust traf mich schwer, besonders weil ich für die Beerdigung und die Schiv'a nicht bei meiner Familie in Toronto sein konnte.

Weniger als einen Monat später brachte ich unseren Sohn

Harris zur Welt. Mein Vater und meine Mutter—hart im Nehmen wie immer—waren weniger als eine Woche nach seiner Geburt an meiner Seite. Es tat weh, dass Tibi meinen Sohn nie kennenlernen konnte. Doch das neue Leben half uns auch, unsere tiefe Trauer zu bewältigen.

Als meine Fruchtblase platzte, mitten in jener kalten Nacht im März 1994, befand ich mich bereits im Krankenhaus. Während ich im überschwemmten Bett lag, saß Howie gemütlich zuhause. Ich rief ihn an. „Das ist toll, Schatz", sagte er und schlief prompt wieder ein. Am nächsten Tage schaute Howie, jedes Mal wenn ich eine Wehe hatte, nervös auf den Monitor und vergrub sein Gesicht dann wieder in seinem Buch. So ging es den ganzen Tag und in die Nacht hinein. Ich weiß mittlerweile, wie hilflos er sich fühlte. Um 11 Uhr abends begannen meine Eltern Panik zu bekommen. Doch irgendwann, mit einem letzten Pressen, erblickte das winzige, mit flaumigem Haar bedeckte Wesen das Licht der Welt. Als sie Harris auf meine Burst legten, verliebten Howie und ich uns sofort unsterblich in ihn. „Da ist dein neuer Chef", sagte Howie.

Harris war gerade rechtzeitig zum Pessachfest geboren, kurz nach St. Patrick's Day. Ich fragte mich, was meine Eltern wohl darüber dachten, dass die Bris ihres Enkels—die jüdische Beschneidungszeremonie—in einer Synagoge in Minneapolis stattfand. Das Ritual, welches am achten Lebenstag durchgeführt wird, verband Harris mit vorigen Generationen unseres Volkes. „Gesegnet sei der, der angekommen ist... dieses Kind ist in den Bund unseres Vaters Abraham getreten und so auch in ein Leben der Tora und der guten Taten."

Für mich war es ein ergreifender Morgen. Die noch immer frische Wunde vom Verlust meines Onkels, die Trauma meiner Eltern und deren komplizierte Beziehung zu ihrer eigenen Religion. Den Blick auf Harrisons wundervolles Gesicht gerichtet, von einer Erleuchtung berührt, schwor ich mir, meinen Sohn nach den Regeln des Judentums zu erziehen—als *Juden*—meiner eigenen Unsicherheit gegenüber der Zukunft zum Trotz. Seit meiner Geburt war ich all den negativen Aspekten des jüdisch seins ausgesetzt gewesen. An jenem Tag überkam mich all die Schönheit.

Eine Bris während Pessach bedeutete keine Bagel, Kaffeekuchen, Brote oder ungarische Backwaren. Nur ungesäuerte Nahrungsmittel kamen für die darauffolgende Feier auf den Tisch. Doch diese Entbehrungen sollten nicht lange anhalten. Ein paar Stunden später waren wir zusammen mit dreißig anderen Gästen bei Howies lebenslangen Freunden zum Sederabend eingeladen. Ich konnte mich nicht an das letzte Mal erinnern, dass ich Pessach mit meinen Eltern zelebriert hatte, und Harris muss wahrscheinlich ihr erster, 8 Tage alter Teilnehmer gewesen sein. Als brandneue Mutter konnte ich das köstliche Mahl nicht voll genießen und Harris, kuschlig eingepackt in einen saphirblauen Strampler, wurde um den Tisch gereicht und von jedem vergöttert und angeatmet.

Am nächsten Tag begann meine Mutter sich einzumischen. „Was is Huggies? Du benutz nich Stoffwindel? Ich hab dein Windel gekocht. Auf den Herd in große Topf, um die richtig sauber zu mache. Jede 2 Stunde fütters du? Zu viel."

Das Wickeltisch-Arrangement genügte ihren Standards nicht und musste umorganisiert werden. Sie stellte Tücher, Windeln, Salben und Kleidung dahin, wo sie es für richtig hielt, und gab dabei ein ununterbrochenes Murmeln von sich. Mein Vater fühlte sich unwohl wenn ich Harris stillte und verließ den Raum.

Ich machte mir auch so schon genug Sorgen darüber, wie ich mit meinem winzigen Sohn umzugehen hatte. Es war Jahrzehnte her, dass ich überhaupt mal eine Windel gewechselt hatte. Das kleine Ding baden? Vor meiner Mutter? Auf keinen Fall.

„Mama. Wieso gehst du nicht runter und fängst schon mal mit dem Paprika-Hähnchen an?"

„Brauch du mich nich?"

„Ich bin am verhungern und es ist schon so lange her, dass wir deine Kochkünste genießen durften."

„Okay. Okay. Du has Paprika? Grüne Paprika? Zwiebel und Tomate? Wo is die große Topf? Soll ich auch *Nokedli* mache?"

Meine Mutter machte die leckersten ungarischen Teigtaschen. Als der Duft gebratener Zwiebeln die Treppen hochstieg, seufzte ich erleichtert auf. Bald darauf kam Howies Mutter Adelyne zu uns und sie schob nie ihre eigene Meinung ein. Tatsächlich brauchte es eine Weile, sich an ihre ruhige, stille Art zu gewöhnen. Alexandra war ganz aufgeregt, ihren kleinen Bruder zu halten, und zog die Woche über bei uns ein. Sie war mir eine große Hilfe. Das Haus war voll—eine gute Ausrede, um meine Eltern dazu zu bringen, die Straße runter in einem örtlichen Bed & Breakfast unterzukommen.

*„Eine Anwalt, danke Gott." Howie und ich posieren für unser Hochzeitsportrait, 20. August 1993.*

*Janet und Onkel Tibi.*

*Ein sorgenfreies Wesen—Papa, Rob und Janet, 1957 oder 58.
Woran ich mich am meisten erinnere ist, dass das Leben eine ernste
Angelegenheit war. Und doch gibt es diesen überraschenden
Ausschnitt, ein Beweis dafür, dass mein Vater das Lachen nicht ganz
verlernt hatte.*

*Janet fängt an, Cello zu spielen, 1961. Ich erinnere mich an die engen, schwarzen Strumpfhosen, die ich beim Spielen dieses halbgroßen Cellos der Sittsamkeit halber tragen musste. Mein Haar ist zum Dutt gebunden (das Werk meiner Mutter) und ich bin von meiner beispielhaften Handpositionierung und Bogenführung beeindruckt (das Werk meines Vaters)!*

*Harris und ich, 1998. Ich war völlig überwältigt davon, als einundvierzigjährige einen Sohn zur Welt zu bringen, und hätte nicht voraussehen können, das Gesicht meiner Mutter in ihm wiederzuerkennen.*

# 6

# NOCH EINMAL ALLES VERLIEREN

Nicht ohne Zweifel lud ich meine Eltern im Sommer 1998 zu uns nachhause nach St. Paul ein. Während eines vorigen Besuchs hatte meine Mutter meine gesamte Küche neu arrangiert. Doch diesmal ging ich davon aus, dass sie sich ein wenig mehr zurückhalten würde. Sie hatte vor kurzem einen Schlaganfall erlitten. Wir taten so, als ob wir nicht bemerkten wie zerbrechlich, instabil und niedergeschlagen sie aussah. Es war der letzte Besuch meiner Eltern.

Früh am Morgen schlich ich in das Zimmer von Harris. Mein 4 Jahre alter Sohn öffnete die Augen und blickte mich mit dem Gesicht meiner Mutter an, die Ähnlichkeit mittlerweile noch verblüffender als die Jahre zuvor—hohe Wangenknochen, ein rundliches, kleines Gesicht und immerzu hochgezogene Brauen, die Unfug oder Unheil versprachen. Ich lehnte mich über ihn und strich mit meiner Hand durch seine blonden Löckchen. So verblieb ich für einen Moment und atmete seinen Geruch ein. „Zeit aufzustehen, mein kleiner Liebling. Wollen wir schauen, was Oma und Opa so machen?"

Sobald ich ihn hergerichtet hatte, gingen wir die Treppe runter. Wir fanden meine Mutter in der Küche, eingepackt in ihre Vliesrobe und dabei, sich durch die Schränke zu wühlen. Ich bereitete ein schnelles Frühstück für Harris vor, zeigte meiner Mutter, wo Müsli und Kaffee verstaut waren, und erklärte, dass ich kurz Duschen gehen würde. Natürlich stand ein viel adäquateres Frühstück—Lachs und anderer geräucherter Fisch, ungarische Salami, Blintze, Streichkäse, Tomate und Zwiebel, Früchte und Bagels—bereit, um auf den Tisch zu kommen.

Meine Mutter entschloss sich Kaffee zu machen, während ich mich oben gerade entkleidete, und stellte unseren Kaffeebehälter mit Plastikgriff direkt auf den Gasherd. Ich hatte mich gerade eingeseift, als Harris gegen die Badezimmertür donnerte. „Mama. Oma hat Feuer gemacht. Oma hat *Feuer* gemacht."

Ich sprang aus der Dusche, schlang mir ein Handtuch um und rannte die Treppe runter. Der giftige Gestank brennenden Plastiks bahnte sich bereits seinen Weg nach oben. Gerade rechtzeitig. Überall zerbrochenes Glas. Meine Mutter drehte sich hilflos in alle Richtungen und murmelte: „*Yay Istenem! Yay*—" Ich packte einen Ofenhandschuh und warf die schmelzenden, stinkenden, rauchenden Überreste des Behälters ins Waschbecken.

Nach abgewendeter Katastrophe, aufgeräumten Glasscherben und einem einiger Maßen normalisierten Puls bemerkte ich, dass meine Mutter am Tisch vor einem Teller mit Müsli saß. Sie kämpfte gerade mit dem großen Milchkarton und war kurz davor, Milch auf die Flache Oberfläche zu gießen. Harris kicherte, als ich ihn aus ihrer Hand riss. „Oma ist so lustig."

„Ja, das ist sie, Liebling", antwortete ich und hielt meine Tränen zurück.

⸸

Ein Jahr später, an einem kalten Frühlingstag 1999, saß ich in einem Starbucks in der Nähe des Hauses meiner Eltern, nippte langsam an einem Cappuccino und zögerte die kommende Konversation so lange hinaus wie möglich. Ein letzter Schluck, dann setzte ich mich ins Auto und fuhr zu dem Haus, in dem mein Bruder und ich aufgewachsen waren. Die Fassade erschien mir unverändert. Trotz Schlammpfützen und Überbleibseln des winterlichen Schnees kümmerte sich mein Vater noch immer gut um seinen Garten. Er hatte totes Gestrüpp entfernt und die den Winter über abgedeckten Pflanzen für den Frühling entblößt.

Ich atmete tief durch und stieg aus dem Auto. Mein Vater begrüßte mich an der Tür. Obwohl ich früh morgens gekommen war, hatte er sich bereits in Seidenhemd und Krawatte gekleidet und sein spärliches Haar mit VO5 eingesprüht.

„Janetkém. Wie geht dir? Du muss sehr müd sein. Mama hat gerad *Palacsinta* gemach, dein Lieblings", sagte er, nahm mir meinen Mantel ab und hing ihn auf.

Die ungarischen, mit Puderzucker beschütteten Crêpes meiner Mutter—leichte, luftige Kunstwerke—ließ man normalerweise nicht warten, doch ich hatte einen wichtigen Grund hier zu sein. Ich kletterte zum Wohnzimmer hinauf, welches mit *Tchotchkes* vollgestellt war, die mein Vater so gerne aus dem Impuls heraus kaufte. Ein riesiger Perser lag über dem jadefarbenen Bodenteppich und den Ehrenplatz nahm das große Piano ein, außen schwarz und mit einem Innenleben aus Elfenbein, welches nobel auf der anderen Seite des Raumes neben dem Kamin stand. Über dem Sims hang eines der beeindruckenden Ölgemälde meines Vaters; eine Meereslandschaft.

Gestapelt vom Boden bis zur Decke des Ateliers und in die Regale gestopft war die enorme Sammlung an Notenblättern—Piano- und Cellowerke, Kammermusik und orchestrale Stücke, die Musik meiner Mutter und ihrer Schüler und ein Schrank voller Video- und Audiokassetten von den Soloaufführungen meines Vaters. Ich musste an die Schränke mit den Klammotten meiner Eltern denken, das separate Regale nur für die Handtaschensammlung meiner Mutter.

Ich fühlte mich innerlich leer, als ich meine Eltern bat, sich zu setzen. Mit der Hand meiner Mutter in der meinen zögerte ich den Moment weiter hinaus. Dann pirschte ich mich langsam heran. „Mama, Papa, es ist Zeit. Mama hatte einen, nun... einen *leichten* Schlaganfall und wie oft seid ihr beide schon diese Treppen runtergefallen? Es ist Zeit—"

„Was du meins, es is Zeit?", fragte mein Vater angespannt.

Mama sah verwirrt aus. Ich starrte den Teppich an. Beleidigt und mit einem theatralischen Seufzer verließ mein Vater das Zimmer.

Einige der gehorteten Schätze abzugeben involvierte harte Entscheidungen und ich fürchtete mich vor den verletzten Gefühlen, die damit unweigerlich einhergehen würden. Es war immer das alles übertrumpfende Prinzip unseres Haushalts gewesen, Konfrontationen mit meinem Vater zu vermeiden. Doch es war wirklich Zeit. Die schwierige Aufgabe, die sich im Haus stapelnden Besitztümer zu vermindern, lastete auf meinen Schultern. Über die letzten Jahre hinweg hatten sich mein Vater und mein Bruder immer mehr entfremdet.

**Entr'acte 1984**

Während seines Medizinstudiums hatte Robert mehrere nette, jüdische Mädchen nachhause gebracht und unserer Mutter vorgestellt. Da Rob und ich uns seit der Kindheit an ihren starken Akzent und ihre ungefilterte Meinung gewöhnt hatten, fiel es uns nicht immer leicht zu verstehen, wie verletzend ihre Urteile für andere sein konnten. Irgendwann lernte Rob dann Ziporah kennen, eine Tochter von Überlebenden, deren Eltern nach Israel geflohen waren. Er machte ihr einen Antrag und sie heirateten im Jahr 1984. Bald darauf brachte sie ihr erstes Kind, einen Sohn, zur Welt. Vielleicht begannen die Probleme schon dann. Vielleicht war der Sturm von Emotionen nach der Geburt von Aaron, ihrem ersten Enkelkind, zu viel für meine Eltern—Begeisterung, Erwartungen, Sorgen. Wenn ich jetzt versuche zurückzuschauen, ist es schwer zu erkennen, wie genau die Zwietracht angefangen hatte.

Unsere Mutter äußerte ihren direkten und ungebetenen Rat. Als ihre Kommentare nicht das gewünschte Ziel erreichten, begann ihr Kinn zu zittern und Verwirrung zeichnete sich auf ihrem Gesicht ab. Die Emotionen kochten über. Sowohl Zippy als auch mein Vater wurden schnell wütend und fühlten sich sofort beleidigt. Rob war in einer auswegslosen Position zwischen den Fronten. Anschuldigungen flogen hin und her:

„Warum du bist nie pünklich! Immer du bis spät."

„Du denks ich hatte kein Kinder und weiß nich, wie man ein Windel wechselt? Ich bin dein Mutter. Hab ich kein Recht zu sagen?"

Drei weitere Kinder—Ilana, Danielle und Jesse—wurden kurz nacheinander geboren.

„Du rufs nie an."

„Zippy ist den ganzen Tag bei den Kindern! Ich hatte Sprechstunde und danach eine Notfallschicht. Wir sind platt, wir können diese Woche nicht kommen."

„Was? Du kanns nich fünfzehn Minute fahre und dein Eltern besuche? Gut esse? Du muss esse."

Irgendwie eskalierte das alles. Schreien durchs Telefon, verletzende Briefe, langes Schweigen.

„Ja, ich war schon immer schreckliche Vater. Du has schon wieder gemach, wie seit 35 Jahre. Was du uns getan has is unerträgbar, ohne Liebe für dein Eltern. Schrecklich. Du vergiss, dass du dein Mutter oder mir nie was gegeben has. Ich hab dir alles gegeben. Du solltes dir schämen! Vielen Dank. Ruf nich an. Komm nich. Mein Leben is keine Groschen wert..."

Rob leitete die Emails an mich weiter.

Hallo Papa.

Ich hoffe dir und Mama geht es gut. Ich weiß, es ist lange her, dass ich da war. Ich bin sauer. Wir wollten ein Friedensangebot machen und du hast abgelehnt. Ich habe dich gebeten, deine Wut zu vergessen und das alles hinter dir zu lassen, aber das kannst und wirst du nicht. Mehr können wir nicht tun. Ich wäre bereit, die Kinder wären bereit und sogar Zippy sagt, sie wäre bereit. Glaube mir, ich fühle mich schuldig, dass ihr dort alleine seid und dass wir euch nicht sehen, doch es ist nicht leicht vorbeizukommen, deinen Zorn zu sehen, deine Trauer. Ich möchte euch besuchen, aber nicht, dass es wieder eskaliert...

Wir alle litten an gebrochenen Herzen. Monate vergingen, in

denen sie weder Rob noch ihre Enkel zu Gesicht bekamen, und ich lebte hunderte Kilometer weit weg.

Drei wochenlange Trips nach Toronto und es war trotzdem kaum ausreichend, um sich um den angesammelten Krimskrams meiner Eltern zu kümmern. Ich konsultierte andauernd meine To-Do-Liste und packte zwanzig Kartons, die für einen Second-Hand-Laden bestimmt waren: ladungsweise Klammotten und Schuhe, Handtücher und Bettzeug, Videokassetten und Tischdecken. Die Kunstwerke verstaute ich so sicher wie möglich und mit Luftpolsterfolie umhüllt in Kisten.

Eines Tages, als ich gerade mit Kartons in den Armen rein und raus lief, bemerkte ich, wie mein Vater etwas in den Mülleimer auf der anderen Seite des Hauses stopfte. Sein Verhalten verwirrte mich. Nachdem er zurück ins Haus geschlichen war, zog ich das zerknitterte, vergilbte Stück Papier aus dem Müll. Ich faltete es vorsichtig auseinander und sah vor mir ein altes Poster, das ein eindrucksvolles Konzertprogramm anpries:

**Internationales Konzert-Tournee-Büro München**

*Regina-Palast-Hotel/ Sonntag 18. Januar 1948/18:30 h*

**Cello-Konzert—Georg Horváth**
**Vitali:** *Chaconne*
**J. Haydn:** *Konzert D-dur*
**Rich. Strauss:** *Sonata F-dur*
**Ravel:** *Habanera*
**Moussorgsky:** *Gopak*
**Davidoff:** *Am Springbrunnen*
**D. Popper:** *Konzert-Polonaise*

Erst als ich den Feinprint ganz unten las, wurde ich mir der Bedeutsamkeit des Ortes und des Datums bewusst: „Produziert unter der Lizenznummer 1092 des Amtes der Militärregierung für Deutschland."

*Warum hat mein Vater ein so bemerkenswertes Souvenir weggeworfen? Ein Soloprogramm in München in 1948?* Später, zwischen dem ständigen Treppe auf und ab gehen auf der Suche nach Luftpolsterfolie oder Tesafilm, fragte ich ihn nach dem Auftritt.

„Papa, ich hab das Poster im Müll gefunden. Was für ein Programm! Wie hattest du nach den anderen virtuosen Stücken noch die Ausdauer für all die Oktaven am Ende von Popper? Ich würde es gerne einrahmen. Warum hast du es weg—"

„Warum?" Er verwarf meinen Vorschlag mit einer unwirschen Geste. „Lass mal. Lass mal jetzt."

Das Poster hängt in einem vergoldeten Rahmen an der Wand meines Musikstudios in St. Paul. Wenn ich es mir anschaue, sehe ich darin ein Trümmerstück der zerstörten Träume meines Vaters.

Der Tag des Umzugs stand kurz bevor. Meine Eltern halfen so gut wie gar nicht aus und zwar nicht nur wegen ihrer fragilen Gesundheit. Dabei zuzusehen, wie sich ihr eigenes Heim regelrecht in Luft auflöste, schmerzte sie sehr und ich fühlte mich schuldig, sie dem ausgesetzt zu haben. Ich versuchte ihnen Frohsinn vorzugaukeln, doch ich war noch nie besonders gut darin, meine Gefühle zu verstecken. Jeder Karton gefüllt mit ihren geliebten Hab und Gut war ein Komplize in dem Unterfangen sie unglücklich zu machen. Meine nachdenkliche, von Zweifeln geplagte Stimmung lenkte mich von der Arbeit selbst ab. Ich musste weiter packen. Doch wann immer meine Eltern nicht hinsahen, schoss ich ein paar Fotos, um den Ort und die Sachen zu verewigen.

Das Mensch-Sein zwingt uns alle dazu, die Einschränkungen des Lebens zu akzeptieren. Aber in den Augen meiner Eltern ging hinter der Fassade dieses normalen Ereignisses etwas tieferes und dunkleres von statten. All diese Dinge, über Jahrzehnte hinweg sorgfältig gehortet, konnten nie ersetzen, was ihnen der Holocaust genommen hatte. Jedes einzelne Besitzstück stemmte eine traumatische Last und sie aufzugeben negierte Beweise ihres Überlebens.

In der Küche brach Streit aus. Eine Diskussion aufgerufen dadurch, dass ich versuchte meiner Mutter zu erklären, dass sie für drei Sets Knochenporzellan weder Gebrauch noch Platz hatte. „Mama. Wann wirst du je sechsunddreißig Menschen zu Besuch haben? Du hast nicht mal—"

„Ich weiß nich. Vielleicht brauch ich. Wir brauchen diese."

„Aber Mama, du wirst keinen Platz für—"

„Und diese. Wir brauchen diese", sagte sie und zeigte auf die länglichen, schlanken Weingläser in der Vitrine—achteckige Stiele, die hinauf zu blauem, grünem oder rubinrotem Glas führten, welches von einer kunstvoll verarbeiteten, goldenen Lackschickt umhüllt wurde.

Ich fühlte mich hilflos und keineswegs in der Lage noch mehr schwierige Entscheidungen in die Wege zu leiten, also entschloss ich mich, die „Krabbelecke" anzugehen. Das Haus hatte keinen Dachboden. Stattdessen stand unten, neben seit meiner Kindheit nicht angetasteten Alkoholflaschen, ein normal aussehendes Bücherregal. Darin waren auch Bücher aufbewahrt, doch man konnte es ausziehen und somit einen etwas über einen Meter hohen Abstellraum freigeben, der das gesamte Haus entlanglief—ein großartiges Versteck für uns Kinder. Ich nahm ein eingerahmtes Foto meiner Eltern von einem der Regale. Was für ein hübsches Paar und ausnahmsweise mal entspannt: mein Vater in einem saphirblauen Sakko und schnittiger Krawatte; meine Mutter hergerichtet und mit Schmuck behangen, ihr perfekt frisiertes Haar blond gefärbt, um das Grau zu verstecken.

Wir haben keine Zeit, um in Erinnerungen zu schwelgen, mahnte ich mich selbst. Vielleicht konnte ich den Kram hinter dem Bücherregal schnell entsorgen. Kurz nachdem ich das Bücherregal ausgezogen hatte, überkam mich plötzlich ein Schauer. Vor langer, aber nicht allzu langer Zeit in einem weit entfernten Land hatten sich Menschen wie meine Eltern an so einem Ort verstecken müssen.

Ich legte etwas unter meine Knie, um mich ein wenig vor dem kalten Betonboden zu schützen, und kroch hinein auf der Suche nach lange unberührtem Schnickschnack. Es war dunkel und muffig. Die einzige Glühbirne spendete nur wenig Licht. Ich griff nach der ersten Box. Sie hatten alles behalten: Briefe, alte Fotos und Geburtstagskarten; Kästen voller Spielzeug; ein mitgenommenes Kofferset; und beutelweise aus der Mode geratene Klammotten, die „zu gut" waren, um sie einfach wegzugeben. Ich pirschte mich weiter vor. *Eine Ladung noch, dann langt's für heute.*

Meine Hände, mein Rücken und meine Knie begannen zu protestieren—scheinbar waren die Zeiten des Krabbelns für mich vorbei—doch dann fiel mir ein merkwürdig geformter Rattankorb ins Auge. Überall hingen Spinnenweben und die feuchtkalte Dunkelheit verdichtete sich, je tiefer ich vordrang. Trotzdem kroch ich weiter. Nach minutenlangen Mühen schaffte ich es, den schweren, mandelfarbenen Behälter, etwa 1,80 m breit und halb so hoch, aus dem Abstellraum zu zerren. Er war völlig eingestaubt. Wer weiß wie lange dieser mit Vorhängeschloss versehene Korb schon hier unten verweilte? Ich entknotete meinen ächzenden

Körper, trat einen Schritt zurück und guckte mir das schmutzige, alte Ding an. Ich bemerkte die Gepäckmarken und realisierte, dass ich da einen Dampferkoffer vor mir hatte. Sich damit auseinanderzusetzen würde mich mehr Kraft kosten, als ich gerade aufbringen konnte. Leute von der örtlichen Appraisers Association of Canada sollten am nächsten Tag vorbeikommen. Die konnten dann gerne entscheiden, was wir damit und mit den anderen potentiellen Sammlerstücken machen sollten.

Die Damen kamen am nächsten Morgen zu uns, mit Notizblock in der Hand und einer professionellen Haltung. Sie fingen an, alles zu sortieren: Dinge, die gespendet werden sollten; Dinge, die weggeworfen werden sollten; und Dinge, an denen sie selbst Interesse hatten. Ich zeigte ihnen den Rattankoffer. Sie erklärten mir, dass es gegen die Regeln war, etwas verschlossenes mitzunehmen. Ein Schlüssel, sollte er den existiert haben, war sicherlich versteckt oder verloren. Ich versuchte es aufzubrechen.

Nach nicht unerheblichem Aufruhr und dem einen oder anderen Schimpfwort hörte ich meine Mutter die Treppe runter stampfen. „*Na!* Janetkém. Was du machs? Nicht aufmache! Nein, nein, nein. Wir mache die nich auf."

„Die Damen hier können den Koffer sonst nicht mitnehmen, Mama. Er war schon so lange verschlossen im—"

„Lass die jetzt. Lass. Wir nehme die, wie die is. Tu die zurück."

„Aber Mama. Brauchst du—"

„Bis du verrück? Nein, nein, nein." Sie stürmte aus dem Zimmer.

Vollkommen mit meinem Latein am Ende ließ ich das Thema ruhen. Es war wirklich keinen Streit wert, vor allem, wenn es noch so viel anderes zu tun gab.

Im August begleiteten mich Howie und Harris nach Toronto. Ich hoffte die entspannte und beruhigende Art meines Mannes sowie unser kindlich frecher Sohn würden dem Umzugstag etwas von seiner melancholischen Stimmung nehmen. Mein Vater wartete ungeduldig auf uns und lief vor der Haustür auf und ab. Wir kamen zerzaust und zu spät an. Für mich unüblich—zerzaust oder zu spät zu sein. Bevor er zu uns ins Auto stieg, ging mein Vater noch um das Haus herum zum Hinterhof. Vielleicht ein letztes, stilles Abschiedsgebet gerichtet an seinen wundervollen Garten. Die Lippen meiner Mutter zitterten ein wenig. Eine unangenehme Stille ergriff den Wagen, als wir zur neuen Wohnung fuhren. Mir fiel es schwer zu atmen.

Als wir unser Ziel erreichten, hatten die Packer bereits die größeren Möbelstücke entladen und die kleine Wohnung mit Kartons und Kisten jeder Form und Größe zugestellt. Für Harris der bestmögliche Ort zum Verstecken spielen. Doch meine Mutter schwankte mit verschränkten Händen an den Boxen vorbei und stöhnte: „*Yay Istenem. Yay.*" Ihr Ausruf tat mir in der Seele weh. Mit knirschenden Zähnen packte ich in Lichtgeschwindigkeit aus und versuchte das Chaos zu einer Harmonie zu formen. Die drei Sets Knochenporzellan fanden am Ende doch noch ihren Platz. Ich stapelte Unmengen Fotoalben in einem Schrank und der uralte Rattankoffer wurde ungeöffnet in den Abstellbereich der Garage geliefert und schon bald vergessen.

9 Monate später erlitt meine Mutter einen schweren Schlaganfall. Meine lebhafte Mutter, immer die Starke—auf einmal starr, stumm und hilflos. Während ich versuchte die Katastrophe emotional zu verarbeiten, drängten sich praktische Probleme auf. Die einstöckige Eigentumswohnung machte es zumindest theoretisch möglich, sie zuhause zu behalten. Kein großer Trost. Ich hatte keinerlei Erfahrungen damit, Pflegekräfte einzustellen oder was für eine Ausstattung nötig sein würde. Selbst mit Robs Verbindungen zur Welt der Medizin war ich von dem ganzen überwältigt. Mein untröstlicher Vater verbrachte jede Sekunde an der Seite seiner kranken Frau. Dachte er darüber nach, wie die Zukunft aussehen würde oder ob der letzte Streit zwischen den beiden auf irgendeine Weise zu dem Anfall geführt hatte? Ich schätze ja.

Trotz seiner Trauer hatte mein Vater ganz genaue Vorstellungen darüber, was er nicht zulassen würde. Er wollte nicht, dass sie in einem Pflegeheim endete, dazu verdammt in einer „Box" zu leben; er wollte nicht, dass ein anderer Mann sie anfasste oder ein Fremder bei ihnen wohnte. Aber was für Alternativen hatte ich? Ich wusste, dass wichtigste war, sie nicht zu trennen.

Meine Mutter war ihrer Geschichten beraubt worden, ihrer Essenz. Ihr Herz schlug noch. Sie aß, sie schlief. Sie hörte, sie sah. 8 Jahre lang würde unsere redselige Mutter an den Rollstuhl gefesselt sein, bewegungs- und sprachlos, im Wohnzimmer vor den schallenden Fernseher geparkt.

Mein Vater saß jeden Tag den ganzen Tag an ihrer Seite. Er gab ihr regelmäßig Küsse—lange, liebevolle Küsse (ich fragte mich, wie sie atmen konnte)—und schüttete sein Herz vor diesem stillen Wesen aus, die für mehr als 50 Jahre lang seine Frau und Partnerin gewesen war, davon überzeugt, dass sie jedes Wort verstand.

„Was für ein wundervolle Frau. Sie beschwert sich nie."

Mein Vater hatte Angst aus der Wohnung zu gehen. Er hatte Angst von ihrer Seite zu weichen. Selbst vorm Schlafen fürchtete er sich. Meine Mutter, nicht in der Lage auch nur den geringsten Ton von sich zu geben, selbst unter Schmerzen, lächelte ihn an.

Ich rief aus St. Paul an: „Hallo Papa, wie geht's—?"

„Red mit Mama!", forderte mein Vater. Er hielt das Telefon an ihr Ohr.

„Mamaka! Wie geht es dir? Hier ist es so kalt!"

„Pa-pa-pa-pa-pa. Mmm-mm pa-pa."

Mein enthusiastischer Ton brachte ab und zu eine Reaktion hervor. Oder erkannte sie wahrhaftig meine Stimme? Meistens unterhielt ich mich mit der Stille am anderen Ende des Apparats.

Voller Entschlossenheit unsere Mutter zuhause zu behalten, stellten Rob und ich Pfleger ein, kauften das nötige Equipment—ein Krankenbett, ein Hoyer-Lifter, ein Rollstuhl mit hoher Rückenlehne und Kopfstütze, Nachtroben, die leicht überzuziehen und hinten mit Klettverschluss zuzumachen waren, Küchengeräte zum pürieren von Nahrungsmitteln—und ich setzte mich mit den

Behörden auseinander, um an die Unterstützung zu gelangen, die ihr zustand. Ich musste ständige Konflikte lösen. Mein paranoider Vater meinte überall böswillige Vorhaben zu erkennen; die Pfleger machten nicht, was er wollte; er bildete sich ein, meine Mutter sei böse auf ihn, warf mir vor, ich wolle ihn in ein Altersheim stecken. Und am schlimmsten war, dass seine hohen Erwartungen an Rob in immer hitzigeren Diskussionen endeten.

Um den monotonen Alltag zu durchbrechen und vielleicht auch, um meinen Kummer zu bewältigen, sorgte ich nicht nur für das, was unbedingt gebraucht wurde, sondern auch für die ein oder andere Besonderheit. Ich bestellte Essen bei Restaurants und ließ es an ihre Tür liefern (nicht indisch, nicht italienisch, immer nur ungarisch). Ich schrieb ellenlange Briefe und Karten und schickte ihnen alles Mögliche, was sie interessieren könnte—Fotos, die neuesten Programme meines Orchesters, Rezensionen meiner Soloauftritte, die Zeichnungen meines Sohnes. Ian, Cristy und Juliana, die Pflegehilfe von der Behörde, feierten jeden Feier- und Geburtstag zusammen mit meinen Eltern in der stickigen Wohnung.

Meine Besuche in Toronto waren jedes Mal ein Wettrennen. Ich kaufte ein, kochte ungarisches Essen, packte die Mahlzeiten in individuelle Behälter und beschriftete sie mit dem jeweiligen Inhalt. Ich besorgte alles in großen Mengen—Windeln, Verdickungsmittel, Dosen von Ensure, Sauerstoff und Urinalkondome für meinen Vater (damit Ian nachts nicht aufwachen musste, um meinem Vater beim Pinkeln zu helfen). Ich räumte ihre Wohnung auf und erledigte ihren Papierkram. Ich stellte einen Vollzeitpfleger für unter der Woche und einen weiteren fürs Wochenende ein. Ab und zu beleidigte mein Vater die Person, die am Wochenende kam. Dann rief er mich wütend an.

„Verdammte, scheiß Bastard hat uns in Stich gelassen!" So musste ich diese Stelle immer wieder neu besetzen, indem ich mich an die große philippinische Pflegegemeinschaft wendete.

Um ihnen das Ausgehen zu ermöglichen—zu Einkaufszentren, Gärten und Kunstgalerien—buchte ich regelmäßig einen

Transportservice. Papa weigerte sich, ohne Mama das Haus zu verlassen. Wir schoben sie für Feiern sogar über die belebte Straße. Es war keine gehobene Gastronomie, nicht ungarisch, doch es gab einen Red Lobster auf der anderen Seite der Kreuzung.

Harris kam häufig mit nach Toronto. Er spielte mit dem Hoyer-Lifter—die große Chromgerätschaft mit einer Wiege, die wir benutzten, um meine Mutter anzuheben—und werkelte an meinem Computer rum. Ein so geduldiger kleiner Schatz. Zumeist saßen wir von morgens bis abends nur rum, bis meine Mutter zu Bett gebracht wurde. Manchmal machte mich die erdrückende Stimmung übermütig. „Papa", sagte ich dann. „Ich glaube wir gehen für ne Weile raus. Harris braucht frische Luft. Er braucht etwas Unterhaltung." Doch der Blick meines Vaters verriet seine Gedanken. Wir sollten bleiben. Den ganzen Tag. Jeder Fehlschritt konnte seinen Zorn hervorbringen.

Nach einem besonders endlosen Tag fiel mir auf dem Weg zurück zum Haus meines Bruders ein verlassenes Feld auf. Ich fuhr rechts ran. Der Himmel war klar und mit glitzernden Sternen bestückt. Friedlich. „Harris, Liebling", sagte ich. „Lass uns kurz aussteigen." Als wir dort zusammen im Dreck standen, begann ich so laut ich konnte zu schreien. Harris stimmte mit ein. Wir schrien bis wir heiser waren und vor Lachen prusteten.

Die gesamten acht langen, zermürbenden Jahre trauerten wir. Ich ließ entweder meinen jungen Sohn und Ehemann oder meine alternden und fragilen Eltern im Stich. Immerzu hin- und hergerissen zwischen zwei Notwendigkeiten. Jedes Mal, wenn ich Toronto verließ, fragte ich mich, ob es mein finaler Abschied war. Und noch herzzerreißender: Wusste sie, was aus ihr geworden war?

⸸

Die Augen meines Vaters wurden zu hasserfüllten Schlitzen. „Ruf mich nich an. Nie wieder!" Die Kluft zwischen Rob und meinem Vater machte alles nur noch schwieriger. Ich versuchte die Vermittlerin zu spielen, doch handelte mir das nur die Wut beider Seiten ein. Mein Bruder, der gütige Arzt. Mein Bruder, dessen vier

Kinder nachts nach ihm riefen, wenn sie einen Alptraum hatten. Mein Bruder, der jedem half, der darum bat. Rob hätte den Erwartungen meines Vaters an einen guten und pflichtbewussten Sohn nie gerecht werden können. Der Konflikt war endlos. Auseinandersetzungen und Beschuldigungen führten zu ständigem Kummer. Ich glaube selbst meine Mutter bemerkte es.

Rob versuchte gegen den Zorn meines Vaters und seine tiefverankerten Wahnvorstellungen, dass sich jeder gegen ihn verschworen hatte, anzukommen. Manchmal ging er völlig aus dem Nichts in die Attacke über. Unser Vater, der uns so unglaublich liebte, konnte seine eigenen Dämonen nicht bezwingen.

Hätte ich in Toronto gelebt und wäre den täglichen Forderungen meines Vaters ausgesetzt gewesen, dann bin ich mir sicher, ich hätte in seinen Augen auch versagt. Rob musste sich loseisen und Abstand gewinnen. Hinter den Kulissen kümmerte er sich weiterhin um ihre medizinische Pflege, griff ein, wenn ein Spezialist benötigt wurde und eilte zu ihnen, wenn die Medikamente ausgegangen waren.

Nicht mal ich hatte gewusst, dass er die Stadt vor dem Umzug meiner Eltern nach der perfekten Wohnung für sie abgesucht hatte —eine mit einem Lebensmittelgeschäft im Erdgeschoss—und mein Vater es rigoros abgelehnt hatte.

Eines nachts, nach einem besonders langen Arbeitstag, kam mir in den Sinn, dass ich meinen Vater schon ein paar Tage nicht mehr angerufen hatte.

„Hallo, Papa? Ich weiß, es ist spät, aber ich wollte nur mal schnell—"

„Ich hab gar nich gehört von meine geliebte Sohn Robert für 2 Woche. Ich hab nich geschlafe. Ich hab schlimme Kopfschmerz. Dann ich ruf ihn an. Ich will kein Vorträge mehr, kein Beleidigunge. Ja, ja, wir ware ganz schlimme Elter! Hör mir zu jetz. Ihr beide hab nie auf mir gehört!"

„Papa. Ich—"

„Ich bin allein hier. Er un sein Frau Zippy habe nichs getan für uns. Was er un sein Frau uns getan habe für 20 Jahre is einfach unerträglich! Ich werd nich zu Pflegeheim oder Alterheim gehe.

NIEMALS und du und Robert könne mich nich zwinge. Verdammte Lügen. Meine verschwendete Leben."

*Oh mein Gott.* „Nein, Papa", setzte ich ihm entgegen. „Nein. Was sagst du da? Hör auf. Sie sind mit vier Kindern beschäftigt und er hat seine Patienten, Nachtschichten... natürlich bist du ihm wichtig. Er tut doch—"

Meine Lungen schmerzten. Rob zu verteidigen goss nur noch mehr Öl ins Feuer. „Wir ware euch NIE wichtig, was wir fühle, was uns besorg! Ihr wolltet unser Probleme nie hören. Du bis genau wie dein Bruder. Ich bin dir nich wichtig. Du un Robert Verhalten is einfach zu viel! So viel Ärger ihr hab mir gemach. Lass mich einfach. Ich hab kein Interesse, dich wieder zu sehe!! Ich werd Rest von mein Lebe *allein* mit mein geliebte Frau sein. Lass mich in Ruhe. Ruf nich an!"

Von dieser Schimpftirade geschockt hielt ich das Telefon von mir weg und versuchte nach Luft zu schnappen. Aber auch ich konnte nicht mehr. Ich knallte den Hörer mit aller Macht auf die Station und brüllte ins Nichts: „Ich kann das nicht mehr! Oh mein Gott! Warum muss ich mir das antun?"

War Harris genauso von meinem Verhalten betroffen wie ich in seinem Alter von dem meines Vaters? Eine grausige Vorstellung. Auch ich musste mich loseisen.

Er redete 6 Monate nicht mit mir. Er lehnte meine Anrufe ab und antwortete nicht auf meine Emails. Ich scheute mich davor, nach Toronto zu fliegen, obwohl ich ein paar Tage frei hatte. *Was wenn er mich nicht in die Wohnung lässt?* Ich wusste der einzige Weg, das Eis zu brechen, war von Angesicht zu Angesicht. Doch der Gedanke an die Begegnung erfüllte mich mit Angst.

Als ich vor der Tür des Wohngebäudes stand, zögerte ich für eine volle Minute, bevor ich den Eintrittscode eingab. Dann hielt ich den Atem an. Einige Momente später kam die Erleichterung— *bzzz, bzzz, bzzz*—und die Tür öffnete sich. Ich nahm den Fahrstuhl hoch zum 13. Stock und fand dort die Haustür bereits offen vor.

Aber mein Vater würdigte mich keines Wortes oder Blickes. Er verschmähte Versöhnung. Mein Vater war allein mit sich selbst in seiner eigenen Verbitterung gefangen.

Er verzog sich ins Schlafzimmer und schloss die Tür, während ich mich neben Mamas Rollstuhl setzte. Sie lehnte leicht nach links und schlief. Ian war mit den Essensvorbereitungen in der Küche beschäftigt und pürierte Gemüse, Fleisch und Pasta. Exakt zur Mittagszeit ließ sich mein Vater wieder blicken. Ich bemerkte seine mitgenommenen Hausschuhe, sein unrasiertes Gesicht und ein T-Shirt. Er vermied jeden Augenkontakt. Nicht ein Wort wurde am Küchentisch gewechselt.

Nachdem er das Püree Löffel für Löffel in den Mund meiner Mutter befördert hatte, nahm ihr Ian das Lätzchen ab, putzte ihren Mund und rollte sie für ihr Nachmittagsschläfchen ins Schlafzimmer. Papa schlurfte hinterher und ließ mich allein im Wohnzimmer zurück.

Zu dem Zeitpunkt fiel es mir schwer, das alles zu verstehen. Ich war den ganzen Weg hierhergekommen, hatte meine Familie in Minneapolis gelassen, und dafür, dass ich meinen Bruder verteidigt habe, wurde ich jetzt ignoriert?

Es hatte die Jahre über auch andere schreckliche Auseinandersetzungen gegeben. Als ich noch ein Teenager war und nachdem ich umgezogen war. Verworren. Erbittert. Bei einigen meiner Besuche in Toronto wagte ich es, die stickige Wohnung meiner Eltern zu verlassen. In dem Winter nach dem Umzug traf ich mich mit einer Freundin auf einen Kaffee. Als ich nachmittags wieder zurückkam, war mein Vater erzürnt; sein Hals angespannt und sein Gesicht rot. „Du komms immer dein Freunde besuche, nicht Mama und ich."

„Papa, nein. So ist das nicht. Ich—"

„Lass mich! Geh weg."

Er rannte zur Tür. Als ich nach seinem Arm griff, um ihn daran zu hindern, rauszulaufen, wie er es schon so oft getan hatte, blickte er mich hasserfüllt an. Er riss sich los und stolperte zum Fahrstuhl, wobei er eine Auswahl ungarischer Schimpfwörter im Flur hinterließ. Meine Mutter stand hilflos da, nahm die ihr aufgezwungenen Beschimpfungen hin und schien mich beschwichtigen zu wollen. Obwohl er bereits ein alter Mann war, wurde mein Vater von der Wut angetrieben. Er rannte zu Fuß aus dem Gebäude und in den kalten Wind. Ich taumelte vor Zorn und Trauer, kauerte mich an die Wand. Mama jammerte: „Janetkém, *yay Istenem*. Meine Gott. Warum du redes immer zurück? Gyurikám. Gyuri!"

Dann wurde ich langsam von einem Schuldgefühl erdrückt. Ich eilte zu meinem Auto und durchkämmte die Nachbarschaft auf der Suche nach ihm. *Wie weit kann er gekommen sein? Was wenn er wie so oft hingefallen ist?* (Ein paar Jahre später stürzte er mit dem Kopf auf die Marmorfliesen des Badezimmers und erlitt eine Fraktur im Nacken.) Ich fuhr weiter. Der Wind tobte im Einklang mit unserem Streit. Ich zitterte vor Wut und Furcht. *Hat er einen Hut oder Handschuhe mitgenommen?* Im Eifer des Gefechts hatte ich nicht darauf geachtet.

Die Suche nahm stundenlang und erfolglos ihren Lauf. Ich hoffte, ich würde ihn nicht irgendwo reglos mit dem Gesicht im Schnee finden. Doch ich fand nichts. Ich fuhr zurück zur Wohnung, noch immer am beben, und versuchte mich und meine Mutter zu beruhigen. Wir konnten nichts tun, außer zu warten.

Mehrere Stunden später kam mein Vater sicher und reumütig nachhause. Wir waren so erleichtert, dass wir die Ursache für das alles vergaßen. Mir wurde danach irgendwann von einer alten Kindheitsfreundin erzählt, dass sie meinen Vater ganz allein und mit verlorenem Blick auf einer Bank im Yorkdale, dem Einkaufszentrum um die Ecke, gesehen hatte. Heute glaube ich, dass er vor sich selbst davongelaufen ist.

In den aufreibenden Jahren nachdem meine Mutter krank geworden war, hatte ich meinem Vater beigestanden, und jetzt, wo es ihm auch schlecht ging, wollte er von mir nichts wissen. Das tägliche Waschen war zu einem Problem geworden. Mein Vater war mittlerweile kaum in der Lage, selbst einfache Aufgaben zu verrichten, und wir brauchten unbedingt zwei Personen, die rund um die Uhr vor Ort waren. Mein Plan, Ians Freundin und zukünftige Frau Cristy einzustellen, musste warten, bis er wieder mit mir sprach, bis ich ihn überreden konnte, bis er mir vergab.

Die Zeit verging in einer unendlichen Spirale der Selbstbeschuldigung. Mein Vater muss meine Not gespürt haben. Er hatte meine Tränen noch nie aushalten können. Schließlich bin ich sein *Mucika*, sein kleiner Schatz. Er schlurfte aus seinem Zimmer zu mir herüber und begann meine Schultern zu massieren, drückte so doll es ihm seine vom Parkinson geschwächten Finger erlaubten. Er sah ausgesprochen konzentriert aus. Mir war klar, dass er sich dabei unwohl fühlte, nicht genau wusste, wie er es angehen sollte und warum er überhaupt erst so sauer gewesen war, doch ich hörte meinen Vater eine Entschuldigung murmeln. Wusste er, dass ich immer zu ihm halten würde, egal ob er Erklärungen hatte oder nicht? Vielleicht. Konnte ich die Tiefe seiner Verzweiflung verstehen? Nicht wirklich. Noch nicht. Das eröffnete sich mir erst einige Monate später, als ich endlich von seinen Problemen hören und er mir von ihnen erzählen wollte.

# 7

# EIN LETZTES KONZERT FÜR KATHERINE

Ende Mai 2007: Trotz des Sperlings, der draußen sein lyrisches Lied zwitscherte, schossen mir düstere Gedanken durch den Kopf. Es war der Hochzeitstag meiner Eltern und unter normalen Umständen ein Grund zur Feier. Doch es war auch fast auf den Tag genau 63 Jahre her, dass mein Vater von Budapest in die Kupferminen von Bor gebracht worden war, um dort als Sklave zu arbeiten.

Unser Leben war angespannt. Ich wusste, meine Eltern würden mich nie wieder das Cello spielen hören—ihre größte Freude—wenn ich mein professionelles Leben nicht nach Toronto brachte.

Mir kam die Idee für ein Konzertprogramm—ein einzigartiges Format, im Stil eines Soiree, mit virtuosen und zum Tanz geeigneten Stücken, eingeleitet von ein paar informellen Anekdoten. Ich stellte das Programm so zusammen, dass es jeden potentiellen Besucher verzaubern, aber eine besondere Signifikanz für meine Eltern haben würde. Ein paar Wochen, nachdem ich Kontakt mit einer Kirche in Toronto aufgenommen und angeboten hatte dort aufzuführen, erhielt ich eine offizielle Einladung per Post: „Wäre Freitag der 21. November 2008 möglich?" Ich rief sofort meine musikalische Begleiterin an, um nach ihrer Verfügbarkeit zu fragen.

Wenige Monate vor dem Konzert verschlechterte sich die Gesundheit meiner Mutter. Sie war kaum noch in der Lage zu schlucken, jeder Mundvoll Püree führte zu krampfhaftem Würgen. Für mein Vater war das eine reine Tortur und er wurde noch ängstlicher als zuvor. Er umarmte hilflos meine Mutter, während ihr Ian kraftvoll zwischen die Schulterblätter klopfte. Sie wurde puterrot bei dem Versuch zu atmen.

Wir sprachen mit meinem Bruder, welcher unsere Befürchtungen bestätigte. Rob war mittlerweile geschieden und plante im nächsten Frühling wieder zu heiraten. Er und seine Verlobte Sara hatten einen reizenden Veranstaltungsort herausgesucht, doch allen wurde bewusst: wenn sie beide unsere Eltern dabei haben wollten, mussten sie früher heiraten. Am besten noch in 2008, direkt einen Tag nach meinem Konzert im November. Statt im charmanten Bed & Breakfast würde die Hochzeit im Partyraum des Wohngebäudes meiner Eltern stattfinden. Sara, eine zierliche Blondine, die sanfte Wärme und außerordentliche Empathie ausstrahlte, gewann sofort unsere Herzen, selbst das meines Vaters, und mit einer Magie, die ich nicht erklären kann, gelang es ihr, meinen Bruder und meinen Vater wieder zusammenzuführen.

Einige Tage vor dem Konzert kamen Howie, Harris, meine Pianistin, mein Cello und ich in Toronto an—jeder von uns mit einem eigenen Sitz im Flugzeug, auch das Cello. Mein Vater war bereits nervös, sein Gesicht fahl und sein Magen völlig durcheinander.

Wie aufs Stichwort machte mein Vater am Tag vor dem Konzert einen strategischen Rückzieher. „Janetkém. Ich bleib zuhaus. Ich werd es sons für dir kaputt mache!" Die komplizierte Organisation, die es brauchte, um meine Eltern zum Veranstaltungsort zu bekommen und dort für all ihre Bedürfnisse zu sorgen, würde mich, so fürchtete er, von meinem Auftritt ablenken. Es brauchte große Überredungskünste, um ihn umzustimmen. „Papa. Es ist alles organisiert. Das ist mein *Job*. Das Spielen ist der einfache Teil!" Er hatte so viele meiner Konzerte besucht und doch glaubte er, etwas würde schiefgehen.

Ich versuchte die Angst meines Vaters zu mildern—keine leichte Aufgabe—während sich Ian um meine Mutter kümmerte. Er zog sie vorsichtig an, frisierte sie so, wie sie es einst getan hätte, inklusive des vielen Haarsprays. Er puderte ihre Nase, trug ihr roten Lippenstift auf und sagte dann, mit dem philippinischen Kosenamen für Mama: „Lola. Du siehst hinreißend aus."

Das große Auto des Transportservices kam genau rechtzeitig. Ian fuhr mit meinen Eltern und ich quetschte mich mit meinen drei Begleitern und dem Cello in einen Mietwagen. Wir alle schafften es tatsächlich pünktlich zum Veranstaltungsort—Familienmitglieder, Pfleger, Fans, Freunde und sogar Lehrer aus meiner alten High School.

Ich wankte instabil (diese verdammten Stilettos) hinter der Bühne umher, eingepackt in einen dicken Pulli und Handschuhe, um meine nervösen Finger warm und gelenkig zu halten. Das Klacken meiner Absätze auf dem Parkett vermischte sich mit dem formlosen Surren des Publikums hinter dem Vorhang.

Als ich auf die Bühne ging, brach mir der Anblick meiner Mutter das Herz. Dort saß sie in ihrem Rollstuhl im Mittelgang, nah und genau vor mir—meine einst elegante Mutter zusammengesackt und sabbernd. Musik war immer ihre Leidenschaft gewesen und das Cello ganz besonders. Ich musste daran glauben, dass meine Musik sie erreichen würde.

Das Konzert begann mit Ludwig van Beethoven, dem unsterblichen, deutschen Komponisten, dem meine Eltern und somit auch ich so zugeneigt waren. Ich vertraute der lebensbringenden Macht der Musik und wer sonst könnte ihre über das Verstehen hinausgehende, tiefemotionale Kraft so gut repräsentieren? Beethovens „Sieben Variationen" in Es-Dur aus Mozarts Oper „Die Zauberflöte" basieren auf dem romantischen Duett gesungen von den mythischen Charakteren Papagena und Papageno. Bogen und Saiten kamen zusammen und formten eine Ode an die Liebe. Meine Anspannung löste sich in Luft auf.

Später erhaschte ich einen Blick auf den Kopf meines Vaters, der im hemmungslosen Rhythmus von Béla Bartóks „Rumänische Volkstänze" wippte, einem Stück, mit dem ich aufgewachsen war. Man stelle sich die Dorfbewohner beim Tanzen vor—die Männer in luftige, weiße Pantalons, orange Westen mit hohem Kragen, passende Lederstiefel und flotte Fell- und Federkappen gekleidet. Trotz der beherzten Sprünge und wirbelnden Drehungen fällt kein Hut vom Kopf.

Ich tauchte in die ekstatische Musik ein. Meine Finger flogen über das Griffbrett und erzeugten atemberaubende Klänge—Flageoletttöne (Pfeifgeräusche), wildes Pizzicato (Zupfen), das Entstehen verlockender Melodien aus modalen Tonleitern—und das abschließende 'A' des Stückes, ein fallender Aufstrich, welcher ausnahmslos die Begeisterung des Publikums herbeiführt.

„Après un rêve" (Nach einem Traum), das rührende Klagelied von Gabriel Fauré, geht mit einem Schweigen zu Ende—*O nein! O nein! Trauriger Wecker der Sorgen ... Komm wieder, komm zurück, o Glanz ...* Durch das Rauschen des finalen Diminuendo hindurch versuchte ich mit den Schwingungen meine Mutter zu erreichen, doch sie blieb gebeugt und reglos.

Ein aufregender, argentinischer Tanz schloss unser Programm ab. Um das Cello geschlungen simulierte ich das synkopische, pulsierende Stampfen der Tänzer, die engen Umarmungen, verkeilten Hörner und die ohnmächtig fallenden Posen von Astor Piazzollas „Le Grand Tango". Das Tempo stieg zu einem unmöglichen Presto an. Nach dem atemlosen Schluss sprang das Publikum auf. Mein Vater klatschte so laut er konnte, aber das lebhafte „*Bravo-oh-OH!*" meiner Mutter blieb ohrenbetäubend aus.

Ich hatte eine besondere Zugabe geplant: „Pièce en forme de Habanera" vom französischen Komponisten Maurice Ravel. Im Januar 1948 hatte mein Vater jenes Stück in München aufgeführt; es ist auf dem zerknitterten Poster, das ich aus dem Müll gerettet hatte.

Mama war das gesamte Konzert über in ihrem Rollstuhl versunken geblieben, ihre Augen geschlossen. Als ich gerade dabei war, mit der Zugabe zu beginnen, kam der Transportservice, um meine Mutter abzuholen. Ian fing an, sie so leise und unauffällig wie möglich rückwärts den Gang entlang zum Ausgang zu rollen. Plötzlich öffnete meine Mutter überrascht die Augen. Sie hob ihren Kopf, als würde sie sagen: *Warum gehen wir? Es ist noch nicht vorbei!* Meine Mutter verschwand durch die Hintertür der Kirche und ich beendete das Programm, während Tränen meine Wangen herabliefen.

Am nächsten Morgen standen wir früh auf und fuhren zum Wohnungsgebäude meiner Eltern, um den Partyraum mit Blumen und Schleifen zu dekorieren, das Catering zu organisieren, Stühle zu arrangieren und die Chuppa vorzubereiten. Die Jungs—Robs Söhne Aaron und Jesse, Saras Sohn Zach und mein Harris—schmückten vier Stangen mit blau und silbern glänzendem Papier. Dann drapierten sie den *Tallis* (Gebetsmantel) von Saras Vater oben drauf.

Später fuhren wir alle vom 13. Stock zum Partyraum hinab und setzten uns in Erwartung des fröhlichen Anlasses. Als Aaron, Jesse, Zach und Saras Neffe Josh einmarschierten, jeder eine Stange der Chuppa in der Hand, spielte ich das Cello, diesmal traditionelle jüdische Hochzeitslieder. Zum Beispiel „L'dor Vador" (Von Generation zu Generation), ein Lied, dass sich auf die Kontinuität unseres Volkes bezieht. *Wir sind dankbar für alle, die zuvor kamen, der Kreis des Lebens geht weiter.*

Fotos wurden gemacht, Gelübde gesprochen, Küsse und Umarmungen ausgetauscht. Alle sahen schick aus, vor allem Harris in seinem ersten Smoking und die strahlende Braut in einem dunkelvioletten Kleid. Sara war toll und wir freuten uns sehr, dass Rob wieder geheiratet hatte. Selbst Mama lächelte. Weil sie Robs Glück spürte? Seine Wiedervereinigung mit Papa? Oder, dass mein angetrunkener Vater sein Kichern kaum verbergen konnte? Unsere Familie quetschte sich fürs Hochzeitsessen in den anliegenden Raum und wir aßen uns an koscheren jüdischen und ungarischen

Delikatessen satt—kellenweise Suppe mit reichlich Brot für meinen Vater, Kohlrouladen (nicht so gut wie die meiner Mutter), in Wein geschmorte Rinderbrust, Kalbfleisch mit Paprika und *Nokedli* (Teigtaschen) und danach, wie immer, dekadenter Süßkram—*Dios Torta* (Walnusstorte, mein Favorit), Schokoladen-*Babka* und ein Hochzeitskuchen ohne Milch. Am nächsten Morgen purzelten wir vier schläfrig aus dem Bett, nahmen ein Taxi zum Flughafen und flogen zurück nach Minnesota, erfreut darüber, dass die Festlichkeiten ein so voller Erfolg gewesen waren.

Eine Woche später verstarb meine Mutter.

Rob rief an und sagte nur: „Sie ist von uns gegangen." Innerhalb weniger Tage hatte sich ein Fieber entwickelt und Mama erlitt eine Lungenentzündung. Papa hielt ihre Hand, als sie ihren letzten, tiefen Atemzug tat und diese Welt verließ.

Howie, Harris und ich flogen zurück nach Toronto. Unsere Familie versammelte sich zur Beerdigung und Schiv'a, die 8 Tage der Trauer, ein jüdisches Ritual, dass die Trauernden mit der weitergehenden Realität verbindet und durch jene ersten, erschütternden Tage des Verlusts begleitet. Familienmitglieder und Freunde, Bekannte und Schüler, sie alle kamen, um ihr Beileid zu bekunden. Und Besucher brachten jede denkbare, fettmachende Köstlichkeit mit, Nahrung gegen den Kummer. „Welch eine wundervolle, farbenfrohe Person sie doch war... Man wusste es sofort, wenn sie den Raum betrat." „Keiner macht so leckere *Rakott Káposzta* wie Kato." „Sie liebte ihre Schüler, aber deine Auftritte waren der Höhepunkt ihres Lebens."

Ich machte mir Vorwürfe wegen nie gestellter Fragen. Wir haben genug Zeit, hatte ich gedacht. Wie bei jeder jungen Person stand mein eigenes Leben im Vordergrund und mein ehrliches Interesse an der Vergangenheit meiner Eltern wuchs erst, als ich meine eigene Familie hatte. Zu den Konversationen, die vielleicht anstatt von Zankereien hätten sein können, kam es nie und die

Tabuthemen, die schmerzhafte Bürde meiner geliebten Eltern, blieben ein Geheimnis. Hatte ich Angst vor dem gehabt, was ich vielleicht hören würde? Oder war ich mehr daran interessiert gewesen, meine eigenen Gefühle zu schützen?

Kurz nach Mamas Tod, am 3. Tag der Schiv'a, hörte ich ein Klopfen an der Tür. Mein Cousin Peter war gekommen, um seinen Respekt zu zollen, doch er schien erpicht darauf, mich für ein Gespräch zur Seite zu nehmen. Wir entschuldigten uns. Was konnte so dringend sein?

Peter meinte, ich solle mich hinsetzen. „Janet, ich muss dir was zeigen. Ich hatte es vergessen gehabt. Es tut mir Leid. Ich bin so oft umgezogen und eh... Während der Schiv'a meines Vaters, vor so vielen Jahre mittlerweile, kann es schon über ein Jahrzehnt her sein (?), naja, damals habe ich eine Unterhaltung mit Tante Kato aufgenommen."

Ich war für den Moment wie gelähmt und erinnerte mich an das Gefühl der Trostlosigkeit, dass ich um den Tod meines Onkels Tibi verspürt hatte. Ich hatte seine Beerdigung nicht besuchen können, weil ich hochschwanger gewesen war. Und jetzt gab es eine Tonaufnahme aus dieser traurigen Zeit?

„Deine Mutter hat von ihrer Jugend gesprochen. Ich weiß nicht, wie ich da jetzt drauf gekommen bin, sicherlich die Beerdigung, und eh, ich hab gestern den ganzen Tag in sämtlichen Schubladen und Kartons auf dem Dachboden gesucht und es gefunden. Ich hab die Kassette gefunden."

Er griff in seine Hosentasche und händigte mir das wertvolle Artefakt aus. Ich konnte mich den Rest des Tages auf nichts mehr konzentrieren. Die vielen Gäste in der Wohnung waren in den Hintergrund getreten. Das einzige, woran ich denken konnte, war die Kassette.

An dem Abend, als alle Besucher gegangen waren, hörten mein Vater und ich, nach 8 Jahren der Stille, die Stimme meiner Mutter.

Ich war so überwältigt, dass ich nicht in der Lage war, in mich aufzunehmen, was sie eigentlich sagte. Ein wenig später zurück in St. Paul hörte ich mir die Kassette noch einmal an. Darin erzählt meine Mutter zum ersten Mal ihre Überlebensgeschichte.

*Harris der kleine Schlingel und der nicht aus der Ruhe zu kriegende Howie.*

*Elegantes Paar im seltenen Urlaub. Wie entspannt und zufrieden sie auf diesem Foto aussehen.*

*Papa und sein herrlicher Garten.*

*Janet und Papa nach einem ihrer Soloauftritte.*

*Werbung für das Konzert in Toronto.*

*Eine Geburtstagsfeier mit unseren Hilfsengeln. Wusste sie, was aus ihr geworden war? Von links nach rechts: Cristy, Papa, Juliana, Mama und Ian. Cristy hatte an dem Tag, den 8. Juni 2008, einen vorzüglichen Kuchen für meine Mutter gebacken. Es war ihr letzter Geburtstag.*

*Sara und Rob, 22. November 2008. Die reizende Braut trug lila. Ich glaube meine Mutter verstand, dass wir endlich wieder vereint waren und wie glücklich das Rob machte.*

# 8

# EICHMANN IN BUDAPEST, EINE GESCHICHTE VON MONSTERN GETARNT ALS MENSCHEN

Die Stimme meiner Mutter rief nach mir. Im Februar war ich endlich bereit, zumindest hoffte ich das. Ich schob meine Befürchtungen zur Seite und nahm all meinen Mut zusammen. Ohne Howie zu wecken kletterte ich vorsichtig aus dem Bett, wickelte mich in eine dicke Robe und ging auf Zehenspitzen zur anderen Seite unseres Hauses in mein Musikstudio—mein Zufluchtsort, in Sonnenlicht gebadet trotz der arktischen Temperaturen außerhalb unserer wärmespeichernden Wände. Mein Stuhl war von Notenblättern umgeben, ein Ort von dem seit Jahren unzählige Notizen die Höhen der Musik erreichten oder unbarmherzig verworfen wurden und für immer vergessen zu Boden fielen. Hier hörte die Musik nie auf zu spielen, auch wenn sie manchmal nur in meinem Inneren erklang. Mein Cello lag nicht weit entfernt in dem roten Koffer. Ich blickte mich um, sah die Fotos, signierten Programme und Poster, wovon einige auch zu den Auftritten meines Vaters gehörten und in dem Moment besonders signifikant erschienen. Nachdem ich mir noch eine grüne Wolldecke übergeworfen hatte, griff ich nach einem Stift, atmete noch einmal tief ein und ließ das Band laufen:

Also... wo ich soll anfange? Ganz an Anfang? Ich kann gaaaanz an Anfang beginne. Ich erinnere mich, mein Vater Nándor hat eine Sommerhaus an Stadtrand von Budapest gekauf—30 Kilometer weit weg, in Göt, und sie hatte es aus Backstein gebaut. Wir nannte es Katolac, was [hier lacht sie] von meine Name Kato kommt und *lac* oder *lacás*, dass heiß so viel wie Ort, ah, aber ein Landhaus war es nich. Nich so schön. Wir hatte vierzehn Fruchtbaume in eine lange Garte und da waren andere Mensche auch in der Nähe—Mensche von Land, die meiste. Immer in Sommer ware wir da. Meine Vater, er kam an Freitag. Wir habe aufgeregt auf ihn gewartet, Tibi und ich, und als wir ihn sahe, sin wir zu ihn gerannt wie Verrückte. „Papa!", riefe wir und sin auf ihn gesprunge. Er hat immer Eis gebracht für uns und, eh [hier atmet sie tief ein], meine Vater war eine sehr strenge Mann—sehr, sehr streng. Wir hatte Angst vor ihn. Aber wir liebte ihn so sehr, du kanns dir nich vorstelle.

Ich fühlte die emotionale Anspannung in meinem ganzen Körper. Die Stimme meiner Mutter hörte sich anders an, als ich es in Erinnerung hatte—melodisch, höher und mit stärkerem Akzent.

Als wir älter ware, ginge wir schon zu den Land, bevor die Schule fertig war, in Mai, mit Zug, zu Schule und zurück, bis Ende September. Da gab es eine schöne Restaurant mit eine Tanzkapelle. Eine Frau, muss etwa 25 oder 30 Jahren alt gewese sein [*Kichern*], hat uns zu tanze beigebrach. Wir habe Erwachsenetanze richtig gut getanz. Tibi in seine weiße Matroseanzug—nun, er war nur 10, 12 Jahren alt, ich war etwa 8—vielleich 1935, 1932? Und Leute saße sich, um zu sehe, wie zwei kleine so gut tanze könne. Oh, wir hatte fantastische Erinnerung.

Zum ersten Mal seit Jahren stellte ich mir meine Mutter und Tibi dabei vor, wie sie die Tanzfläche übernahmen. Wie sie bei jeder Hochzeit oder Bar Mitzwa Seite an Seite tänzelten und stolzierten, beide mit einem breiten Grinsen auf dem Gesicht, als wären sie wieder Kinder. Wie peinlich Rob und mir das vor unseren Freunden immer war.

Weiß du, meine Vater blieb in Budapest und arbeitete hart. Er hatte keine fotografische Studio—nein es war Optometrie und fotooptische Geschäft, beides—alle Arte von Fotokamera und Linse. Um 5 Uhr morgens er hat schon Film entwickelt. Seine Geschäft war in Erdgeschoss. Budapest is mit Wohnunge über alle den Geschäften gebaut, nich wie hier. Ja, wir habe in die 2. Stock gewohnt und von unsere Fenster man konnte den sogenannte *Körut* sehe. Ein hübsche, gebogene Straße in den 9. Bezirk von Pest, also konnte wir zu Donau zu Fuß gehe. Da habe wir gelernt zu schwimme—ja, in der Donau. Wir sind oft gegange. Und wir sin auf normale Grunschule gegange. Auf den Weg gab es ein Eislaufbahn. Tibi konnte immer tanze, sogar auf Schlittschuh! [*Kichern*]

Tibi war ein *Nagy Vagány*—weiß du, jeman, die immer Unfug mach, aber keine Ärger krieg? So oft war er nich zuhaus um 10 Uhr abens. Und ich hatte so Angs um ihn, wie ich später um mein Kinder Angs hatte, wenn sie nich zuhause ware. Als ich eine Teenager war, durfte ich ausgehe, wenn ich mit Tibi war. Wir sind zusamme zu Konzerte gegange, wir habe Tanzwettbewerb mitgemach und gewonne, er hat mich zu Schulbälle mitgenomme. Mädche stande oft an die Wand und wartete auf jeman zu tanzen, weißt du? Ich hatte den Problem nie, weil mein Bruder immer zuers mit mir getanz hat. Ich will dir einfach erkläre, was wir einander bedeuten.

Ich hatte es vergessen. Wie gerne und viel sie sprach! Sie holte kaum Luft. Und immer wieder ihr wunderbares Kichern. Als mein Onkel gestorben war, im Jahr 1994, war sie erst 69 gewesen. Das war bevor sie krank geworden war. Ihr offenes Geplapper war das genaue Gegenteil zu meinem zurückhaltenden Vater, der immerzu über seine eigene Zunge zu stolpern schien.

Wir habe nich in eine jüdische Nachbarschaf gewohn. Wir ware nich religiös, aber mein Mutter hat die Feiertage geehrt und nich weit weg es gab ein Synagoge, wo wir immer hingegange sin. Über die Straße von unsere Lade gab es eine Lager mit Soldaten. Offiziere sin zu uns gekomme. Sie mochte meine Vater sehr. Sie habe Film da gelasse und Kameras gekauf. Weiß du, sie wusste nich ma, dass er Jude war. Der Name Horvát—es is nicht judisch. Horvát is eine christliche Name eigenlich. Nun, gucks du, eigenlich hieße wir Herzka—dann es wurde ungarisch gemach—ich weiß nich ma, wann es geändert wurde. Ich erinner nich, dass mein Vaters Name was anderes war als Horvát. Interessant war von Gyuri den Familie—ich bin mir nicht sicher wie man genau schreib—die hieße Herkovitch, Herskovitz, Herschkovitz, irgendwie so, und den wurde auch ungarisch gemach zu Horvát. In Englisch du sags Hor-VA-thhh [*Lachen*]. Bei viele war das so. Mein beste Freundin Ada Kuti—sie weiß früher waren die Klein. Es war eine sehr antisemitische Land und man wollte nich, dass andere wusste, man war judisch. Nur deswege war das so.

Das ist das erste Mal, dass ich erfahre, dass mein Name nicht Horvath ist, und zwar von beiden Seiten nicht. Rob und ich hatten uns darüber amüsiert, dass unsere Eltern denselben Nachnamen hatten. Ein lustiger Zufall. In Ungarn ist Horvath ein sehr üblicher Name—wie Smith in Kanada. Ich kritzelte mehrere Schreibweisen für Herzka und Herskovitz in ein Notizbuch. Wenn ich die Namen zurückverfolgen sollte, würde ich dann unsere Vorfahren in genealogischen Aufzeichnungen finden, vielleicht sogar Geburts- und Heiratsurkunden?

In den Dreißigern war religiöse Bildung Pflicht. Jede Woche mussten die Schüler ihre jeweiligen Kurse besuchen und die jüdischen Schüler waren zusätzlich dazu verpflichtet jeden Freitag am Sabbat-Gottesdienst teilzunehmen, ansonsten fielen sie durch. Nachnamen zu ändern half nicht. Jeder wusste, wer Jude war.

Etwa nach der 8. Klasse lernten die meisten mittelständischen Kinder einen Beruf. Mein Großvater hatte hart gearbeitet, damit meine Mutter und Tibi auf das *Gimnázium* gehen konnten, doch jüdische Kinder hatten es dort nicht leicht. Sie wurden von den Lehrern erniedrigt und von den anderen Schülern gemobbt und selbst wenn sie sich durch gute Leistungen hervortaten, war das am Ende meistens nicht in ihrer Benotung zu erkennen. Tibi hatte es als Jude und als einer der kleinsten Teenager an der Schule doppelt schwer. Er wurde nur populär unter den anderen Kindern, weil er sie mit seinen Grimassen und skurrilem Humor zum Lachen brachte, doch selbst dann konnte er nicht jeden überzeugen. Wann immer sich Tibor Horvát einem Tyrannen gegenüber sah, der es auf Juden abgesehen hatte, kamen ihm größere, stärkere Freunde zur Hilfe. Schlägereien blieben nicht aus.

Die Familie meiner Mutter akzeptierte Antisemitismus als eine Tatsache des alltäglichen Lebens, genauso wie es vorherige Generationen getan hatten—für immer verleumdet. Wie hätten sie wissen sollen, dass der Hass schon bald mit unvorstellbarer Brutalität über sie hereinbrechen würde?

> Tibi hat den *Gimnázium* zu Ende gemach. Doch es war 1940, er war gerade 18, und er durfte schon nicht zu Universität. Keine Jude durfte damals wegen den Gesetz. Oh, es gab viele Gesetz, auch bevor ich gebore war, sogar in den Zwanziger. Erst es gab Numerus clausus. Das ist Latein—nur sechs Prozent von den Studente durfte judisch sein, nicht mehr, und dann, als es richtig schlimm wurde, gab es Numerus nulus. Also keine judische Studente erlaubt. Keine, null.

Ich drückte auf Stopp. Es war nicht leicht, sich die Details anzuhören. Und mein unzureichendes Wissen über den historischen Kontext erschwerten mir das Verständnis. Ein zeitlicher Ablauf der Geschehnisse würde helfen, dachte ich mir.

## Ungarn und der Zweite Weltkrieg

1918—Das Österreichisch-Ungarische Reich bricht im Oktober 1918 auseinander. Mit der Unterzeichnung des Friedensvertrags von Trianon nach dem Ersten Weltkrieg verliert Ungarn zwei Drittel seines Territoriums und über die Hälfte seiner ethnischen Population.

1919—Ungarischer Kommunist Béla Kun ergreift die Macht und führt Krieg mit der Tschechoslowakei und Rumänien.

1920—Der autoritäre Admiral Miklós Horthy, ein Antisemit und fanatischer Antikommunist, wird Regent. Er bleibt das faktische Staatsoberhaupt bis 1944.

1924—Der Numerus clausus wird in Ungarn eingeführt. Die rassistische Regelung limitiert zielgerichtet die Anzahl jüdischer Universitätsstudenten auf maximal sechs Prozent und stellt somit eine der ersten antisemitischen Verordnungen im Kontext des bevorstehenden Zweiten Weltkrieges in Europa dar. In Ungarn werden bis 1944 fast dreihundert antisemitische Gesetze erhoben.

1933—Adolf Hitler wird zum deutschen Reichskanzler gewählt. Ungarn schließt ein Bündnis mit Deutschland und unterzeichnet ein Handelsabkommen, welches das Land aus der Wirtschaftskrise führt.

1938—Ungarn schränkt die jüdische Teilnahme an der Wirtschaft auf zwanzig Prozent ein. Deutschland annektiert Österreich. Im

Zuge der Allianz gibt Hitler Teile des tschechoslowakischen Territoriums (und später Transsylvanien) an Ungarn zurück.

1938—9. November, Kristallnacht in Deutschland und Österreich. Nazi-Gewalt explodiert in Form von koordinierten Angriffen auf jüdische Heime, Geschäfte und Synagogen. Tausende Juden werden verletzt und 30.000 werden gefangen genommen und in Konzentrationslager gebracht.

1939—Deutschland fällt in Polen ein. Großbritannien und Frankreich erklären Deutschland den Krieg und der Zweite Weltkrieg beginnt. Die ungarische Regierung führt *Munkaszolgálat* ein, Zwangsarbeitsgruppen für jüdische Männer zwischen 21 und 48. Schätzungsweise 100.000 Männer werden eingezogen, darunter auch mein Vater, Onkel und Großvater. Noch vor der deutschen Invasion von Ungarn sterben 25-40.000 jüdische Zwangsarbeiter an Kälte, Hunger, Misshandlung und Mord. Gesetze beschränken jüdische Teilnahme an der Wirtschaft auf sechs Prozent.

1941—Laut der Volkszählung von 1941 leben 825.000 Juden in Ungarn, dazu gehören auch 100.000, die zum christlichen Glauben konvertiert sind. Ihnen wird die Ausübung gewisser Berufe verwehrt und die Staatsangehörigkeit verweigert. 20.000 jüdische Immigranten, die in Ungarn leben, werden in die von Deutschland besetzte Ukraine deportiert und dort von Nazi-Einsatzgruppen (mobile Sondereinheiten) abgeschlachtet. Ungarn erklärt den USA und der Sowjetunion den Krieg. Das große Töten beginnt. In Auschwitz werden Gefangene umgebracht. Die ungarische Armee nimmt an Militäraktionen der Achsenmächte teil, darunter auch die Invasion von Jugoslawien.

1942—Die Wannseekonferenz. Nazi-Anführer beschließen die Endlösung—die systematische Deportation von Juden aus ganz Europa zu sechs Vernichtungslagern in Polen. Mehr als 3.000 Männer, Frauen und Kinder, darunter fast 1.000 Juden, werden von den ungarischen *Nyilas* in *Újvidék* (heute Novi Sad, Serbien) ermordet.

1943—Bis zum Ende des Jahres 1943 werden 63.000 Juden in Dörfern und Städten in ganz Ungarn ermordet. Die ungarische Armee erleidet große Verluste. Horthy plant seine Kapitulation mit den Alliierten auszuhandeln.

1944—19. März, Deutschland marschiert in Ungarn ein. Horthy wird aufgrund seines Verrats von einer Nazi-freundlichen Regierung ersetzt.

Über 1.000 Jahre hinweg hatte sich die Beziehung zwischen Christen und Juden in Ungarn von unbehaglicher Akzeptanz zu erbitterter Abweisung hin- und herbewegt. Wo es Juden gab, da lauerte auch der Antisemitismus. Schon 1279 gab es eine Zeit, in der Juden in Ungarn gesetzlich zum Tragen eines Abzeichens verpflichtet waren, welches sie öffentlich als Juden auswies. Der Hass hörte nicht auf; Blutbeschuldigung im Jahr 1349, antisemitische Ausschreitungen im Jahr 1494 und die Toleranzsteuer von 1744, die Juden für das Privileg, in Ungarn leben zu dürfen, zahlen mussten.

Solcherlei Handlungen waren nicht auf Ungarn beschränkt. Papst Innozenz III. verordnete im Jahr 1215, dass Juden und Muslime erkennbare Kleidung tragen sollten, damit Christen den sozialen Kontakt mit ihnen vermeiden konnten. In England erklärte König Eduard I., dass Juden, die älter waren als 7, ein Stück gelben Taft, sechs Finger lang und drei breit, auf der linken Brust über der Kleidung tragen mussten (siehe USHMM Jewish Badge: Origins).

In Ungarn wurden in den 1830ern Stimmen laut, die Zivilrechte für Juden einforderten. Trotz vehementer Opposition im Parlament und antisemitischem Aufruhr wurde im Jahr 1867 endlich wirtschaftliche Gleichheit eingeführt; im Jahr 1895 wurde das Judentum offiziell vom Staat anerkannt; und im Jahr 1920 war die jüdische Population im Land auf 910.000 herangewachsen—die zweitgrößte in Europa.

Nach dem Ersten Weltkrieg kämpften ungarische Bürger wieder vermehrt gegen den jüdischen Einfluss in der Gesellschaft an. Waren nicht sie für Armut und Hungersnot verantwortlich? Wellen der antisemitischen Gewalt brachen über das Land ein. Bereits ab 1919 forderten mehrere rechtsextreme paramilitärische Gruppen die Vertreibung der Juden aus Ungarn (siehe ushmm.org, The Holocaust in Hungary).

Jedoch waren mittlerweile bereits über ein Viertel aller Universitätsstudenten Juden. Sie hatten sich nicht nur in die Gesellschaft integriert, sondern verstanden sich selbst als stolze Magyar und Patrioten. Das galt auch für meine Eltern.

Sie hätten nirgendwo anders leben wollen als in ihrer Heimat; mit seiner glorreichen Historie geprägt von der Habsburgerdynastie, einem der mächtigsten Herrschergeschlechte in der Geschichte Europas; wo Kultur und Bildung gediehen; wo Gastronomie die Höhen der Kunst erreichte. Budapest—die Perle an der Donau—war das zuhause von vielen jüdischen Erfindern, Wissenschaftlern, Ärzten, Anwälten, Athleten, Architekten, Autoren, Dichtern, Schauspielern und Musikern gewesen—André Kertész, Edward Teller, Robert Capa, Hedy Lamarr, Harry Houdini, Elie Wiesel, George Szell, Peter Lorre und Arthur Koestler—Juden, deren Namen man kennt.

1920 wurde der extrem populäre Admiral Horthy zum Staatsoberhaupt Ungarns. Als offenkundiger Antisemit hielt er es für unerträglich, dass überall eine jüdische Präsenz zu erkennen war. Sie hatten „zu viel Erfolg". Schon bald hatte er den Numerus clausus verhängt, welcher die Anzahl jüdischer

Universitätsstudenten limitierte. Horthy fürchtete sich mehr vor den Sowjets und dem Kommunismus als vor Nazi-Deutschland. Außerdem versprach Hitler den Ungaren Territorium zurückzugeben, welches ihnen nach dem Zweiten Weltkrieg genommen worden war und „rechtmäßig" ihnen gehörte. Trotz Bedenken schmiedete Horthy eine enge aber unsichere ökonomische und politische Allianz mit dem Dritten Reich.

In den Dreißigern, als sich die Wirtschaftskrise immer weiter verschlimmerte, wendeten sich ehemalige Verteidiger von der jüdischen Bevölkerung ab. Im Jahr 1938, unter Druck gesetzt von Nazi-Deutschland und den *Nyilas*, der faschistischen Partei der Pfeilkreuzler, welche ein Viertel der Stimmen des Parlaments für sich gewonnen hatte, setzte Ungarn das erste von drei antijüdischen Gesetzen in Kraft. Juden sollten fortan nicht mehr als sechs Prozent der landesweiten Arbeiterbelegschaft bilden. Jüdische Männer im militärfähigen Alter wurden Zwangsarbeitsgruppen zugewiesen. Und dann, im Jahr 1939, wurde das Wort Jude zu einem Begriff, der eine „Rasse" beschrieb.

Zuvor hatte die Diskriminierung von Juden auf Religion basiert. Nun wurde eine Debatte entfacht: war das Judentum ein Glaube oder eine Kultur? Die Frage wurde zur Ausrede. Genau wie in Deutschland begann man Juden nicht mehr als offizielle Angehörige des Staates anzuerkennen und nahm ihnen gleichzeitig die damit verbundenen Rechte und den einhergehenden Schutz. 100.000 ehemalige Juden, die zum Christentum konvertiert waren, wurden trotzdem mit dem Rest stigmatisiert. Sexuelle Beziehungen oder Heirat zwischen Juden und Nichtjuden wurden verboten.

Im Jahr 1941 trat das sogenannte Dritte Jüdische Gesetzt in Kraft und weitete den offiziellen Begriff „Jude" weiter aus. Jeder, der eine jüdische Großmutter oder einen jüdischen Großvater hatte, galt von nun an selbst als jüdisch, wodurch tausende Christen mit jüdischen Vorfahren plötzlich auch der Diskriminierung ausgesetzt waren—insgesamt etwa 850.000 Menschen.

Diese Veränderung der Definition erinnert an die abwertenden und beleidigenden Worte, welche in den USA für Sklaven und ihre

Nachfahren benutzt wurden—„Mulatto" (eine Person mit einem weißen und einem schwarzen Elternteil), „Quadroon" (eine Person mit einem schwarzen Großelternteil) und „Octoroon" (zu einem Achtel Schwarz). Solche Begrifflichkeiten sind mächtige Vehikel der Diskriminierung. Sie rückten sowohl hier in den USA als auch im Europa des Zweiten Weltkriegs arbiträre ethnische und soziale Klassifikationen in den Fokus der Gesellschaft und zementierten die schrecklichen Weltanschauungen, aus denen sie entstanden waren. Diesen grässlichen Aspekt der Geschichte haben wir gemein.

Viele der Juden Europas gingen davon aus, dass der wachsende Antisemitismus einfach die nächste schlimme Phase war, die man schlichtweg aussitzen musste. Ein schmerzhafter Gedanke. Ich hatte von der anhaltenden Geschichte des Antisemitismus in Ungarn nicht gewusst. Mit meiner neuen, sachkundigeren Perspektive wendete ich mich wieder der Aufnahme meiner Mutter zu. Ihr Lachen blieb von jetzt an aus.

> Tibi konnte nichs mache. Er war ers 18. Also lernte er Optometrie. Um ein Lizenz zu bekomme. Das war eine Handwerk. Eine Handwerk durfte man mache. Deswegen wurde so viele Leute Schneider und alle Mädche, ah, als Mädche musstes du Nähen lernen. Weil. Was wird passiere? Wir hörte schlimme Gerüchte, aber wir glaubte die nicht. Alle sagte es war Propaganda. Lügen... Ja... Tibi und Gyuri waren genau dieselbe Alter, gebore in 1922. Man musste mit 21 zu Militär gehe, aber judische Männer wurde in Arbeitlager geschick. Sogenannte *Munkaszolgálat*. Sie habe Tibi genomme—wohin wir wusste nicht. Er musste mit Soldatekappe gehe, aber auch mit gelbe Stern. Ja, da war es 1943. Gyuri ging auf den Musikakademie und den Bereich wurde nich so streng kontrolliert. Also konnte er sein Studium beenden. Natürlich er wollte auch zu Universität, er wollte Ingenieur werde. Er war so gut mit Mathe. Wir machte uns Sorgen. Wir hörte Geschichten. Wir

dachte in Budapest konnte nichs schlimme passieren. Weil Ungarn, weißt du, war verbundet mit Deutschland. Guckst du, bis 1944 es gab Regeln und Gesetze, aber in Budapest wir waren noch okay. Außerhalb wurde Juden aus den Dörfern geschlepp. Ich hatte Freundinne, die schon in Auschwitz ware.

An einem unglaublich verstörenden Tag pochten tschechoslowakische Flüchtende an ihrer Tür. Sie bettelten nach Nahrung, Kleidung und Unterkunft. Ihre Augen waren leer, ihre Kinder reglos. Meine Oma Irma schaute sich um, öffnete die Tür und signalisierte ihnen schnell einzutreten. Während Irma Brot und ihre dicke Bohnensuppe servierte, suchte meine Mutter in den Schränken nach Winterklammotten und Decken für die ausgezehrte Familie. Sie hörte schockiert zu, was sie sagten. „Alle Juden werden deportiert. Auch nichtreligiöse Juden. Wir wurden geschlagen, vergewaltigt. Familien wurden getrennt—Kinder von ihren Müttern, junge Paare von ihren Eltern. Alte, sehr junge, kranke und sogar schwangere Frauen wurden weggezerrt. Erschossen und auf der Straße erhängt wie Tiere. Andere Einwohner, unsere Nachbarn, johlten. Es gab kein Versteck, nichts zu essen..."

Doch selbst der Schock dieser Erzählung überzeugte meine Mutter nicht. Sowas konnte in Ungarn nicht passieren. Vernichtungslager? Soweit würde es nicht kommen, nicht für sie. Ihr Vater Nándor würde sicherlich verschont werden. Er würde die Familie beschützen. Er war ein dekorierter Veteran des Ersten Weltkriegs. Einen Helden würde man doch nicht schlecht behandeln.

Sie lag falsch. Ein paar Wochen später brachen die *Nyilas* durch ihre Tür. Sie beschimpften sie und zerrten Nándor die Treppen runter, angewidert von der Kreatur, für die sie ihn hielten, und stießen ihn in einen Transporter—ihr Ziel war ein abgelegener Ort im Land, wo er zur Arbeit gezwungen werden sollte.

Ich ertrank in entsetzlichen Einzelheiten und setzte mich wieder an den Computer, um Nachforschungen anzustellen. In Ungarn war alles so schnell geschehen—innerhalb von Wochen.

Selbst vor der deutschen Besetzung ab 1944 waren 63.000 ungarische Juden getötet worden. Tatsächlich kam es 1941 bereits zum ersten großen Massaker, in dem Fall an jüdischen Ausländern. Und von den *Munkaszolgálat*-Arbeitern starben 25-40.000 an Kälte, Hunger und Misshandlung. Noch mehr Kontext würde mir vielleicht helfen, die Informationen besser aufzunehmen, doch je mehr ich erfuhr, desto schwieriger wurde es, durch die Tränen hindurch zu lesen.

### Das Jahr 1944 in Ungarn

19. März—Deutschland attackiert Ungarn. Horthy bleibt nomineller Regent, aber es wird ein fanatischer Nazibefürworter als Premierminister installiert.

22. März—Alle von Juden geführten Geschäfte müssen schließen.

5. April—Juden werden zum Tragen des Davidsterns gezwungen. Sie werden Häusern zugewiesen, die mit riesigen, gelben Sternen versehen sind: „Judenhäuser". Kameras werden konfisziert. Das amerikanische und britische Militär beginnen Ungarn zu bombardieren.

16. April—Die Ghettoisierung fängt an.

28. April—In Dörfern und kleineren Städten werden Juden in Ghettos gezwungen.

2. Mai—Ungarische Juden werden nach Auschwitz deportiert.

14. Mai—Täglich fahren vier Züge mit bis zu 12.000 Juden von Ungarn nach Auschwitz.

26. Mai—Gyuri und Katóka, meine Eltern, heiraten.

27. Mai—Mein Vater wird als Sklavenarbeiter deportiert.

16. Mai-6. Juli—Eichmann plant die Vernichtung aller Juden von Budapest. In weniger als 8 Wochen werden 437.402 Juden auf hundertsiebenundvierzig Zügen nach Auschwitz deportiert; zehn bis fünfzehn Prozent werden zur Arbeit gezwungen und der Rest direkt nach ihrer Ankunft in die Gaskammern geschickt.

Mitte Juni—Juden in Budapest wird befohlen in 2.000 mit dem Davidstern markierte Gebäude zu ziehen. Vermögen jeder Art werden konfisziert und jüdische Geschäfte geschlossen. Juden ist es nur zwischen 14 und 17 Uhr erlaubt, sich außerhalb ihrer Wohneinheiten zu bewegen.

2. Juli—Die Alliierten starten ein heftiges Bombardement gegen Budapest.

6. Juli—Horthy droht mit militärischen Handlungen, sollte die Deportation von Juden nicht aufhören.

9. Juli—Raoul Wallenberg, ein schwedischer Diplomat, kommt in Budapest an. Ihm wird die Rettung von bis zu 100.000 Juden zugeschrieben, darunter auch meine Mutter.

15. Oktober—Horthy versucht Frieden mit den Alliierten auszuhandeln. Hitler befiehlt die Entführung von Horthys Sohn und Horthy selbst wird festgenommen. Die faschistische Partei der Pfeilkreuzler übernimmt das Ruder und beginnt ihre Herrschaft des Terrors.

29. Oktober—Die sowjetische Armee greift mit 1.500 Panzern Budapest an. Hitler befielt deutschen Truppen die Stadt mit aller Macht zu halten.

8. November—Etwa 70.000 Juden, darunter auch mein Großvater Nándor, werden bei den Újlaki-Ziegeleien gesammelt und zur österreichischen Grenze gebracht. Tausende werden erschossen; tausende mehr sterben an Hunger und Kälte. Jene, die überleben, werden auf Viehwagen geladen und zu Konzentrationslagern transportiert.

Ende November—Die Pfeilkreuzler zwingen die verbliebenden Juden in ein abgeschottetes Ghetto. Auch viele von ihnen werden von Kälte und Hunger getötet. Im Dezember werden mehrere tausend Juden zum langen Fußmarsch an die österreichische Grenze gezwungen. Außerdem werden siebzig Arbeitsbataillone (*Munkaszolgálat*-Arbeiter) und 35.000 Zivilisten, insgesamt 50-60.000 Juden, nach Deutschland deportiert.

26. Dezember—Die Rote Armee hat Budapest vollständig eingekreist. Die hundertzehntägige Belagerung der Stadt beginnt. Eine Millionen Einwohner sitzen in der Falle. Etwa 20.000 Juden aus dem Ghetto werden hingerichtet, die meisten davon landen erschossen in der Donau; 120.000 Menschen sterben in den Kämpfen, an Hunger oder Krankheiten.

13. Februar 1945—Budapest kapituliert. Die Stadt liegt in Trümmern. Während der darauffolgenden Besetzung durch die Sowjetunion werden etwa 500.000 Ungarn in sowjetische Arbeitslager gebracht. Tausende Frauen und Mädchen werden vergewaltigt.

4. April 1945—Die Sowjetischen Truppen töten und vertreiben die letzten Überbleibsel der deutschen Armee und Pfeilkreuzler. Die Kommunisten besetzen das Land. Im Jahr 1946 wird die Monarchie abgeschafft und im Jahr 1949 ist die Übernahme gänzlich vollzogen. Die Sowjetunion behält bis 1991 die Kontrolle in Ungarn.

Admiral Horthy, ein offenkundiger Antisemit, glaubte die sozioökonomischen Probleme des Landes lösen zu können, indem man den jüdischen Einfluss limitierte. Sein Fokus lag jedoch darauf, dass ungarische Prestige in Europa zu steigern und Juden, das musste er zugeben, nahmen prominente Stellungen in der Wirtschaft, Kultur und Politik ein. Er wehrte sich gegen den Druck aus Nazi-Deutschland und von den radikalen *Nyilas* in Ungarn. Diese Fraktionen beharrten darauf, dass man Juden in jeder Hinsicht an der Teilnahme an der Gesellschaft hindern und schlussendlich verbannen sollte. Horthy und sein Premierminister Miklós Kállay waren bestürzt wegen der enormen Verluste ungarischer Soldaten an der östlichen Front und begannen sich im Jahr 1943 den Alliierten anzunähern und die Forderungen Deutschlands, sich an der Deportation der Juden zu beteiligen, abzulehnen.

Doch die geheimen Verhandlungen mit den Alliierten blieben nicht geheim. Hitler beorderte ihn am 18. März 1944 nach Deutschland und am nächsten Tag begann das Unternehmen Margarethe, die Invasion und Besetzung Ungarns. Döme Sztójay, ein fanatischer Antisemit und nazifreundlicher Politiker, ersetze Kállay als Staatsoberhaupt. Sztójay leitete drakonische

Maßnahmen in die Wege, ernannte László Baky zum Unterstaatssekretär und überließ ihm die Umsetzung der Endlösung: Verhaftungen, Ghettoisierung, Verbannung und schlussendlich die Vernichtung aller Juden, durchgeführt von den ungarischen Gendarmes und der Polizei.

Immer mehr Einschränkungen wurden verordnet. Juden war es nicht mehr erlaubt an die Donau zu gehen, auf Parkbänken zu sitzen oder öffentliche Verkehrsmittel zu nutzen. Hasserfüllte Parolen wie „Juden Raus" wurden auf Ladenfenster gemalt. Picknicks, Schwimmen und Haustiere—verboten. Kameras, Fahrräder und Radios—konfisziert. Jüdische Büros und Geschäfte —geschlossen.

Ab April war jeder Jude gezwungen den Davidstern zu tragen. Sie mussten ihre eigenen Lebensmittelkarten aufwenden, um an den notwendigen Stoff zu kommen, das erniedrigende Abzeichen nach strikten Regeln anfertigen und es sichtbar auf ihrer Kleidung befestigen. Es war ihnen nur erlaubt in ganz bestimmten Läden zwischen 14 und 17 Uhr einzukaufen und es gab zu wenig Ware für zu viele Menschen. Irgendwann wurden alle jüdischen Bankkonten vom Staat übernommen.

Die Milizen der *Nyilas* bewachten die Straßen und brauchten keinen Grund, um Juden zu demütigen oder verprügeln. Auf dem Weg zu ihren Pianostunden sah meine Mutter wie Ärzte, Anwälte und Professoren den Bürgersteig auf Händen und Knien mit Zahnbürsten schrubben mussten und dabei von den *Nyilas* mit Knüppeln geschlagen wurden. „Geschieht dir recht, du stinkendes Judenschwein", warfen sie ihnen dabei an den Kopf. In der Hoffnung nicht aufzufallen eilten meine Eltern und Großeltern durch die Straßen, wann immer sie raus mussten.

Meine nicht einmal achtzehnjährige Mutter weigerte sich das Ausmaß der Gefahr anzuerkennen. Sie stampfte fast schon bockig mit dem Fuß. „Ich bin stark. Ich zeige diesen Deutschen, wie gut ich arbeiten kann. Ich bin eine stolze Ungarin. Die Nazis würden es nicht wagen, verheiratete Frauen zu deportieren, oder?" Junge, jüdische Frauen wurden von einer auf die andere Nacht zu Bräuten. Meine Mutter brauchte eine Erlaubnis. Sie war nicht volljährig. Dann erhielt mein Vater seine Vorladung. Ihre hastig organisierte Hochzeit fand am 26. Mai in einem Gerichtsgebäude statt, in der Nacht bevor die Nazis meinen Vater mitnahmen.

Viele Jahre später erzählte mir meine Mutter von den Anfängen ihrer Romanze mit dem dünnen, stets formellen Cellisten an der Liszt-Akademie. Die Aussicht auf kostenlose Karten für das Symphonieorchester von Budapest und das Tragen schicker Kleidung überzeugten sie dazu, ihm eine Chance zu geben. *Hätte sie ihn auch unter anderen Umständen geheiratet?* Das habe ich nie gefragt.

Nach einem kurzen Aufenthalt in einem Arrestlager außerhalb der Stadt wurde mein Vater zusammen mit tausenden anderen jungen, ungarischen Männern nach Jugoslawien in die Kupferminen von Bor gebracht.

Was für Grauen erwarteten ihn dort? Ihm war nicht bewusst, dass die Nazis schon bald die ultimative Vernichtung der Juden Budapests einleiten würden, dass täglich tausende in den Krematorien von Auschwitz enden würden, und glaubte, es würde kein Entkommen aus Bor geben. Es musste ein Todesurteil sein. Drei geliebte Männer wurden meiner Mutter genommen—ihr Mann, Vater und Bruder—und gingen einem schrecklichen Schicksal entgegen. Meine Familie wurde zerrissen, zerstört, in den Sog der entsetzlichen Zerstörung gezogen.

In dem Moment wurde ich von Geräuschen auf der Straße und dem Knurren meines Magens unterbrochen. Es war Zeit für ein wenig Gegenwart und einen Happen zu essen. Ich schlich die Treppe hinunter, um mir extra starken Kaffee und ein Erdnussbutterbrot mit Bananenscheiben zu machen. Ich genoss die cremige Köstlichkeit und atmete das Karamellaroma des Kaffees tief ein. Nach einigen leckeren Bissen zog es meine Gedanken zurück zu dem, was ich gehört hatte, und das Essen brachte Schuldgefühle in mir hervor. Ich legte das Brot beiseite und ging zurück in mein Studio. Die Kassette wartete auf mich.

Die Straßen ihrer Nachbarschaft waren in letzter Zeit schaurig still gewesen. Dann, an einem sonnigen Tag im Juni, hörte meine Mutter sie das Tor direkt neben an einschlagen. Ihr Gebäude würde als nächstes dran sein. Mit Granaten bewaffnet und wie ein Rudel hungriger Wölfe standen die *Nyilas* vor der Tür und brüllten: „Raus ihr schmutzigen Juden. Wenn ihr nicht rauskommt, erschießen wir euch und jagen das Haus in die Luft! Ihr habt 10 Minuten. Packt nur das nötigste. Wo es für euch hingeht, braucht ihr nicht viel, *Féreg* (ihr Maden)!"

Meine Mutter schlotterte vor Angst, als sie mit ansehen musste, wie sich die Miliz ihren Weg in das Gebäude bahnte. Große, schwarze Kreuze hoben sich auf ihren grünen Armbinden hervor. Die Männer starrten meine Mutter mit blankem Hass an, während sie versuchte die Ruhe zu bewahren und so schnell wie möglich zu packen—ein warmer Mantel, robuste Schuhe, Notenblätter fürs Piano. Es war so gut wie unmöglich Erinnerungsstücke zu verstecken. Meine Oma Irma drückte ihren Ehering tief in einen Laib Brot. Nachdem sie die Juwelen, den silbernen Kandelaber und Geld konfisziert hatten, zerstörten die Monster alle jüdischen Gegenstände—Menora, Kiddusch-Becher, Sabbat-Kerzen—und zerfetzten zum Schluss noch die Challa-Decke.

> Da wo wir damals lebten, die meisten ware nicht judisch. Wir alle musste ausziehen. Von unseren Haus in ein sogenannte *Csillágos Házak*—gelbe Stern Haus—im Ghetto, wo sie vor der Haustür eine gelbe Stern anbrachten. Also ginge wir mit Wachen un Waffen un Hunde... wurde geschubs. Auch alte Mensche. Sogar Babys. Eine alte Onkel und Tante von mir lebten bereits im Ghetto, in eine von diesen Häusern. Winzig war das und wir sin alle eingezoge. Kleine Rucksacke, alle unsere Besitz auf einen Haufen unten, weil oben nur Platz war für Betten. Wir mussten uns abwechsel mit schlafen.

*Onkel? Tante?* Ich drückte wieder auf Stopp. Ich wusste nur von einer Cousine meiner Mutter, Trudy, und ihrem Sohn Misi. Ich hatte sie bei einem Besuch in Ungarn kennengelernt, als ich in meinen Zwanzigern war. Gab es vielleicht noch mehr Verwandte?

Was war mit ihnen geschehen und warum hatte nie jemand von ihnen erzählt? Mein Vater hatte einen ganzen Schrank voller alter Fotoalben mit mitgenommenen Schwarzweißbildern sorgfältig aufbewahrt. Ich erinnere mich, auf einem davon Menschen in Badeklammotten gesehen zu haben, die lachend beieinander hockten. Sie hatten aus dem Foto heraus meinen Blick erwidert. Familie? Wie konnte ich erfahren, ob sie—wer auch immer sie waren—die Hölle jener Zeit überlebt hatten?

Und die Schätze meiner Mutter—das Piano, die Andenken—was war aus ihnen geworden? Ich setzte mich wieder an den PC und tippte *csillágos házak* ein, wodurch ich auf eine Internetseite stieß—grellgelbe Sterne und pinke, tropfenförmige Symbole waren über die gesamte Karte von Budapest verteilt, wie ein Malen nach Zahlen Bild für Kinder. Sie zeigten die Arrestzentren, Internierungslager und Gefängnisse der Stadt im Jahr 1944 auf. Die jeweiligen Adressen waren auch vermerkt.

Ich lese: „Am 16. Juni 1944 verkündete Budapests Bürgermeister Ákos Farkas: »Jedes dieser Wohngebäude soll all seine Eingänge mit einem gelben Stern markieren, der stets intakt und sauber gehalten werden muss. Das Zeichen soll ein sechszackiger, kanariengelber Stern mit einem Durchmesser von 30 cm auf einem 51 x 36 cm großen, schwarzen Hintergrund sein.«"[1] Keine andere Stadt hatte so eine Taktik angewandt.

Wohnungen nahe der großen Synagoge erleichterten es, das „Ungeziefer" zu sammeln. Ich versuchte mir 200.000 Menschen in 2.000 Häusern vorzustellen—eine Familie pro Zimmer.

Meine Mutter erzählte weiter und ab und zu schlich sich ein wenig Ungarisch ein. Ihre immer aufgeregteren Worte wurden zu Bildern in meinem Kopf. Wohnungen gedacht für vier Menschen beherbergten nun zwanzig, wenn nicht mehr. Es war schwer, nicht der Überzeugung zu sein, dass alle—jeder nichtjüdische Bürger—Komplizen dieses Verbrechens an der Menschheit waren. Und was war aus Tibi, Nándor und Gyuri geworden?

Weit entfernt plante Tibi, raffiniert und mutig wie immer, seine Flucht aus dem *Munkaszolgálat*. Während eines morgendlichen Zählappells Ende Mai verkündeten die Wachen, dass Tibis Arbeitsbataillon in den Westen umgesiedelt werden sollte, wo sie auf einer Farm schuften würden. Nach Monaten der schweren Arbeit, sinnloser Grausamkeiten, ekelhafter Rationen und brutalen Bedingungen hatte Tibi eine böse Vorahnung. Er hatte Gerüchte gehört. Die Nazis versuchten ihre Vorhaben geheim zu halten, doch er ging davon aus, dass ihnen allen der Tod bevorstand. Er und ein weiterer Gefangener warteten auf eine dunkle Nacht und versuchten auszubrechen. Trotz der Verfolgung durch Soldaten und blutrünstige Hunde, trotz der Kugeln, die um ihn herum im Matsch einschlugen, gelang es meinem Onkel, zu entkommen. Nach mehreren Tagen des Herumirrens erreichte er Budapest. Er fand seine Familie, welche jetzt in einem der Judenhäuser lebte. Man stelle sich die Szene vor: Tibi trat aus den Schatten vor ihrer Tür—dürr, hungrig, aber am Leben.

Verheiratet oder nicht, junge Frauen und Kinder waren das nächste Ziel. In der ganzen Stadt wurden Schilder aufgestellt, die Frauen und Mädchen zwischen 12 und 45 in die Sportarena beorderten. Jeder, der sich diesem Befehl nicht fügte, würde hart bestraft werden. Meine Mutter hatte keine Wahl. Auch sie musste gehen.

Die Arena war mehrere Häuserblocks entfernt. Starker Regen rann durch das Wirrwarr der Straßen. Schon von weitem entfernt konnte meine Mutter hören und sich vorstellen, was ihr bevorstand. Chaos war bereits in dem gewaltigen, tristen Gebäude ausgebrochen. Schubsen, Quetschen, Furcht—Frauen und Kinder schrien und jammerten, während Wachen versuchten über das Knurren ihrer Hunde hinweg zu brüllen. Schüsse hallten um sie herum wieder und verschlimmerten das Gedränge und die Hysterie.

Sie wurden in Reihen gepfercht und die fürchterliche Auswahl begann. Meine Mutter schlich vom Ende einer Schlange zur nächsten und beobachtete aufmerksam, was geschah. Die schwangeren oder schwachen Frauen und sehr kleinen Kinder wurden in Lastwagen gesteckt; die hübschen, zarten, jungen Frauen wurden auf einer Seite gesammelt; und die kräftigen Jüdinnen mussten auf der anderen stehen. WCs gab es nicht. Die Frauen standen in ihren eigenen Exkrementen. Es wurde Abend. Die SS konnte ihre Arbeit nicht an einem Tag verrichten und die Wachen waren klitschnass. „Verdammte Juden!" Ein Offizier schimpfte in sein Megafon: „Ihr jüdische Parasiten kommt morgen wieder. Solltet ihr es wagen euch in euren Judenhäusern zu verstecken, werden wir euch finden und jeden in eurer Familie erschießen!"

Meine Mutter stolperte zurück. Sie war entsetzt, schnappte nach Luft und zitterte am ganzen Körper. Welch diabolische Dinge gingen hier von statten? Hier in Budapest, der unvergleichlichen Hochburg von Anstand und Kultur?

Sie erzählte Tibi von dem Horror. Er hatte die sinnlosen Qualen bereits am eigenen Leib erfahren. Ihre Mutter Irma rieb hilflos ihre Hände aneinander und weinte still vor sich hin. Sie mussten zusammenhalten. Solche Zeiten kamen und gingen. Wenn sie still blieben und taten, was ihnen befohlen wurde, würde alles gut werden... alles würde gut werden. Doch Tibi wusste es besser. Er kam zu einem Entschluss. Sie mussten sich verstecken. Wo und wie, das wusste er noch nicht. Er wusste nur, dass jede Alternative in den Tod führte.

Frauen älter als 50 waren noch nicht aufgerufen worden. Während Tibi nach einem Versteck suchte, blieben meine Mutter und Tibis verlobte Edit im Haus. Im Keller gruben sie ein Loch unter dem Holz und der Kohle, mit denen das Gebäude geheizt wurde. Wenn jemand runter kam, um den eigenen Vorrat aufzufüllen, versteckten sich Edit und meine Mutter dort und hielten den Atem an. Irma schlich jede Nacht hinunter und brachte ihnen Essen, wenn welches da war.

In den darauffolgenden Tagen zogen die *Nyilas* auf der Suche nach versteckten Juden von Haus zu Haus. Edit und Mama wagten es über Stunden hinweg nicht, sich auch nur das kleinste bisschen zu bewegen. Edit musste pinkeln und die Arme meiner Mutter wurden taub. Irgendwann konnten sie die Durchsuchung direkt über ihnen vernehmen. Sicherlich würde sie das Pochen ihrer Herzen verraten. Dann wurde es still. Meine Mutter wusste, dass sie zurückkommen würden und zwar bald. Die beiden traten aus dem kalten, verrußten Loch und rannten davon.

Der schwedische Diplomat Raoul Wallenberg erreichte Budapest im Juli, dazu entschlossen, die verbliebenen Juden der Stadt zu retten. Er kaufte Grundstücke, platzierte schwedische Flaggen an den Gebäuden und erklärte sie zu gesicherten Botschaften; er verteilte Schutzpässe und griff persönlich ein, um inhaftierte Juden zu befreien. Meine Mutter gehörte zu den tausenden, die Wallenberg retten konnte. Sie verbrachte mehrere Nächte in einem jener schwedischen Zufluchtshäuser.

Die Alliierten kämpften sich immer weiter in deutsches Territorium vor. Horthy wollte Ungarn nicht auf Seiten der Verlierer sehen. Also versuchte er, geheime Verhandlungen in Gang zu setzen. 150.000 Juden waren in Ungarn noch am Leben, darunter Mama, Tibi und meine Großmütter. Horthy wollte den Gerüchten nicht glauben. Massenhafte Tötungen von Juden? Trotz der dringend benötigten Arbeiter? War die Idee eines Vernichtungslagers nicht nur typische jüdische Übertreibung und Propaganda? Hitler selbst hatte gesagt, er brauchte Arbeitskräfte. Selbst nachdem Papst Pius XII., Präsident Franklin Roosevelt und König Gustav von Schweden an Horthy appellierten, Deportationen zu stoppen, selbst nach einer Bombardierung Budapests am 2. Juli, ließ die Regierung—und vor allem Lászlo Baky, ein führendes Mitglied der ungarischen Nazi-Partei—nicht von ihrer Politik ab.

Aber was genau wusste Horthy und wann wusste er es? Hitler hatte ihn schon in einem Treffen vom 16.-17. April 1943 wegen seiner „Nachsicht" gegenüber den Juden gezüchtigt. Horthy versuchte sich aus der Affäre zu ziehen: „Was soll ich noch mit ihnen machen, jetzt, wo wir ihnen schon jede Lebensgrundlage genommen haben—wir können sie ja schließlich nicht einfach zu Tode schlagen." Hitler und deutscher Reichsminister des Auswärtigen Joachim von Ribbentrop erwiderten: „Die Juden müssen ausgerottet oder in Konzentrationslager gebracht werden."[2]

Im April 1944 kam es zu einem entscheidenden Ereignis. Zwei slowakischen Häftlingen, Rudolf Vrba und Alfréd Wetzler, gelang es aus Auschwitz zu fliehen.[3] Ihr Augenzeugenbericht, mit Zeichnungen und fürchterlichen Details, wurde später Teil der Auschwitz-Protokolle. Obwohl dieser Bericht, welcher so schnell wie möglich auf Deutsch und Ungarisch übersetzt wurde, dazu dienen sollte, Ungarns Juden zu retten, verbreitete er sich zunächst nur langsam.[4] Ein Exemplar wurde in die Schweiz gebracht, dort per Hand kopiert und unter jüdischen Gruppierungen und der Schweizer Regierung verteilt. Als Ausschnitte des Vrba-Wetzler-Berichts in der Schweizer Presse—und daraufhin am 4. Juni auch in der „New York Times" und am 15. Juni im Radioprogramm des BBC World Service—erschienen, schickte Papst Pius ein Telegramm an Horthy, indem er ihn darum ersuchte, die „armen Menschen" zu retten.

Eine Ausrede nach der anderen rechtfertigte das zögerliche Handeln der Alliierten. Auschwitz bombardieren? Das hätte zu viele Flugzeuge benötigt, die für den Krieg gebraucht wurden. Auschwitz bombardieren? Das würde die Deutschen nur zu noch drastischeren Maßnahmen drängen. Auschwitz bombardieren? Es war unvorstellbar, schlichtweg grotesk, davon auszugehen, dass wirklich 6.000 Menschen täglich vergast und verbrannt wurden.

Es ist nur schwer zurückzuverfolgen, wann genau die nicht von der Hand zu weisenden Beweise für die umfassende und systematische Abschlachtung von Juden ihren Weg nach Ungarn fand—vielleicht Mai oder Juni 1944. Waren sich die Juden Ungarns über die Informationen in dem Vrba-Wetzler-Bericht bewusst? Wären dann noch mehr von ihnen wie meine Mutter geflohen oder hätten sich gewehrt? Gekämpft? In ihren Memoiren behauptete Gräfin Ilona Edelsheim-Gyulai, als Unterstützerin der jüdischen Population Budapests bekannt und Horthys Schwiegertochter, dass sie den Bericht am 3. Juli erhalten und an Horthy selbst weitergegeben hatte. Er soll „unglaublich schockiert" gewesen sein und seine Bemühen verstärkt haben, gegen die Forderungen der Nazis anzukämpfen.

In einer Radioansprache an die Nation vom 7. Juli verkündete Horthy, er würde weitere Deportationen verhindern und drohte mit militärischen Handlungen. Zu dem Zeitpunkt hatten Eichmann und seine ungarischen Helfer bereits 437.000 ungarische Juden nach Auschwitz geschickt, die meisten davon in den Tod. Und die Nazis hatten nicht vor, sich von dieser Wendung aufhalten zu lassen.

Die *Nyilas* ließen Nándor aus dem *Munkaszolgálat*. Sie hatten eine bessere Idee für den 58 Jahre alten Kriegsveteran, eine, die anderen „anmaßenden" Juden eine Lehre sein würde.

Horthys Verhandlungen mit den Briten und mit Stalin erscheinen im Nachhinein fahrlässig. Und tatsächlich hatten die Nazis und Pfeilkreuzler genug von ihm. Hitler ließ Horthys jüngsten Sohn entführen und in Dachau einsperren. Am 15. Oktober 1944 arrangierte Deutschland einen Staatsstreich, setzte den „Judensympathisanten" Horthy ab, nahm ihn fest und installierte Hitlers Marionette—Szalási, den fanatischen Anführer der *Nyilas* —an seiner statt. Er wusste, was er mit den verbliebenen Juden zu tun hatte. Von dem Wechsel des Regimes ermutigt, stürmten die *Nyilas*-Schläger die Ghettos.

Adolf Eichmann, Dirigent der Endlösung, kam 2 Tage darauf nach Budapest und baute auf die Kooperation der faschistischen, ungarischen Polizei. Ihr grausamer Plan sah so aus: alle Juden aus ihren Verstecken jagen, die 50.000 gesündesten und stärksten zur

Arbeit zwingen und den Rest 220 Kilometer zur österreichischen Grenze marschieren lassen, wo man sie in Viehwagen stecken und in einem letzten mörderischen Akt nach Dachau, Mauthausen und Buchenwald befördern würde. Das Ziel war die Vernichtung der Juden Ungarns vor der Ankunft der sowjetischen Armee. Mein Großvater Nándor war unter den mehr als 70.000 Männern, Frauen und Kindern, die zu Fuß nach Österreich gehen mussten. Für die *Nyilas* waren sie ekelerregende Kreaturen. Es reichte ihnen nicht, sich auf Nahrungsmangel, Krankheiten und die eisigen Temperaturen zu verlassen. Zu ihrer eigenen Belustigung erschlugen und erschossen sie zu schwache oder aufmüpfige Gefangene auf dem Weg dorthin.

**Entr'acte 1951**

Ein Brief von meinem Großvater an meinen Vater:

*Drága Gyerekeink!* (Unsere geliebten Kinder)

14. November 1951

Mein lieber Sohn Gyuri, in deinem letzten Brief fragtest du mich, was mir widerfahren ist. Ich weiß nicht, warum ich von dieser schrecklichen Zeit erzählen sollte, doch nun da der Krieg vorbei ist und ihr sicher in Kanada seid, werde ich versuchen meine Erfahrungen für dich niederzuschreiben.

Vom 20. Oktober 1944 bis zum 8. Mai 1945 war ich im Konzentrationslager Buchenwald. Meine Registerzahl war 18612 und meine Gefangenennummer war 97867.

Diese Zahlen werde ich nie vergessen. Ich bestätige, dass der gestempelte Text der Papiere besagt: *Konzentrationslager Buchenwald—Weimar, signiert Bartel. Lagerkomitee Kommandant.*

Und bevor ich mich am 8. Mai 1945 auf den Weg nachhause machte, wurde der folgende Text gestempelt: *Ungarisches Komitee, signiert Dr. Gyöngyösi und amerikanischer Oberst Peter Ball.*

Gyuri, es mag sein, dass du nicht weißt, dass ich am 13. Juli 1886 in Szentes geboren bin. Es ist ein kleines Städtchen auf der ungarischen Ebene am Ufer der Tisza. Direkt nach der Radioansprache des Regenten, zerrten mich die *Nyilas* aus unserer Wohnung in Budapest. Während seiner Rede verkündete Admiral Horthy, dass der Krieg für Ungarn vorbei war. Er wollte ein Abkommen mit den Alliierten abschließen. Horthy behauptete, dass die Deportation der Juden von Budapest aufhören würde. Doch sofort danach wurde er verhaftet und nach Deutschland gebracht. Einer seiner Söhne wurde getötet, der andere von den Deutschen entführt. Als Ferenc Szálasi, Anführer der Pfeilkreuzler, zum neuen Oberhaupt ernannt wurde, wussten wir, dass das unser Ende bedeutete. Er war ein Befürworter Hitlers.

An einem frühen Morgen irgendwann zwischen dem 11. und 15. Oktober stürmten die *Nyilas* unsere Wohnung. Ich wurde mitgenommen. Sie brachten mich zusammen mit vielen anderen zur Rennbahn, wo wir selektiert und in Gruppen eingeteilt wurden. Ich wurde Teil der dritten Einheit. Offiziell sollte es keine Deportationen mehr geben, aber wir wurden trotzdem noch in derselben Nacht dazu gezwungen, loszumarschieren. Wir mussten gehen, bis wir am nächsten Mittag die Stadt Gödöllő erreichten, etwa 31 Kilometer nordöstlich von Budapest.

Nach 2 Tagen und Nächten ohne Nahrung befahl man uns, in den Wald zu gehen, um Gräben auszuheben und Waffen herzustellen. Wir arbeiteten 2 Wochen lang, von *Nyilas* umgeben und streng bewacht.

Dann drängte man uns, weiterzumarschieren, diesmal für 2 Wochen am Stück—169 Kilometer nach Hegyeshalom an der österreichischen Grenze, wo die deutsche SS schon auf uns wartete. Wir mussten uns in Wagen quetschen ohne zu wissen, wohin es ging. 4 Tage verbrachten wir in Viehwagen, bis wir in Buchenwald nahe Weimar ankamen. Ist das zu glauben? Die Stadt der Philosophen, Dichter, Komponisten: Goethe, Schiller, Liszt und Bach.

Die von uns, die körperlich noch nicht völlig am Ende waren, mussten sich sammeln. Die Deutschen brauchten Leute, die Schlosserarbeiten verrichten konnten. Wir sollten uns melden, falls wir dazu in der Lage waren, also tat ich es. Die Nazis brachten uns nach Niederorschel (Langenwerke AG)—einem Außenlager von Buchenwald, wo wir für die Junkers Flugzeug- und Motorenwerke Flugzeugrümpfe herstellten. Es war schwere, physische Arbeit. Doch es war immer noch besser als die in den Steinbrüchen. Einige der Gefangenen mussten das Lager selbst und die Straße zum Eingang des Lagers bauen. Wer die schweren Steine nicht tragen konnte, wurde erschossen. Und schlimmeres, meine Kinder. Tödliche Injektionen, medizinische Experimente. Von denen möchte ich euch nicht erzählen. Ich hatte Glück.

Das Essen war ungenießbar. Monatelang bekamen wir nichts als Viehfutter, Karotten, schimmlige Kartoffeln und Kohl, welcher manchmal gekocht war, manchmal nicht.

Der Tod war allgegenwärtig. Bald fingen Insassen an, an Typhus zu sterben. Ich war immer fit und gesund gewesen und selbst jetzt, geschwächt wie ich war, infizierte ich mich nicht. Ich hatte Glück.

Achtzig Prozent der Inhaftierten verloren ihr halbes Körpergewicht und auch das führte zu unzähligen Toden. Viele tausende „für die Arbeit ungeeignete" Juden wurden von Buchenwald nach Auschwitz gebracht. Ich gehörte nicht dazu. Ich hatte Glück.

Ab Dezember 1944 vermehrte sich die Anzahl eintreffender Transporte. Wir waren über 60.000 Menschen auf viel zu engem Raum. Und dann wurden wir mehr.

Wir wurden am 11. April 1945 befreit, aber die meisten von uns mussten zunächst im Lager bleiben. Wir konnten nicht reisen. Ich war unfassbar schwach und glich einem Skelett. Es brauchte 3 Monate medizinische Versorgung, bis ich wieder die Kraft hatte, zu laufen, und mich auf den Weg nachhause machte. Offene Güterwagen fuhren zufällig in die richtige Richtung. Ich sprang auf. Als ich Vác erreichte, freute ich mich, endlich wieder in Ungarn zu sein. Das Ungarische Komitee empfang uns dort. Wir erhielten ein paar warme Mahlzeiten und Brot. Ich hatte Glück, das alles in meinem Alter überlebt zu haben. Ich schicke euch beiden meine Küsse. Viel Erfolg. Ich hoffe diese Informationen bringen dir etwas.

Der Brief war mit „Euer *Apu!*" unterzeichnet worden. Ich hatte ihn in einer Tasche voller Briefe gefunden, die mein Vater aufbewahrt hatte. Das hellblaue Aerogramm hatte mit seinen mehrfarbigen Briefmarken hervorgestochen. Ich las den Brief, faltete ihn mit zitternden Händen wieder zusammen und legte ihn zurück in den Umschlag. Ich bin verblüfft, dass Nándor, der Vater meiner Mutter, meinem Vater von diesen fürchterlichen Dingen erzählt hatte, lange nachdem sie geschehen waren. Mir wird kalt. Ich höre eine schauerliche Version von Bachs „Das Wohltemperierte Klavier" in meinem Kopf—eine kontrapunktische Fuge für das Kreischen der Räder von Viehwagen mit makabrer Ironie von Johann Wolfgang von Goethe: „Man sollte alle Tage wenigstens ein kleines Lied hören, ein gutes Gedicht lesen und ein treffliches Gemälde sehen, damit weltliche Sorgen nicht den Sinn des Schönen auslöschen, den Gott in die menschliche Seele gepflanzt hat."

Von 1.500 sowjetischen Panzern beschossen. Von den Alliierten bombardiert. Die Einkreisung Budapests war am 26. Dezember 1944 komplett. Der Befehl des Führers lautete:
VERTEIDIGT BUDAPEST MIT ALLEN MITTELN.
Deutsche Truppen und Pfeilkreuzler gehorchten. Eine verheerende Schlacht nahm seinen Lauf—110 Tage brutale Belagerung.
Tibi und Mama versteckten sich in Dachböden, Kellern, verlassenen Fabriken und Ruinen. Nachdem Tibi eine leere Wohnung am Stadtrand für Edit und meine Mutter gefunden hatte, schloss er sich den Partisanen an. War es nicht besser, in Freiheit zu sterben? Meine Mutter erinnerte sich:

Mein Freundin un ich—wir hatte falsche Papiere von zionistische Untergrund—falsche Geburturkunde. Meine Name Horvát Katalin hört sich nich judisch an—un nun, ich sah nich judisch aus. Also ging ich mehrmals raus ohne Stern an mir. Tibi auch. Aber er sah judisch aus. Und wenn sie ihn anhielte, sie würde ihn sagen sein Hosen runterzuziehen—weißt du? Um zu sehe, ob er beschnitte is. Weiß du noch, wie stark er war? Tibi is einma von eine Dach gesprunge und einma eine Schornstein hochgekletter... um zu fliehe.

Unerbittliches Chaos ergriff von der Stadt Besitz. Kugeln schlugen ein. Bomben explodierten. Gebäude stürzten zusammen. Die beeindruckenden Brücken, die Buda und Pest verbanden, wurden zerstört. Rauch, Dunkelheit und Angst erfüllten die Stadt.

Inmitten der ohrenbetäubenden Explosionen, Kugelhagel und Artilleriefeuer krochen Kato und Edit aus ihrem Versteck und rannten zum nächsten Bunker. Die Menschen dort hatten keine Ahnung, dass die beiden Frauen Jüdinnen waren. Jedes Mal, wenn meine Mutter aus dem Bunker hervorkam, sprintete sie durch Schutt, wich wütenden Bränden aus und blickte sich immer wieder nach *Nyilas* um—oder nach sonst wem, der sie für verdächtig halten könnte. Tibi war zurückgekehrt, um bei seiner Mutter und Schwester zu sein, und blieb oben in der Wohnung in einem kalten, kleinen Zimmer. Er sah zu jüdisch aus. Er fürchtete sich davor, in den Bunker zu gehen. Wann immer die Sirenen ertönten, fragte sich meine Mutter vor Angst zitternd, ob ihr Gebäude getroffen worden war. War Tibi noch am Leben? Und Nándor. Lebte er? Sie wussten nicht, dass Nándor nach Österreich marschiert und Ende Oktober nach Buchenwald gebracht worden war.

Der Hunger trieb sie immer wieder auf die verwüsteten Straßen. Die Aprikosenbäume aus der Kindheit meiner Mutter, die herumlaufenden Hühner und farbenfrohen Paprikas erschienen im ständigen Rauch wie geisterhafte Trugbilder. Sowjetische Waffen hallten durch die Stadt. Der Gedanke, die nächsten Wochen zu überleben, war absurd geworden. Die Pfeilkreuzler wussten, dass das Ende nahte, und trotzdem, zwischen Trümmern und feindlichem Feuer, waren sie weiter auf der Jagd nach Juden.

Einmal, als Irma nach Essen suchte, packten sie zwei *Nyilas* und zerrten sie ins Ghetto nahe der großen Synagoge, wo sie sie hinter hohen, mit Stacheldraht besetzten Mauen wegsperrten. Dorthin hatte man Juden gebracht, die deportiert werden sollten, doch die Belagerung hatte dies unmöglich gemacht. Egal. Die Pfeilkreuzler waren fest dazu entschlossen, den Tod ins Ghetto zu bringen.

So bin ich in Schwierigkeit gerate. Ich suchte nach mein Mutter. Ich brauchte Essen, sogar Pferdefleisch. Sie fande mich auf den Straße und brachte mich an eine Ort—zu den Haupquartier von den ungarische Nazis, wo sie Mensche folterten. Ich hatte Geschichten gehört. Jeder kennt den Straße, Nummer 60. Und als ich aus den Fenster guckte, sah ich ein lange Reihe von Juden und die *Nyilas* drängten sie zu die Donau und sie schosse mit ihre Maschinegewehr. Schosse sie in die Donau.

Ich war erschüttert. Ich hatte Bauchkrämpfe. Die Nummer 60 zeichnete sich vor meinem inneren Auge ab—der Ort, an dem meine Mutter nur knapp einem schrecklichen Schicksal entronnen war. Ich versuchte die Adresse mit meinem Computer ausfindig zu machen. Nummer 60, Hauptquartier der ungarischen Nazis. Ich starrte minutenlang auf die Karte. Dann sah ich es—Andrássy út 60. Während unseres Urlaubs in Budapest im Jahr 2000 waren mein Mann und ich entlang der breiten, von Bäumen gesäumten Prachtstraße spaziert. Wir hatten den spektakulären Anblick der zahlreichen Villen im Stil der Neorenaissance genossen und den der Designerläden mit Fassaden aus edlem, weißen Stein: Gucci, Ralph Lauren, Armani und Herend, eine Manufaktur von exquisitem Knochenporzellan. Wir hatten uns den Franz-Liszt-Platz und die Musikakademie angeschaut—die Schule, auf die meine Eltern gegangen waren—bei einem italienischen Eiscremeladen gegessen, von dem Howie nicht hatte genug bekommen können, und das historische Gebäude der Staatsoper bestaunt; aus rotem Marmor, mit breiten Steinbalustraden und wohlgeformten Säulen. Wir mussten mehrmals an der Hausnummer 60 vorbeigelaufen sein—Hauptquartier der Nazis und *Nyilas*. 2002 war es zu einem Museum geworden: „Terror Háza" (Haus des Terrors).

Ich stellte mir meine Mutter vor—eine dunkelhaarige Schönheit, immer am Machen, immer am Plappern—eingeschlossen in einem Raum mit einem jungen, ungarischen Nazi-Soldaten. Zur „Befragung". Was auch immer es am Ende war, dass sie damals sagte oder tat, es war erfolgreich. Er ließ sie gehen.

> Nun ja. Der Krieg war zu Ende, also ich sag dir, es waren die Russen, die die Juden befreit habe. Tibi sagte früher, er hat die russische Panzer geküsst. Guck, es ist lange Geschichte. Warum darüber rede [*ein Seufzer*]. Wir haben paar Papiere bewahrt. Ich weiß nich... weggeschlosse, ah, in eine, wie nennt man? Eine Koffer. Oh. Oh! Da is Gyuri.

Ein Klappern—etwas kollidiert mit dem Mikrofon. Mein Vater stand im Eingang des Schlafzimmers, ungeduldig und bereit, zu gehen. Er hatte nach ihr gesucht. Ich konnte hören, wie meine Mutter schnell aufstand, fühlte das Blut aus ihrem Gesicht weichen. Sie wollte ihn nicht reizen. Sie wollte nicht, dass er die Konversation mitbekam. Meine Mutter hatte zum ersten Mal ihre Geschichte offenbart. Als die Aufnahme abrupt endete, liefen heiße Tränen meine Wangen runter.

Die grauenhaften Statistiken: Juli 1944 waren, innerhalb von nur 56 Tagen, 400.000 ungarische Juden deportiert worden—zur „effizientesten" Zeit 12.000 Männer, Frauen und Kinder täglich. Ein Zehntel aller Opfer des Holocaust waren Ungaren. Ein Drittel aller Opfer von Auschwitz waren Ungaren. Die *Nyilas* waren brutale Bestien. Selbst Adolf Eichmann merkte an: „In einigen Fällen waren meine Männer von der Unmenschlichkeit der ungarischen

Polizei schockiert." Er war mit nur zwanzig Nazi-Offizieren nach Ungarn gekommen. Es waren die *Nyilas*, unterstützt von enthusiastischen Bürgern, die Eichmanns Drecksarbeit machten. Zwischen Anfang Dezember und 1944 und dem 13. Februar 1945 zerrten sie etwa 20.000 Juden aus dem Ghetto—aus Verstecken, Krankenhäusern und Pflegeheimen—und erschossen sie an der Donau. Die Leichen tränkten den wunderschönen, blauen Fluss mit Blut. Budapest wurde gerade rechtzeitig befreit. Kurz bevor sie die letzten Bewohner des Ghettos endgültig ausrotten wollten.

Wie also überlebte meine Mutter? Schieres Glück? Schicksal? Findigkeit? Chuzpe? Ich verbrachte mehrere Minuten—oder waren es Stunden—in einer Art aufgeregter Trance. Wie ist sie den feindlichen Händen so oft entglitten? Wie hat sie die Belagerung überstanden? Und sich nach so viel Leid wieder dem Leben gewidmet?

Trotz der Befreiung blieben die Umstände prekär. Meine junge Mutter stand ohne Essen da. Sie musste auf die Suche gehen. Sie schwärzte ihr Gesicht mit Ruß, zog sich einen weiten, abgeranzten Mantel über, bedeckte ihre Haare mit einem Tuch und versuchte unauffällig zu bleiben. Die Stadt war nicht wiederzuerkennen. Schnee wehte ihr ins Gesicht und die allgegenwärtigen Trümmer trugen Kronen aus Frost. Wie sollte sie sich in dieser apokalyptischen Landschaft zurecht finden? So gut wie nichts hatte die erbitterten Kämpfe heil überstanden. Jüdische und nichtjüdische Überlebende wanderten durch die verwüsteten Straßen oder lagen reglos an den einsamen Wänden ehemaliger Bauten. Menschen bettelten, durchsuchten die Ruinen nach Essbarem.

Ein Skelett rüttelte an meiner Mutter. „Brot? Hast du Brot!" Meine Mutter eilte fort. Sie blickte zu Boden, hatte Angst, über Betonbrocken zu stolpern, auf gebrochenes Glas zu treten oder auf verbrannte Überreste. Sie wich allem und jedem aus, kämpfte sich durch den Horror. Als sie um eine Ecke kam, packte sie ein sowjetischer Soldat. „*Rabota*? *Munka*? Komm arbeiten." Sie lächelte charmant, entzog sich seinem Griff und tat so, als ob man sie irgendwo erwarten würde. Meine Mutter hatte bereits Geschichten über die russischen Soldaten gehört. Wer weiß, was er mit ihr vorhatte.

Obwohl Ungarn und die Juden befreit worden waren, verschwanden weiter Menschen. Die Sieger schickten über 500.000 Menschen fort—vermutlich in den sowjetischen Gulag—und Augenzeugen berichteten von unzähligen Übergriffen auf Mädchen und Frauen.

Mit matschigen Schuhen und tauben Zehen lief meine Mutter das Flussufer entlang. Was sollte sie tun? Der Hunger nagte. Von nichts gab es genug. Die Stadt müsste wiederaufgebaut werden. Sicherlich konnte man gefundene Materialien gegen Essen tauschen. Sie ging zu einer Straße, wo einst viele Geschäfte gestanden hatten, kniete sich hin und begann Nägel aus dem Schutt zu ziehen. Ihre kleinen Hände, die dem Piano so liebliche Töne entlocken konnten, bluteten. Doch sie hörte nicht auf—suchte nach Holzstücken, Draht und Scharnieren, die einen potentiellen Tauschwert besaßen. Ich habe vage Erinnerungen daran, wie sie Rob und mir davon erzählt hatte, in den Trümmern nach Nägeln gegraben zu haben, vielleicht als sie gerade sauer auf uns gewesen war.

Die Tonaufnahme meiner Mutter ließ viele Fragen offen. Wie gelang es ihr ohne vorhandene Kommunikationsmittel den Rest ihrer Familie zu finden? Wie hat Papa *sie* gefunden?

Völlig in Gedanken versunken hatte ich das Aufgehen der Sonne verpasst. Howie werkelte in der Küche herum, doch ich entschied mich, das Ende der Kassette noch einmal zu hören, bevor ich frühstückte. Vielleicht hatte ich etwas verpasst. Was hatte sie kurz vorm Schluss gesagt?

Man stelle sich die Situation vor: Mein Vater wartete ungeduldig auf meine Mutter. Er hatte sie bei Tibis Schiv'a im hinteren Schlafzimmer meines Onkels gefunden und wollte gehen. Ich startete die Aufnahme erneut. Und dann schoss es mir durch den Kopf—die fieberhaften Wochen im Jahr 1999, als ich meinen Eltern beim Ausmisten ihres überfüllten Hauses half; der unerklärliche Ausbruch wegen eines verschlossenen Rattankoffers. Darin lagen Papiere.

**Mein Opa Nándor.** *Mein Großvater lebte in einer nichtjüdischen Nachbarschaft, freundete sich mit Nichtjuden und anderen Armeeoffizieren an und änderte sogar seinen Nachnamen. Das alles in dem vergeblichen Versuch nicht aufzufallen. Am Ende war alles umsonst gewesen.*

**Kato—eine siebzehnjährige Schönheit.** *Meine Mutter hatte Träume. Sie war eine talentierte Sängerin und Pianistin. Wieso nicht Schauspielerin werden? Das Leben war voller Möglichkeiten.*

*Unbekannte Verwandte.* Linke Seite: Ganz oben ist meine Oma Irma, die Mutter meiner Mutter; darunter ist meine Oma Margaret, die Mutter meines Vaters; und darunter ist mein Vater am Cello und ein Freund am Klavier. Mitte: Mein Vater und seine Zwillingsschwester Magda sitzen in der vorderen Reihe, 1928. Wer sind diese leicht bekleideten Leute?

*Judenhäuser.* Wie kann eine Armee 200.000 Bürger festhalten? Menschen jüdischer Herkunft wurden überall in der Stadt in Judenhäuser umgesiedelt. Die Karte zeigt die wenigen Zufluchtsorte und das Ghetto (unten rechts). Flucht war für die meisten aussichtslos. Quelle: yellowstarhouses.org.

# TEIL III

## VOM CHAOS ZUR KONZERTHALLE
## GEORGES (GYURIS) GESCHICHTE

Richte nicht, lieber Leser, richte nicht über deinen Nächsten, bevor du nicht in seinen Schuhen gestanden hast. Wenn dir deine Identität, dein Besitz, deine erzieherischen Fertigkeiten, deine Profession, deine Entscheidungsfreiheit, wenn dir all das genommen worden wäre und du dich zwischen dem Überleben deiner Kinder und deiner Brüder entschließen hättest müssen, kannst du wirklich sagen, was du getan hättest? Und was wenn du, als Rabbi oder Laie, einfach nicht glauben, es dir nicht vorstellen konntest... dass all die Züge in den Tod führten?

—Rabbiner Joseph A. Polak (1942-), „After the Holocaust the Bells Still Ring" © 2015, Urim Publications

# 9

# GESANDTER AUS EINER SCHRECKLICHEN ZEIT

August 2009: mein vierter Trip nach Toronto in genauso vielen Monaten. Ich war nun doch fest entschlossen, den Koffer zu öffnen. Doch nachdem ich mich in den engen Flugzeugsitz gequetscht hatte, kamen meine Zweifel zurück. Ich hoffte, mein Vater würde sich bereit dazu zeigen, über den Koffer und seinen Inhalt zu sprechen. Wahrscheinlich nur ein Mischmasch von Andenken. Oder doch mehr? Er hatte alles aufbewahrt. Hatte ich seit seiner Bernsteingeschichte, der Entdeckung des Dokumentarfilms und der Tonaufnahme meiner Mutter ein gewisses Interesse in ihm erkennen können? Mit ein wenig Glück und ganz viel Fingerspitzengefühl würde es mir vielleicht gelingen, ihm ein paar Informationen zu entlocken. Trotzdem machte mich der Gedanke nervös.

Nach den üblichen, nassen Begrüßungsküsschen, betrat ich die Wohnung. Mein Vater klopfte sich an den Schädel und sagte: „Klopf Holz, Janetkém. Dank Gott, du bis da. Wie geht dir?"

Der viele Krimskrams im Raum fiel mich regelrecht an und ich fragte mich, ob er noch mehr davon angeschafft hatte. 10 Jahr zuvor, als meine Eltern dabei waren, umzuziehen, drängte ich sie dazu, ihre Sammlungen an großen und kleinen, wertvollen Porzellanfiguren, eingerahmten Fotos, vollen Bücherregalen, mit

Kissen überladenen Sofas, Pflanzen in jeder Form und Größe, Schränken voller CDs, Videokassetten und Schallplatten sowie schmuckvoll gerahmten Ölgemälden maßgeblich zu reduzieren. Der Umzug, der Verlust an wertgeschätzten (wenn auch unbrauchbaren) Dingen und die schleppende Krankheit meiner Mutter hatten Wunden hinterlassen.

Nach stundenlangem Small Talk hatte ich einen Moment allein mit Ian und sprach mit ihm ab, dass wir uns früh am nächsten Morgen in der Garage treffen würden, um den Koffer zu holen. Zusammen hievten wir ihn in den Mietwagen und ich fuhr davon.

Rob und ich manövrierten das Ungetüm in das Gästezimmer seines Hauses. Wir nahmen uns jedes der Menschheit bekanntes Werkzeug und drehten, schraubten und hebelten am Schloss herum. Nach Minuten der Frustration gab Rob auf, aber ich schaffte es, mit schmerzenden Fingern und einem letzten Versuch, es aufzubrechen. Ich hob den Deckel an. Klebrige Spinnweben und eine Staubwolke ließen mich zurückschrecken. Dann schaute ich hinein und sah eine Unmenge an Erinnerungstücken, einige davon vergilbt und abgegriffen. Ich verteilte sie über das Bett: alte Zeugnisse meines Vaters aus den Dreißigern mit einem Foto seines jungen Gesichts, mit Dokumenten zusammengebundene Briefe, winzige Schwarzweißfotos, Geburts- und Jahrestagskarten, ein paar Zeitungsausschnitte und unfassbar gut erhaltene, ledergebundene Diplome. Was für ein Fund! Ich hatte gerade erst begonnen, die Sammlung näher zu begutachten, da unterbrach mich ein Anruf. „Wann du kommst endlich?" Papa würde wütend werden, sollte ich ihn warten lassen. Keine Option. Ich riss mich von den vielen Versuchungen vor meinen Augen los und entschloss mich, noch nichts über den Koffer zu sagen.

Nachdem ich den steilen Aufgang zum Eingang des Gebäudes erklommen und die Wohnung meines Vaters erreicht hatte, saßen wir den Rest des Tages Seite an Seite ohne viel zu reden. Sich mit meinem Vater zu unterhalten, war schon immer eine delikate

Angelegenheit. Mittlerweile war ich ausgesprochen gekonnt darin, problematische Themen zu vermeiden: mein Bruder, die Krankheit meiner Mutter und natürlich die Vergangenheit.

Später fuhr ich durch die Dunkelheit zu Robs Haus zurück. Er und Sara waren bereits zu Bett gegangen. Im Gästezimmer hing ein muffiger Geruch in der Luft, der von den Dokumenten auf dem Bett ausging. Trotz der späten Stunde konnte ich nicht anders. Ich grub mich durch noch mehr Schulzeugnisse, Geburtstagskarten und Konzertprogramme. Etwas altes und empfindlich aussehendes erregte meine Aufmerksamkeit. Vorsichtig faltete ich das Papier auseinander und ging jeden Moment davon aus, dass es in meiner Hand zerfallen würde. Es protestierte mit einem Knistern. Die elegante Kalligrafie und hübsche Rahmenverzierung präsentierten einen hebräischen Text. Ich hielt das Papier näher an mein Gesicht. *Warum habe ich Ungarisch nicht ausführlicher gelernt?* Offizielle Stempel, Signaturen, Davidsterne, die Unterschrift meines Vaters und das Datum: 27. April 1935. Ich las die oben stehenden, großen, hebräischen Buchstaben laut vor. Bar Mitzwa. Natürlich. Da wäre mein Vater 13 gewesen. Er hatte seine Bar Mitzwa in Budapests berühmter byzantinischer Synagoge gefeiert—damals *Dohány Templom* genannt worden—die größte, noch erhaltene Synagoge Europas.

Ich legte das fragile Dokument auf einen Tisch und beugte mich über den Koffer, um tief hineinzugreifen. Auf dem Boden erfühlte ich ein dickes, gebundenes Paket. Ich hob alles andere aus dem Weg und nahm den Papierberg heraus. Ganz oben lag ein Foto—mein gutaussehender, junger Vater, mit Schnurrbart und vollem Haar, der stolz neben seiner wunderschönen Braut steht und liebevoll ihre Hand hält. Im Hintergrund sind ein paar dürre Bäume zu erkennen. Papa trägt einen schicken Anzug, ein weißes Hemd und eine vornehme, karierte Krawatte. Mama hat ein leuchtendes Lächeln auf dem Gesicht und ihr brünettes Haar fällt voluminös und in modischen Locken auf ihre Schultern. Ihr hübsches Kleid, mit hohem Kragen und winzigen Knöpfen auf dem Mieder, ist an der Taille eng geschnürt. Das weiche Material liegt elegant an. Perfekt aufgetragener Lippenstift hebt ihren wohlgeformten Mund hervor. Das Foto war im Juli 1950 entstanden, 2 Jahre vor meiner Geburt, und zeigt keinerlei Hinweise auf Trauma, Heimatlosigkeit oder Verlust. Ein junges Paar auf einem Sonntagsspaziergang, würde man denken. Aber wer sonst in Kanada hätte sich so angezogen?

Unter dem Foto war ein Stapel zusammengebundener Dokumente. Das oberste hatte etwa die Größe eines Passes und der Einband war steif und abgenutzt. Als ich es öffnete, fielen zwei pinke Karten und ein Foto auf das Bett. Eine Erinnerung erreichte mich—Erzählungen von einem Abenteuer übers Meer. Waren sie mir in meine kindlichen Ohren geflüstert worden? Ich las:

(Tourist Dritter Klasse) IDENTIFIKATIONSKARTE ZUR EINWANDERUNG, DIESE KARTE MUSS DEM UNTERSUCHUNGSBEAMTEN AM ANKUNFTSORT VORGEZEIGT WERDEN.

Name des Passagiers: Horvath Georg

Name des Schiffs: Scythia

Untersuchungsstempel: 10. Okt. 1948 Kanada Einwanderung Quebec, P.Q.

Die zweite Karte war identisch, abgesehen vom Namen des Passagiers: Horvath Katerina.

Auf dem Foto steht meine Mutter auf den Stufen der Laufplanke eines Schiffes. Sie hält sich mit beiden Händen entspannt an der Reling fest und blickt zur Seite. Ihr Gesicht ist blass und sie erscheint untypischerweise schüchtern; nur der Hauch eines Lächelns auf ihrem Gesicht. Der Wind fährt ihr durchs dunkle Haar. Es sieht nach kühlem Wetter aus. Ihr Dufflecoat—die Ärmel zu lang, die Schultern zu weit—und der Schal um ihren Hals sind offensichtlich aus zweiter Hand. Meine Eltern sprachen zu der Zeit keinerlei Englisch. Auf dem Schiff voller Flüchtender aus allen erdenklichen Nationen war die Kommunikation wahrscheinlich alles andere als leicht. Viele der Juden an Bord sprachen sicherlich Jiddisch, aber meine angepassten, sich ungarisch fühlenden Eltern taten das nicht.

Ich stellte mir die Reise im Zwischendeck vor: der Dreck, die Übelkeit, die Luft von Angst erfüllt. Männer und Frauen getrennt. Stürmische, graue, endlose Tage. Das Meer wütet, das Wetter ist kalt. Tief im Inneren des Schiffes trägt die stickige Luft zum sauren Gestank bei und Eimer gibt es nicht genug. Meine Mutter ist schrecklich Seekrank und sie ist nicht die einzige. Irgendwie kommen die beiden und das Cello unversehrt an.

Georg und Katerina landeten an einem Ort namens Kanada. Ich erfuhr später, dass sie kaum etwas über das Land wusste. Sie waren unerklärlicherweise Gesund. Wie zum Beweis berührten sie ihre Zehen und sagten: „AHHH." Sie atmeten tief ein. Dann wurden sie von unzähligen Beamten in dieser fremden Sprache ausgefragt.

Die RMS Scythia dockte am Pier 21 in Halifax an. Es war der 10. Oktober 1948. Meine Eltern betraten mit ihren spärlichen Besitztümern das neue Land und schritten über Bahngleise zu den Hütten der Einwanderungsbehörde, wo sie mit den zahllosen anderen Immigranten entlaust wurden.

Jeder Neuankömmling musste eine Untersuchung der mentalen Gesundheit bestehen. Meine Mutter muss unglaublich nervös gewesen sein. *Lass sie dein Heimweh nicht sehen. Steh gerade. Kämm deine Haare und trag etwas Lippenstift auf. Zeig ihnen dein charmantes Lächeln. Schau dem Beamten direkt in die Augen und beweise ihm, dass du stark und gesund bist—bereit ein neues Leben zu beginnen. Auf keinen Fall husten, um Himmels Willen. Und lass dir nicht anmerken, dass dein Herz gebrochen ist, dass du deine Eltern, Geschwister und alles, was du je gekannt hast, vermisst.*

Mir fiel ein vergilbtes, gebundenes Heftchen auf. Große, grüne Buchstaben strahlten kompromisslose Autorität aus:

AMT DER MILITÄRREGIERUNG FÜR DEUTSCHLAND: Vorrübergehendes Reisedokument anstelle eines Passes für staatenlose Personen und Personen unbestimmter Nationalität.

Name: Horvath Georg #82793.

(Zweite Seite:)

Beruf: Tabakbauer. Größe, Gewicht, Augenfarbe, Geburtsjahr und Monat.

Persönliche Details: Namen der Eltern, Geburtsdaten und Geburtsorte.

Ehepartner: Katherina

Beruf: Schneiderin.

(Dritte Seite:)

Zwei angeheftete, schwarzweiße Passbilder.

Darauf sehen sie älter aus, als sie sind. Grimmig und steif. Beide schauen nach links, damit ihre linken Ohren, wie nach Vorschrift, zu sehen sind (Kanadische Behörden waren der Meinung, andere Teile des Gesichts wären bei Ausländern nicht voneinander zu unterscheiden gewesen). Sie versuchten, wie immer gepflegt auszusehen. Mein Vater trägt ein Hemd, eine schmale Krawatte und eine etwas ramponierte Tweedjacke. Seine dicken Haare sind zurückgekämmt, seine buschigen Augenbrauen wild und sein Schnurrbart zu einem Strich getrimmt. Mamas Locken sind hinter ihre Ohren gesteckt, von denen winzige Perlenohrstecker hängen. Ihr Gingham-Kleid sieht verschlissen aus.
　　Über und unter ihren Unterschriften war das Papier von offiziellen Aufdrucken und Erlaubnisstempeln übersät. „Kanadische Einwanderungsbehörde, Karlsruhe."

Das alles muss ungemein viel Beharrlichkeit und Behördengänge in Deutschland erfordert haben. Geld ebenfalls. Woher hatten sie das Geld?

Nach stundenlangem Warten in Schlangen bestiegen sie spät in der Nacht endlich den Zug zu ihrem Zielort—Hamilton, Ontario— eine kleine Bauerngemeinde etwa 100 Kilometer westlich von Toronto. Warum eine kleine Stadt ohne viel Kultur und sehr wenig bis gar keiner klassischen Musik?

Die achtzehnstündige Zugreise von der Ostküste nach Hamilton wurde für eine weitere Inspektion unterbrochen. Alle *Émigrés* mussten in Quebec aussteigen und sich anmelden, bevor es für sie weitergehen konnte. Mein Vater wartete nervös, bis er an der Reihe war. Wie sollte er als professioneller Musiker, als Cellist, hier an diesem fremden Ort seiner Bestimmung folgen? Der Beamte wunderte sich über den angegebenen Beruf auf seinem Reisedokument.

„Diese Hände haben noch nie auf einem Bauernhof gearbeitet."

„Aber ich kann lerne", sagte mein Vater.

Der Beamte gab ein Murren von sich. Er zögerte für einen Moment, dann vergab er seinen Stempel auf Seite zehn des Heftchens, der begehrte letzte Stempel—das Visum wertvoller als Gold.

Wie war es ihnen gelungen? Jedes Land hatte Einreiseeinschränkungen für Juden und eine generelle Abneigung gegenüber Flüchtenden. Vor allem Ungaren. Vielleicht waren sie ja Spione. Und meine Eltern waren gelernte Musiker. Wieso sollte Kanada zwei Menschen ins Land lassen, die sich mit ihrer Profession wohl kaum über Wasser halten konnten? Man suchte nach Arbeitern aus essentiellen Berufsfeldern, wie Bauern und Schneider. Die waren es, die normalerweise Einlass erhielten— selbst wenn sie Juden waren.

Innerhalb kurzer Zeit nachdem meine Eltern wieder in den Zug gestiegen waren, händigte das Personal Scheiben von etwas weißem und weichem aus. „*Mucikám*", flüsterte mein Vater. „Das ist Kuchen!" Mama biss in das dünne, nicht besonders süße, aber trotzdem akzeptable Stück. Es war ihr erstes Aufeinandertreffen mit Wonder Bread.

Ein paar Stunden später, irgendwo im nirgendwo und als sie gerade dabei waren in den Schlaf zu fallen, hörten sie das Kreischen der Zugräder. Die Lokomotive hielt an. Die müden, nervösen Flüchtenden schreckten wahrscheinlich vor Furcht zusammen, als die Polizei an Bord kam und die Abteile nach Saboteuren oder Unterwanderern durchsuchte—die Erleichterung, in einem sicheren Land angekommen zu sein, von den Erinnerungen an Nazi-Übergriffe auf den Kopf gestellt.

Ich faltete das Dokument vorsichtig wieder zusammen und wandte mich wieder dem Rest des Haufens zu. Dort erspähte ich ein großes, ledergebundenes Heft geprägt mit dem Siegel der Franz-Liszt-Musikakademie. Ich blätterte mich durch das Aufgabenbuch, las die lobenden Worte eines Professors und erfreute mich an den großartigen Noten meines Vaters.

Dann fiel etwas aus dem Heft. Ein Zertifikat. Große Schrift, offizielle Signaturen und ein auffälliger, schwarzer Daumenabdruck:

Ausweis

Herr Georg Horvath
    geb. am 26.2.22 in Budapest

in nationalsozialistischen Konzentrationslagern gefangen gehalten und vom Konzentrationslager Buchenwald bei Weimar in Freiheit gesetzt.

Vorläufige Identitätskarte für Buchenwälder Zivilinternierte.

Laufende Nr. 18612, Häftlings-Nr. 97587

Weimar-Buchenwald, am 8. Mai 1945.

Unterzeichnet: Lagerkomitee Kommandant Bartel und amerikanischer Oberst Ball.

Ich zuckte zusammen. Die Existenz eines Buchenwald-Ausweises mit dem Foto meines Vaters darauf, beglaubigt durch offizielle Unterschriften und Stempel in deutscher Sprache, schockierte—und verwirrte—mich. Er war nach Bor gebracht worden, nicht nach Buchenwald. Die einschüchternde Art meines Vaters war ihm auch mit 87 nicht abhanden gekommen, aber ich hatte zu viele Fragen und ich musste sie ihm stellen.

In der Nacht konnte ich nicht schlafen. Die spürbare Anwesenheit dieser gewichtigen Dokumente, hier in einem Schlafzimmer in Toronto, rief Übelkeit in mir hervor. Ich zog mich am nächsten Morgen überhastet an und fuhr—ich muss leider zugeben etwas über der Höchstgeschwindigkeit—zur Wohnung meines Vaters. Was ich die Nacht zuvor gesehen hatte, spukte mir noch immer durch den Kopf, und ich fragte mich, wie ich das Thema am besten bei meinem Vater zur Sprachen bringen konnte.

Nach den üblichen Begrüßungshöflichkeiten schlurfte er mit steifen Beinen und der Unterstützung seiner Gehhilfe über den beuligen Perserteppich in das Wohnzimmer. Er brachte seine Reise erfolgreich zu Ende und ließ sich in den Rollstuhl fallen. Seine Gliedmaßen zitterten vor Anstrengung. Damit auch ich mich setzten konnte, musste ich zuerst eine Reihe sorgfältig platzierter Seiden- und Samtkissen vom Sofa befördern.

Mein Vater schien meine Angespanntheit zu spüren und blickte mich nervös an. Mit einer beruhigenden Geste suggerierte ich ihm, alles sei in Ordnung, zumindest hoffte ich das. Mein Hals war trocken. Doch ich sammelte all meinen Mut und krächzte: „Papa, ehm... kannst du mir von Bor erzählen? Was musstest du da machen?"

Er runzelte die Stirn. „Was? Warum du willst das wissen?"

Ich wartete und spielte mit den Fransen eines Kissens. Für eine Weile schien es, als würde er mir wirklich nicht antworten.

„Okay, okay. Ich erzähl dir ein Geschichte. Ein."

Ich nahm mir einen Stift und ein Notizbuch. Während er redete, ging ich Augenkontakt aus dem Weg und schrieb so schnell ich konnte.

„Wir musste Schienen von Bor zu Belgrad bauen. Die Deutsche brauchte Material, vor allen Kupfer. Jede Morgen um 6 Uhr weckten sie uns auf. Wir mussten schnell in ein Reihe gehen. Sie guckte uns den ganzen Zeit bei die Arbeit zu, folgte uns überall hin. Ich hab mit Spitzhack gearbeitet. Eine schwere und scharfe Werkzeug. Den Boden war unebe und mit viele Steine. Ich musste die aufbrechen und den Boden gerade machen, dann musste ich die riesige Steine hochheben und in ein große Karre tun. Wenn den voll mit Steine war, musste ich die in einen Grube schmeißen. Danach Sand in den Karre tun, zurück zu den Loch gehen und das mit die Sand füllen. Ich hatte ein strenge Vorgabe wie viel Karren ich jede Tag füllen musste. Wenn du schummels, auch nur eine kleine bisschen, und dein Karre nicht komplett voll war, dann haben sie dich geschossen. Brutale Arbeit. Einfach brutal. Ich musste auch riesige Betonblock auf Schiene schieben und rollen—ganz allein. Den ging auf Schiene. Aber sehr schwrig zu schieben, so schwer, aber ich versuch immer zu glauben ich schaff das. Hätte ich den kaputt gemach, die hätten mich geschossen.

Einmal, ich weiß noch, ich war so kaputt, ich musste den Risiko eingehe. Ich hab mich für ein paar Sekunde hingesetzt. Eine verdammte Wachmann hat bemerkt. Er rannte zu mir. So wütend. Sein bösartige Hunde wartete auf den Signal. Ich konnte ihren lange, scharfe Zähne sehen und ich wusste sie wollte mich zerfleische. Wachmann wollte mich hängen, aber den ungarische Kommandant den Tag war weniger brutal. Du weiß wie aberglaubisch ich bin, ja Janetkém? Es war 20. August, ungarische nationale Feiertag, mit Feuerwerk und alles. Also hat den Kommandant entscheide, mich nich zu hängen oder von Hunde zerfleische zu lassen. Anstatt musste ich den ganze Tag Holz sägen —12 Stunde oder mehr—ich weiß nich mehr. Nich einfach, aber ich hab überlebt. Ich hab an Mama gedacht, mein Frau..."

20. August, der Tag des Heiligen Stephan, Ungarns 4. Juli. Die

Festlichkeiten beginnen normalerweise morgens mit dem Hissen der ungarischen Flagge. Das Parlament öffnet seine Türen und in der atemberaubenden St.-Stephans-Basilika, dessen Fassade von zwei hohen Glockentürmen eingerahmt wird, wird Messe gefeiert. Eine aufwendige, ungarische Torte wird ausgesucht und die offizielle Zeremonie des Anschneidens führt zu den darauffolgenden Konzerten. Alle genießen ein Stück Torte und die schöne Musik.

Mein ganzer Körper schien zu pochen. Howard und ich hatten am 20. August geheiratet. Robs erste Tochter Ilana war am 20. August geboren worden. Es muss sicherlich auch andere Nahtoderfahrungen gegeben haben, aber diese Erinnerung meines Vaters—wie hatte er sie all die Jahre so unterdrückt? Er hatte nie von dieser Bedeutsamkeit des Tages gesprochen. Einmal mehr spukten mir eine Millionen Fragen durch den Kopf, doch ich zwang mich, Fortschritt zu suchen.

„Papa. Erinnerst du dich an den Dampferkoffer aus Rattan, den ihr in dem Abstellraum im alten Haus aufbewahrt hattet? Ich habe ihn mit zu Roberts Haus genommen und gestern reingeguckt. Ich habe alte Sachen gefunden. Briefe, Zeugnisse, Tickets für eine Schifffahrt und ich—"

Er murmelte etwas vor sich hin. Sein ängstlicher Gesichtsausdruck brachte mich aus dem Konzept. Ich sah die hervorstehenden Knöchel seiner dürren Hände und es schien, als würde er sich mit aller Macht an den Armlehnen des Rollstuhls festkrallen. Ich versuchte, so sanft und einfühlsam wie möglich weiterzumachen. „Ich habe auch einen Ausweis aus Buchenwald. Mit deinem Foto darauf. Ich dachte... Wurde Opa Nándor nicht dorthin gebracht? Wie hast du—?"

„Janetkém. Janet. *Hamis*! Aber das is *falsch. FALSCH*!"

Mein Vater windete sich in seinem Stuhl, als ob er kurz davor war, wegzurennen, wie er es schon so oft zuvor getan hatte. Man konnte ihm seine Entrüstung darüber, dass er ohne Hilfe nicht mehr aufstehen konnte, ansehen. Er saß reglos da. Seine Gedanken schienen abzuschweifen. Dann fing er wieder an zu sprechen. Ich nahm meinen Stift in die Hand.

„Serbische Partisane haben mich von Bor befreit. Ich hab mich in Wald versteckt und bin nach Budapest gelaufe, zu Mama. Ich hatte kein Stiefel. Mein Klammotten waren zerfetz und voll mit Läuse. Deutsche haben den Wälder gesägt, um Juden und Deserteure zu finde, und das Heu hat sich wie Nadel angefühlt; meine Fuße waren blutig. Ich bettelte bei russische Soldaten für Brot.

»Bitte *Khleba*«, ich sagte. Sie wollte mich erschießen. Sie dachte, ich bin deutsche Spion. Ich hab zu ihn gesagt: »*Yid! Yevre!* Ich bin Jude!« Und sie sagte zu eine Rabbi, er soll kommen. Ich hab judische Gebet gesagt: »*Schema jissra-el, adonái elohénu, adonái echad. / Baruch schem kewod malchuto le-olam wa-ed.*« (Höre Israel, der Ewige ist unser Gott, der Ewige ist einzig. / Gelobt sei der Name der Herrlichkeit Seines Reiches auf immer und ewig.)

Ich hatte Glück. Das hat mich gerettet. Ich hatte kein Papiere, gar nichts, um zu beweise, wer ich war und von wo ich kam. Wir musste Papiere besorge. Um weg zu kommen. Nándor hatte Ausweis von Buchenwald. Nazis haben das gemach in die deutschen Lager. Einzige Weg, um Visum zu bekommen und Europa zu verlasse nach den Krieg, war von Deutschland, von Munchen, mit Ausweis. Also haben wir den gefälsch. Habe mein Foto, Geburtstag und Unterschrift darauf gemacht."

*Buchenwald-Ausweis. Der Ausweis meines Großvaters versehen mit dem Geburtsdatum und der Unterschrift meines Vaters. Das Datum auf der linken Seite in der Mitte—29.3.45—gibt den Tag der Befreiung meines Großvaters an.*

Eine fürchterliche Vorstellung: Mein Vater schleicht durch den Wald, im Winter, tagsüber unter Heuhaufen versteckt, von Läusen befallen, zu Fuß von Jugoslawien nach Ungarn. Jetzt wusste ich, wieso sie nach dem Krieg nach Deutschland gegangen waren. Ich fühlte mich für einen Moment völlig desorientiert. Ich legte meinen Stift beiseite und blickte ihm direkt in die Augen. War er der Vater, für den ich ihn immer gehalten hatte—der dünne, schwache Künstler, der sensible und impulsive Mann, der bei jeder Kleinigkeit explodierte? Ich suchte nach der nächsten Frage, einer mit weniger Gewicht. „Woher hattet ihr das Geld für das Schiff?"

„Jeden, die erlaubt war in Deutschland zu leben nach den Krieg, bekam 250 Deutsche Mark. Viel Geld. Aber den Wert davon wurde weniger. Wir sparte, wir haben gearbeitet, unser Familie hat geholfe wie sie konnten, um für unser Überfahrt zu bezahlen. Wir haben auf die richtige Papiere gewartet. Ich hab in beliebte Orchester in Munchen gespielt—weißt du, Strauss Walzer. Die haben nich viel bezahlt. Paar Konzert hab ich gespielt und ich hab versuch jede Tag 6 Stunden zu üben. Tatsächlich die wollte mich für die Munchner Philharmoniker, aber ich hatte noch „großen Träume" Solo aufzutrete. Dein Mama hat für eine Herr gekocht und geputz."

Mein Vater saß schlaff und müde da. Ich schloss mein Notizbuch. Darüber besorgt, ihn zu sehr strapaziert zu haben, überredete ich ihn, ins Bett zu gehen und versprach ihm, dass wir am nächsten Abend „Dancing with the Stars" gucken würden— eine Sendung, die er liebte. Beim Abschied riss mich sein Griff fast zu Boden. Er küsste mich mehrmals auf die Wange und wir sagten gute Nacht.

Ich erinnere mich nicht an die Fahrt zurück zu Robs Haus, doch als ich dort ankam, suchte ich mit meinem PC nach Bestätigungen bezüglich der Details, die mir mein Vater gerade offenbart hatte. Dabei blieb ich bis tief in die Nacht wach. Dann klingelte das Telefon. Ich versuchte zu hören, worum es ging. Bald klopfte Rob an meiner Tür.

„Papa hat wieder eine Angina-Attacke", erklärte er. „Ian hat ihm zwei Spritzer Nitroglyzerin gegeben. Ich hab ihm gesagt, es sei ok, eine dritte zu verabreichen, wenn es sein muss. Er ruft uns in 20 Minuten zurück und lässt uns wissen, ob die Schmerzen abgeklungen sind."

„Ich zieh mich an. Lass uns rüberfahren."

„Nein. Wenn es nicht besser wird, denk ich, dass Ian den Notruf wählen sollte und dann fahren wir am besten direkt ins Krankenhaus. Vielleicht kommt es dazu gar nicht, aber ich informiere schon mal meine Kollegen in der Notaufnahme." Ich war mir nicht sicher, ob mir sein Plan gefiel, doch immerhin war er der Arzt und ich sah ihm an, dass er bereits in seine professionelle Rolle geschlüpft war. Nach 20 endlosen Minuten klingelte das Telefon erneut. Robs Gesicht sprach Bände. Wir mussten uns beeilen.

Ich war schockiert. Mein Vater, Überlebenskünstler im wahrsten Sinne des Wortes, von Krankheit dahingerafft. Nicht mehr der aufmerksame, elegante Mann, den ich kannte. Verwirrt, wütend, weinend verweigerte er sich den Ärzten und fluchte wild auf Ungarisch. Das triste Zimmer stank nach Krankheit. Ein dünner Vorhang bot nur wenig Privatsphäre.

Die Krankenpfleger auf der Intensivstation sprachen ihr Beileid aus. Herzversagen, erklärten sie. Sie mussten meinen Vater festhalten, als er versuchte die intravenösen Schläuche und Sauerstoffmaske von sich zu reißen. Er wollte seinem Bett entfliehen, doch hatte nicht mal die Kraft aufzustehen. Als ich ihn sehen durfte, ersuchte er meine Unterstützung.

„Janetkém, ich will nach Hause." Ich zuckte zusammen und wendete meinen Blick ab. Der mitgenommene Kittel offenbarte eine Windel, dürre Beine und eine haarige Brust. Ich wandte mich an die Krankenschwester, um ihr zu erklären: „Sie kennen meinen Vater nicht. Er ist nicht einfach ein alter, hilfloser Mann. Er hat eine Geschichte, eine unglaubliche Geschichte des Triumphs und Überlebens; ein Leben voller Musik, Kunst, Blumen und genüsslichem Essen; ein Leben ewiger Liebe und Beständigkeit."

Doch es war nicht der richtige Moment für Geschichten. „Okay, Papa. Wir gehen nachhause."

Rund um die Uhr von seiner Kunst, all den *Tchotchkes* und mir umgeben zu sein, verbesserte die Stimmung meines Vaters. Rob organisierte die benötigte Ausstattung—Sauerstoffbehälter, eine ganze Menge Urinalkondome für die Nacht, Morphiumspritzen, Nitroglyzerin-Nasenspray gegen seine Angina-Attacken und eine Besuchspflege zur Unterstützung von Ian. Es brauchte zwei Helfer, um ihn zu duschen und rasieren. Trotzdem erholte er sich erstaunlich schnell von seinen Herzproblemen und war schon bald wieder voller Appetit und Ungeduld. Ich war jeden Tag den ganzen Tag bei ihm. Ian erzählte mir, dass er auch nachdem ich abends wegging, noch stundenlang am Esstisch saß. „Lolo schreibt bis spät in die Nacht", sagte Ian. Und das obwohl ihn seine Parkinsonsymptome mit Sicherheit massiv dabei einschränkten. „Aber er bleibt diesbezüglich sehr still."

2 Wochen vergingen. Die Gesundheit meines Vater stabilisierte sich, also buchte ich meinen Flug zurück nach St. Paul. Ich fühlte mich schlecht, meinen Mann, meinen fünfzehnjährigen Sohn und meine Arbeit so lange vernachlässigt zu haben, doch gleichsam schmerzte es mich, meinen Vater zu verlassen. Ich fuhr zu seiner Wohnung; für

einen letzten Besuch und mehr von seinen nassen Küsschen, die hoffentlich eine Weile auf meinem Gesicht verweilen würden. Aber als ich dort ankam, empfing er mich nicht wie sonst bereits am Fahrstuhl.

Ich betrat die stickige Wohnung. Statt der üblichen, überschwänglichen Begrüßung gab es nur einen zurückhaltenden Kuss. Er erschien mir ausgesprochen nachdenklich.

„Janetkém, lass uns sitzen. Ich will dir was lesen."

„Lass mich die Sachen kurz weglegen und ein Glas Wasser trinken, Papa. Möchtest du irgendwas?"

„Nehm ein Pfersich. So saftig. Und Strudel. Bring mir ein Tee mit Zitrone."

Während ich das Wasser kochte und einen Pfirsich wusch, half Ian meinem Vater in das Esszimmer. Papa forderte meine Anwesenheit: „Warum dauert so lange? Schrecklich lange. Komm schon."

Was konnte so dringend sein? Ich ging davon aus, dass er mir den endlosen Strom an Krankenhausrechnungen, Steuerformularen und anderem Papierkram zeigen wollte, bei denen ich ihm auch sonst immer half. Selbst als ich noch in der Grundschule gewesen war, hatte ich als offizieller Briefeschreiber und Übersetzter fungieren müssen. Ich schaute zu meinem Vater herüber. In seinen zitternden Händen befanden sich zwei oder drei zerknitterte, dicht beschriebene Blätter Papier.

„Janetkém. Ich werd dir das lesen." Er räusperte sich mehrmals und trank ein wenig Tee. Bei jedem Schluck wanderte seine buschige, angegraute Augenbraue nach oben und wieder nach unten. Ich erhaschte einen Blick auf die fast unlesbare, ungarische Schrift.

„*Itt le fogom irni hitelesen az én szavaimel ahogyan törtent az én déportálásom.*" (Hiermit berichte ich in meinen eigenen Worten von meiner Deportation.)

Mir stockte der Atem. Sein nächtliches Geschreibe…

„Papa. Papa. Kannst du kurz warten? Ich möchte meinen Computer holen. Dann kann ich tippen, während du liest. Ist das okay?"

Er reagierte mit einem Murren. Ich stolperte zu meinem Handgepäck und zog meinen Laptop heraus—meine Hände zitterten genauso doll wie seine. Er fing an, auf Ungarisch zu lesen. Zu Beginn unterbrach ich ihn drei Mal, um ihn nach der Schreibweise gewisser Worte zu fragen.

„Janetkém. *Mucikám. Warum* unterbrich du mich ganze Zeit?"

Ich durfte diese einmalige Möglichkeit nicht verschwenden. Ich entschloss mich dazu, direkt ins Englische zu übersetzen und unbekannte Worte phonetisch aufzuschreiben und später nach der Bedeutung zu recherchieren. Er holte noch einmal Luft und startete erneut:

Hiermit berichte ich in meinen eigenen Worten von meiner Deportation.

Ich wurde am 26. Februar 1922 geboren. Ich habe keinerlei Papiere, Dokumente oder sonstiges, um zu beweisen, was mir widerfahren ist. Die Deutschen haben nichts dergleichen ausgehändigt und die serbischen Partisanen haben es nicht eingefordert. Ein solches Beweisstück befindet sich nicht in meinem Besitz. Erlaube mir also selbst zu beschreiben, wie es zu meiner Deportation kam.

Meine Familie war jüdisch und wir lebten in Budapest. Wir waren eine ausgesprochen integrierte Familie und allesamt stolze Ungaren. Ich hatte immer ein Ingenieur werden wollen, doch als ich alt genug war, um an die Universität zu gehen, war es Juden bereits nicht mehr erlaubt zu studieren. Da ich ein talentierter Cellist war, verfolgte ich stattdessen die Musik als meine Berufung. Als junger Mann spielte ich bereits für das Budapester Philharmonische Orchester.

„Janetkém, es war 19. März 1944. Bei eine Sonntagnachmittag Konzert. Die Deutsche sind in Ungarn marschiert. Diese Tag werde ich nie vergessen. Wir spielte die „Symphonie fantastique" von Berlioz. Die Nazis haben den Konzert gestoppt und uns gesagt, nachhause zu gehen. Öffentliche zusammen kommen war illegal.

Kannst du das glaube? Alle judische Musiker—die noch da waren und nich schon weggebrach—wurde sofort gefeuert."

Berlioz. Ein Stück, welches ich schon so oft gespielt hatte. Die glorreiche Musik über Liebe und Verzweiflung, das Leben eines Künstlers und seine selbstzerstörerische Leidenschaft, begleitet von Luftangriffen sowie dem Pfeifen und Dröhnen von Sturzkampfflugzeugen. Der Künstler in dem Stück hat sich selbst vergiftet—seine Halluzinationen spiegeln sich in der Melodie des Themas wieder und der musikalische Satz „Gang zum Richtplatz" wurde für mich nach der Schilderung meines Vaters auf ewig zur sardonischen Metapher.

Immer mehr Einschränkungen für Juden wurden eingeführt. Sie durften nur in bestimmten Geschäften zu bestimmte Zeiten einkaufen—wenn nur noch wenig Essen zur Verfügung stand. Juden mussten den Davidstern offen tragen. Radios und Fahrräder wurden konfisziert. Haustiere waren nicht mehr erlaubt. Parks verboten.

„Weißt du, jede die Geld hatte, verschwand in frühe Dreißiger. 1933, als ich 11 oder 12 war, hatte wir unsere Chance. Ein von mein Mutters Schwestern, Tante (*Néni*) Janka, hat in Chicago gelebt. Sie war vor lange Zeit gegange und sie hat uns Tickets geschick. Aber wir habe entschiede, nich zu gehen. Wir konnten keine Englisch und alles kam noch nich so schlimm vor. Normal eigenlich. Wir waren Ungaren. Deportation, Verfolgung, das würde schon nicht passieren in Ungarn."

Es war, als würde mir eine Schockwelle durch den ganzen Körper fahren. Sie hatten die Möglichkeit gehabt, Europa zu verlassen, und hatten es nicht getan? Das Leid hätte abgewendet werden können. Nach all den Gerüchten hatten sie sich noch immer sicher gefühlt? Und was war mit den Verwandten in Chicago? Niemand hatte sie je erwähnt.

Ich tippte weiter und versuchte die schwierigen Wörter so genau wie möglich zu notieren, um sie später übersetzen zu können.

Mitte Mai 1944 erhielt ich einen Brief von der ungarischen Regierung (*Hatoság*), in dem ich dazu aufgefordert wurde, mich sofort für die Deportation nach Vác zu melden. Ich war Schüler an der Franz-Liszt-Musikakademie, ein Cellist, und ich hätte im selben Jahr mein Diplom erhalten.

Für uns Juden begannen die Dinge, täglich schlimmer zu werden. Obwohl wir Ungarn uns sicher waren, dass es in unserem Land nicht zu Deportationen kommen würde. Als Versicherung hatte ich mir ein Schreiben von der Regierung geben lassen, dass es mir erlaubt sein würde, mein Cellostudium zu beenden. Diesen Brief nahm ich mit in das militärische Hauptquartier (*Katonai Parancsnokság*). Ein Offizier zog es mir aus den Händen und riss es vor meinen Augen in Fetzen. „Sie werden keinen Aufschub erhalten!", brüllte er mich an.

„Sie müssen sich ohne Verzug melden."

Damals gab es Gerüchte, dass verheiratete, jüdische Frauen nicht deportiert wurden. Also ließen Kato und ich uns von einem Richter so schnell wie möglich verheiraten. Das war am 26. Mai 1944. Ich dachte, dass ich wenigstens sie retten könnte.

„Janetkém, es war den Abend, bevor ich gehen musste... Wir brauchte den Erlaubnis von mein Vater, weil Mama noch nicht 18 war. Ich war so glücklich, Katóka zu heiraten. Deine Mama."

Der Blick meines Vaters blieb noch kurz auf das Papier fixiert. Dann legte er es auf den Tisch und griff nach einem fragil aussehenden Dokument. Es knisterte leise, als er es auseinanderfaltete—seine Eheurkunde. 1944. Als ihre Religion hatten sie römisch-katholisch angegeben. Ich saß wie eingefroren da und wartete, während seine einst so geschickten Finger mit dem Dokument kämpften.

Meine Mutter, deine Oma Margit, wurde zu der Zeit als essentielle Arbeitskraft betrachtet und durfte weiter in einem Ledergeschäft arbeiten, welches die Deutschen in eine Fabrik zur Herstellung von Stiefeln für deutsche Soldaten umgewandelt hatten. Sie fertigte ein wundervolles, robustes Paar für mich an. Als sie mich mitnahmen, durfte ich außer den Stiefeln nicht viel mitnehmen. In den folgenden Monaten sollten sie von unschätzbarem Wert für mich sein. Ich versteckte ein kleines Foto meiner neuen Braut in der Innentasche meiner Jacke.

Am 27. Mai wurde mir befohlen, den Zug nach Vác zu besteigen. Ich hatte nur einen kleinen Rucksack bei mir. Sobald ich ankam, sah ich die ungarischen Soldaten (*Nyilás*) auf mich warten. Sie wiesen mich an, wohin ich gehen sollte. Da waren hunderte jüdische Männer und wir alle glaubten und hofften, dass wir zur Arbeit dort waren.

Wir wurden in Gruppen eingeteilt. Ich wurde der Bor-Kompanie (*Boriszázad*) zugewiesen. Zu dem Zeitpunkt war bereits bekannt, dass so gut wie keiner je von den Minen (*Banya*) zurückkehrte. Ich war überzeugt, dass dies mein Ende bedeutete. Da war ich 22 Jahre alt.

Im vorigen Jahr waren viele hunderte ungarische, jüdische Männer aus der ländlichen Bevölkerung eingezogen worden. Sie hatten keine Ahnung gehabt, wohin es für sie gehen sollte. Man hatte sie nach Bor gebracht und unter brutalsten Bedingungen zur Arbeit in den Minen gezwungen. 1944 ging man davon aus, dass keiner von dort zurückkehrte. Die in Budapest verbliebenen Juden —Frauen, Kinder, die Alten und Schwachen—wurden in Ghettos gepfercht und dann deportiert. Hunderttausende ungarische Juden wurden in den Westen geschickt und bei ihrer Ankunft vergast. Alle Züge, die nach dem Zug meines Vaters abfuhren, gingen nach Auschwitz.

Wir wurden in Viehwagen gezwängt, standen wie Tiere dicht beieinander in kompletter Dunkelheit. Die Türen waren zugenagelt. Wir mussten uns mit dem Hinsetzen abwechseln. Männer und Frauen waren getrennt, aber wir alle mussten unser Geschäft im selben Kübel verrichten, welcher schon bald überschwappte. Der Gestank war unerträglich. Wir reisten tagelang ohne Nahrung und Wasser.

Papa nahm einen Schluck Tee. Seine Hände zitterten. Ich sah mir an, was ich gerade mitgeschrieben hatte. Unvorstellbar. Nachbarn und Freunde hatten einfach zugeschaut, während die Nazis Juden jeden Alters und aus jeder gesellschaftlichen Schicht eingesammelt und an unbekannte Orte geschickt hatten. Von denen sie nie zurückgekehrt waren. Hatten sie zu dem Zeitpunkt schon Bescheid gewusst? Von den 825.000 Juden, die 1941 in Ungarn gelebt hatten, würden fast 600.000 den Tod finden. Bei dem Gedanken an die Täter, die sich der Bestrafung entzogen hatten, begann mein Blut zu kochen; nichts wäre Strafe genug gewesen, um die Schwere der Tat aufzuwiegen. Ich schloss meine Augen und beschwor ewige Verdammnis—ein Schicksal wie das des Prometheus.

„Auf den Weg der Zug hielt an. Alliierte schmissen Bomben. Die *Nyilas* sprangen feige von den Zug und versteckten sich in Feld, währen wir eingeschlosse da standen. Zum Glück wir wurden nich getroffen. Unsere Transport kam nachts am 1. Juni an. Die Wachen hatte Granaten (*Gránát*). Wir wurden in Lagerhaus gestoße und bliebe da über Nacht, ohne Bett, nich mal Stroh. Nächste Morgen wir konnte unsere Augen nich glauben. Wir sahen ein lange Reihe an Pfahlen (*Akasztás*) zum Aufhange von Gefangene."

Eine entsetzliche Bestrafung. Man band die Inhaftierten so an einen Pfahl, dass ihre Zehen gerade noch den Boden erreichten. Stunden verbrachten sie in dieser Position. Häufig wurden den Opfern die Hände hinter dem Rücken zusammengebunden, sodass es ihnen die Schultern auskugelte. Mein Vater erfuhr, dass diese brutale Misshandlung den Köpfen sadistischer, ungarischer Wachen entsprungen war. Die Neuankömmlinge wurden gezwungen, in der prallen Sonne zu warten, während jeder von ihnen einem von etwa dreißig Lagern zwischen Bor und Belgrad zugewiesen wurde, eine Distanz von 222 Kilometern. Jene, die in die Minen geschickt wurden, verbrachten Tage am Stück in der Dunkelheit. Die Hälfte des von Deutschland gewonnenen Kupfers, wurde in Bor abgetragen, ein unverzichtbares Material für die Kriegsbemühungen der Nazis.

Als wir in Bor ankamen, wurden 4.000 Gefangene in bis zu vierhundert Mann starke Gruppen eingeteilt. Die Hälfte davon musste in die Minen, die anderen arbeiteten an Bahnschienen. Jede Gruppe wurde nach deutschen Dörfern benannt. Meine hieß Röhme Tábor. Jeder Dorfname bezog sich auf sechs bis acht Gruppen, die etwa 500 Meter voneinander entfernt hausten. Meine Gruppe legte Schienen. Wir arbeiteten in beide Richtungen, um Schienen zwischen Bor und Belgrad miteinander zu verbinden. Sie mussten von beiden Seiten in Abschnitten angelegt werden und sollten sich dann später in der Mitte treffen.

Jedem Arbeiter wurde eine Nummer zugeteilt. Meine war 1, 1, 8, 5, 6.

Abergläubisch wie ich bin, addierte ich die Zahlen. 21. Ich hielt das für ein gutes Omen. Ich war ein guter Kartenspieler und die 21 war immer eine Zahl gewesen, die mir Glück gebracht hatte.

Die *Bor Százat* bestand ausschließlich aus Ungaren und der Kommandant war auch Ungar. Sein Rang war Leutnant Oberst (*Maranyi Alezredes*).

Wenn wir zum Abendessen zurück ins Lager kamen, gab man uns schwarzes Wasser, dass sie Kaffee nannten, wässrigen, gekochten Kohl und ein wenig Brot—einen schimmligen (*penészes*) Laib für fünf Männer. Hätten wir uns selbst nicht dazu gezwungen, es herunterzuwürgen, wären wir verhungert. Nach diesem kläglichen Mahl traten wir zumeist vor den Ungaren auf.

Sie wollten, dass wir bis zum Einbruch der Nacht arbeiteten, also befahlen sie uns im Schlamm (*Birkózás*) zu ringen, zu tanzen oder Sport zu machen. Das waren erniedrigende (*megalázó*) Torturen. Unnötige Beschäftigungen.

„Bis es dunkel war, Janetkém. Für den Unterhaltung von die verdammte, antisemitische Bastarde. Wir haben 12 Stunde gearbeitet, aber konnte nich schlafen. Unser Hütten hatte viele kleine Freunde—Mause, Ratten, Bettwanzen, Läuse, Flohe. Sonntags sie suchten Leute aus und gaben besondere Strafe für ausgedachte Vergehe. Alle Kommandante waren Nazi. Er war ein verdammte Bastard."

Der Kommandant des gesamten Lagersystems, Ede Marányi, ein radikaler Antisemit, duldete die Misshandlungen.

Mein Vater hatte seine Arbeit bereits beschrieben— Steinbrocken mit einer Spitzhacke zerschlagen, Schubkarren beladen und Betonkugeln schieben, das alles unter ständiger Androhung von Gewalt.

Ende Herbst wurde klar, dass die Deutschen den Krieg verlieren würden. Trotzdem, erklärte mir mein Vater, hatten die Nazis weiterhin vor, nach ihrer Endlösung zu streben. Am 16. September 1944 teilten sie das Lager in zwei, etwa 4.000 Mann starke Gruppen auf. Eine davon sollte „nachhause" marschieren; die andere im Lager bleiben. Mein verzweifelter Vater war sich sicher, dass die, welche zurückblieben, erschossen werden würden, und versuchte alles, um in der anderen Gruppe zu landen. Leider hatte er falsch gelegen. Die Straßen füllten sich mit 4.000 gebrochenen, ausgezehrten Männern. Wer hinfiel, zum Pinkeln stehen blieb, vor Kälte oder Erschöpfung zusammenbrach wurde auf der Stelle erschossen. Keine Nahrung. Kein Wasser. Tagelang. Die Gefangenen, die keine Kugel abbekamen und auf dem Weg nicht verhungerten oder erfroren, landeten in anderen Konzentrationslagern.

Mein Vater schaute mich über seine Lesebrille hinweg an. „Du weißt die beruhmte, einfach fan-tas-tische Poet Miklós Radnóti? Er war auch in Bor. Er war in erste Gruppe marschiert und hat weiter Protestgedichte geschriebe. Er trug sein Worte mit sich und auch eine Freund, der war sehr schwach. Radnóti machte Wachen sauer. Er hörte nicht auf zu schreibe, also schlugen sie ihn und habe ihn erschossen." Papa schüttelte sich. „Meine glückliche 21 hat mich gerettet."

Ich fand später heraus, dass Radnóti eigentlich der zweiten Gruppe zugewiesen worden war und wie mein Vater versucht hatte, in die andere zu kommen, die „nachhause" ging. Leider hatte er Erfolg gehabt. Fast zwei Jahre später, am 1. August 1946, fand man ein Massengrab; unter den Toten auch der berühmte Dichter. In der Tasche seines Mantels war ein Notizbuch und darin: seine letzten fünf Gedichte. Sie wurden in viele Sprachen übersetzt und sind heute weltweit anerkannt—ein bewegendes Zeugnis der Gewalt.

Papa las weiter.

Im November befreiten uns die serbischen Partisanen. Da hingen mir meine Klammotten schon in Fetzen vom ausgemergelten Körper. Ohne die richtige Kleidung hätte ich den folgenden Winter nicht überleben können. Ich wog 50 kg. Die *Nyilas* waren geflüchtet. Sobald die Serben das Gebiet erreichten, rannten wir in alle Richtungen, einfach weg, in den Wald.

Zu dem Zeitpunkt waren auch die Sowjets eingetroffen. Die ganze Zeit über hatte ich das Foto meiner geliebten Kato in meinem abgewetzten Lederportemonnaie (*Briftascni*) versteckt gehalten. Als ich zu Fuß nach Norden schlich, sah ich einen russischen Soldaten Brot schneiden. Ich bat ihn um ein Stück, doch er wies mich ab. Er behauptete vor seinem Kommandanten, dass ich eine Waffe hätte und ihn hatte erschießen wollen. Der Kosakenoffizier dachte, ich müsste ein deutscher Überläufer sein, obwohl ich nur Lumpen anhatte! „*Yevre*", sagte ich. „Ich bin Jude." Er meinte, ich solle es ihm beweisen.

„Dann ich sagte das *Schema* auf, Janetkém."

Der Russe fand mein Foto von Kato und nahm es an sich, wahrscheinlich um es herumzuzeigen und zu behaupten, dass diese wunderschöne Frau *seine* Freundin war. Dann bemerkte er die guten Stiefel, die mir meine Mutter gemacht hatte. Er riss sie von meinen Füßen und ließ mich Barfuß zurück.

Ich wanderte durch die Landschaft, versteckte mich unter Viadukten in den Wäldern. Wochenlang mit kaum etwas zu essen. Ich ging die Nächte hindurch bis nach Szeged in Ungarn. Ich lief und lief, bis meine Füße bluteten. Die Serben hatten alles freigemäht, damit sich deutsche Deserteure nicht verstecken konnten, und der Boden glich einem Nadelkissen.

Den ganzen Weg von Bor nach Szeged musste ich auf diesem Untergrund laufen. Ich weiß noch, dass es in einer Nacht anfing, stark zu regnen, und ich versuchte, unter einem Heuhaufen (*Szénaboglya*) Schutz zu suchen. Am nächsten Morgen war ich völlig durchnässt und meine Kleidung gefroren.

Ich griff nach meinem Handy und schaute mir im Internet die Strecke an, die mein Vater durch Jugoslawien gestapft war. Von Bor (heutiges Serbien) nach Szeged an der Grenze Ungarns waren es 459,8 Kilometer. Eine gesunde Person kann in 8 Stunden zu Fuß etwas mehr als 30 Kilometer zurücklegen. Für 460 Kilometer bräuchte man dementsprechend circa 115 Stunden und das auch nur dann, wenn man in einer geraden Linie laufen könnte.

Szeged war bekannt für exquisite, ungarische Paprika. Die roten Metallbehälter beschriftet mit „Pride of Szeged" und gefüllt mit der wohlriechenden Delikatesse standen immer in unserer Küche.

Wenn ich mich an meine Kindheit zurückerinnere, dann fallen mir nur wenige Spaziergänge ein. Eine Ausnahme waren unsere Ausflüge nach Edwards Gardens, dem hübschen, öffentlichen Park auf der östlichen Seite der Stadt. Unser Familie unternahm keine Road Trips, Wanderungen oder Campingurlaube. Warum sollte man draußen schlafen *wollen*? Sowas wie Sportschuhe besaß mein Vater nicht. Ich versuchte mir den Marsch meines Vaters vorzustellen, doch er erschien mir unmöglich.

Das Leben war voller Widersprüche (*Következetlenségek*). Irgendwann traf ich auf einen Italiener, der auch durch die Wälder und Wiesen wanderte, und wir gingen zusammen weiter. Uns liefen noch mehr sowjetische Soldaten über den Weg. Einer von ihnen wollte uns erschießen. Er hegte einen Groll gegen alle Italiener, weil ihm einer im Kampf verletzt hatte und jetzt wollte er Rache üben. Und ich, ich stand nun zufällig direkt neben diesem armen Italiener, der für die Verletzung nichts konnte und den ich nicht kannte, und sollte genauso enden. Zum Glück ging ein anderer russischer Soldat gerade rechtzeitig dazwischen, als er auf uns zielen wollte.

Am nächsten Morgen schnitt sich derselbe Soldat, der uns gerettet hatte, ein kleines Stück von seinem Laib Brot ab und gab mir den Rest. Wie du siehst gab es immer wieder auch gute Menschen.

„Weißt du noch, ich hab dir einmal erzählt von eine Wache, den ich leid tat? Ich glaube, er liebte Cello. Er hat mir Handschuh gegebe, damit ich mein Hände in Bor bei der schwere Arbeit beschutzen konnte. Ich hatte Glück. Eine Wache hat alle Finger von ein andere Musiker gebrochen."

Und nochmal nur knapp dem schrecklichsten Schicksal entronnen. Ich wunderte mich über den Großmut meines Vaters. Wie war aus ihm der pessimistische, betrübte Mann geworden, den ich kannte, der immerzu zu sagen pflegte, dass er verflucht war? So oft hatten wir seine Wut auf die Welt aushalten müssen.

Als ich nach wochenlangem Marsch endlich in Szeged ankam (eine Stadt an der südlichen Grenze Ungarns, welche bereits befreit worden war und wo es vor Flüchtenden nur so wimmelte) war ich von Läusen übersät. Über sie konnte Typhus übertragen werden. Für die meisten bedeutete Typhus unter den bestehenden Umständen—kein Zugang zu Krankenhäusern oder Medizin—den sicheren Tod. Ich wurde an einen Ort geschickt, wo meine „Klammotten" gekocht wurden, um die Läuse loszuwerden. Dort wurde ich auch mit Rauch behandelt. Ich verbrachte mehrere Tage in Szeged, wanderte umher, schlief auf dem kalten, elenden Boden und bettelte nach Essen.

Von Läusen befallen? Auf dem Boden schlafen? Es fiel mir wie Schuppen von den Augen: Deswegen waren ihm Ordnung und Sauberkeit so wichtig. Wenn er gewusst hätte, was ihm bevorstand, wenn es irgendjemand geahnt hätte, hätte man dann ein Stück Seife mit geschmuggelt, als die Nazis einen einsammelten? Wäre man dafür erschossen worden? Man konnte sich das alles so schlecht vorstellen. Jeden Morgen, wenn ich unter der Dusche bin und mich einseife, atme ich den lieblichen Lavendelgeruch ein und denke über das Privileg der Hygiene nach.

Eines Tages fiel mir ein sowjetischer Güterzug (*Szálito Teher*) auf. Er war unbewacht. Nach Einbruch der Nacht, als die Straßen leer waren, sprang ich auf. Der Zug fuhr nach Temesvár (heute Timişoara, Rumänien), 117 Kilometer westlich. Ich hatte gehört, dass der Ort bereits befreit worden und in sowjetischer Hand war. Budapest war noch immer von den Nazis besetzt, also konnte ich nicht nachhause. Meine Heimat umzingelt (*körülvett*) und barrikadiert. Gerüchte von brutalen Straßenkämpfen (*Utcai Harcok*) ließen mir einen Schauer über den Rücken laufen. Ich konnte mir kaum vorstellen, wie es dort wohl aussah. Wagte es nicht an meine wunderschöne Frau und Mutter zu denken. Ich wusste nicht mal, ob sie noch am Leben waren.

Einen Moment lang blickte mein Vater zu Boden. Stumm. In der Stille, verwirrt und verängstigt, wurde ich mir meines eigenen Körpers unangenehm bewusst—mein kochender Magen, das rauschende Blut und pochende Herz. Jedes Kapitel seiner Geschichte warf neue Fragen auf. Wie hat er den Winter überlebt? Wie hat er seine Hoffnung bewahrt? Mein Vater war Cellist, ein Künstler der klassischen Musik, kein Athlet. Ich stellte mir vor, so eine Reise durchzumachen.

„Papa. Wie hast du den richtigen Weg gefunden?"

„Hmm? Ich weiß nich. Ich stolperte durch Nacht an gebombten Straßen entlang. Janetkém, ich weiß nich. Ich erinner nich. Ich musste nach Hause... Ich musste deine Mama finden." Mein Vater trommelte mit den Fingern auf dem Tisch und starrte mich an, als ob er die Gegenwart nicht erkannte oder seinen Erinnerungen nicht traute. Dann machte er weiter.

Ich erreichte Temesvár mit dem Güterzug. Dort hatte eine jüdische Rettungsinitiative ihr Lager aufgeschlagen. Sie versuchten, zu helfen. Ich erhielt neue Kleidung und man gab mir die Adressen jüdischer Familien, bei denen ich bleiben könnte. Wieder einmal hatte ich Glück. Ich landete bei einer ungarischen Familie. Ich erklärte ihnen, was mir passiert war. Die Frau spielte Violine und ihre beste Freundin, eine rumänische Jüdin, lud mich häufig ein, mit ihrer Familie zu essen. Wir freundeten uns richtig an.

Ihr Name war Lucia und sie hatte eine hübsche Tochter, die ebenfalls eine vorzügliche Violinistin war. Sie verliebte sich in mich. Ein hübsches, talentiertes Mädchen. Einen Sohn hatte Lucia auch, etwa mein Alter und meine Statur, und er spielte Cello! Diese Familie nahm mich also großzügig auf, gab mir Klammotten von dem Sohn und ordentliche Schuhe. Ich sah endlich wieder wie ein Gentleman aus. Der Sohn war Student in Bukarest und daher nicht zuhause, also durfte ich mit dem Cello spielen. Meine steifen, geschundenen Hände mussten sich erst wieder an die Leichtigkeit der Musik gewöhnen. Oh, was für ein Glück ich doch hatte.

Ich hatte diesen Satz schon oft von anderen Überlebenden gehört. Welch ein Glück, nicht auf der Stelle erschossen worden zu sein; nicht direkt in der Gaskammer gelandet zu sein; jeder Wahrscheinlichkeit zum Trotz überlebt zu haben. Kann sich irgendjemand sonst vorstellen, was es einem abverlangte, diesen Zerstörungswahn zu überstehen? Abgesehen von einer Person oder einer Sache für die es sich zu leben lohnte, brauchte es mit Sicherheit Ausdauer, Hoffnung, Chuzpe und Glück. Was war mit Glaube? Trug mein Vater noch Glauben in seinem Herzen?

Meine Muskeln und Finger fühlten sich selbst nach nur wenigen Tagen ohne Cello Spielen steif und schwach an. Nach der harten, körperlichen Arbeit muss mein Vater unfassbar dankbar dafür gewesen sein, noch spielen zu können; erleichtert, dass kein permanenter Schaden geblieben war. Ich dachte daran, wie er all das Leid wohl überlebt hatte; dass dazu sicherlich auch gehörte, das Fühlen zu verlernen.

In Temesvár trat mein Vater zusammen mit Lucia und einem Nachbarn, einem Pianisten, auf. Beethoven, die langsamen Melodien schwer und tiefgründig, die schnellen dramatisch und aggressiv. Am schwierigsten stellte ich mir vor, so lange unterdrückte Emotionen wiederzubeleben, um sie in die Musik zu weben.

Er schaute mich an und begann eine schöne Erinnerung aufzurufen: „Ich weiß noch, wir spielte Schuberts „Streichquintett" für zwei Cello mit Gábor Magyar. Eine von unsere liebste Stück. Stimmt? Einfach wunderschön. Einfach fan-tas-tisch."

Wir erlaubten unseren Gedanken kurz abzuschweifen und die schöne Musik in unseren Köpfen erklingen zu lassen. Papas Finger trommelten die wallende Eröffnung, das Celloduett, auf der Armlehne. Auch ich hörte die erhabenen Melodien des Quintetts. Das zweite Cello verlieh den dunklen Tönen eine schokoladige Fülle. Die Violinen summten ein Gebet ohne Vibrato und erschufen einen seidenen Klang, während darunter das Pizzicato der Cellos pochte. Die Tiefe und Klangfarbe, der lebhafte Wechsel der Helligkeit. Erleuchtende Musik. Nach dieser Konversation spielte ich das Stück nie wieder so wie zuvor. Jahre später, als ich auf einem Festival zu Ehren meines Vaters spielte, brachte Schuberts „Quintett" wundervolle Erinnerungen hervor.

Die Sowjets errangen am 13. Februar 1945 den Sieg und befreiten Budapest. Eine Gewaltorgie folgte. Die angegebene Zahl der Opfer variiert. Es gab nur wenige fotografische Zeugnisse von der Plünderung und im Zuges des darauffolgenden politischen Aufruhrs ist davon auszugehen, dass die Statistiken manipuliert wurden. Heute trüben Aussagen von Rechts die Suche nach der Wahrheit. Schätzungen sprechen davon, dass 40.000 Zivilisten während der letzten Tage der Belagerung starben, 20.000 davon Juden. Von den 30.000 Soldaten, die noch einmal versuchten auszubrechen, statt zu kapitulieren, entkamen nur siebenhundertfünfundachtzig. 2.000 Verwundete Männer starben in den vielen Feuern der Stadt. Die Verluste auf Seiten der Sowjetunion werden zwischen 100.000 und 160.000 Toten geschätzt. Hunderttausende ungarische und deutsche Zivilisten fanden ebenfalls ihr Ende. Das „Paris des Ostens" zerstört. Historische Gebäude—osmanisch, maurisch und Art déco—auf Trümmer reduziert. Die Brücken zwischen Buda und Pest eingestürzt. Der außergewöhnlich kalte

Winter trug seines zum Leid bei. Außer Pferdefleisch gab es nicht wirklich was zu essen.

Mein Vater stand zusammen mit den vielen anderen Flüchtenden vor den Namenslisten—Opfer, Überlebende und Bewohner von Vertriebenenlagern. Die Listen wurden vom Roten Kreuz, der United Nations Relief and Rehabilitation Administration (UNNRA) und anderen Organisationen zur Hilfe von Flüchtenden zusammengestellt und aufgehängt. Zumeist waren sie nicht alphabetisiert und voller falsch buchstabierter Namen. Familien, die nach Angehörigen suchten, befestigten verzweifelte Nachrichten an überfüllten Tafeln. Nachdem er unzählige Listen und Zettel durchsucht hatte, sah mein Vater seinen eigenen Namen: „Horvát György, wir sind am Leben und befinden uns in einem schwedischen Zufluchtshaus in Pest."

„Ich hab in Temesvár gewarte, als Budapest frei wurde und ich endlich nach Hause konnte—direkt zu Vigodni Ledergeschäf, weißt du noch? Die ein Fabrik geworde war? Ich bin so schnell ich konnte Treppe hoch gerannt. Ich hatte auf Nachrichtetafel geguckt. So hab ich gewusst mein Mutter war mit Freundin in Ghetto. Ich war so schwach aber ich bin zu Ghetto gerannt. Und da stand mein Mutter! Ich konnte meine Augen nich glauben. Wir weinten. Sie erzählte mir, dass Kato an Leben war! Katóka war sicher in schwedische Haus. Ich hab ihr Nachricht geschickt. Als sie den bekam, sie is durch gebombte Straßen und Trümmer gesprintet zu mein Mutters Haus. Was eine Wiedersehen! Wir hatten keine Bett, also schliefe wir auf Esstisch. Wir konnte es nich glaube, als Katos Vater Nándor ein paar Monat später von Buchenwald Konzentrationslager nach Hause kam."

Nándor war schwer krank und am Bein verletzt. Er war kaum in der Lage zu gehen. Ein Freund aus dem Lager half ihm, nachhause zu kommen. Obwohl er kein junger Mann mehr war, hatte er mit aller Macht am Leben festgehalten. Die Geschichte, die mir als Kind erzählt worden war, ging so: Er hatte ein wenig Zucker mit in das Lager geschmuggelt. So unvorstellbar hungrig er auch war, er aß jeden Tag nur ein kleines bisschen davon. Es rettete ihn vor dem Verhungern.

Meine Mutter suchte weiter in den Trümmern der Stadt nach Tauschgegenständen und mein Vater versuchte, etwas Geld mit dem Cello Spielen zu verdienen. Die Bevölkerung sehnte sich nach etwas Unterhaltung, nach Musik, nach einer Ablenkung von den fürchterlichen Ereignissen. Papa spielte beim Opernhaus vor und machte kleine Auftritte, doch sein kläglicher Ertrag musste schon am selben Tag ausgegeben werden. Am nächsten Morgen wäre er nur noch halb so viel wert gewesen.

Budapest wurde damals in Zonen aufgeteilt—Sowjetunion, USA, Großbritannien und Frankreich—und man brauchte eine offizielle Erlaubnis, um von einer in die andere zu gehen. Juden befanden sich weiterhin in Gefahr. Auf meinem kurzen Weg zu einem Konzert sprach mich ein russischer Soldat an. Er stand unter dem Überhang eines Wohnungsgebäudes und sagte: „Du, komm mal her. Ich brauch dich für einen kurzen Job (*robitni*)." Ein kurzer Job. Diese Worte hörten wir mehrmals täglich. Ich gehe davon aus, dass er mich nach Sibirien schicken wollte! Nicht wenige sind eben genau so verschwunden und nie zurückgekehrt. Ich hatte mein Cello bei mir. „Schau", sagte ich. „Ich hab hier mein Instrument und ich bin auf dem Weg zu einem Konzert!" Ich hatte auch ein Erlaubnisschreiben auf Russisch, was besagte, dass ich zu dem Auftritt durfte. Er kontrollierte es mit gerunzelter Stirn. Dabei hielt er es falsch herum. Offensichtlich war er Analphabet (*Írástudatlan*). Er tat so, als würde er die Bedeutung des Papiers abwägen. Ich zeigte ihm meinen Namen auf dem Konzertprogramm. Dann ließ er mich endlich gehen.

Mein Vater hob langsam seinen Kopf und kämpfte sich zurück in die Gegenwart. Er schaute auf die Uhr. Schon nach 6. Wir hatten den ganzen Tag so verbracht.

„Okay, Janetkém. Wir höre auf jetzt. Zeit zu esse. Ich bin sehr müde. Du auch bestimmt."

„Papa. Lass mich das Paprika-Hähnchen aufwärmen, dass ich gestern für dich gemacht habe."

„I-jahn, kanns du bitte Janets Huhnchen aufwärmen. Mach eine Toast und Suppe bitte."

Ian machte sich ans Werk.

„Janetkém, leg dich hin. Leg dich auf den Sofa. Nimm den Kissen weg."

Ich fühlte mich steif vom ganzen Sitzen. Wie musste er sich fühlen? Aber ich hörte auf meinen Vater und humpelte zur aquamarinfarbenen Couch. Mindestens zwanzig perfekt arrangierte, dekorative Kissen mussten mir einmal mehr Platz machen. Ian wärmte das Essen auf und innerhalb weniger Minuten aßen wir still zu Abend.

Mein Vater insistierte. Er wollte seine Geschichte mit all ihren Details zu Ende erzählen. Also nahm auch ich wieder den PC zur Hand und begann zu tippen.

In den nächsten Monaten gab es hitzige Diskussionen, erklärte er mir. Sie waren nicht in der Lage, sich ein neues Leben im von jüdischem Blut getränkten Europa vorzustellen; ein neues Leben unter Menschen, von denen sich so viele als brutale Antisemiten erwiesen hatten. Meine Eltern trafen die schmerzliche Entscheidung, ihr Heimatland zu verlassen. Die ganze Familie begann nach einem Ausweg zu suchen.

Papa, Mama, Tibor und seine Frau Edit wussten, dass sie nach München mussten, um die notwendigen Visa zu erlangen. Sie verpfändeten eine Leica-Kamera aus Nándors Laden. Die älteren Mitglieder der Familie warfen zusammen, was auch immer sie an Geld und Essen hatten, um einen russischen Lastwagenfahrer zu bestechen. Er erklärte sich bereit, die vier unter Bergen aus Stroh in seinem Anhänger nach Deutschland zu schmuggeln. Meine Eltern packten ein paar kleine Taschen, etwas Schmuck und das Cello. Was sie zurückließen war ihre geliebte Familie. Wenn sie gewusst hätten, dass sie sich erst ein Jahrzehnt später wieder in den Armen halten würden, wären sie wahrscheinlich nie gegangen.

Ich stellte mir vor, was Papa mir schilderte; stellte mir vor, ich selbst wäre dort. Es war das Jahr 1946. Meine Eltern hatten geplant mitten in der Nacht loszufahren. Mit so viel Mut, wie sie aufbringen konnten, und dem Versprechen, ihre Eltern so schnell wie möglich nachzuholen, kletterten sie in den Anhänger. Es war ein tränenreicher Abschied. Unter dem Heu war es schwer zu atmen. Sie mussten sich das Niesen und Husten verkneifen, wenn sie einen der Checkpunkte zwischen den Besatzungszonen oder die Grenze zu Österreich erreichten.

Plötzlich hielten sie an. Was war los? War etwas im Weg oder hatte der Fahrer seine Nerven verloren? Tibi, wie immer aufmerksam, zischte: „Schnell, schnell. Wir müssen raus. Spring!"

„Schwachsinn", erwiderte mein Vater.

„Los jetzt!"

Im Hier und Jetzt blickte mein Vater auf, um mir die Situation zu erklären. „Weißt du, vielleicht der Fahrer er hatte Angst? Vielleicht er wollte uns beklaue. Er hat uns einfach auf den Land irgenwo außerhalb von Wien gelasse. In russische Zone. Wir versuchte uns gerade zu orientieren, da sprang Tibi—der so eine gute Schwimmer war—in die Donau! Er wollte nach Wien und Hilfe holen. Wir—Mama, Edit, ich und den Cello—liefen durch die osterreichische Nacht.

Meine geliebte Schwester Magda sie war schon in Wien, um uns zu treffe, und sie war gekleidet wie Königin. Magda hat für amerikanische Armee gearbeitet. Bei General Clarks Büro in München, als Übersetzerin. Weißt du noch, sie hat fünf Sprache gesprochen? Also wusste sie, was zu tun. Sie hat uns zu Konsulat gebracht. »Komm mit mir«, sagte sie. Magda war so schön, den Wache ist fast umgekipp! Sie hat gesorgt, dass wir in Wien bleiben konnte und dann hat sie uns jüdische Pass von Wien nach Salzburg geholt, was in amerikanische Zone war. Dann in der Nacht wir sind in Lastwagen über österreichische Grenze nach München gefahren. Wir bliebe in Windsheim Lager (Vertriebenenlager). Ich glaube in Bayern. Janetkém. Ich weiß nich mehr... Vielleicht bevor wir nach Munchen konnte? Ich weiß nich mehr."

Wieder nachts zu Fuß unterwegs. Verängstigt. Von einem Ort zum nächsten. Es muss so beschwerlich gewesen sein. Hätte ich unter den gleichen Umständen so viel Mut aufbringen können? Das war das erste Mal, dass ich davon erfuhr, dass meine Eltern in einem Vertriebenenlager gewesen waren.

„I-jahn", rief mein Vater und versuchte aufzustehen. Ian eilte herüber. Er richtete die Gehhilfe aus und griff meinem Vater unter die Arme, um ihm vorwärts zu helfen. Für einen kurzen Moment dachte ich, mein Vater musste auf die Toilette, aber er signalisierte mir, ihm zu folgen. Wir bewegten uns langsam zum begehbaren Kleiderschrank im Schlafzimmer. Die darin enthaltenden Fotoalben—mindestens fünfzig Stück—lagen in Stapeln von vier Alben nebeneinander auf einem oberen Regal. Ich konnte das Gewicht der Geschichte in ihnen spüren. Ich selbst hatte sie dort verstaut, als meine Eltern umgezogen waren, ohne groß an die darin enthaltenen Erinnerungen zu denken.

Papa schaute sich die Alben an. Dann fand er, wonach er gesucht hatte. Wir alle mussten zusammenarbeiten, um das fragile, vergilbte Buch aus dem dicht gepackten Regal zu ziehen. Mit dem Schatz in den Händen gingen wir zurück zum Esstisch, wo mein Vater liebevoll von einer verfärbten Seite zur nächsten blätterte, von der jede ihren Protest knisterte. Auf einige der Schwarzweißfotos—kleine, mit Datum versehene und foliengeschützte Schnappschüsse—hatte mein Vater in seiner unleserlichen Schreibschrift „Windsheim" geschrieben.

„Da. Da is dein Mama in 1946. Windsheim."

Ich starrte auf das Foto. Meine Mutter rührt den Inhalt eines Topfes um, der auf einem zerbrochenen Stein liegt. Was ist das? Ein primitives Kochfeld? Sie kocht draußen, umgeben von Dreck und Geröll. Welkes Unkraut wächst um die Füße meiner Mutter herum. Selbst hier trägt sie offene Schuhe mit kleinen Schleifen an den Knöcheln. Der Bereich ist von einem unregelmäßigen Zaun eingegrenzt.

Ich lehnte mich näher ran, um das nächste Bild besser erkennen zu können. Die Umgebung sieht verwüstet aus. Sie ist von kleinen Steinchen übersät und auf dem Boden liegen kaputte Rohre. Ungepflasterte Straßen und heruntergekommene Gebäude umgeben die Szene. Meine Mutter lächelt und kuschelt ein kleines Kind. Zersplittertes Holz war zusammengebunden worden und wurde nun als provisorischer Tisch genutzt. Eine andere Frau steht im Hintergrund. Sie und Mama tragen dasselbe Gingham-Kleid—

das verschlissene, welches meine Mutter später auf dem Schiff tragen wird. Wahrscheinlich waren sie gespendet worden.

Mein Vater blätterte weiter. Sechzehn winzige Fotos aus München; von Tibi und Edit und von meiner charmant posierenden Mutter, mehrere Bilder von meinem Vater beim Cello Spielen mit einem Klavier im Hintergrund und ausgeblichene Fotos von atemberaubenden Ausblicken auf Berge, welche mit Druckbuchstaben beschriftet waren: Garmisch-Partenkirchen, Mai 1947. Ich hatte so viele Fragen, aber ich wollte meinen Vater nicht aus seinen Erinnerungen reißen. Während er in seine eigene Vergangenheit eintauchte, recherchierte ich die Orte auf den Bildern und las: „Windsheim – Jüdisches DP-Lager. Bewohner: 2.800. Juli 1946. US-Zone." So viele Informationen, die ich irgendwie zusammenpuzzeln musste. Ich brauchte mehr Hintergrundwissen und eine Karte, um besser verstehen zu können, wo diese Orte waren, und um den Weg meiner Eltern genauer nachzuvollziehen.

## 1945, Repatriierung von Flüchtenden

Zwischen 1945 und 1950, also direkt nach dem Krieg, sahen die Alliierten sich einer nahezu unmöglichen Aufgabe gegenüber—10 Millionen Menschen, die repatriiert werden mussten, zehntausende davon kaum noch am Leben; jüdische Gefangene aus Konzentrations- und Zwangsarbeitslagern, die vor den Nazis nach Russland geflohen waren, sich in den Wäldern Europas versteckt, als Partisanen gekämpft, in Höhlen, Kanalisationen, Kellern und Schweineställen ausgeharrt hatten, die kein zuhause oder überlebende Verwandte hatten, zu denen sie zurückkehren konnten. Zu Beginn gingen die Alliierten davon aus, dass die vertriebenen Juden schlicht in ihre Heimatländer zurückgehen würden. Viele jener, die das versuchten, erfuhren einen kühlen oder sogar feindseligen Empfang. Die Teile der Bevölkerung, die von der Unterdrückung der Juden profitiert hatten, waren alles andere als gewillt, beschlagnahmtes Eigentum zurückzugeben.

Die Alliierten organisierten Vertriebenenlager für die

Flüchtenden. Sie wurden in großer Geschwindigkeit in Österreich, Italien und Deutschland aus dem Boden gestampft, waren jedoch zumeist nicht in der Lage, die bedürftigen Menschen adäquat zu ernähren, einzukleiden, häuslich unterzubringen und sich grundlegend um diese zusammengewürfelte Menschenmasse zu kümmern. Der Antisemitismus wütete weiter. Die Alliierten brauchten Hilfe. Sie wandten sich an die Jewish Joint Distribution Committee (JDC), welche 1914 von drei einflussreichen Philanthropen gegründet worden war: Jacob Schiff, Louis Marshall und Felix M. Warburg, ein respektierter Bankier. Die Organisation war seit dem Ersten Weltkrieg aktiv gewesen und steuerte viele Millionen Dollar in Hilfsgeldern bei.

In den Dreißigern unterstützte die JDC Juden, denen es plötzlich an dem Notwendigsten mangelte. Sie stellten medizinische Versorgung, Nahrung und Unterkünfte zur Verfügung und sammelten Gelder, um Emigration zu fördern. Ende 1939 hatte die JDC etwa 110.000 Juden ermöglicht, aus dem von den Nazis besetzten Europa zu fliehen. Im folgenden Jahr waren sie in über vierzig Ländern aktiv.

Mit der Unterstützung der JDC, des Internationalen Roten Kreuzes und der UNNRA (welche 1943 von vierundvierzig Nationen gegründet worden war) stellten die Alliierten den Vertriebenen finanzielle Hilfe und Unterstützung bei der Repatriierung zur Verfügung.

Aber die jüdischen Flüchtenden stellten ein spezielles Problem dar. Offensichtlich konnte man sie nicht in denselben Lagern und Krankenhäusern wie ihre Peiniger unterkommen lassen. Deutschland war zu ihrer verhassten Zuflucht geworden. Die Überlebenden, die in bayerischen Vertriebenenlagern landeten, mussten fürchterliche, überfüllte Umstände durchstehen—in Militärbaracken, verlassenen Hotels, Flughäfen, Krankenhäusern, ehemaligen Konzentrationslagern und in Feldafing sogar einem Trainingszentrum für die Hitlerjugend.

Es waren die Bemühungen von Joseph Schwartz, dem europäischen Direktor der JDC, die endlich dafür sorgten, dass jüdische Flüchtende in separate Lager umgesiedelt wurden. Er war es auch, der die Partnerschaft mit der Armee, der UNNRA und der Nachfolgeorganisation der UNNRA—der International Refugee Organization—ins Leben rief. „Die JDC verteilte Güter, die sowohl den Körper als auch die Seele nährten: Gelder, die medizinische Einrichtungen, Schulen, Synagogen und kulturelle Aktivitäten unterstützten..." Ihre Arbeit ist auch heute noch maßgeblich (siehe jdc.org).

Die von den Amerikanern unterhaltenen Lager waren besser ausgestattet als die der Briten, Franzosen und Sowjets, doch Mangel an Nahrung und medizinischer Versorgung war überall ein Problem. Landsberg (wo das Konzert mit Leonard Bernstein stattfand) war das größte Vertriebenenlager in der amerikanischen Besatzungszone und etwa 60 Kilometer von München entfernt. Dort lebten über 4.000 Flüchtende.

Im Frühling 1946 erreichten meine Eltern Windsheim—ein kleines Vertriebenenlager in der amerikanischen Zone, welches zu der Zeit weit über seine Kapazitäten hinaus 2.500 Menschen beherbergte. Und selbst dann stiegen die Zahlen weiter an, bis auch Keller und Dachkammern von den 3.200 Vertriebenen ausgelastet waren. Wie in den meisten Lagern war es den dort lebenden nicht wirklich möglich zur Normalität zurückzugelangen. Die Bedingungen waren einfach zu erbärmlich und niederschmetternd. Trotzdem organisierten sie Schulen, Synagogen und Sportmannschaften. Sie etablierten Theater, führten Konzerte auf, verfassten und verteilten Zeitungen. Doch die Geister verlorener oder vermisster Familienmitglieder spukten dauerhaft in ihren Köpfen umher.

Das enorme Problem der vielen Vertriebenen zeichnete sich bereits 1943 ab. Wie sollten sich über ganz Europa verteilte Familien wiederfinden? Das Britische Rote Kreuz rief den International Tracing Service (ITS) ins Leben, welcher alles an Dokumenten und Papieren sammelte, dass gefunden werden konnte—Geburts- oder Todesurkunden, Gestapo-Listen, Konzentrationslager- und Zwangsarbeitsregistrierungen und zittrige Kritzeleien von Gefangenen auf Fetzen Papier. Die Deutschen zeichneten alles genau auf.

Bis heute hat der ITS fast zwölf Millionen Anfragen behandelt. Das einmalige historische Archiv der Organisation beinhaltet dreißig Millionen Dokumente. Auch jetzt noch werden jeden Monat eintausend Anfragen erhalten—von Menschen, die in den Vierzigern als Babies aus den Armen ihrer Eltern gerissen wurden und von den Kindern Überlebender, die nach Vorfahren suchen. Von Menschen wie mir. Die Aufzeichnungen der ITS, vieles davon auch digital einzusehen, machen es möglich, Menschen wieder zusammenzubringen. Weiterhin werden jährlich dreißig bis fünfzig Familien vereint.

Holocaust-Überlebende in Vertriebenenlagern beteten für ein besseres Leben, für Visa, für eine Heimat, für Freiheit. Sie waren noch immer von dem Mangel an Mitgefühl ihrer untätigen Mitmenschen und der Grausamkeit der Täter schockiert. So viele hatten willig, wenn nicht eifrig an dem Massenmord teilgenommen. Keiner hatte sich für sie eingesetzt, keiner seine Türen für sie geöffnet. Die meisten Länder, darunter auch die Vereinigten Staaten, hatten jüdischen Flüchtenden die Einreise verweigert, obwohl man bereits lange vor Ende des Krieges von den schrecklichen Einzelheiten, den Gaskammern und systematischen Tötungen, gehört hatte.

Der amerikanische Kongress war in seiner Wahrnehmung festgefahren, dass sich unter Ausländern auch viele Spione und Saboteure befinden würden, und hielten an ihren Einreiseeinschränkungen fest. 1945 griff Präsident Truman ein und lockerte die Restriktionen. Die Truman Directive bevorzugte Vertriebene Personen. Von den 35-40.000 Vertriebenenvisa, die zwischen 1945 und 1948 ausgestellt wurden, gingen weniger als die Hälfte an jüdische Flüchtende. Hunderttausende entkräftete Überlebende verblieben in zu vollen Lagern.

Viele Juden waren fest davon überzeugt, dass eine bessere Zukunft nur in einem eigenen Land aufzubauen sei—ein Land, dass sie aufnehmen und heilen würde, wo sie ihre Menschlichkeit zurückerlangen und eine nationale Identität finden könnten: *Eretz Israel*. Doch der Staat Israel wurde erst Ende 1948 etabliert und die Briten kontrollierten die Einreise nach Palästina.

1942 trieb die Struma—ein Schiff mit achthundert Juden auf der Flucht aus Rumänien, denen man für die Überfahrt nach Palästina 1.000 Dollar abgenommen hatte—in den Gewässern nahe Istanbul. Die Türkei erlaubte den Passagieren nicht zu landen und die Briten waren nicht bereit, Visa für Palästina auszustellen. Nach siebzigtägigem hin und her wurde das Schiff ohne funktionierenden Motor ins Schwarze Meer gezogen und stehen gelassen. Am nächsten Morgen schoss ein sowjetisches U-Boot einen Torpedo auf die Struma. Nur ein Passagier überlebte.

Ein weiteres Ereignis ging um die Welt. 1947 legte die Exodus— mit 4.500 Holocaust-Überlebenden an Bord, darunter auch Waisenkinder—auf ihre Reise nach Palästina ab. Nach 24 Tagen des Hungerstreiks und einer dreiwöchigen Pattsituation wurde das Schiff voller Ausgestoßener abgefangen und in Richtung eines Vertriebenenlagers in Deutschland zurückgewiesen.

Bevor man sich jetzt vorstellt, dass die USA solch eines Verhaltens nicht fähig gewesen wären, sollte man auch die Geschichte der St. Louis hören. 1939, nach zweiwöchiger Reise, erreichten neunhundertsiebenunddreißig jüdische Flüchtende auf der Flucht vor Nazi-Deutschland die Küste Miamis. Die Passagiere, welche sich teure kubanische Visa besorgt hatten, kamen dem Festland nah genug, um die Lichter der Gebäude sehen zu können, doch die Autoritäten stritten sich über das Schicksal des Schiffes. Kuba entzog ihnen die Visarechte und lehnte ihre Einreise ab. Die USA und Kanada wiesen die St. Louis ebenfalls ab und schickten sie zurück nach Deutschland—Todesurteil für fast ein Drittel der Flüchtenden an Bord.

1948 verabschiedete der Kongress endlich neue Gesetzgebungen, um die erlaubte Anzahl an einreisenden Vertriebenen aufzustocken. 202.000 wurden in die Vereinigten Staaten gelassen, aber nur 80.000 davon waren Juden.

Woher kam diese starre, abweisende Haltung? Ich nahm mir etwas Zeit zur Recherche und fand heraus, dass die immigrantenfeindlichen Ansichten in den USA nach dem Zweiten Weltkrieg und der Oktoberrevolution in Russland stark angestiegen war. Kamen die neuen Einwanderer nicht primär aus den niederen Schichten? Könnte man diese Fremden aus Polen, Ungarn, Süditalien, Russland und anderen osteuropäischen Ländern wirklich integrieren? Stimmen aus dem Kongress äußerten eine besondere Abneigung gegenüber osteuropäischen Juden. Jeder, der sich „unamerikanisch" verhielt, war verdächtig. Überall wurden Unruhestifter, Dissidenten, Kommunisten und Rebellionen vermutet.

Die Regierung erwehrte sich diesen Gespenstern mit Überwachung, gewaltsamen Durchsuchungen und Verhaftungen. Die ausländerfeindliche Rhetorik wurde vom Repräsentanten Albert Johnson, dem Vorsitzenden des Komitees für Immigration und Einbürgerung, sowie dem jungen J. Edgar Hoover angeführt und endete in der ersten großen Abschiebung des 20. Jahrhunderts. Zweihundertneunundvierzig Menschen, darunter die amerikanische Feministin und Anarchistin Emma Goldman, wurden 1919 wegen ihrer politischen Ansichten oder Herkunft des Landes verwiesen, von Ellis Island über den Atlantik und weg von den Vereinigten Staaten. In den Zwanzigern wurden tausende Menschen in Städten wie New York, Detroit und Boston in ungeheizten Zellen mit nur wenig Nahrung und Wasser gefangen gehalten. Einige von ihnen wurden verprügelt. Nicht wenige starben an einer Lungenentzündung.

Louis F. Post, der stellvertretende Arbeitsminister, griff ein und verhinderte weitere Ausweisungen. Er setzte sich für die ein, die ohne Beweise gegen sie inhaftiert worden waren.

Als Warren Harding 1921 zum Präsidenten gewählt wurde, klang die Angst vor kommunistischer Unterwanderung vorläufig ab. Um Zuwanderungsgegner zu besänftigen beschloss der Kongress 1924 den Johnson-Reed Act, welcher Immigration auf strenge Höchstzahlen beschränkte. Ab 1927 waren nur noch maximal 150.000 Einwanderer pro Jahr erlaubt, eine Maßnahme die 40 Jahre lang anhielt und es Flüchtenden des Holocaust erschwerte, sich in den USA in Sicherheit zu bringen.

Nur wenige jüdische Ungaren waren unter den Glücklichen, denen die Einreise erlaubt wurde, und auch meine Eltern wurden abgewiesen. Ungaren waren vieleicht Spione. Schließlich war das

Land ein Bündnis mit Deutschland eingegangen. Meine Eltern wollten einfach weg und waren froh an Visa nach Kanada zu kommen—ihre dritte Wahl nach den USA und Argentinien, wie ich später erfuhr.

Mein Vater legte die Fotoalben beiseite und erzählte seine Geschichte weiter. Sie gelangten irgendwann im Jahr 1946 nach München. Magda hatte es für sie arrangiert. Überfüllte, unhygienische Vertriebenenlager waren nicht gut genug für ihren Zwillingsbruder. Windsheim war nicht mehr als eine Übergangslösung.

„Diese Fotos... Ich wusste nicht, dass ihr in einem Vertriebenenlager wart, Papa. Wie lange musstet ihr dort bleiben?"

„Janetkém. Ist egal jetzt."

„Nein, das ist es nicht. Zumindest mir nicht", warf ich ein. „Ich würde es gern wissen."

„Ensetzliche Zeit. Einfach ensetzlich", sagte Papa. „Ich weiß nich. Wochen? Ich erinner nich."

Magda, emsig wie immer, besorgte die Erlaubnis für einen Transfer nach München. Dann hörte sie von einem Orchester, einem jüdischen Orchester, von Holocaust-Überlebenden. Sie kontaktierte die Musiker und arrangierte ein Treffen mit meinem Vater. Natürlich brauchten sie einen Cellisten! Mein Vater wurde Mitglied des St. Ottilien Orchesters, welches aus etwa fünfzehn Musikern bestand, manchmal mehr. Die Zahl war so instabil wie das Leben der Flüchtenden selbst. Sie kämpften ums Überleben, warteten angespannt auf erhoffte Visa. Zwei Mal die Woche fuhren sie mit dem Bus durch die amerikanische Besatzungszone und traten in Städten wie Frankfurt, Stuttgart und Dachau auf. Nicht lange zuvor hatte es noch unmöglich erschienen, dass mein Vater je wieder in einem Orchester sein oder einer Konzerthalle spielen würde.

## Entr'acte 2009

Wie so oft kuscheln Howie und ich auf dem Sofa und hören „Rhapsody in Blue"—ein Stück, dass ich schon oft im Minnesota Orchester gespielt habe. Eine einsame Klarinette trillert und steigert sich zu einem jazzigen Klagen; eine gedämpfte, kehlige Trompete kündigt das Piano an, welches einen coolen, temperamentvollen Auftritt hinlegt; und die Melodien verweilen weit über das Ende des Stücks hinaus. Ich stelle mir vor, wie es 1948 gewesen sein muss. Kannten die Musiker das Lied, dass etwa 20 Jahre zuvor komponiert worden war? Hatte mein Vater von George Gershwin gehört? Papa war erst 15 gewesen, als Gershwin 1937 im Alter von 38 an einem Hirntumor gestorben war. Obwohl es ursprünglich für Jazz Ensembles komponiert wurde, spielen wir „Rhapsody in Blue" zumeist mit einem Mischmasch von Schlaginstrumenten, einer Schar Blechbläsern und ausgiebig Streichern. Das St. Ottilien Orchester hatte nur siebzehn Mitglieder. In meiner Vorstellung sehe ich Bernstein am Piano das Solo spielen, seine Hände zum dirigieren heben, wann immer er kann, und wie ein Jongleur all die fehlenden Instrumente ersetzen; die Musik durch pure Willenskraft und Können für dieses bedeutende Konzert zusammenbringen.

Howie und ich schauen inspirierende Dokumentationen über Leonard Bernstein den Maestro, einem Meister in jedem Sinne des Wortes. Charismatisch, extravagant, aufrichtig. Er wird für seine Großzügigkeit, für sein tiefgründiges Verständnis der Musik und als Visionär verehrt. Er widmete sich hingebungsvoll der musikalischen Bildung seines Publikums, unabhängig von Herkunft, Alter oder Geschmack. Da saß er, mit der allgegenwärtigen Zigarette im Mund und seinem ewig vollen Haar, und schien unsterblich. Er treibt uns für immer dazu an, bessere Menschen zu sein. Wenn wir seine Präsenz doch nur in die Zukunft tragen könnten; wenn die Nachwelt doch nur seinen Worten und Taten folgen würde. Er hatte sich der Schaffung von Schönheit verschworen und glaubte fest daran, dass Musik die Menschen in Harmonie vereinen könnte.

Für mich sind seine Auftritte in Landsberg und Feldafing bedeutender als alles andere, was er 1948 tat, doch es gab auch andere denkwürdige Erfolge. Bernstein nahm Gershwins „An American in Paris" in den USA auf und verbrachte 2 Monate in Palästina, wo er den Dezember hindurch als Musikdirektor das Philharmonische Orchester in Israel dirigierte. Die Musiker verpassten nicht ein Konzert, obwohl jeder—Männer und Frauen —vom Militär eingezogen wurden.

Die neue Nation Israel wurde am 14. Mai 1948 etabliert, nur 4 Tage nach den Konzerten in Landsberg und Feldafing. Nicht lange danach brach Krieg aus. Im September des Jahres machte sich Bernstein auf in das junge Land. In einer archäologischen Ausgrabungsstätte, die einem Amphitheater glich, unbeirrt von stetigen Luftangriffen, saß Bernstein unter freiem Himmel am Piano, umgeben von den anderen Musikern und tausenden Bewunderern—der Beginn einer lebenslangen Liebesgeschichte mit Israels Philharmonischen Orchester.

Keiner von uns war je in Israel gewesen. Ich war mir sehr wohl darüber bewusst, dass meine Eltern sich nicht wohl dabei gefühlt hätten, alleine dorthin zu reisen, also buchte ich 1989 eine All-Inclusive-Tour—Hotels, Mahlzeiten und die wichtigsten Sehenswürdigkeiten. Ich gab ihnen diesen besonderen Urlaub gerne aus. Das Land und die Kultur zusammen zu erkunden, war ein tolles Geschenk. Womit ich nicht rechnete war, dass mein Vater zum ersten Mal über das Tragen des Davidsterns sprechen würde.

Unser Tour-Guide war ein dunkler, breitschultriger Veteran des Krieges von 1948, des Sechstagekrieges von 1967 und des Jom-Kippur-Krieges von 1973. Er betrachtete sich als Gelehrten jüdischer Geschichte und Traditionen.

Es war ein unwirkliches Erlebnis: überall hebräische Schrift. Die Menschen erschienen allesamt überschwänglich und ungehemmt. Fast alle waren Juden. Meine Eltern und ich hatten keinerlei Erfahrung darin, zur Mehrheit zu gehören. Wir sind so gut wie nie zusammen Spazieren gegangen und plötzlich erklommen wir Klippen, erkundeten Beduinenmärkte und antike Ausgrabungsstätten. Sie mit breitkrempigen Strohhüten, weißen

Shorts, staubigen Sportschuhen und Händchen haltend zu sehen, war definitiv ungewohnt.

Einmal begegneten wir einem Straßenverkäufer. Er erklärte, er hätte sich in mich verguckt, und bot meinem Vater sieben Kamele, damit er mich heiraten durfte. *Was? Nur sieben?* Um die herausragende Qualität der Tiere unter Beweis zu stellen, überredete der Mann meinen Vater eines der riesigen, am Straßenrand sitzenden Kamele zu besteigen. Als mein Vater seinen Hintern zwischen die beiden Höcker platzierte, stand das Biest spuckend und brüllend auf. Mama und ich schrien auf. „Oh mein Gott! *Yay Istenem! Yay Gyurikám!*" Mein Vater grinste hysterisch oder amüsiert, ich konnte es nicht sagen. Er blickte von weit oben auf uns herab und hielt sich mit aller Kraft an der Kreatur fest. Während ich ein paar Fotos schoss, half der Verkäufer meinem Vater vorsichtig, auf den Erdboden zurückzukehren. Wieder auf unserer Höhe angekommen zwinkerte Papa dem Mann zu und sagte: „Meine Tochter würde ich nicht für alle Kamele der Welt hergeben!"

Einziges Konfliktpotential war das Abendessen. Meine Eltern bestanden darauf, die ganze Stadt nach ungarischen Restaurants abzusuchen. Israel gilt als ein Ort kulinarischer Hochgenüsse und ich hatte gehofft, mich durch die beliebtesten Gerichte Israels zu probieren: Shakshuka, eine Pfanne mit Eiern in einem scharfen Sud aus Zwiebeln, Knoblauch, Paprika und Tomaten; Bourekas, Blätterteig gefüllt mit Käse und Kartoffeln oder Pilzen und Spinat; und natürlich das ultimative Street Food: Falafel mit Humus und Salat in einer Pita. Doch nur ungarisch kam ihnen in die Tüte. Als wir endlich ein akzeptables Restaurant gefunden hatten, leerte mein Vater ein volles Glas Tokaji—ein süßer, ungarischer Weißwein—und sagte: *„Egészségedre!"*

Auf unserer Entdeckungsreise von einer atemberaubenden Sehenswürdigkeit zur nächsten erfreuten wir uns einmaliger Erlebnisse: Caesarea, der antike, römische und versunkene Hafen; Masada, die Steinfestung auf einem gewaltigen Plateau; der Tempelberg, ein hochgelegener, von einem Wall umgebener Bereich in der Altstadt von Jerusalem; die Schriftrollen vom Toten

Meer ausgestellt im Israel Museum; die Grabeskirche, welche an dem Ort der Kreuzigung Jesu und seiner darauffolgenden Begräbnis erbaut wurde; und die al-Aqsa-Moschee, die drittheiligste Stätte des Islams, dessen goldene Kuppel die Aussicht dominiert. Die ockerfarbenen Steinbauten Jerusalems, die glorreiche Kunst, das azurblaue Wasser, die heißen Brisen, der Wüstensand, das grelle Sonnenlicht und die leuchtenden Blüten. Ich war Zeugin all dieser Schönheit. Die Reise erweiterte mein Verständnis von der Welt, mein Verständnis von mir selbst. Bis dahin hatte mein kulturelles Erbe mit dem Holocaust begonnen und geendet. Als die Nazis Ungarn übernommen hatten, waren meine Eltern junge Erwachsene gewesen. Ihre Erinnerungen aus der Vorkriegszeit waren schön aber lückenhaft. Und auf Kinder wie Rob und mich war die Last des Holocaust bereits im Mutterleib übertragen worden. Wir haben sie von Beginn an durch unsere Leben geschleppt.

„Gottverdammte, antisemitische Bastarde", schimpfte mein Vater oft, als ob jede Beleidigung oder Provokation vom Hass gegen Juden herrührte. Wir feierten die heiligen Tage des Judentums, aber im Nachhinein ist mir klar, dass mein Vater nur halbherzig teilnahm. Es dauerte lange, bis ich in der Lage war, stolz auf meine eigene Herkunft zu sein.

Unsere Tour beinhaltete auch einen Besuch im Yad Vashem—der Gedenkstätte des Holocaust und des Heldenmuts. Ich wusste nicht, was ich erwarten sollte. Ich dachte nicht, dass mich meine Eltern begleiten würden. Doch sie kamen mit mir. Wir schauten uns die Ausstellungen trauernd an, vor allem das Denkmal an die Kinder. Wir schritten die Steintreppen in eine unterirdische Kammer hinab und standen dort einer Darstellung der 1.5 Millionen ermordeten Kinder gegenüber—etwa fünfundneunzig Prozent aller jüdischen Kinder zwischen 0-18, die im besetzten Europa den Tod gefunden hatten (yadvashem.org). Der hohe, höhlenartige Raum, dunkel und schmal, war in Spiegel gekleidet, welche die vielen Kerzen tausendfach reflektierten. Sie schimmerten und flackerten überall um uns herum—ein feierlich brennendes Firmament. Wir standen dort zu Ehren dieser Kinder, deren Namen, Alter und Herkunft nacheinander in der Kammer wiederhallten—auf Hebräisch, Englisch und Jiddisch.

Vielleicht war er einfach überwältigt. Vielleicht befreite es etwas in ihm. Aber als wir den nächsten Raum betraten, zeigte mein Vater auf eine der Glasvitrinen und sagte: „Ich musste so eine Stern trage. Mein Zahl war 1, 1, 8, 5, 6." Dann wandte er sich ab und starrte ins Nichts. Obwohl ich bereits in meinen Dreißigern war, hatte ich ihn zu dem Zeitpunkt noch nie über seine Erfahrungen aus dem Zweiten Weltkrieg sprechen hören.

Papa atmete noch einmal tief ein und aus. Dann fuhr er mit seiner Schilderung fort. „Musik hat uns gerettet. Wir hatten angenehme Leben in München. Wir konnte ein bisschen erholen." Er erinnerte sich an die Konzerte, jene Explosionen menschlicher Emotionen, die nach jahrelangem Leiden die Herzen der Zuschauer und Musiker selbst berührten. Während meine Eltern zwei Jahre auf ihre Ausreisepapiere warteten, wurden sie von der UNNRA und der JDC versorgt, genug um die gesamte Familie zu ernähren: verpackte Nahrungsmittel aus Amerika, wie Makkaroni, Müsli und Erdnussbutter—Dinge, die meine Eltern nie zuvor gegessen hatten.

Mein Vater übte in Deutschland weiterhin am Cello. Unterrichtet wurde er von Anton Walter, einem anerkannten Lehrer. Eine weitere bizarre Situation in seinem Leben. Papa versteckte gegenüber Walter, einem überzeugten Antisemiten, dass er Jude war, und Walter, welcher sich nach talentierten Schülern sehnte, um seine eigene dahinsiechende Karriere wiederzubeleben, ignorierte jedes Indiz, dass die Identität meines Vaters hätte preisgeben können. „Ich nahm Privatunterricht drie Stunde die Woche und ich hab versuch sechs Stunden an Tag zu üben. Das muss man als Künstler."

Er hatte zu der Zeit mehrere Soloauftritte. Um seinem Lehrer das Programm zu zeigen und ein wenig angeben zu können, riss er einmal den Briefkopf vom Zettel, damit Walter nicht sah, dass das Konzert von einer jüdischen Organisation gesponsert wurde. Ich habe einige dieser Programme gefunden. November 1947, Jüdisches Komitee Fürstenfeldbruck (32 Kilometer westlich von München): Mendelssohns „Trio op. 49, Nr. 1" und mehrere Solos. Ich habe herausgefunden, dass Anton Walter bereit war, sich auf *manche* Juden einzulassen. Walter trat jahrelang als Cellist des international bekannten Rosé Streichquartetts auf, welches von Arnold Rosé angeführt wurde. Rosé war für über ein halbes Jahrhundert Konzertmeister der Wiener Philharmoniker gewesen, bis die Nazis Österreich 1938 annektierten. Rosé entkam mit seinem Leben, doch seine Tochter Alma starb in Auschwitz.

Während mein Vater seine Cellokarriere verfolgte, fand meine Mutter eine Stellenanzeige in der örtlichen Zeitung und begann bei einem Herrn Goldberg zu arbeiten, der nach einer jüdischen Frau suchte, die für ihn kochte und den Haushalt schmiss. Goldberg war ein wohlhabender und wohlbekannter Geschäftsmann gewesen. Im Krieg hatten die Nazis seine Wohnung sowie seine erfolgreiche Stoff- und Textilfabrik konfisziert und ihn selbst in ein Konzentrationslager geschickt. Mein Vater wusste nicht mehr in welches. Doch Goldberg überlebte. Die Alliierten gaben ihm seine Wohnung zurück, doch seine Fabrik am Stadtrand lag in Trümmern. Man versuchte für den Schaden aufzukommen, indem man ihm eine Stofffabrik in Bad-Reichenhall nahe Salzburg überließ, weswegen er manchmal wochenlang nicht in seiner Wohnung war. Meine Eltern, Tibi und Edit zogen in Goldbergs große Münchner Wohnung im 2. Stock in der Jahnstraße 48 ein. Von 1946 bis 1948 kaufte meine Mutter für Herrn Goldberg ein, kochte ungarische Delikatessen, mit was auch immer sie finden konnte, und putze die Wohnung blitzeblank.

Genug Geld für die Tickets nach Kanada zu sparen und das Ausfüllen der Berge von Papierkram, waren alles andere als leicht. Goldberg wollte helfen. Er überließ meiner Mutter Wertgegenstände aus der Wohnung. Beladen mit Porzellan, Stoff, Mänteln, Decken und den Dingen, die mein Vater als Bezahlung für seine Konzerte von den Amerikanern erhielt—Kaffee, amerikanische Zigaretten (die fast Gold gleichkamen), Zucker und

Schokolade—verkaufte meine Mutter auf dem Schwarzmarkt an verzweifelte Menschen. Es war riskant, aber das war es ihr wert.

Wir lebten also zwei Jahre lang in der Jahnstraße 48. Es war eine wunderschöne Wohnung. Sogar Geld ließ er uns da. Hunderte D-Mark in einem großen Glas. Katoka war die einzige, die einen Schüssel hatte, und sie kaufte ein und bezahlte die Rechnungen. Er vertraute ihr mit allem. Natürlich liebte er auch das Essen, das sie ihm kochte... Wir konnte eine Menge Geld sparen.

Mein Vater lachte. „Ich weiß noch witzige Geschichte. Benzin war sehr selten. Autos noch mehr, aber Goldberg hatte eine kleine. Wir sammelte Benzin, wenn wir welche fanden, und brachten es auf den Balkon. Mama musste in Feuerstelle kochen. Einmal ein dumme Putzfrau von den Gebäude hat heiße Kohle von den Feuerstelle neben die Benzintank auf den Balkon gestellt. Es is explodiert. Hat gebrannt wie die Hölle! Eine Nazi, der unter uns gewohn hat, wollte Mama verhafte, verdammte, antisemitische Bastard. Aber die explodierte Sache sind einfach unten in Hof gelandet und ausgebrannt. Keine Schaden! Goldberg musste den Nazi besteche, damit er nich Anklage macht."

Verrückte Zeiten. Opfer und Täter zusammen im selben Haus. Nachbarn, die sich gegen sie gestellt hatten, plötzlich wieder Nachbarn. Weiterleben, als ob es keinen Genozid gegeben hätte. Im Nachhinein sind mir die Zweckmäßigkeit der Stille, die selbstverherrlichenden Taten und die Bequemlichkeit des Bösen allzu sehr bewusst. Es erinnert an Verhalten, dass auch wir zu gut kennen. Ist unsere Welt heute wirklich weniger absurd?

Mein Vater machte keine Pause. Er sortierte seine Seiten und las weiter. Ich begann zu tippen.

Goldberg war ausgesprochen gut zu uns. Tatsächlich war es Goldberg, der mir das Geld lieh, um das Panormo auf dem

Schwarzmarkt zu kaufen. Es kostete 100 Dollar, zu der Zeit eine große Summe. Wir versprachen Goldberg, ihm das Geld zurückzuzahlen, sobald wir in Hamilton waren. Es war das Cello, mit dem ich im jüdischen Orchester spielte.

Das Panormo und seine Kraft die Herzen des Publikums zu erreichen. Die Klänge, die von Seele zu Seele flossen. Ich fragte mich, wie die St. Ottilien Musiker an Instrumente gekommen waren. Das exquisite, handgefertigte, italienische Instrument aus dem 18. Jahrhundert, welches zusammen mit meinem Vater 2 Jahre lang zu hundert Vertriebenenlagern gefahren war und das harsche Wetter auf der Schiffsreise nach Kanada überstanden hatte, war dasselbe Cello, dass ich als Teenager bei meinem ersten großen Auftritt in der Kunstgalerie von Ontario spielte. Die seichten Nuten, die feine Lackierung und die exotische Maserung des Holzes. *Unfassbar.* Mein gesamtes Sein pulsierte im Licht dieser Erkenntnis.

Findig wie eh und je hatte es Tante Magda Ende 1947 bereits nach Amerika geschafft, indem sie einen Verwandten in Chicago geheiratet hatte. Sein Name war Milton Jack Friedman und er war ein Cousin, der Sohn von Tante Jankas Tochter Ilona. Ohne sich ihren neuen Ehemann überhaupt anzuschauen, lebte sich Magda in New York ein und begann zu arbeiten. Wie immer kümmerte sie sich auch um ihren Zwillingsbruder und arrangierte die Ankunft meiner Eltern in Kanada. Sie hatte jemanden ausgemacht, der für sie bürgte, und empfing sie in Toronto, als sie dort mit dem Zug ankamen.

„Also hattest du 1948 endlich alle Papiere und das Geld für die Schiffsreise zusammen, Papa?", fragte ich.

„Janetkém. Das war alles Magda. Sie hat Ungare in Kanada gefunde, die ungarische Fluchtlinge helfen wollten. Ben, eine Bauer in Hamilton, sagte, er unterschreib für uns. Wir ware bereit, alles zu tun. Wenn sie Bauer brauchten, was denkst du? Mein Papiere sagte, ich bin Bauer! Die Beamte sagte zu mir: »Diese Hände habe noch nie auf eine Bauernhof gearbeitet.« Und ich sagte zu ihn: »Aber ich kann lerne.« Sie haben uns weiße Brot in den Zug gegeben. Ich dachte es war Kuchen!"

Da fing mein Vater nochmal an zu lachen. Er hatte mir diese Geschichte schon mal erzählt. „Ben hat uns Arbeit angebote. Wir kratzen und malten und putzen Holzboden, manchesmal ohne Bezahlung. Unglaublich, dass Mama keine Splitter hatte."

**Briefe aus Budapest, 1949**

Sehnsucht. Die Briefe sind voller Sehnsucht. Mein Vater hatte eine große Tasche voller ordentlich gefalteter und zusammengebundener Briefe aufbewahrt. Sie lag in dem Rattankoffer. Obwohl sie nur einseitig war, erlaubte mir die Korrespondenz, in das Zeitfenster vor meiner Geburt in Kanada zu schlüpfen. Die Briefe meiner Großeltern waren alles andere als leicht zu entziffern und das nicht nur, weil sie auf Ungarisch verfasst worden waren. Die Tinte war von einer auf die andere Seite verlaufen und die Schreibschrift war extrem klein und dicht, um Papier und Porto zu sparen.

Ich brannte vor Neugier; hoffte, einen Blick auf das Leben meiner Eltern während dieser ersten 2 Jahre zu erhaschen. Der Weg bis zur Einwanderung war so beschwerlich gewesen. Wie gewöhnten sie sich in Hamilton ein, als sie dort ankamen? Wie gut gelang ihnen das Anpassen? Zwei talentierte Künstler mit dem Verlangen danach, Musik zu spielen, die stattdessen Autos waschen, Bürogebäude putzen, Geschirr waschen, Farbe abschaben und Böden schrubben mussten. Wie sonst hätten sie überleben sollen? Mein Vater verlor wieder Gewicht; geplagt von Angst, Heimweh und dem schrecklichen Gefühl der Hilflosigkeit. Er sehnte sich nach der Heimat. Sie lebten in einer möblierten Wohnung ohne Heizung und mit einer kleinen Kochplatte. Miete: vier Dollar die Woche. Was sie wohl jeden Tag aßen? Hot Dogs und Weißbrot haben mit ungarischer Küche nicht viel gemein.

Meine Mutter war entschlossen, sich durch diese harte Zeit zu kämpfen, und unterstützte meinen betrübten Vater. Ihr Englisch war schlecht, ihre Aussichten trübe. Sie setzten sich damit

auseinander, in die USA auszuwandern. Vielleicht würde das Leben dort einfacher sein? Doch in den Vereinigten Staaten betrachtete man Menschen wie sie noch immer als „großes Risiko".
Mit unsicheren Händen entfaltete ich den ersten Brief.

*Meine geliebte kleine Katóka!*

Von Nándor

9. Mai 1949

Ich befürchte, ich muss deine Fotos abdecken, denn sie brechen mir das Herz. Leider kreiert diese niederträchtige Welt solch traurige und schmerzhafte Situationen für uns und Millionen andere. Ich bin untröstlich und werde es bleiben, bis wir eine Lösung finden. Lieber Gyuri! Ich freue mich so, dass du endlich dein erstes Solokonzert gegeben hast. Gibt es Neuigkeiten wegen des Umzugs nach Montreal? Vancouver? Wir sind unglücklich über deine Arbeit Katóka und hoffen, dass du, Gyuri, bald in einem Orchester spielen kannst. Gyuri, deine Mutter hat eine Stimmgabel und ein großes Stück Bogenharz gefunden. Soll sie dir die schicken?

Apu (Vater)

*Umzug nach Montreal oder Vancouver?* In den Notizen aus der Konversation mit meinem Vater fand ich nichts, dass auf einen Umzug in eine andere Stadt hinwies.

Eine Musikkarriere in Kanada muss ihnen hoffnungslos erschienen sein, vor allem in Hamilton, einer kleinen Bauerngemeinde. Offensichtlich musste selbst üblichste Musikausstattung aus Budapest geschickt werden.

Als Einwanderer in Kanada sah man sich ständiger Diskriminierung gegenüber: schwere, körperliche Arbeit und extrem schlechte Bezahlung; stetiges Hinterfragen der Daseinsberechtigung. Stahlen sie den nicht die Jobs echter

Kanadier? Bestimmt waren sie Spione oder Kommunisten, denen man nicht trauen konnte. Sie konnten nicht mal richtig Englisch sprechen.

Nach monatelanger Verzweiflung schaffte es mein Vater, den Präsidenten der Musikergewerkschaft in Hamilton zu treffen, einen Mann namens Anderson. Dieser sagte zu ihm: „Jemand wie sie müsste in Toronto sein." Anderson erlaubte meinem Vater, der Gewerkschaft beizutreten, doch der Präsident des viel größeren und einflussreicheren Zweigs der Organisation in Toronto erfuhr davon. Er zerriss den Gewerkschaftsausweis meines Vaters und schimpfte erzürnt: „Man muss mindestens seit 2 Jahren in Kanada leben, um sich bewerben zu dürfen. Einem Musiker ist es nicht erlaubt aufzutreten, solange er nicht der Musikergewerkschaft beigetreten ist."

*Meine geliebten Kinder*

Von Margaret

7. September 1949

Euer Brief hat mich nicht gerade beruhigt. Was denkst du dir, mein Sohn? Zu allererst einmal musst du dich von deinen Illusionen verabschieden. Einfach ohne Konsequenzen zurückkommen? Hier gelten strenge Regeln. Du musst doch wissen, dass ich Strafe bezahlen müsste, wenn ich ein Zimmer in meiner Wohnung freihalte...

Gyuri Schatz, es scheint als müsstest du das Cello beiseitelegen; denn ich kann mir nicht vorstellen, dass du in die Gewerkschaft kommst. Und falls du die nächsten 5 Jahre Magda in New York nicht besuchen darfst, wäre das schrecklich, und ich gebe mir selbst die Schuld, dich gehen gelassen zu haben. Gebt gut auf euch Acht und versucht Arbeit in euren Berufsfeldern zu finden. Mein Gott, hier hättet ihr solche Dinge nicht machen müssen. Das macht mich verrückt. Nicht wegen der Arbeit an sich, aber du bist ein Musiker und Katóka auch. Hier, zuhause, hätte man euch als solche respektiert...

Mein Vater hatte seinen Durchbruch, als er 4 Stunden mit dem Bus nach Lindsay fuhr, um sich mit dem Direktor des dortigen Gesangsvereins zu treffen. Nachdem sie die Erlaubnis der Gewerkschaft erlangt hatten, stellte der Verein meinen Vater nicht nur dafür an, beim Gottesdienst zu spielen, sondern bezahlte ihn auch für ein Konzert: ganze 100 Dollar. Sein Talent, die wunderschöne Musik seines Cellos, zeichnete ihn als das aus, was er war; ein Künstler.

*Meine geliebten Kinder*

Von Margaret

22. November 1949

Meine Mutter vergoss Freudentränen, als wir von deinem erfolgreichen Konzert erfuhren, mein Sohn. Ich sagte ihr, sie solle nicht weinen, sondern lachen. Das Konzert muss wundervoll gewesen sein! Wir bereuen nur, dass wir nicht dabei waren. Mein Sohn, was bekommst du dafür, im Radio und im Orchester zu spielen? Hast du Aussichten auf einen guten Vertrag? Hast du bei dem Konzert einen Smoking getragen? Oder macht man das dort nicht?

Katóka, ich kann nicht damit leben, dass du deine Tage mit dem Nähen verbringst. All das vornübergebeugte Sitzen ist schlecht für dich. Es wäre besser, wenn du einen Laden aufmachen und ein paar Mädchen einstellen würdest. Ich will wirklich, dass du, meine geliebte Tochter, weiterhin übst und zusammen mit Gyuri eine musikalische Karriere verfolgst. Vergiss nicht, mein Sohn, dass ich dir aus der Ferne zuhöre. Solange du an uns denkst, wirst du immer gut spielen.

Bis bald, Gott hab euch selig, bis wir uns wiedersehen,

Eure euch liebende Mutter (Margit Mama)

Meine Mutter, eine herausragende Näherin, bluffte sich ihren Weg nach oben zu einer besseren Bezahlung als Kürschnerin in den Manufakturen Torontos. Sie nähte Seidenfutter in Pelzmäntel. Sie verbrachte ihre Tage mit den schweren Kleidungsstücken über ihren Schoß gelegt und das selbst in den Sommermonaten, wenn die Temperaturen über die dreißig Grad hinausgingen. Nur wenige Fenster ließen sich überhaupt öffnen. Als die exzellente Arbeiterin die sie war, gelang es meiner Mutter, einen der Vorarbeiter, Sam Pollack, zu bezaubern. Er machte meinen Eltern das großzügige Angebot, ihnen ein Zimmer seines Familienhauses für 18 Dollar die Woche zu vermieten. Ich erinnere mich daran, dass ich die Familie Pollack als kleines Mädchen kennengelernt habe und an die Geschichte, die mir mein Vater von ihm erzählt hat.

„An Anfang er hat sich beschwert, weil ich immer „rumgegeigt" hab und Mama, so ein Schönheit, so hart gearbeitet hat. Dann ein Freund aus Hamilton hat mir spät Nachts ein Nachricht geschickt. Ich sollte nicht sagen, wer angerufen hat. Es sollte eine Vorspiel geben für ein Cello Position in Toronto Symphonie und zwar am nächste Morgen. Das Orchester war gegen Fremde, gegen Fluchtlinge, also hat mir niemand von den Vorspiel erzählt. Ich hatte kein Zeit vorzubereiten, aber ich ging zu den Dirigent und er hat mich gebeten, alles zu spielen—einfach so von Blatt. Er mochte meine Klang und hat mir Vertrag für die Saison 1950-51 angeboten. Oh, wir ware so glücklich! Als Pollack erfuhr, er war endlich beeindruck von mein „rumgegeige". Er war fan-tas-tische Person. Er nahm mich sogar mit zu Schneider, wo man mir sehr elegante, schwarze Anzug gemach hat. Es war 100 Dollar. Sehr teuer. Eine Laib Brot war 5 Cent, damit du dir vorstellen kanns."

Das Symphonieorchester von Toronto. Eine Anstellung als Cellist im Orchester, wenn auch nur für die 24 Wochen der Saison. Mein Vater musste weiter hart arbeiten. Er lehnte keinen Auftrag ab, vor allem in den Sommermonaten—Radio- und TV-Werbungen, Hochzeiten, Picknicks, Beerdigungen, Solokonzerte.

Nachdem er sich ein gewisses Ansehen erkämpft hatte, lud ihn eine Synagoge ein, *Kol Nidrei* an Jom Kippur zu spielen.

Meine Mutter blieb jedoch die primäre Brotverdienerin und ertrug die Arbeit in der Fabrik, obwohl sie unbedingt ein Kind wollte. 1952 hatten meine Eltern genug Geld gespart, um ein winziges Haus in Toronto kaufen zu können—958 Castlefield Avenue—und 8 mühsame Jahre nach ihrer Hochzeit, als ich geboren wurde, konnte meine Mutter das Nähen endlich hinter sich lassen. Meine Ankunft in ihrem Leben gab dem Kampf ums Überleben und all den Ängsten und Entbehrungen einen Sinn.

Es würde Zeit kosten, das alles zu verarbeiten. All die Informationen. All die Emotionen. Die Briefe aus Budapest von 1949 bis 1956 beleuchteten das Leben meiner Eltern als junge Einwanderer. Ich hatte mir nie erträumt, etwas über verlorene Verwandte herauszufinden. Die Korrespondenz zeichnete ein detailreiches Bild, welches mir als Kind verborgen geblieben war.

Ich wollte über all das nachdenken; versuchen die Rätsel und Ungereimtheiten meiner Existenz zu entschlüsseln. Doch bevor ich mich durch noch mehr Material arbeiten konnte, musste ich meine Untersuchungen zurückstellen. Die Gesundheit meines Vaters verschlechterte sich und sein Zustand erfüllte mich mit Angst.

*Das junge Paar, Toronto, 1950. Sie hätten nicht glücklicher sein können. Gyuri umklammert liebevoll Katos Hand. Sie strahlen Leichtigkeit und Harmonie aus. Die Dämonen ihrer Vergangenheit sind nicht zu erkennen.*

*Kato an Bord der Scythia, Oktober 1948. Kanada war nur die dritte Wahl meiner Eltern gewesen.*

*Gefangenenlager: Flucht und Verzweiflung.* Als sich mein Vater barfuß durch die Wälder Jugoslawiens nach Rumänien schleppte, traf er auf den Cellisten und Ungaren Gabriel Magyar. Die Zeichnung zeigt die trostlose Landschaft und Verwüstung. Quelle: Marianna Markus (Ehename Tiborné Tóth), Nichte von G. Magyar, aus Budapest, Ungarn. Gabriel Magyar war der Cellist des Ungarischen Streichquartetts von 1956-1972 und Professor an der University of Illinois in Urbana.

*Offene Schuhe und ein gespendetes Kleid—Vertriebenenlager Windsheim, 1946.* Sie kocht auf einem provisorischen Herd im Freien. Daneben: Kato kuschelt glücklich mit einem der vielen Kinder, die in den Vertriebenenlagern geboren wurden.

***Papa reitet ausversehen ein Kamel.*** *Ein unwahrscheinliches Szenario: Papa reitet auf einem Tier. Papa grinst. Papa mit Strohhut, Sportschuhen und einem Polo. Papa in der Wüste.*

## 10

## PAPAS TOD UND DIE UNSTERBLICHE MUSIK

Mein Vater starb in seinem eigenen Bett. Es war Thanksgiving. Nacht. Unsere Familie stand hilflos trauernd um ihn herum. Erst vor ein paar Wochen hatte er Geheimnisse offenbart, welche die gesamten 5 Jahrzehnte meines Lebens versteckt geblieben waren. Voller Hoffnung auf mehr Einzelheiten hatte ich Papa darum gebeten, sich auf ein gefilmtes Interview einzulassen. Er hatte nachgegeben. Ich hatte mich um ein Filmteam gekümmert, dass wusste, wie man einen Holocaust-Überlebenden aufnimmt. Keine grellen Lichter, kein sichtbares Aufnahmegerät oder Mikrofon, nur eine kleine Kamera und ein Interviewer mit einer sanften Stimme. Doch es sollte nie dazu kommen. In jener Nacht im November summte ich für ihn eine geliebte Melodie und bereitete mich darauf vor, ihn gehen zu lassen.

„Janetkém. Lange Zeit kein gesehen. Wie geht dir?" Ich sortierte Papierstapel in der stickigen Wohnung meiner Eltern und musste schreien, wenn ich wollte, dass er mich über den Lärm des Fernsehers hinweg hören konnte. Tag für Tag schaute er sich dieselben albernen Sendungen an, statt sich eine der zahllosen

Celloaufnahmen anzuhören, die entlang der Wohnzimmerwände aufgereiht waren. Die schrillen Geräusche verursachten bei mir Kopfschmerzen. Später verstand ich—in bedrohlicher Vorahnung bezüglich meiner eigenen Zukunft—wie sehr er die Musik vermisste. Jede Aufnahme löste Sehnsucht in ihm aus und erinnerte ihn an ein Leben, in dem es die Musik war, durch die er Trost gespendet und erhalten hatte; etwas, zu dem er jetzt nicht mehr im Stande war.

Trotz des ohrenbetäubenden Lachens aus dem Fernseher nickte mein Vater ein. Ich stand auf und watschelte mit tauben Beinen und knurrendem Magen zum Gerät, schaltete es stumm und atmete die neue Stille genüsslich ein.

16. November. Mein letzter Besuch bei meinem Vater. Rob war für seine Schicht ins Krankenhaus geeilt und Ian war raus gegangen, um ein wenig frische Luft zu schnappen. Wir waren allein, Papa und ich. In der Nacht zuvor war ich in Toronto gelandet, nachdem ich gehört hatte, dass sich das Leben meines Vaters wahrscheinlich dem Ende neigte. Er schien zu schlafen. Ich schlich in die Küche und öffnete ein Fenster, doch ein Wirrwarr aus Blumen stand mir im Weg. Eine Orchidee nahm mit ihren üppigen, lila schimmernden Blüten einen Großteil des Tisches ein.

Ich trank gierig ein Glas eiskalten Mangosaft (den mein Vater liebte) und spielte an einer der Blüten herum. Dann konnte ich plötzlich nicht anders, als mich vorzubeugen und den Geruch der feuchten Erde einzuatmen. Der wundervolle Garten meines Vaters drängte sich in meine Gedanken.

Meistens durften wir dort nicht spielen, damit wir nicht das Gras zertrampelten oder uns an den Dornen der Rosen wehtaten. Doch es gab ein Jahr, da erlaubte mein Vater unerklärlicherweise eine Eisbahn. Rob und ich rannten mit unserem elektrischen Teekessel hin und her und gossen kochendes Wasser über das schneebedeckte Gras. Es dauerte ewig, aber irgendwann waren wir in der Lage, auf der holprigen Oberfläche Schlittschuh zu laufen. Fotos, auf denen wir beide auf unserem Hosenboden sitzen, zeigen keinerlei Anzeichen, dass unsere Eltern nervös um uns herumschwirrten, um uns bei dieser gefährlichen Aktivität Einhalt zu gebieten. Ich blinzelte und stand wieder in der Küche.

Vielleicht würde es meinen Vater guttun, mich Cello spielen zu hören. Ich packte das Instrument aus, welches er mir mit seinen Ersparnissen gekauft hatte, welches ich gespielt hatte, als er mich, die uneinsichtige zwanzigjährige, dazu überredet hatte, Starkers Schülerin zu werden. Das Cello war mir so vertraut wie meine eigene Haut—der goldene Glanz des alten Holzes, jeder Jahresring des Baumes klar zu erkennen, die herzförmigen Wirbel aus Ebenholz, der geflammte Ahorn des Bodens. Papas Körper fiel links über die Armlehne und sein Kopf lag lose im Nacken. Ich zog das Cello an mich und setzte mich nah an ihn heran. Dann spielte ich den Beginn von Bachs „Cello Suite Nr. 1". Die stetigen Schwingungen meines Bogens brachten Orgel-ähnliche Klänge zum erblühen und die Harmonien G und D hallten durch den Raum. Sowie das triumphale Ende näher kam, schaute ich zu meinem Vater. Er saß noch immer Krumm da, also schnellten meine Finger mit noch höherer Geschwindigkeit über die Saiten. Als der letzte Akkord verklang, bewegte sich Papa plötzlich. Ich schreckte zurück.

Er setzte sich auf und sagte mit wachen Augen: „Janetkém. Was für Fingersatz du hast genutz in Takt 9? Und *warum* du bist so langsam geworde in die Mitte? Bei den lange D? Spiel mehr in Tempo! Spiel nochmal."

Also spielte ich nochmal und behielt in der Mitte des Stückes vorsichtig das Tempo bei.

Papa hatte lange seinen scharfen Verstand behalten, doch ab Mitte November schien ihn eine desorientierte Leichtigkeit zu überkommen. Milde und charmant war er, was einen erfrischenden Sinn für Humor in ihm offenbarte. Wir stellten eine Palliativkrankenschwester ein, um die liebevolle Fürsorge von Ian und Cristy zu unterstützen.

Die Schwester fragte: „Gibt es etwas, dass ich für dich tun kann, George?

„Mich reich mache", antwortete er.

Mich fragte er einmal: „Was denkst davon, dass ein Frau mein Hose auszieht?"

Er bestand darauf, dass er los musste. Er würde noch zu spät zur Arbeit kommen; er musste wo hin. „Ich brauche Taxi."

Die Schwester fragte: „Wohin?"

„Mich bereit machen, jung zu werde! Aber wir müsse los. Wo wills du hin, Janetkém? Ungarische Restaurant sind alle sehr schlecht."

Mein Bruder und die Schwester, ihr Name war Carla, eine gütige Frau mittleren Alters mit schlanken Fingern, erklärten, dass mein Vater noch Tage und Wochen so weiter machen konnte. Ich wusste nicht, was ich tun sollte. Harris wollte mich an Thanksgiving zuhause haben. Ohne großen Abschied, verließ ich meinen Vater. Ich dachte... Ich weiß nicht, was ich dachte. Das mich mein Vater in seiner Traumwelt nicht vermissen würde? Meine Abwesenheit nicht bemerken würde? Meine Zeit zuhause war von kurzer Dauer. Rob rief mich zwei Tage nach meiner Ankunft in St. Paul an.

„Du solltest lieber herkommen", sagte er. „Schnell."

Als ich in Toronto landete, war die Situation bereits kritisch. Robs Frau Sara holte mich vom Flughafen ab und nachdem ich aus dem Terminal gesprintet kam, fuhren wir so schnell wir uns trauten über die schwarzen, eisbedeckten Straßen zum Hochhaus meines Vaters. Dort öffnete uns der Wachmann mit seinem geübten Lächeln die Doppeltür, vielleicht überrascht, dass ich schon wieder da war. Doch sicherlich muss ihm mein schweres Atmen und mein schweißnasses, fahles Gesicht aufgefallen sein.

Sara und ich rannten zum Fahrstuhl und drückten hart auf den Zeiger nach oben, als ob der Fahrstuhl dadurch schneller kommen würde. Das kurze *Ping* bei jedem Stockwerk ließ den 13. so weit entfernt erscheinen. Mein Herz raste wie verrückt. *Schneller, bitte, schneller. Bitte, lass mich nicht zu spät sein.* Ich war beim Tod meiner Mutter nicht an ihrer Seite gewesen. Meinen Vater zu verlieren, ohne mich zu verabschieden, wäre eine Bürde auf meiner Seele gewesen, die ich nicht hätte tragen können.

Wir preschten in die Wohnung und eilten in das hintere Schlafzimmer. Dort lag er auf mehreren Kissen in seinem Krankenhausbett und mit einer Sauerstoffmaske auf seinem Gesicht. Er sah verängstigt aus, schien nach Atem zu ringen.

Mein Vater hatte für einen letzten Blick auf mich am Leben festgehalten. Vor Erleichterung ihn noch einmal sehen zu dürfen—sehen zu dürfen, dass er mich sieht—brach ich schluchzend zusammen. Ich nahm seine kalte, gebrechliche Hand in die meine. Zusammen hielten wir ihn: Rob und Sara; eine meiner Nichten, Danielle; die Pfleger Ian, Cristy und Juliana.

„Ich habe jemanden in diesem Zustand noch sie so lange durchhalten sehen", flüsterte Rob. Diese Worte, gesprochen von einem Arzt, ergriffen mein Herz.

Sara krabbelte ins Bett und legte sich neben meinen Vater. Ich lehnte mich über das Bett, umschlang seine Schultern und murmelte ihm zu, wie sehr ich ihn liebte. 30 Minuten später ging er von uns. Ich wusste nicht wie mir geschah, als die Tür aufschwang und die Angestellten des Bestattungsunternehmens ins Schlafzimmer schlüpften, meinen Vater auf eine Bahre legten und ihn hinter dem Reißverschluss eines schwarzen Leichensackes verschwinden ließen. Innerhalb eines Jahres hatten Rob und ich beide unsere Eltern verloren; zwei Seelen, die zu den letzten lebenden Zeugen einer der schrecklichsten Perioden unserer Geschichte gezählt hatten.

Ich werde häufig gebeten bei Beerdigungen zu spielen. Die dunklen, melancholischen Töne des Cellos bieten eine natürliche Begleitung für den feierlichen Übergang von einer Welt in die nächste. Bei so einem Auftritt ist es immer schwer und trotzdem notwendig die eigene Fassung zu bewahren. Bis dahin hatte ich mir nicht vorstellen können, bei der Beerdigung meines eigenen Vaters dazu in der Lage zu sein. Und trotzdem tat ich es. Dieselbe Bach

Suite, die ich nur eine Woche zuvor bereits vor meinem Vater gespielt hatte, erklang nun ein letztes Mal für ihn mit ihrer flüchtigen Schönheit. Im perfekten Tempo.

Die Verstorbenen müssen so schnell wie möglich beerdigt werden—wenn es geht, bereits am nächsten Tag. Das ist jüdisches Gesetz. Howie und Harris kamen am nächsten Morgen in Toronto an. An einem bitterkalten Novembernachmittag fuhren wir zum Friedhof, wo die gefrorene Erde bereits etwas Platz für Papa gemacht hatte. Der Grabstein hatte die Form eines offenen Buches und meine Mutter wartete dort bereits auf ihn. Ihre Seite war merkwürdig verziert. Mein Vater hatte ihr nach ihrem Tod weiterhin lange Liebesbriefe geschrieben und kunstvolle Karten für jeden möglichen Anlass beschrieben—Muttertag, Jahrestag, Geburtstag. Diese lagen nun in großen Ziploc-Tüten gegen den Grabstein gelehnt, wo sie Wind und Wetter trotzten—Symbole seiner unterblichen Liebe.

Irgendwie passte der Sarg nicht in das Grab. Es schien zu eng, doch ich wusste, es war einfach ein letztes Mal der Widerwillen meines Vaters. Nach einer Weile gab er nach. Der Rabbi sprach ein kurzes Gebet und überreichte Rob eine Schaufel, mit der er die frisch ausgehobene Erde auf den Sarg fallen lassen sollte. Der dumpfe Aufprall war das letzte Wort.

Nach jüdischer Tradition dient diese letzte Mitzwa dazu, den Toten Respekt zu zollen und den Lebenden eine Chance zu bieten, sich zu verabschieden. Die Blätter tanzten wild um uns herum, während wir, still zitternd vor Kälte und Trauer, einer nach dem anderen Erde in das neue Grab schaufelten—mit dem Rücken des Spatens, um unser Missfallen zu symbolisieren. Die Luft roch nach Kummer und meine Absätze sanken in den Matsch; der Boden nass von all den Tränen, die dort gefallen waren und sich mit meinen vermischten. Am Ende riss ich mich nur schwer los von diesem Stück Erde; verzweifelt, untröstlich, aber zumindest mit etwas Verständnis.

Meine Eltern waren nun auf ewig beieinander. Sie waren immer miteinander verwoben gewesen: mein Vater schnell aus der Fassung gebracht, meine Mutter unnachgiebig, widerstandsfähig, aber besänftigend.

Weil sie sich gegenseitig sowie meinen Bruder und mich immerzu beschützen wollten, betrachtete ich ihr Verhalten lange als übermäßig sensibel, wenn nicht verwerflich. Mittlerweile beeindruckt mich ihre Stärke über alle Maße. Sie hatten neu anfangen müssen, in einem fremden Land, wo sie niemanden kannten, und durch ihr musikalisches Talent gelang es ihnen, Schönheit und Bedeutung in ihr Leben und das Leben anderer zu bringen.

Ich wusste zu der Zeit noch nicht, wie die Geschichte meiner Eltern—eine Gesichte voller Beharrlichkeit und Kraft, voller Liebe und Hoffnung, von der transformativen Macht der Musik—weiterhin mein Leben formen sollte. Ich hatte meinem Vater versprochen stark zu bleiben. Hatte geschworen an seiner Statt zu stehen, mich der Erzählung ihres Lebens zu widmen, trotz meines tiefliegenden, lebenslangen Unbehagens bezüglich meiner Identität als Jüdin.

**Entr'acte 2005**

Der Schrei des Schofar. Generationen von Juden werden durch den Klang des Schofar miteinander verbunden. Er leitet Rosch ha-Schana ein, das neue Jahr. Drei schallende Stöße in das Widderhorn, *Te-ki-ah—She-va-rim—Teru-ah—*, ein langer Ton, ein Schwall kurzer staccato Töne, dann wieder ein anhaltender Ton, symbolisieren unser Heilungsvermögen; unsere Fähigkeit das Gebrochene wieder zu einem Ganzen zusammenzufügen. Gott versucht uns erkennen zu lassen, dass ein echter und anhaltender Frieden möglich ist, solange wir uns erinnern, Reue zeigen, uns in Licht hüllen und in die Zukunft blicken. In Synagogen auf der ganzen Welt feiern wir Rosch ha-Schana und die darauffolgenden Ehrfurchtserweckenden Tage; 10 Tage der spirituellen Sehnsucht und Reflexion, welche im heiligsten Tag des Jahres gipfeln: Jom Kippur.

In meiner Familie hat Jom Kippur eine ganz besondere Bedeutung. Meine Vater probte monatelang das *Kol Nidrei*, spielte es sogar im Schlaf auf dem Rücken meiner Mutter. Am Vorabend des heiligen Tages schritt er mit seinem Cello zur Bima empor. Sein Gesicht war blass. Dann setzte er den Bogen an die Saiten und die eloquenten Klänge erfüllten die heiligen Hallen, baten uns, unsere Herzen zu öffnen, unsere Unsicherheiten ruhen zu lassen und Heiterkeit einzuatmen.

Ein Klagen symbolisiert den Schmerz gebrochener Schwüre, falsche Worte gesprochen wegen religiöser Verfolgung. Doch noch wichtiger ist unsere Pflicht, Eltern und Kinder, Freunde und Arbeitskollegen, Bekannte und Nachbarn wegen unserer Fehlverhalten—absichtlich begangen oder nicht—um Vergebung zu bitten. Jom Kippur testet unsere Aufrichtigkeit.

Seit nun mehr als 3 Jahrzehnten genieße ich das unglaubliche Privileg das antike Lied am Vorabend des Versöhnungstages vorzuspielen—drei Mal, zur Öffnung von drei Gottesdiensten, um alle Gemeindemitglieder unterzubringen. Keiner verpasst Jom Kippur.

Sowie ich mich auf die ergreifenden Emotionen des Stücks konzentriere, füllt sich mein Herz mit dem Wissen, dass jüdische Gottesdienste auf der ganzen Welt mit dem *Kol Nidrei* beginnen. Mein Vater spielt an meiner Seite. Ich höre die cremigen Klänge seines Cellos. Mein Bogen gleitet in festlicher Trauer über die Saiten und der ekstatische Ton vibriert und verklingt in den Weiten des ehrwürdigen Gebäudes. „Du hast mich zum Weinen gebracht", sind die Worte, die meine wertvollste Belohnung darstellen. Mein Vater und ich sitzen direkt vor der Lade, in der die heiligen, handbeschriebenen Schriftrollen der Tora liegen, und leiten mit unserer Musik nun seit über 60 Jahren diesen Tag der Versöhnung ein.

Am darauffolgenden Morgen gibt es im Temple Israel, zwischen dem morgendlichen Gottesdienst und den abschließenden Gebeten zum Sonnenuntergang, eine besondere Versammlung für die Gemeindemitglieder. Im Jahr 2003 ist Vater Michael O'Connell von der St.-Mary-Basilika in Minneapolis als Sprecher zu Gast. Er ist ein vertrauter Besucher unserer Synagoge, ein ausgesprochen kleiner Mann mit einem freundlichen Gesicht, hängenden Wangen und buschigen Augenbrauen, der häufig Pantoffeln und Wollwesten trägt. Unsere Rabbinerin ist eine attraktive, braunhaarige Frau, die kurz geschnittene Röcke, Schuhe mit unglaublich hohen, spitzen Absätzen und keine Strümpfe trägt. Sie könnten unterschiedlicher nicht sein. Doch die beiden religiösen Oberhäupter teilen ihren Eifer nach Inklusion und kulturellem Austausch.

Wir heißen zwei weitere Gäste willkommen: Stephen Paulus, Komponist von liturgischen, gesanglichen und orchestralen Werken und Michael Dennis Browne, anerkannter Dichter und Songschreiber. Der Saal ist voll. Die Gespräche stellen sich ein. Vater O'Connell erzählt eine Geschichte:

Er lebt in seiner Basilika und die Räumlichkeiten sind an sich gemütlich genug. Sein holzgetäfeltes Zimmer hat einen Kamin, nicht zusammenpassende Möbel und einen sanften, wenn auch ein wenig abgenutzten Teppichboden. Sein Schrank ist jedoch ein Desaster. Genervt darüber, dass sich die Tür nicht richtig schließen lässt und die Inhalte regelmäßig auf den Boden purzeln, entscheidet er, aufzuräumen. Das Schaffen von Ordnung kostet ihn mehrere Stunden, doch es kommt der Moment, wo er endlich die tiefsten Ecken des Schranks erreicht. Dort findet er eine kleine, mitgenommene, in Leder gehüllte Schachtel. *Was mag das sein, so lange schon versteckt?* Vater O'Connell öffnet die bescheidene Box. Ein einziger Blick auf den Inhalt bringt ihn dazu, die Schachtel reflexartig wieder zuzuklappen. Er hat vor, sie wegzuwerfen, damit sie auch bloß niemand anders sieht. Doch er zögert und steckt das üble Artefakt in seine Soutane. Nach tagelangem Überlegen und Beten versteht er, was der Herr von ihm erwartet.

Ich bin außerordentlich gespannt. Welch eine Signifikanz kann diese Entdeckung für uns an Jom Kippur haben? Vater O'Connell steht auf. Er hat das kuriose Objekt mitgebracht. Mit ausgestrecktem Arm und einer langsamen Drehbewegung, damit wir alle es auch gut sehen können, hält er es in die Luft. Spottende Gespenster aus der Vergangenheit. Innerhalb der Box befinden sich zwei blaue Manschettenknöpfe aus Lapislazuli und in der Form eines Hakenkreuzes.

Wir alle brauchen eine Weile, um uns von dem Schock zu erholen. „Zunächst wollte ich die schrecklichen Dinger sofort wegschmeißen, wie Ihr euch alle sicherlich denken könnt", führt Vater O'Connell fort. „Doch eine Stimme gebot mir Einhalt. Dies ist nicht einfach irgendeine abscheuliche Reliquie aus einem Land, welches einen ganzen Ozean und viele Jahrzehnte entfernt liegt. Nein. Dies liegt genau hier bei dir in deiner Kirche."

Das Timing war bedeutend. Das 2005 anstehende 60. Jubiläum des Endes des Zweiten Weltkriegs und der Befreiung von Auschwitz fiel mit dem 40. Jubiläum der Nostra aetate zusammen, dem historischen Dokument des Vatikans aus dem Jahr 1965, welches einen wichtigen Wandel in der Haltung der katholischen Kirche zu den nichtchristlichen Religionen bezeugt. Es verdammt den Hass gegenüber Juden und erklärt den Mythos, dass die Juden für den Tod von Jesus Christus verantwortlich sind, für unwahr.

„Unsere Völker sind spirituell verbunden", erklärt Vater O'Connell. „Wir sind Brüder und Schwestern im Glauben." Ich komme nicht darum herum, mich über diese Aussage zu wundern. Seine Worte sind schön und erbauend, doch der Antisemitismus lebt und wütet noch immer.

Vater O'Connells Lebenswerk ist es, Missverständnisse und Misstrauen zwischen Juden und Christen zu bekämpfen. Nach der Entdeckung der Hakenkreuze entschloss er sich, den anderen Führungspersonen der Basilika einen Vorschlag zu unterbreiten:

Die Kunst ist ein überzeugender Bote, in der Lage Botschaften zu vermitteln, die tief und langanhaltend in den Geist der Menschen eindringen. Die Kirche, *ihre* Kirche, sollte zwei angesehene Künstler aus Minnesota dazu beauftragen, ein musikalisches Werk zu schaffen—ein Oratorium für Chöre,

Gesangssolisten und vollständige Symphonieorchester. Dieses Stück sollte als Erinnerung an die Vergangenheit und Vermächtnis für zukünftige Generationen dienen. Die Musik wird, so hofft er, all jene, die sie spielen und hören, zu größerem Verständnis führen, eine Vision des Friedens erschaffen und vielleicht sogar ein wenig für Wiedergutmachung gegenüber dem jüdischen Volk sorgen. Er erhofft sich, dass junge Musiker das Oratorium in der Zukunft aufführen, um die Botschaft der Versöhnung zu verbreiten.

Das Geld dafür ist bereits gesammelt worden, erklärt er. Paulus und Browne haben den Auftrag angenommen und das Werk soll ein Geschenk der St-Mary-Basilika an Temple Israel und die jüdische Gemeinde sein.

Das Entsetzen über die schmuckvollen Hakenkreuze nimmt langsam ab und ich stelle mir das bahnbrechende Projekt vor, sehe vor mir, wie ich selbst das Oratorium mit dem Minnesota Orchester vorführe. Mir ist nicht bewusst, dass ich dabei eine prominentere und viel herausfordernde Rolle spielen soll.

Stephen und Michael reisen in die Vereinigten Staaten und besuchen das Holocaust Memorial Museum in Washington, DC, wo sie in die Abgründe des Holocaust eintauchen. Stephen überkommt tiefe Trauer beim Anblick der Fotos von ermordeten Kindern, Bergen aus Schuhen, Spielzeugen und einst geliebten Teddybären. Er entscheidet sich für einen Titel, der dem Leid mit Hoffnung begegnet: „To Be Certain of the Dawn" (Zu wissen, dass der Morgen kommt). Dabei lässt er sich von den Worten des Gelehrten und Theologen Abraham Joshua Heschel inspirieren. Um das Werk hörbar an die Traditionen des Judentums zu binden, überlegt sich Joshua, den packenden Aufruf des Schofar und uralte Gesänge unseres Volkes einzuweben. Vater O'Connell hat nur eine Vorgabe für die Künstler: der Jugendchor der Basilika soll in das Projekt mit eingebunden werden, um die eine Millionen Opfer musikalisch zu repräsentieren, denen die Stimme auf ewig genommen wurde—die während des Holocaust gestorbenen Kinder.

Ein ganzes Jahr vor dem ersten Konzert lädt mich Osmo Vänskä, unser Maestro, in sein Studio ein. Vänskä, ein gebürtiger Finne, ist ein ausgesprochen religiöser Mann. Er sitzt gemütlich vor mir, seine Arme verschränkt und sein Gesichtsausdruck bestimmt. Tiefe Krähenfüße zeichnen sich neben seinen Augen ab, das Resultat jahrelanger, intensiver Arbeit in der Welt der Musik. Sein blasses Gesicht und die schwindenden, blonden Haare stehen im starken Kontrast zu seiner dunklen Bille. Ich sehe die eingerahmten Fotos von kargen Hügeln, mehrere Schnappschüsse von seinen drei Kindern, erfolgreiche Künstler, und dem Maestro selbst, welcher ohne Helm in hautengem, schwarzen Leder auf einem Motorrad sitzt. Es kommt mir Paradox vor, dieses Bild. Nicht der sittige, steife Komponist, den man in der klassischen Musik erwartet. Ich bin mir nicht sicher, wieso er mich hierher bestellt hat, aber ich lasse mich gemütlich in das weiße Sofa ihm gegenüber fallen.

Er verschwendet keine Zeit. „Janet, das Programm von 2005, welches Stephens Oratorium beinhaltet, wird „Reflexion und Befreiung" heißen und ein nachdenkliches Thema haben. Ich möchte, dass du Max Bruchs *Kol Nidrei* als Cellosolistin spielst, in der ersten Hälfte des Programms, direkt vor dem Oratorium." Ich werde sofort nervös. Als Solistin mit einem renommierten Orchester aufzutreten ist eine seltene Ehre, aber Osmo erkennt bei mir Zeichen der Zurückhaltung statt des zu erwartenden Enthusiasmus. Um die Stille zu füllen, greift er nach zwei Flaschen Wasser aus der Minibar. Als ich eine Flasche und ein Glas an mich nehme, verschütte ich direkt die Hälfte auf mich und den weißen Teppich. Ich stottere eine Entschuldigung und versuche die schmerzhaften Bedenken, die in mir brodeln, zu unterdrücken. Ich denke darüber nach, dass Osmo wahrscheinlich nichts über meine Herkunft weiß. Wie viel Kontakt zu Juden hat er in seinem Leben gehabt? Er weiß, dass ich das Stück häufig spiele, aber versteht er auch die enorme Bedeutsamkeit des Werkes, seinen heiligen Platz in der Synagoge? Ich kann mir nur schwer vorstellen, *Kol Nidrei* in einer Kirche zu spielen. Bin ich dazu in der Lage?

Osmo hört mir aufmerksam zu, während ich versuche, ihm meine spirituelle und kulturelle Verbindung zu dem Stück zu erklären. Ich gebe mein bestes, ihm die emotionale Bedeutung des alten Liedes näherzubringen—die Musik als Klageruf gegen die jahrhundertelange Verfolgung des jüdischen Volkes; das Potential der Buße; und das Versprechen der Erlösung. Wir sprechen über das monumentale Werk. Ich bleibe unsicher. Wir sprechen weiter. Irgendwann willige ich ein.

Die Vorstellung in der Basilika zu spielen, spukt mir die nächsten Monate erbarmungslos durch den Kopf. Meine Nervosität geht weit über das hinaus, was vor einem Auftritt normal ist. Unser Orchester hat in der Kirche schon häufig Händels „Messiah" gespielt, doch das ist was anderes. Jenes verehrte Stück, so wichtig für den jüdischen Glauben, in einer katholischen Kirche? Ich weiß nicht, ob ich das kann. *War das Stück je in so einem Umfeld aufgeführt worden? Würde ich in der Lage dazu sein, meine Seele zu offenbaren, die Tiefe der Gefühle und die antike Bedeutsamkeit dieses Stückes an Menschen zu vermitteln, die keinerlei vorige Verbindung dazu haben? Wird das Publikum dem feindlich gesinnt sein?* Und das alles sind nur Kleinigkeiten verglichen mit meiner schwierigen Geschichte als Erbin des Holocaust.

Als Kind hatte ich Angst davor, eine Kirche zu betreten. Vielleicht dachte ich, ich würde niedergestreckt werden. Vielleicht dachte ich, man würde uns für immer verteufeln. Trotz der enormen Bürde im Namen so vieler Opfer zu leben, wusste ich, was ich zu tun hatte: über die Erwartungen meiner Eltern hinaus auf Arten und Weisen, die ihnen verwehrt geblieben waren, erfolgreich sein. Doch selbst heute, als Erwachsene, schrumpfe ich bei der Bezeichnung „Jüdin" zusammen. Das ist mir so einverleibt worden. Ich höre meine Mutter sagen: „Wir sin Juden; wir habe immer Angst. Erzähl *niemande*, dass du Jude bis." Als wäre es selbst für uns eine Beleidigung. Fühlen sich andere Minderheiten genauso? Nach all den Jahren fange ich jetzt erst an, die Puzzle meiner Kindheit zu entschlüsseln und das Verhalten meiner Eltern im Kontext von Verfolgung, Einschränkung, Erniedrigung, Entbehrung und Verlust zu verstehen.

Eines Nachts wache ich von besonders aufwühlenden Träumen auf. Google ruft nach mir. Ich tippe „Kol Nidrei in einer Kirche" in das Suchfenster und ein Foto ploppt auf—Papst Johannes Paul II. und Elio Toaff, Großrabbiner von Rom, zusammen im Vatikan. 1994 waren sie die zentralen Figuren eines bedeutenden Ereignisses— das päpstliche Konzert zum Gedenken an die Shoah zu Ehren der sechs Millionen Juden, die von den Nazis systematisch vernichten worden waren. 7.500 Zuschauer, darunter Überlebende des Holocaust, erlebten das Programm erstellt und dirigiert von Gilbert Levine und aufgeführt von Londons Royal Philharmonic Orchestra und dem Cellisten Lynn Harrell, eines meiner Idole, der das atemberaubende Solo spielte. Das Programm beinhaltete das jüdische Gebet für die Toten—das *Kaddisch*—aus Leonard Bernsteins „Symphonie Nr. 3". Ermutigt und mit einem neuen Plan sinke ich zurück in mein Bett.

Vater O'Connell und ich haben eine gute Beziehung. Er nimmt jedes Jahr an einem Jom Kippur Gottesdienst im Temple Israel teil und hat mich schon oft *Kol Nidrei* spielen hören. Ich lass mir einen Termin geben, um ihn zu besuchen.

Es ist ein frostiger Januarnachmittag und ich fahre auf verschneiten Straßen zur Kirche. Ein Rezeptionist geleitet mich zu den Räumlichkeiten von Vater O'Connell. Er sitzt in Gedanken versunken vor seinem Kamin, doch sobald er mich sieht, lächelt er mich an und bittet mich, es mir gemütlich zu machen. Die Glut in der Feuerstelle hüllt den Raum in sanfte Gelbtöne und ein warmes Ambiente. Ich fühle mich, als würde uns ein Leuchten umgeben. Trotzdem zögere ich: *Was genau will ich ihm sagen? Das ich Angst habe, mich als Jüdin zu offenbaren; Angst habe gerade dieses Stück in* einer Kirche zu spielen; dass ich mir Sorgen darüber mache, wie das aufgenommen wird?

Vater O'Connell scheint mein Unbehagen zu spüren. Wortlos steht er auf, greift in seinen mittlerweile aufgeräumten Schrank, holt die kleine, in Leder gehüllte Schachtel raus, setzt sich sehr nah an mich ran und öffnet sie. Da sind sie, gelb schimmernd im Licht des Kamins: die hellblauen Manschettenknöpfe in der Form des Hakenkreuzes. Auf ihnen ist etwas eingraviert und das Zeichen des Herstellers ist prominent und stolz in silbernen Buchstaben auf das Seidenfutter der Box gedruckt, offensichtlich speziell für Nazi-Anhänger angefertigt—in diesem Land.

Dieses abscheuliche Symbol hat so viel Schmerz verursacht, so viel Verlust. Die Hakenkreuze treffen mich wie Dolche. Ihre schmuckvolle Verarbeitung—die offensichtliche Sorgfalt und Handwerkskunst—machen es noch schlimmer. Zorn im Namen meiner hilflosen Eltern flammt in mir auf.

„Diese Chance ist ein Segen, Janet", beginnt Vater O'Connell. „Du musst die Bürde, die du geerbt hast, auf dich nehmen. Vertraue der Stimme des Cellos. Sie wird dich leiten."

Elie Wiesels Worte erklingen in meinem Herzen:

> Ich habe geschworen, niemals zu schweigen, wann immer und wo immer Menschen Leid und Erniedrigung erfahren. Wir müssen immer Partei ergreifen. Neutralität hilft dem Unterdrücker, niemals dem Opfer. Schweigen ermutigt den Peiniger, niemals die Gepeinigten. Manchmal müssen wir eingreifen. Wenn menschliche Leben in Gefahr sind, wenn menschliche Würde auf dem Spiel steht, werden nationale Grenzen und Empfindlichkeiten irrelevant.
> 
> —Aus Wiesels Dankesrede beim Erhalt des Friedensnobelpreises 1986

Meine Zweifel beginnen, sich aufzulösen. Berauscht von dem Gespräch fasse ich den Entschluss, für meine Eltern und all jene, die während dieser grausamen Jahre gestorben sind, aufzutreten. Ebenso für die mutigen Nichtjuden, die sich im Namen der

Gerechtigkeit in Gefahr brachten, und für die generelle Versöhnung. Mit dieser Intention hoffe ich die Angst abzulegen, dafür verachtet zu werden, wer ich bin.

Die Basilika ist an diesem Novemberabend rappelvoll. Als ich mit dem Dirigenten zusammen erscheine, nehme ich meinen Platz in der Mitte vor dem Orchester ein. Mir stockt der Atem. Mein Herz flattert wie ein gefangener Vogel. Ich fühle die Anwesenheit der Opfer. Das Flüstern der Streicher erhebt sich, verstärkt durch die Akustik der Kirche. Sowie die einführenden Töne verklingen, legt sich eine aufgeladene Stille über das Publikum. Ich atme tief ein, schließe die Augen und beginne *Kol Nidrei* zu spielen. Erhabene, goldene Töne hallen durch die heilige Stätte. Das Klagelied klingt aus und endet in einem vollkommenen Frieden. Ich weiß, dass mein Vater bei mir ist.

Nach einer kurzen Pause ist es Zeit für das Oratorium. Dreihundert Künstler—Orchester, Chor, Solisten und der Jugendchor der Basilika—nehmen ihre Plätze ein. Riesige Bilder, Fotos von Roman Vishniac, welche die Kinder zeigen, die aus den *Shtetls* (Dörfern) Europas verschwunden waren, werden auf von der Decke hängende Leinwände projiziert. Die Aufnahmen und der Text des Oratoriums auf Englisch, Hebräisch und Deutsch legen den Fokus auf die kindlichen Opfer des Holocaust. Vänskä tritt auf die Bühne und die Basilika verdunkelt sich. Er hebt seine Arme und drei schillernde Töne durchbrechen die Stille. Der Schofar:

> *Te-ki-ah—She-va-rim—Teru-ah—*
>    *Schema jissra-el, adonái elohénu, adonái echad.*
>    *Baruch schem kewod malchuto le-olam wa-ed.*

Diese Worte nehmen mich mit auf eine spirituelle Reise. Das Schema rettete das Leben meines Vaters.

Gesangssolos von übersinnlicher Schönheit erklingen—

prickelnd hohe, großartige Tenor- und butterweich tiefe Stimmen. Die Bögen der Violinen schwirren so geschwind hin und her, dass die Luft selbst kristallen wird und die erbauenden Worte in Heiligkeit erstrahlen.

    Schaffe eine große Leere in mir.
        Schicke eine Brise.
        Streife Blätter von den Bäumen.
        Und gewöhnliche Musik von mir.

    Lass mich fallen wie ein Stein,
        entlang unbekannter Pfade gehen,
        entlang Routen ohne Pfad,
        der Verlorenheit entgegen,
        hinunter in die Echos,
        wo ich Stimmen und
        doch keine Worte höre:
        ein Ort der Tränen
        tiefer als alle Erdenwasser.

    Teshuvah, Teshuvah, Teshuvah.

Der Text preist:

    Wir danken Dir für unsere Hoffnung.
        Wir danken Dir für unsere Träume.
        Wir danken Dir fürs Sonnenlicht.

Und mahnt:

    Juden dürfen keine Bürger sein.
        Juden dürfen sich nicht in der Öffentlichkeit treffen.

Juden dürfen nicht zur Schule gehen.
Juden dürfen keine Nichtjuden heiraten.
Juden dürfen nicht hoffen; dürfen nicht träumen.

Hunderte Kerzen, die vorher im Publikum verteilt wurden, werden angezündet. Der Moment erinnert an das Denkmal für die Kinder im Yad Vashem. Und der Jugendchor singt: „Wo war das Licht, das wir hätten sein sollen?" Teil des Libretto sind Schilderungen von Holocaust-Überlebenden:

> Warum habe ich überlebt? Der Rabbi sagte: „Gott hielt dich auf dieser Erde, damit du deine Geschichte aufschreibst."
> (Henry Oertelt, Überlebender)

> Ich träume von der Skulptur eines Vogels—
> ich versuche, sie zu berühren. Ich wache auf und berühre den Vogel. Es muss ein Wunder sein.
> (Robert Fisch, Überlebender)

Ein letztes Gebet beendet das Oratorium:

> *V'a havta le reacha kamocha.*
> (Du sollst deinen Nächsten lieben wie dich selbst.)

Das Publikum bleibt zunächst still, ergriffen und doch geheilt. Differenzen haben dem Segen der Musik nicht standhalten können. Für mich ist es ein transformatives Ereignis, die Kirche als einen heiligen, sicheren Ort zu erleben. Ich fühlte eine tiefe, spirituelle Verbundenheit zu jeder menschlichen Seele im Raum. Nur ungerne verlasse ich die Basilika an dem Abend. Meine Gedanken sind voller neuer Erkenntnisse. Ich bin mir jedoch noch nicht bewusst, dass dieser erleuchtende Moment das Fundament für einen grundlegenden Wandel in mir gelegt hat.

Jahre später erhalte ich eine Nachricht von einer Frau, deren Name ich nicht wiedererkenne—Mairi Dorman-Phaneuf, eine Cellistin, die bereits seit einer Weile versucht hatte, mich ausfindig zu machen, um die Geschichte ihres Instruments zu erfahren. Als sie das Cello in New York kaufte, erzählte ihr der Verkäufer, dass es einem Holocaust-Überlebenden gehört hatte. Nach monatelanger Recherche fand Mairi zuerst den Namen meines Vaters heraus und dann den meinen.

> Janet, ich bin so froh, dich auf Facebook gefunden zu haben. Ich schreibe dir, weil ich heute mit *Kol Nidrei* im Museum of Jewish Heritage—A Living Memorial to the Holocaust in New York City aufgetreten bin. Das Gebäude auch nur zu betreten war ein besonderes Erlebnis.
>
> Was für eine Ehre diese Stück auf dem Cello deines Vaters zu spielen und dem Publikum zu erklären, dass das Instrument einst einem Überlebenden des Holocaust gehört hatte! Ich werde Freitag, an Jom Kippur, erneut an ihn denken.

Nachdem mein Vater 2009 verstorben war, verlor ich sein verkauftes altes Cellos aus den Augen. Mairi war in dem Museum aufgetreten, welches Artefakte beherbergt, die mir ausgesprochen wichtig sind: die Fotos mit Leonard Bernstein und das Programm von dem Konzert in Landsberg, in dem mein Vater 1948 spielte. Mit bebenden Händen rufe ich sie an. Während unser Konversation erwähnt Mairi, dass sie mit *Kol Nidrei* jedes Jahr an Jom Kippur in einer großen Synagoge in New York auftritt. Ich kann es kaum glauben. 7 Jahrzehnte später und das Cello singt noch immer.

*Das Cello meines Vaters: das Panormo. Ein Instrument aus dem 18. Jahrhundert und doch offenbart das makellose, goldene Holz keine Anzeichen auf seine turbulente Geschichte und die lange Reise bis nach New York.*

*Vater O'Connells Entdeckung der Hakenkreuze—das Symbol, welches so viel Schmerz gebracht hat und bis heute bringt—wurde für mich zum heiligen Antrieb.*

*Vorführung von „To Be Certain of the Dawn" in der St.-Mary-Basilika, Minneapolis, 2005, von Stephen Paulus. Seitdem wurde das Oratorium aufgenommen und mehr als vierundzwanzig Mal von Universitäts- und Berufsorchestern im ganzen Land und vor den Toren der Konzentrationslager in Europa aufgeführt.* Quelle: Foto von Michael Jensen; mit freundlicher Genehmigung des Minnesota Orchesters.

*Vor der St.-Mary-Basilika. Janet und der andere Solist des Abends: Klarinettist Burt Hara.*

# TEIL IV

## MEINE GESCHICHTE

Die schönste Musik ist nicht die eines Oratoriums, sondern die menschliche Stimme, wenn sie direkt aus den Tönen des Lebens heraus von Zärtlichkeit, Wahrheit und Tapferkeit spricht.

Was hinter uns liegt und was vor uns liegt, sind nur Kleinigkeiten im Vergleich zu dem, was in uns liegt.

—Ralph Waldo Emerson (1803-1882)

## 11

# EINE MUSIKERIN, DIE SICH VOR GERÄUSCHEN FÜRCHTET

Dies ist ein Witz, den sich Musiker gerne erzählen. Ein Violinist spaziert durch die Straßen von New York, sein Instrument in der Hand. Jemand fragt ihn: „Wie kommt man zur Carnegie Hall?" Seine Antwort: „Üben, üben, üben!"

Selbst nach so vielen Auftritten dort freuen wir uns über die Reise nach New York und das Privileg, auf diese ehrwürdige Bühne zu treten und die Aura so vieler großartiger Künstler in uns aufzunehmen. Das 125 Jahre alte Gebäude aus ocker- und terrakottafarbenen Ziegeln an der Kreuzung von 57th Street und Seventh Avenue, mit seiner Italienische-Renaissance-Fassade, zieht Koryphäen aus jedem Genre auf die Bühne und ins Publikum.

In dem Jahr kündigte unser Kalenderbuch an: Februar 2010, die Carnegie Hall präsentiert das Minnesota Orchester und Dirigent Osmo Vänskä. Das Programm beinhaltete ein lautstarkes Werk. Die Begeisterung, die ich als junge Cellistin bei meinem ersten Auftritt in der berühmten Konzerthalle empfunden hatte, verwandelte sich schnell in Furcht.

2009 war wie ein Sturm an mir vorbeigezogen. Sich um meinen Vater zu kümmern und die Geschichte meiner Eltern zu erfahren hatte alles andere in den Hintergrund gerückt. Als Papa aufhörte zu atmen, fing ich damit an. Nach einem Jahr überschwemmt von den Sorgen der Gegenwart und Erkenntnissen aus der Vergangenheit, war mein Kopf wieder über Wasser. Meine Trauer brachte eine neue Klarheit mit sich und ermutigte mich darin, die Bürde der lebenden Zeugin auf mich zu nehmen—die Wahrheit durch meine Musik sprechen zu lassen, so wie es meine Eltern getan hatten. Doch ich konnte auch nicht länger das Leiden leugnen, dass mich seit Monaten heimsuchte.

Während ich zwischen St. Paul und Toronto hin- und hergeflogen war, mich um meinen Vater gekümmert und Recherche betrieben hatte, hatte ich es trotzdem fertig gebracht, zu üben, lehren und auf zahllosen Konzerten zu spielen. Nur für mich hatte ich keine Zeit gehabt. Am Ende des Jahres, nach dem Tod meines Vaters, tat Musik weh. Geräusche taten weh. Sogar meine eigene Stimme tat weh.

An dem Februarabend in der Carnegie Hall führten wir das epische Stück „Kullervo" von dem finnischen Komponisten Jean Sibelius auf—73 Minuten wilde, aufbrausende Musik für Chor, Gesangssolisten und Orchester. Ein unvergesslicher Abend. Meine Ohren pochten—der Schmerz wie ein Messer in meinem Gehörgang.

Im Frühling war es so weit gekommen, dass mein Ehemann mich nicht mehr küssen konnte, nicht einmal auf die Wange, weil selbst die sanfteste Berührung Wellen des Schmerzes über mein Gesicht fahren ließ. Jedes Geräusch fühlte sich an wie eine Attacke gegen mich—eine Autoalarmanlage, ein schreiendes Baby, eine Gruppe kichernder Teenager, die in den Fahrstuhl rennen. Das *Ping* eines Geldautomaten. Das Lied einer Zikade. Und besonders das Brüllen eines Laubbläsers. Howie und Harris schlichen aus Mitgefühl um mich herum und schraken bei jedem kleinen Geräusch zurück. Wann immer ich aus dem Haus musste, stopfte ich extra angefertigte Stöpsel in meine Ohren und zog geräuschunterdrückende Kopfhörer auf, aber auch das half nur wenig. Lärm konnte mich jederzeit in die Knie zwingen. Wie konnte ich eine Musikerin sein, die sich vor Geräuschen fürchtet?

Ich hätte in der Nacht realisieren müssen, dass meine Karriere vorbei war—August 2006—ein Abend voller Broadway-Favoriten. Ich saß zentral an meinem Platz als Solocello mit Schlagzeug, Piano, E-Gitarren, Keyboard und Dirigent direkt vor meiner Nase. Bei unseren Auftritten mit klassischer Musik benutzten wir nur selten Mikrofone, doch in unseren poppigeren Programmen präsentierten wir häufig Sänger und Sängerinnen, die Mikros nutzten. Dieses Programm hatte drei Broadway-Sängerinnen, die in farbprächtigen, paillettenbesetzten Outfits über die Bühne stolzierten und ihre Mikrofone in den Händen hielten. Lautsprecher donnerten die Musik zurück zu uns auf die Bühne, damit die Sängerinnen sich selbst hören konnten. Normalerweise standen vielleicht drei dieser Ungeheuer auf der Bühne, doch diesmal hatten wir acht von ihnen über die gesamte Bühne verteilt —einer davon nur etwa einen halben Meter von meinem linken Ohr entfernt.

Der Lautsprecher schien mir gefährlich nah. Der Bühnenmanager hatte erklärt, dass nicht genug Zeit war, um das Arrangement zu justieren, weil wir nur eine Probe kurz vor dem Konzert gehabt hatten, also hoffte ich das Ohrstöpsel das Problem gut genug lösen würden und verkniff mir meine Einwände. Ich ging davon aus, etwas durchgerüttelt zu werden; eine temporäre Unannehmlichkeit.

Nach einer Zugabe von „Das Phantom der Oper" ging der Auftritt mit donnerndem Applaus zu Ende. Als ich von der Bühne trat, hatte ich ein qualvolles Gefühl im Ohr, welches in mein Gesicht, Zunge, Zähne, Kiefer und den Nacken hinunter strahlte. Schmerz reicht nicht aus, um es zu beschreiben. Ein Flattern in meinem Kopf machte mich schwindelig.

Ich eilte aus dem Gebäude, um der Aufregung hinter der Bühne zu entkommen—jedes Geräusch machte es schlimmer, fand ich schnell heraus, selbst meine eigene Stimme. Ich fuhr nachhause, kaum in der Lage, durch meine Tränen hindurch die Straße zu erkennen. In jener Nacht lag ich im Bett und betete, dass der Schmerz einfach abklingen würde. Am nächsten Morgen stand eine dreistündige Generalprobe für die Oper „Carmen" an. Ich hatte stundenlang daran gesessen, meine Solos zu perfektionieren und alle Cello-Parts vorzubereiten. Während der Probe verursachten die sonst so aufregend schönen Stimmen der Sänger bei mir große Pein. Ich musste wieder Ohrstöpsel tragen; zum ersten Mal in meiner langen Karriere bei einem klassischen Programm.

In den darauffolgenden Wochen ging ich zu HNO-Ärzten, Neurologen, Audiologen und Neurotologen. Ich rannte nervös von einem Termin zum nächsten. Natürlich erzählte ich meinem Vater nicht davon. Die Untersuchungen jeder Art offenbarten keine mögliche Ursache—tatsächlich waren meine Hörtests besser als normal. Ich hätte Spionin werden können, so gut konnte ich hören. Es war als wäre die Lautstärke der Welt für mich höher gestellt worden und ließe sich nicht mehr runter drehen. Die Spezialisten rieten mir zu psychiatrischen Untersuchungen. Vielleicht würden Meditation, Entspannungsübungen oder Therapie helfen, sagten sie zu mir.

Dann erhielt ich von einem der Ärzte endlich eine echte Diagnose: Ich hatte eine akustische Schockverletzung in meinem linken Ohr erlitten. Ohrtrauma ist permanent, Behandlung oder Heilung nicht wirklich möglich. Er riet mir, kräftig Vitamine zu mir zu nehmen, die Finger von Koffein und Alkohol zu lassen und mein Leben so still wie möglich zu gestalten, um zu schauen, ob der Schmerz vielleicht verschwindet.

Drei Monate lang zog ich mich zurück und hoffte auf Heilung. Ich lebte in Stille. Ich ging sozialen Situationen aus dem Weg. Ich schränkte jegliche Kommunikation auf Emails und SMS ein. Kein Fernsehen, kein Radio, keine Supermärkte, keine Telefone (außer um Papa anzurufen und so zu tun, als wäre alles okay)—und am aller schlimmsten: keine Musik.

Das stille Exil schien zu helfen. Ich kehrte an meine Position im

Orchester zurück—unter gewissen Bedingungen: Ich musste immer Ohrstöpsel im linken Ohr tragen und trat auf unbestimmte Zeit nicht bei den lärmintensiveren Konzerten auf. Schon bald hatte ich mich an die Ohrstöpsel und meine neue Normalität gewöhnt. Ich war der Meinung, dass es der Qualität meines Spiels keinen Abbruch tat, aber vorsichtshalber hielt ich mich weiter von jedem unnötigen Lärm fern, sogar vom Autoradio. Zuhause saugte Howie das Haus und machte den Abwasch so leise wie möglich; mein Sohn lud keine Freunde ein, wenn ich da war, und hörte seine Musik oder das Fernsehprogramm mit Kopfhörern. Meine Persönlichkeit verkümmerte. Ich wurde scheu. Selbst mit dem Hund rauszugehen schien ein Risiko zu sein. Wenn ich auf einen Laubbläser, eine Säge, einen Rasenmäher oder auch nur glücklich kichernde Kinder traf, rannte ich panisch in die entgegengesetzte Richtung.

Wann immer ich in dem Jahr meinen Vater in Toronto besuchte, sprach ich zurückhaltend von Kopfschmerzen. Er ließ sich darauf ein, den Fernseher auszuschalten. Und unter all diesen alltäglichen Problemen verblieben erschütternde Sorgen: Würde ich weiterhin auf dem höchstmöglichen Niveau spielen können? Würde sich mein Zustand verschlimmern? Und besorgniserregender als alles andere; wie sollte ich meinem Vater beichten, dass ich dabei war, die Musik zu verlieren?

Zu ängstlich, um mir selbst die kommende gesundheitliche Krise einzugestehen, spielte ich weiterhin das volle symphonische Programm mit Ohrstöpseln und schreckte bei jedem Forte zusammen. Doch trotz meiner vielen Vorkehrungen verschlechterte sich mein Zustand und 2009 begann auch mein rechtes Ohr wehzutun. Nach einer zweiten, monatelangen Runde des Arztkarussells traf ich endlich auf einen HNO-Arzt, der verstand, was mit mir vor sich ging.

Als er seine Erklärung zunächst rapide von sich gab, löste sie Erleichterung in mir aus. *Also verliere ich doch nicht den Verstand.* Der höllische Schmerz, das Schwindelgefühl, die Furcht vor Lärm und das merkwürdige Flattergefühl waren darin begründet, dass mein Gehirn Geräusche viel lauter wahrnahm, als sie waren.

Obwohl die Hörtests an sich normal ausfielen, hatte ich die durch Lärm verursachte Krankheit Hyperakusis, eine Verletzung des Hörsystems aufgrund intensivem und regelmäßigem Umgang mit hohen Dezibel. Mein Gehirn hatte eine unverhältnismäßige Wahrnehmung von Geräuschen. Das Resultat war eine ungewöhnliche Empfindlichkeit und dementsprechende Intoleranz.

Hyperakusis kann ein ohrspaltendes Ereignis zur Ursache haben—einen akustischen Schock, wie in meinem Fall, als das besonders laute Konzert mein Ohr torpediert hatte—oder die Verletzung kann durch häufiges ausgesetzt sein entstehen.

Auf der Bühne klettern die Dezibel bei einem klassischen oder Rockkonzert häufig über gesunde Maße hinaus. Und Musiker machen gerne eine Menge Lärm. Tatsächlich sagten wir gerne und nur halb im Scherz: Schnell ist gut, laut ist besser, schnell und laut ist am besten. Stellen Sie sich vor, regelmäßig von hundert lärmenden Musikern umgeben zu sein—trillernde Piccoloflöten, dröhnende Blasinstrumente und krachende Becken.

Der Arzt erklärte mir, dass weiterer Lärm meinen Zustand nur verschlimmern würde. Mit Rücksicht auf mein eigenes Gehör in der Zukunft sollte ich meine Karriere beenden und etwas anderes machen. Etwas ruhigeres.

*Etwas anderes machen?* Undenkbar. Das Cello spielen und Musik machen *war* mein Leben, das Kernstück meiner Identität. Wie konnte mir etwas, dass ich so sehr liebte, solche Schmerzen bereiten?

### Entr'acte 1979

Die Saison des Symphonieorchesters von Indianapolis ist Ende Mai zu Ende gegangen. Zum Anfang des Jahres habe ich für das mehrwöchige Kammermusikfestival in Vermont vorgespielt—dem Marlboro Music Festival, dass im Sommer stattfinden soll—und bin angenommen worden. Ich kann es kaum erwarten. Es wird so spannend sein, mit den Elitemusikern und Talenten zu spielen, die sich dort treffen.

Mein erster Auftritt beinhaltet Dvořáks schöne „Serenade für Blasinstrumente, Violoncello und Kontrabass" in D-Moll, Op. 44, welches ein wundervolles aber schwieriges Stück fürs Cello ist. Am nächsten Morgen bittet mich der Direktor der Marlboro Musikschule, Frank Solomon, zu ihm zu kommen. Er verschwendet keine Zeit und sagt: „Ich würde dich gerne dazu einladen, Cellistin der *Music from Malboro* Konzerttour im Herbst zu sein." Was für eine Ehre! Das fünfköpfige Ensemble soll in vielen der renommiertesten Veranstaltungsorten für Kammermusik in den USA auftreten. Habe ich die Zeit dafür?

Ich bin über alle Maße freudig aufgeregt und rufe beim Musikdirektor des Symphonieorchesters von Indianapolis an, noch bevor ich meine Eltern kontaktiere. Wird er mich für die ersten 10 Tage der Saison im September entschuldigen, damit ich auf Tour gehen kann? Mein Auftritt dort wird sicherlich ein gutes Licht auf das Orchester werfen und mir die Chance erübrigen, als Musikerin zu wachsen. Doch er antwortet mit nein.

Am Boden zerstört überdenke ich meine Optionen. Ich befinde mich am Ende meines Vertrages und bin daher theoretisch nicht an das Orchester gebunden. Die Marlboro Tour ist vielleicht ein lebensveränderndes Erlebnis, also reiche ich in Indianapolis meine Kündigung ein.

„Waaass? *Jaaannaaattte*! Nicht deine Job aufhören!!"

„Mama", antworte ich in einem selbstbewussten Ton. „Ich kann *jederzeit* einen anderen Job finden." Tatsächlich sind offene Stellen in Orchestern selten, vor allem in führenden Positionen, aber ich weiß, dass das Minnesota Orchester bereits Vorspiele für das Stellvertretende Solocello abgehalten hat ohne jemanden auszuwählen.

Nach drei Vorspielrunden ohne Ergebnis lädt der Personalmanager des Minnesota Orchesters assistierende und Stellvertretende Solocellisten und Cellistinnen aus dem ganzen Land ein. Ron Balasz ruft mich an.

„Können Sie nächste Woche nach Minneapolis kommen?"
„Welche Stücke soll ich vorbereiten?", frage ich.

Er listet etwa ein Dutzend Werke aus dem üblichen Orchesterrepertoire auf und ich denke mir: Wieso nicht? Obwohl ich nicht die Zeit habe, die ich normalerweise zur Vorbereitung auf ein solches Vorspiel nutzen würde, möchte ich mein Glück versuchen.

---

Auf der Bühne der Orchesterhalle in Minneapolis spiele ich hinter einer großen Leinwand aus blauem Samt für das Komitee. Sie wollen ein Stück nach dem anderen hören—„Ein Heldenleben" von Strauss, Mendelssohns „Scherzo" aus „Ein Sommernachtstraum", Beethovens „Symphonie Nr. 5", Brahms „2. Klavierkonzert"... so weit so gut. Dann fragen sie nach Tschaikowskis „Symphonie Nr. 4"—und sie bitten mich auf einer Saite zu spielen; ein Sprung ins Niemandsland. Ich mache einen Fehler. Und dann noch einen. „Danke schön", sagt jemand und ich darf gehen.

Hinter der Bühne lasse ich meinen Kopf hängen. Ron Balasz sagt: „Janet. Ich glaube, du bist noch nicht bereit für dieses Orchester."

„Und ob ich das bin!", erwidere ich und bereue sofort meine lose Zunge. Ich will es unbedingt noch einmal versuchen. Habe ich es mir mit meiner frechen Antwort versaut?

---

Monate später, während ich meinen Umzug aus Indianapolis vorbereite, versuche ich in jeder freien Sekunde so viel wie irgend möglich für die Marlboro Tour und das nächste Cello-Vorspiel zu proben, welches sicherlich schon bald angekündigt wird. Eines der Kammerstücke, dass wir spielen werden, das wunderschöne „Klavierquintett Nr. 2" von Dvořák mit der himmlischen Cello-Eröffnung, ist ein langes Werk, welches viel Übung erfordert.

Als ich für 2 Wochen intensive Proben in New York ankomme, erfahre ich, dass das Minnesota Orchester wieder zum Cello-Vorspiel einlädt und zwar am Tag vor unserem ersten Auftritt in New York. Ich habe keine andere Wahl. Ich muss mit Frank Solomon sprechen.

Während der Fahrstuhlfahrt zu seinem Büro im oberen Stockwerk eines Hochhauses rutscht mir das Herz in die Hose. Solomon winkt mich in sein muffiges Büro. Ich spreche das Thema mit zittriger Stimme an: „Würdest du mich für eine der Proben in New York entschuldigen, damit ich zu einem Vorspiel nach Minneapolis fliegen kann?"

Mit ausdruckslosem Gesicht und ohne jede Antwort signalisiert er mir, mich in den Vorraum zu setzen.

Später erfahre ich, dass Frank das Minnesota Orchester anrief, sobald ich die Tür zu seinem Büro hinter mir geschlossen hatte.

„Hallo. Personalbüro, Rob Balasz am Apparat."

„Ron. Darf ich Ron sagen? Würdest du sagen, dass Janet eine Chance hat, eure offene Cello-Position zu erlangen?"

„Also, Neville Marriner ist sehr speziell... Wir hatten schon eine ganze Menge Vorspiele und nun ja, sie war schon einmal hier und hat es nicht einmal über die *Vorrunde* hinaus geschafft!"

Solomon ruft mich wieder in sein Büro. Er sagt nein. Er stellt mich nicht frei.

Doch ich entscheide mich, trotzdem zu gehen. Am Tag des Vorspiels probe ich 3 Stunden am Morgen in New York mit dem Kammerensemble, eile dann zum Flughafen und fliege mit meinem Cello nach Minneapolis. Am späten Nachmittag spiele ich erneut hinter der Leinwand aus blauem Samt. Danach warte ich in dem kalten, fensterlosen Umkleideraum; müde, durstig und hungrig. Irgendwann kommt Ron und sagt mir mit einem Lächeln, dass ich es ins Halbfinale geschafft habe. Ich greife mein Cello, trete hinter die Leinwand und spiele das Repertoire diesmal ohne Fehler.

Während ich nervös warte, bespricht sich das Komitee. Nach vielleicht 30 Minuten taucht Ron wieder auf. Ich soll ihm auf die Bühne folgen und für das Finale spielen, diesmal ohne Leinwand.

Irgendwie schaffe ich es trotz Erschöpfung, noch einmal die nötige Kraft und Entschlossenheit aufzubringen. Es hilft zu wissen, dass mein Spiel dem Komitee gefällt. Für einen Moment schüchtern mich die vornehm aussehenden, angegrauten Gentleman ein, doch ich kämpfe mich mutig durch die finale Rune, ein Stück nach dem anderen. All die Solos und schwierigen Passagen verlaufen problemlos, denke ich. Am Ende verlasse ich die Bühne und gehe zurück in den winzigen Umkleideraum, wo ich die weißen Betonwände und den grauen Teppich anstarre. Ich bete, dass es gut genug war.

Es ist bereits Abend und ich bin am verhungern. Erneut taucht Ron auf. Der Wettbewerb hat noch zwei Kandidaten, erklärt er mir. Würde ich noch einmal zurück auf die Bühne kommen und etwas Kammermusik mit dem Konzertmeister und anderen Solostreichern spielen? Durch pures Glück hat sich das Komitee für Beethovens „Streichquartett Nr.1", Op. 59, entschieden; ein Stück, dass ich in und auswendig kenne und womit ich schon so oft aufgetreten bin.

Wir nehmen Platz und der Violinist wendet sich an seine Kollegen und fragt: „Welches Tempo?"

Bevor der Konzertmeister etwas sagen kann, antwortet meine vorlaute Zunge: „Oh! Es geht so", und ich summe den Anfang der Melodie. Diesmal werden meine Worte nicht als eingebildet betrachtet. Nevilles kaum sichtbares Lächeln bestätigt mich und ich beginne, das Ensemble selbstsicher zu führen.

Als es vorbei ist, scheint die Zeit für eine Weile still zu stehen. Doch irgendwann reißt mich Ron aus dieser Zeitlosigkeit. Er hat ein breites Grinsen auf dem Gesicht. „Janet. Du hast den Job. Das Komitee würde dir gerne gratulieren."

Ein Mitglied des Orchesters lädt mich an dem Abend zu sich nachhause ein, wo ich übernachten und das köstliche japanische Essen seiner Frau genießen darf. Zeit zu schlafen habe ich jedoch kaum. Um 7 Uhr sitze ich wieder im Flieger, das Cello auf dem Platz neben mir. Als ich wirklich realisiere, was geschehen war, ziehe ich mir meinen Mantel über den Kopf und beginne vor

Erleichterung und Freude zu heulen. Den ganzen Weg nach New York.

Das große Glück, dass ich empfinde, gibt mir die Kraft, den Auftritt am Abend zu überstehen. Welch ein Coup! Eine junge Frau wie ich gewinnt eine so prestigereiche Position in einem angesehen Orchester. Ich werde die einzige Frau im „inneren Zirkel" nahe dem Maestro sein. Als ich meine Eltern anrufe und ihnen die guten Nachrichten verkünde, können ihre Freudenschreie den ganzen Weg von Toronto nach Minneapolis gehört werden.

Das Ohr hat 20.000 bis 30.000 Haarzellen; Nervenenden, die elektrische Impulse über den Hörnerv ins Hirn befördern. Diese zarten Rezeptoren biegen sich oder legen sich an, wenn Geräusche das Ohr erreichen, und federn normalerweise nach ein paar Stunden oder über Nacht wieder in ihre Ausgangsposition. Doch über längere Zeit hinweg können laute Töne permanenten Schaden anrichten, weil die Haarzellen ihre Widerstandskraft verlieren. Regelmäßiger und intensiver Lärm führen dazu, dass sich die Rezeptoren anlegen, versteifen und irgendwann sogar brechen. Der Schaden kann die Fähigkeit zu erkennen wo ein Geräusch herkommt beeinträchtigen, extreme Empfindlichkeit und Schmerzen hervorrufen und es schwer bis unmöglich machen Worte zu verstehen, wenn irgendeine Form von Hintergrundgeräuschen zu hören sind. Einer von zwanzig Amerikanern—achtundvierzig Millionen Menschen—leiden unter einer Form von Hörschädigung.

Eine alarmierende Statistik—doch Hörschutz ist kein häufig angesprochenes Thema. Gesundheitsorganisationen raten für einen achtstündigen Tag zu nicht mehr als fünfundachtzig Dezibel kontinuierlicher Lärmbelastung. Je lauter die umliegende Geräuschkulisse ist, desto kürzer sollte die Belastung sein; für jede drei Dezibel über fünfundachtzig wird zu nur der Hälfte der Belastungszeit geraten. Lärm über hundertfünfzehn Dezibel ausgesetzt zu sein, selbst wenn es nur für ein paar Sekunden ist, ist gefährlich. Doch unsere alltäglichen Leben sind ungesund laut geworden. Schon normaler Stadtverkehr kann fünfundachtzig Dezibel erreichen. Der Lärm in Restaurants geht häufig über hundert Dezibel hinaus. Ein volles Orchester erreicht 120 Dezibel, so laut wie ein Rockkonzert oder Presslufthammer—wobei die Belastungszeit und Nähe zur Lärmursache das Schadensrisiko exponentiell vergrößern. An sehr vollen Orten, wie zum Beispiel Stadien, kann der Lärm gefährliche Höhen erreichen—ein Spiel der Kansas City Chiefs, eine American-Football-Mannschaft, schaffte es mit unfassbaren 137,5 Dezibel in das Guinness Buch der Rekorde. Es ist wichtig zu wissen, dass die höchsten Frequenzen das höchste Verletzungsrisiko mit sich bringen.

Und trotzdem setzen wir täglich wissentlich unser Gehör aufs Spiel. Lärmgefahr häuft sich, ein schleichender Prozess für Menschen die Musik stundenland oder mehrmals am Tag mit Ohrhörern hören. Laut der American Medical Association leidet einer von fünf Teenagern unter Hörschäden und kann kein Flüstern, keine Regentropfen oder Konsonanten hören. Millionen junger Menschen sind von Tinnitus betroffen. Lärm, nicht Alter, ist die Hauptursache für permanenten Hörschaden—und selbst ein wenig Hörverlust kann einen maßgeblichen, negativen Effekt haben. Unbehandelte Hörschäden können die Hirnfunktion beeinträchtigen und werden mit früh einsetzender Demenz in Verbindung gebracht.

Rückblickend war es fahrlässig von mir, weiterhin das volle Programm zu spielen. Der Kalender des Orchesters im Jahr 2010 beinhaltete mehrere lautstarke, große Werke und schon bald konnte ich die Orchesterhalle nicht mehr ohne Ohrstöpsel betreten. Ich kauerte in der Ecke des Gebäudes, um dem Lärm auszuweichen, und fragte mich, was meine Kollegen von mir dachten. Ich ignorierte weiter den Rat des Arztes und die Schmerzen. Obwohl ich mich nach Stille sehnte, konnte ich mir nicht vorstellen, mich wirklich von Menschen, vom Cello, von dem

Leben, das ich kannte, zu entfernen. Mein unantastbares Versprechen an meinen Vater trieb mich an und gab mir Kraft.

*Wer wäre ich ohne das Cello?*

*Auf der Bühne der Carnegie Hall.* Quelle: Foto von Stephanie Berger; mit freundlicher Genehmigung des Minnesota Orchesters.

***Janets letztes Konzert.*** *Dieser Auftritt in Amsterdams Concertgebouw mit Violine-Solist Gil Shaham sollte mein letzter sein.* Quelle: Foto von Greg Hegleson; mit freundlicher Genehmigung des Minnesota Orchesters.

***Auf Tour mit dem Minnesota Orchester.*** *Osmo Vänskä, unser Musikdirektor, signalisiert dem Orchester aufzustehen.* Quelle: Foto von Greg Hegleson; mit freundlicher Genehmigung des Minnesota Orchesters.

## 12

# PILGERFAHRT

Unser Orchester bereitete sich auf eine dreiwöchige Europatour im August 2010 vor—die Berliner Philharmonie, das Concertgebouw in Amsterdam, der Wiener Musikverein und die Royal Albert Hall in London, ein Höhepunkt in der Karriere eines jeden Musikers. Auf die Tour sollten ein paar Wochen Urlaub folgen, was mir ermöglichte zu den Orten zu pilgern, wo mein Vater aufgetreten war. Eine Chance, die ich nicht verpassen durfte! Sicherlich würde ich die paar Monate noch aushalten können.

Das Tour-Programm beinhaltete Beethovens „Symphonie Nr. 9" und seine berühmte „Ode an die Freude", welche lautstarke Musik hervorbringt: ein zweihundertfünfzigköpfiger Chor, Gesangssolisten und über hundert Orchestermusiker.

Die Reise von Land zu Land—ein hektisches Unterfangen selbst wenn man nicht mit einem Orchester auf Tour ist—wurde durch meinen Zustand nur noch komplizierter. Flugbegleiter wollten mich zurechtweisen, weil ich übergroße, geräuschunterdrückende Kopfhörer trug. Ich schrak vorm Stadtverkehr zurück, versteckte mich in Hotelzimmern und kämpfte mich durch die Konzerte. Auf den Notenblättern notierte ich mir, wann vielleicht genug Zeit war, um Ohrstöpsel reinzutun und wann ich sie für ein Solo wieder rausnehmen musste. Während der Konzerte schaute ich oft zum Publikum; paranoid, dass die vielen tausend Menschen in der Halle es vielleicht mitbekommen würden. Ich musste mittlerweile immer die besonders dichten Ohrstöpsel tragen. Dunkle Gedanken nagten an mir. *Was für eine Musikerin bin ich jetzt noch? Dirigent und Kollegen hören doch sicherlich einen Unterschied in meinem Können.*

Die größten Schmerzen machte ich während einer der letzten Auftritte durch—in Londons prestigereichsten Konzertsaal, der Royal Albert Hall, als Teil der herausragenden Sommerkonzertreihe der „Proms". Das elliptische Gebäude aus rotem Granit hat Platz für mehr als 5.000 Zuschauer und ihr triumphaler Jubel traf mich wie ein Schwertstoß. Nach dem Auftritt verkroch ich mich in einer Ecke des Umkleideraums und weinte. Ich wusste, das war's. Das finale Konzert in Amsterdam würde mein letztes als Musikerin in einem Orchester sein.

Meine kommende Pilgerfahrt an die Orte, wo mein Vater gespielt hatte, würde nun zwei Zwecke erfüllen; dort würde ich tiefer in die Vergangenheit meiner Eltern eintauchen und mir selbst die Frage stellen: Wie sieht meine Zukunft ohne Musik aus?

In Vorbereitung auf meine Reise ging ich noch einmal über das, was ich über meine Eltern erfahren hatte und notierte unbeantwortete Fragen. Obwohl ich die Adresse der Wohnung in der Jahnstraße hatte, in der meine Eltern in München gelebt hatten, besaß ich so gut wie keine Informationen über die Orte in Bayern, wo mein Vater aufgetreten war. Trotzdem wollte ich zumindest das St. Ottilien Kloster besuchen, welches den Überlebenden als Krankenhaus gedient hatte und mit dem Auto etwa 45 Minuten westlich von München, zwischen München und Landsberg, lag.

Die Vertriebenenlager in Landsberg und Feldafing, wo mein Vater als Mitglied des jüdischen Orchesters mit Leonard Bernstein gespielt hatte, gab es nicht mehr, doch ich hatte gehört, dass es in beiden Städten Denkmäler gab. Und nur 30 Kilometer nordöstlich lag Dachau, ein kleiner Vorort von München, wo ich meine erste Tour durch ein ehemaliges Konzentrationslager erleben sollte. Nachdem ich Unmengen an Filmen und Dokumentationen gesehen und unzählige Geschichten gelesen hatte, spürte ich den Drang, ein solches Lager mit eigenen Augen zu sehen, vor allem Dachau, wo die Saat zur „Lösung" der Judenfrage gepflanzt wurde.

Ironischer Weise mussten meine Eltern nach der Befreiung nach Deutschland reisen, in das Land der Täter, um an die notwendigen Papiere für eine Ausreise aus Europa zu kommen. Eine unwirkliche Vorstellung. Ich selbst wusste nicht mit diesem Ort umzugehen. Allein in München, ohne die Stadt zu kennen, ohne die Sprache zu verstehen, und mit dem mulmigen Gefühl eine Jüdin in Deutschland zu sein. Howie und Harris waren bei den Tour-Auftritten, schauten sich London und Amsterdam mit mir an und begleiteten mich am Anfang meiner Odyssee nach Budapest. Doch dann mussten sie rechtzeitig zum Labor Day und den Beginn des Schuljahres nach Kanada zurück.

Mit der Pein der Konzerte hinter mir und meinen Ohren ausnahmslos von Stöpseln geschützt, machten wir uns auf den Weg. Um ehrlich zu sein, wusste ich nicht, wonach ich suchte; ich wusste nicht, ob ich vor etwas weg oder zu etwas hin rannte.

**Budapest**

Meine Wurzeln riefen nach mir. Ich freute mich auf den ersten Stopp meines Trips: ein Wiedersehen mit meinem Cousin Mihály (Misi), dem Sohn von Trudy, der Cousine meiner Mutter, und seinen Töchtern Andrea und Monika. Es war schön ihnen zum ersten Mal persönlich meinen 16 Jahre alten Sohn vorzustellen und Budapest zu erkunden. Wir lachten zusammen und erfreuten uns gastronomischer Höhepunkte und Sehenswürdigkeiten, doch es kam auch zu wehmütigen Offenbarungen.

Am 6. September 2010, direkt nachdem meine Tour zu Ende

gegangen war, holte uns Misi mit seinem winzigen Wagen ab und fuhr uns zu sich nachhause. Dasselbe Zuhause, in dem seine Familie bereits vor dem Krieg gelebt hatte. Er nahm einen alt aussehenden Schlüssel in die Hand und schloss auf. Das eine bescheidene Zimmer hatte eine winzige Küche und ein Kämmerchen als Badezimmer. Abends wurde ein Vorhang zugezogen, um ein Schlafzimmer zu kreieren.

Ungaren lieben es, zu essen. Sobald wir den Raum betraten, empfingen uns delikate Aromen—Knoblauch, Paprika, Zwiebeln, frisch gebackenes Brot. Misi servierte ein kaltes Abendessen: ungarische Salami, *Körözött*, ein herzhafter Streichkäse, Pâté, Gurkensalat, dickes Roggenbrot und eine Auswahl geliebter Desserts—*Beigli*, ein süßer Teig gefüllt mit gemahlenen Walnüssen oder Mohn, und Kastanienpüree mit einem fetten Klacks Sahne. (Meine Mutter hatte sich häufig und gerne an die Verkäufer erinnert, die in ihrer Kindheit süße, erdige, geröstete Kastanien auf den Straßen Budapests verkauft hatten.)

Misi war so klein wie ich, pausenlos am Rauchen und hatte begonnen, ein kleines Bäuchlein zu entwickeln. Obwohl er keinerlei Englisch sprach, reichte das Leuchten in seinen Augen und sein schelmisches Gesicht aus, um einen ausgeprägten Sinn für Humor zu vermitteln. Irgendwie war es ihm gelungen, trotz eines harten Lebens eine positive Perspektive zu behalten. Er war ein ausgebildeter Flugzeugmechaniker, verdiente jedoch seinen Lebensunterhalt mit dem Weben von Pullovern.

Wir hatten Andrea seit über einem Jahrzehnt nicht mehr gesehen—eine hinreißende junge Frau mit einem strahlenden Lächeln, die liebenswert versuchte Englisch zu sprechen. Ihre dicken Haare fielen in wilden Wellen von ihrem Kopf herab. Sie zog zu ihrer Schwester, damit wir in ihrer Wohnung unterkommen konnten.

Am nächsten Tag waren wir bereit, uns umzusehen. Andrea nahm sich einen halben Tag frei, um mir bei der Suche nach der Wohnung von der Familie meines Vaters zu suchen. Keine einfache Aufgabe! Wir fuhren die alten, schmalen Einbahnstraßen hin und her und auf und ab, bis wir endlich Lónyay Utca fanden. Howies Parkplatzglück, auf das man sich in den USA immer verlassen konnte, schien auch in Budapest zu existieren. Eine kleine Öffnung stand für uns bereit. Wir stiegen aus und gingen den restlichen Weg zur Nummer 42 zu Fuß.

Bei dem Anblick der vielen Kugeleinschläge in den Gebäuden überkam mich ein Schauer—Überbleibsel aus der Belagerung vor 65 Jahren. Ich bemerkte ein klaffendes Loch inmitten der Wohnkomplexe. *War das, wo seine Wohnung gewesen wäre?* Ich begann schneller zu gehen. Dann sah ich das Wohngebäude meines Vaters direkt an der Grenze zu dem städtischen Ausgrabungsprojekt. Ich machte Fotos von den Straßenschildern: IX. Ker. Ferencváros, Lónyay Utca 34 46 (9. Distrikt, Franzstadt, Lónyay Straße 34 46). Ich fotografierte die Eingangshalle und den Innenhof des Gebäudes und das Schild über der Eingangstür: „Respektable Bewohner. Sauberes Haus." Wurde die Familie meines Vaters 1944 als gute, ehrliche oder respektable Bewohner angesehen?

Später waren wir dann unter uns und besuchten das Gerbeaud, eines der legendärsten Cafés in Budapest. Das Etablissement war über 150 Jahre alt und die eleganten, vergoldeten Tische umgeben von gläsernen Vitrinen voller Naschwerk beeindruckten meinen Harris—*Dobos*, *Krémes*, die berühmte *Eszterházy*-Torte, verschiedene Arten von Strudel, Schichtkuchen und Trüffelschokolade erfüllten die Luft mit süßen Gerüchen, bei denen einem das Wasser im Mund zusammen lief. Howie und mich verzauberten vor allem die glänzenden Kronleuchter, Samtvorhänge und seidenen Wände.

Ich bestellte uns mehrere köstliche Brunch-Spezialitäten—Teigtaschen gefüllt mit Fleisch und Sauerkraut in einer Pilzsauce, Goulasch auf dickem, getoastetem und mit Butter beschmiertem Brot, eine längliche Platte voller Backwaren mit Aprikosen- und Vanillesauce und für mich Gerbeauds extraordinär starker Kaffee. Mein Ungarisch amüsierte Howie und Harris. Sie hatten mich die Sprache nie wirklich sprechen hören. Für Nicht-Muttersprachler ist sie außerordentlich schwer zu lernen. Ungarisch gehört zum finnougrischen Zweig der uralischen Sprachfamilie und hat keine enge Verwandtschaft zu so gut wie jeder anderen modernen Sprache außer dem Finnischen (wo die Verwandtschaft entfernt ist). Anders als die meisten Alphabete, welche fünf bis sieben Vokale enthalten, benutzt Ungarisch vierzehn Vokale in einem Alphabet von vierundvierzig Buchstaben. Howie beschreibt häufig, dass sich die Sprache immer so anhört, als würden sich die Sprecher beschweren. Vielleicht tun sie das ja, denke ich mir.

Beide meine Eltern hatten an der renommierten Franz-Liszt-Musikakademie studiert. Das Gebäude im Stil der Neorenaissance dominiert sein Umfeld im Herzen der Stadt. Zwischen massiven Säulen wacht die Statue von Liszt über den Eingang. Im Inneren wurde jeder meiner Sinne von einer Aura großartiger Klangfülle betört, von den Farben Smaragdgrün und Gold, von Mahagoni und Samt, vom Marmor der Wände. Wir standen auf goldenen Medaillons eingebettet in jede Jadefliese und waren umgeben von goldenem und bernsteinfarbenem Gesims.

Ich hörte wohlklingende Töne, Finger die eine Violine entlangglitten. Ich hörte eine Sopransängerin beim Versuch das hohe C zu meistern, hörte wie die Farbe ihrer Stimme mit jedem Anlauf dünner wurde. Ich hörte das feindselige Schlagen eines Taktmessers, welches einen Pianisten durch donnernde Arpeggios trieb. Ich hörte die halsbrecherischen Tempos und pulsierende Polyrhythmik des Cool Jazz—5/4, 9/8, 6/4.

Als ich später die Bühne der Hauptkonzerthalle betrete und die beeindruckenden Balkons, dekorativen Ebenholzwände und riesige Orgel betrachte, ist es, als würde ich dort auf die ehrwürdigen Geister angesehener Absolventen und Lehrer treffen: Komponisten Béla Bartók, Zoltán Kodály und György Ligeti; Maestros George (György) Szell, Eugene Ormandy, George Solti, Fritz Reiner, István Kertész und Antal Doráti; Pianisten András

Schiff, Franz Liszt, Lili Kraus; Sopransängerin Éva Marton (und so viele mehr), mein Mentor, Pianist György Sebök, mein Cellolehrer János Starker und berühmte ungarische Roma-, Volks- und Jazzmusiker. Wieso so viele? Mein Lehrer hatte eine Theorie gehabt. Die ungarische Sprache hat eine Eigenart. Die erste Silbe von jedem Wort wird betont. Starker glaubte, dass dieser von Geburt an antrainierte und allgegenwärtige Rhythmus den Ungaren eine grundlegende Musikalität einverleibte.

Ich schlenderte durch die Hallen und stellte mir meine jungen Eltern dabei vor, wie sie einst dasselbe getan hatten. Damals, als mein Vater zum ersten Mal die wunderschöne, junge Sängerin und Pianistin gesehen und sich verliebt hatte. Wo sie auf strenge Lehrer getroffen waren; wo sie täglich stundenlang geübt hatten, um ihre Fingersätze und Klangqualität, ihren Ausdruck und emotionale Tiefe zu perfektionieren. Damals, als sie noch nicht gewusst haben konnten, wie sehr ihnen ihre Hingabe in den kommenden Jahrzehnten helfen würde.

Später am selben Tag fuhr uns Misi zum jüdischen Friedhof, um Trudys Grab zu besuchen, einer von vielen Momenten feierlicher Trauer. Der *Kozma Utcai Izraelita Temető* (Kozma Straße Jüdischer Friedhof) befand sich in einem Industriegebiet außerhalb der Stadt und ist einer der größten jüdischen Friedhöfe in Europa. Die Stätte wurde zum Ende des 19. Jahrhunderts gegründet und ist heute zu mehr als zwei Drittel mit Vegetation zugewachsen und von bröckelnden und zerstörten Grabsteinen übersät. Ein Aufmerksamkeit gebietendes Holocaust-Mahnmal dominiert den Ausblick mit weißen Marmorsäulen in alphabetischer Reihenfolge. Jede Säule repräsentiert ein Konzentrationslager und ist mit den Namen der identifizierten Opfer versehen. Ein separates Monument gedenkt jenen, die der Holocaust verschluckt hatte ohne Spuren zu hinterlassen:

„IN ANDENKEN AN HUNDERTTAUSENDE NAMENLOSE MÄRTYRER."

Ich näherte mich einem der Denkmäler. Dabei wich ich Steinbrocken aus und vermied auf Bruchstücke von Grabsteinen zu treten. Als ich den Marmor empor blickte, sah ich—handgeschrieben und kaum zu lesen—hinzugefügte Namen, mit Stift geschrieben oder etwas scharfem (Messer, *Fingernägel?*) eingraviert. Dutzende Namen von verlorenen Angehörigen, beigetragen nach der Errichtung der Säulen. Trauer überkam mich und ich musste mich abwenden.

Durch dichtes Gestrüpp bahnten wir uns unseren Weg zu Trudys Grab. Ihre Mutter, Misis Großmutter, war in Auschwitz gestorben.

Jahre zuvor, als ich bereits zuhause ausgezogen war, hatten meine Eltern genug Geld erspart, um Trudy zu einem Besuch nach Toronto einzuladen. Es war Jahrzehnte her, dass meine Mutter ihre Cousine gesehen hatte. Sie waren sich so ähnlich—weibliche Figuren an kleingewachsenen Körpern, ihre gestikulierenden Hände fast so schnell wie ihre Zungen und Gesichtsausdrücke, die jede Emotion vermittelten. Doch nach der Freude der ersten paar Tage begann Trudys Stimmung zu kippen. Vielleicht konnte sie ihr schwieriges Leben in Ungarn nicht mit unserem Kanada vereinbaren.

Der *Dohány Templom*, welcher heute die Große Synagoge genannt wird, ist die größte Synagoge Europas und eine der beeindruckendsten Sehenswürdigkeiten Budapests. Die gewaltige Synagoge beherbergt auch das Ungarische Jüdische Museum. Das spektakuläre Gebäude im maurischen Stil, geschmückt von pinkem, türkisem und goldenem Dekor und mit einer Fassade aus roten und ockerfarbenen Ziegeln in alternierenden Streifen, ist durchgängig von Besuchern umgeben. Vergoldete, zwiebelförmige Zwillingstürme ragen über der Menge empor. Die exquisite Filigranarbeit der Fassade glitzert unter der Sonne—achtzackige Sterne, Fensterrosen und buntes Glas.

Nachdem die *Nyilas* die Synagoge 1939 zerstört hatten, war sie als Stall benutzt worden. Das heutige Gebäude ist das Resultat eines gewaltigen Rekonstruktionsprojekts, dass in den Neunzigern begann und unter anderem von Estée Lauder, der Mitgründerin einer internationalen Kosmetikfirma und einflussreichen Geschäftsexpertin, finanziert wurde (ihre Eltern waren ungarische, jüdische Immigranten). 1944 hatte sich eines der jüdischen Ghettos genau an der Stelle befunden, in der Synagoge. Dort hatten die *Nyilas* meine Großmutter Irma gefangen genommen.

Das Innere war in pinkes Licht gehüllt. Riesige Kronleuchter hingen von der Decke. Ich ging den Mosaikboden entlang zur Lade, so wie es meine Verwandten einst getan hätten. Das Gold und Himmelblau schimmerten. Eine imponierende Orgel mit 5.000 Pfeifen aus dem Jahr 1859, mit dem die Komponisten Camille Saint-Saëns und Franz Liszt aufgetreten waren, wurde hier auch jetzt noch gespielt. Ich legte meine Hand auf die Eisenpforte. Sicherlich war mein Vater nervösen Schrittes zur Bima hinaufgegangen, um die Segenssprüche für seine Bar Mitzwa im Jahr 1935 aufzusagen, welche ihn zum Mann in den Augen des jüdischen Glaubens gemacht hatte. Da war er 13 gewesen. Ich atmete die Historie meiner Familie, meines Volkes, ein und spürte, wie sie meine Seele erfüllte.

Im Hinterhof der Synagoge wird einer der größten Helden des Holocaust geehrt, ein Mann, der viele tausend Leben gerettet hatte: Raoul Wallenberg. Der Mut des schwedischen Diplomaten war so weit gegangen, dass er einmal in die eisigen Wasser der Donau gesprungen war, um achtzig ertrinkende Juden zu retten. Nachdem er fieberhaft versucht hatte, so viele Juden wie möglich in Zufluchtsorten unter schwedischen Schutz zu bringen, verhinderte er in den letzten Tagen der Belagerung persönlich die geplante Zerstörung des Ghettos. Auch meine Mutter und Großmutter hatten sich mit falschen Papieren in seinen schwedischen Zufluchtshäusern in Sicherheit gebracht.

Im Raoul Wallenberg Park, im Hinterhof der Synagoge, steht ein großes Denkmal zu Ehren seiner heroischen Bemühungen. Gemäß alter jüdischer Tradition platzieren wir einen Kiesel auf den Grabstein, um unseren Respekt zu zollen. Symbolik hat Gewicht. Wallenbergs Denkmal ist von Steinen umgeben. Im Gegensatz zu Blumen repräsentieren Steine Dauerhaftigkeit. Die Seele des Verstorbenen wird, zumindest für eine Weile, auf der Erde gehalten, um eine bleibende Präsenz in unserer Erinnerung zu sichern. In biblischen Zeiten waren Steine häufig das einzige gewesen, was eine letzte Ruhestätte markiert hatte. Bei dem Gedanken an die zahllosen Massengräber, die verbrannten Überreste und zerstörten Knochen des Holocaust schnürt es mir den Atem zu. Es nimmt uns die Möglichkeit, einen heiligen Ort zu besuchen, um für sie zu beten und an sie zu erinnern. Es nimmt uns den Trost, die Toten zu ehren.

Vier rote Marmorplatten gedenken weiteren zweihundertvierzig nichtjüdischen Ungaren, die Juden während des Holocaust gerettet hatten.

Das Kernstück des Parks ist der 1991 von Imre Varga designte und von der Emanuel Foundation in New York gespendete „Baum des Lebens". Die Foundation wurde von dem Schauspieler Tony Curtis zu Ehren seines ungarischen Vaters Emanuel Schwartz ins Leben gerufen. Eine Weide aus Edelstahl repräsentiert eine auf den Kopf gestellte Menora; ein eindrucksvolles Symbol der Trauer— jedes Blatt des Baumes ist mit dem Namen eines Opfers beschrieben. Das silberne Blattwerk wacht über ein Massengrab. Synagogen sind normalerweise nicht das Zuhause von Friedhöfen, doch da dort von 1944 bis 1945 2.000 Menschen im Ghetto gestorben waren, wurde der Ort als heilige Ruhestätte gesegnet.

Wir wanderten viele Stunden lang durch diesen bedeutenden Ort, der noch vor nicht allzu langer Zeit von Pferdemist verschmutzt worden war und doch auf ewig in einem himmlischen Licht erstrahlt. Er singt seine Geschichte; ein spürbarer Diskant.

Heute leben etwa 100.000 Juden in Budapest. Um die zwanzig Synagogen schmücken die Stadt, obwohl sich viele ungarische Juden keiner davon zugehörig fühlen und die Heirat mit Nichtjuden sehr üblich ist. Trotzdem ist das hübsche Bild der Akzeptant nur kurzweilig geblieben. Nach antisemitischen

Übergriffen angefacht von Neo-Nazis und Anhängern der rechtsextremistischen *Jobbik*-Partei, leben alte Ängste wieder auf. Fragen sich einige, ob es wieder Zeit ist zu fliehen? Budapests hypnotische Atmosphäre hält mich in ihrem Bann—ein besonderer Ort—betörend und abstoßend.

Wir spazierten die Donau entlang und erfreuten uns an der atemberaubenden Aussicht auf die acht wundervollen Brücken, welche die deutschen Truppen bei ihrem Rückzug in die Luft gejagt hatten und seitdem wieder aufgebaut worden waren, aber unser wahres Ziel waren die Schuhe am Donauufer. Hinter uns stand das prächtige Parlamentsgebäude, doch unsere Blicke waren nach vorne gerichtet—das unwirkliche Bild noch unwirklicher unter dem hellen Himmel dieses heiteren Sommertages. Wie soll man den Sinn im sinnlosen finden? An diesem Ufer waren Juden dazu gezwungen worden, sich auszuziehen und dem Fluss zuzuwenden, bevor man sie erschossen hatte. Ihre leblosen Körper waren in die Donau gefallen und von ihr verschlungen worden.

Sechzig Paar Schuhe aus Bronze standen nun vor uns an der Kante zum Wasser verankert und gedachten ihrem Schicksal. Einige davon zeugten von Stil und Klasse. Andere sprachen von Armut. Manche waren winzig. Ein Geländer gab es dort nicht. Ich bemerkte ein Paar Sandalen, modische Pumps, aufgerissene Männerstiefel und eine einsame rote Rose neben einem Paar an den Zehen abgewetzter Kinderschuhe. Wissen Musiker, die wie ich jedes Jahr „An der schönen blauen Donau", den berühmten Walzer von Johann Strauss II., spielen, und die Touristen, welche nette Bootstouren auf dem Fluss machen, von dieser abscheulichen Geschichte? Ich blickte in die Tiefen des nassen Grabes und murmelte ein klagendes Gebet für die hier Ermordeten.

Hinter der Skulptur—kreiert von Gyula Pauer und erdacht von dem Regisseur und Autor Can Togay—steht eine Steinbank mit Schildern auf Ungarisch, Englisch und Hebräisch: „In Gedenken an die Opfer, die 1944-45 von den Pfeilkreuzlern in die Donau geschossen wurden. Am 16. April 2005 errichtet."

In jener Nacht wurde ich von einem intensiven Traum heimgesucht: Ein Mann rennt zum Ufer der Donau. Eine Gruppe nackter Juden drängt sich gegen den beißenden Dezemberwind zusammen, die meisten davon Frauen und Kinder, welche mitten in der Nacht aus ihren Betten gerissen wurden. Schuhe und Schlafklammotten liegen auf einem Haufen. Die *Nyilas* bringen ihre Gewehre hervor. Die Juden sind in Dreiergruppen aneinandergekettet. Warum Kugeln verschwenden. Erschieß den Juden in der Mitte und er zieht den Rest in die blauschwarzen, eisigen Wasser. Die Monster brüllen: „Dreckige Juden, schmutzige Schweine, ihr kommt mit uns!" Die Opfer schleppen sich die Straße runter zum Fluss. Sich zu wehren ist zwecklos. Wer zurückfällt wird auf der Stelle erschossen.

Eine Stimme ertönt: „Halt! Ich bin Raoul Wallenberg von der Schwedischen Botschaft. Dies sind schwedische Bürger. Ihr habt kein Recht dazu." Ein drahtiger, entschlossener Mann eilt den Hügel hinunter. Seine Courage allein gebietet den Ungeheuern einhalt. Er nimmt ein Paar schwacher, frierender Hände und führt die Gruppe weg von dem Fluss und dem Tod der dort auf sie gewartet hatte.

Nachdem der Horror vereitelt worden war, wachte ich auf. Neben mir lag mein schnarchender Ehemann unter einer dicken Decke und in einem gemütlichen Bett. Ich erinnerte mich an die Audiokassette—die Stimme meiner Mutter und ihre unglaubliche Geschichte. Schrecklich. Meine Mutter hätte einer der Juden am Ufer der Donau gewesen sein können.

|

Wir verbrachten unseren letzten Tag damit, die elegante Andrássy út entlang zu spazieren. Howie und ich waren die weite, mit Bäumen gesäumte Prachtstraße schon einmal Jahre zuvor entlanggegangen. Auch diesmal erfreuten wir uns an den Bauten im Stil der Neorenaissance, schicken Boutiquen, einladenden Bäckereien und Cafés, an dem exquisiten Porzellangeschäft

Herend und prunkvollen Opernhaus, dessen Fassade von den Statuen gefeierter Komponisten geschmückt wird. Doch für mich wurde das alles diesmal von der Hausnummer 60 überschattet—die Adresse des ehemaligen Hauptquartiers von Nazis und *Nyilas*. Riesige Buchstaben wiesen das dortige Gebäude nun als „TERROR HÁZA" aus. Wir eilten daran vorbei. Doch zurück in der Wohnung überkam mich eine morbide Faszination und ich wappnete mich für die Recherche.

Budapest hat die höchste Anzahl von Museen pro Einwohner in Europa und das Haus des Terrors ist das am meisten besuchte in der Stadt. Portraits der Opfer in schwarzen, ovalen Rahmen hängen draußen an der Steinfassade. Im Inneren gibt es Ausstellungen, welche Opfern des Holocaust und Opfern des darauffolgenden sowjetischen Regimes gedenken—jenen, die in dem Gebäude gefangen gehalten, verhört, gefoltert oder getötet worden waren. Die Fotos von vielen von ihnen werden auf einer gewaltigen Wand dargestellt und eine dreiminütige Fahrt mit dem Fahrstuhl führt hinunter in die Eingeweide Budapests.

Ich klappte meinen Laptop wieder zu und versuchte, mir meine Mutter nicht auf dieser Fahrt in die Tiefe vorzustellen, wo Hilfeschreie ohne Antwort geblieben waren, wo jede Stimme verstummt war.

Dort war sie hingebracht worden; zur Nummer 60. War ihr der Fahrstuhl erspart geblieben? Vielleicht war sie ja auf einen gutaussehenden, jungen Wachmann getroffen, der sie gehen gelassen hatte. Vielleicht hatte sie ihre Schönheit genutzt und um ihre Freiheit gefeilscht.

Einige Historiker legen dem Museum zur Last, dass es Ungarn als Opfer fremder Besatzer darstellt und seine Rolle als Mittäter in den Hintergrund schiebt. Und mir scheint es zumindest so, als ob Ausstellungen über den sowjetischen Terror mehr Platz eingeräumt wird als denen über den Faschistischen. Man kann es meiner Meinung nach nur schwerlich als Holocaust-Museum bezeichnen. Dafür kommen die Gräuel, die den Juden dort angetan wurden, zu kurz.

Trotz des Traumas, welches meine Eltern erlitten, bleibt Budapest das Herzstück meiner Wurzeln und fühlt sich wie Heimat an. Und ich glaube, dass sie, als stolze Ungaren, die sich nie so ganz in Kanada einleben konnten, den Besuch genossen hätten. Mein Vater war nur ein Mal nach Budapest zurückgekehrt, als er auf Tour mit dem Symphonieorchester von Toronto gewesen war. Ich weiß, dass er Misi und Trudy besucht und sich seine alte Wohnung in der Lónyay Utca angeschaut hatte, aber er hat mir nie seine Gefühle diesbezüglich mitgeteilt.

Am nächsten Tag fuhren Howie und Harris mit Misi zum Flughafen, während mich Andrea zur Bahnstation für meine Reise nach Deutschland begleitete. Ein Bahnangestellter erklärte mir, dass ich in einer privaten Lounge erster Klasse warten durfte, wo ich gratis Kaffee und genau den Leckerbissen, den ich gerade brauchte, bekommen würde; ein Schokoladencroissant. Als mein Zug einfuhr, ließ er mich wissen, wo mein Sitz war und half mir sogar, ihn zu finden.

Der Zug verließ die Station und ich wurde von Emotionen überwältigt. Ein paar Tränen liefen meine Wangen herab. Abschiede sind schwer. Oder war es schlicht meine Sorge darüber, allein in Deutschland anzukommen? Mein Vater hatte jede Trennung gehasst; hatte das alleine sein als das schlimmste betrachtet, was er sich vorstellen konnte. Mit einem gewissen Schock realisierte ich, dass dieselbe Angst in mich übergelaufen war.

*Ein trauriger Besuch des* **Kozma Utcai Izraelita Temető.** *Ich konnte meine Tränen beim Anblick jenes herzzerreißenden Denkmals für die hunderttausenden Juden, die in der Shoah den Tod gefunden hatten, nicht zurückhalten.*

*Eine der Säulen in Andenken an Holocaust-Opfer. Der* Kozma Utcai Izraelita Temető *wurde 1891 eröffnet und ist der älteste Friedhof Budapests. Er ist außerdem einer der größten Europas, mit über 300.000 Gräbern, viele davon nach Jahrzehnten der Vernachlässigung von dichtem Gestrüpp verborgen.*

*Der* **Dohány Templom.** *Das Gebäude im maurischen Stil wurde 1859 eröffnet. Die Fensterrosen und das bunte Glas sind nur ein paar der unzähligen wunderschönen Facetten der Großen Synagoge.*

*Der „Baum des Lebens" in Andenken an die Opfer des Holocaust im Raoul Wallenberg Park.* Quelle: Budapest, Hungary - 19.10.2019: "Tree of Life" monument to the victims of the Holocaust in Raoul Wallenberg Holocaust Memorial Park—The Dohány Street Synagogue, Great (Tabakgasse) Synagogue; von Jordan Joy auf Shutterstock, ID: 1635413551.

*Die Bima der Großen Synagoge. Die Synagoge wurde ursprünglich erbaut, um bis zu 3.000 Besucher zum Gottesdienst zu empfangen, doch die einst so robuste jüdische Gemeinde Budapests existiert nicht mehr. Heute kann man in den heiligen Hallen ein Potpourri aus Sprachen vernehmen, während Tour-Guides die Touristen durch das Gebäude führen. Ich spürte die Präsenz meines Vaters, als ich vor der Bima und der Lade mit den Tora-Schriftrollen stand, wo mein Vater 75 Jahre zuvor seine Bar Mitzwa gefeiert hatte.*

## Entr'acte 1957

Das Foto ist vergilbt. Ich halte das fragile Objekt mit äußerster Vorsicht in meinen Händen—ein Bild von meinem jüngeren Ich und meiner eleganten Mutter. Eine friedliche Szene. Mein Gesicht streift sanft den rechten Arm meiner Mutter, mit dem sie die Kerzen anzündet. Der dazugehörige Kuchen ist nicht typisch amerikanisch. Diese Torte ist hausgebacken, aufwendig dekoriert und natürlich ungarisch—mit einer schokoladigen Buttercreme zwischen Schichten aus Biskuitkuchen, mit Aprikosenmarmelade (ein Favorit meines Vaters) glasiert und geschmolzener Schokolade garniert. Kleine, hübsche Sahnekringel umringen jede der fünf Geburtstagskerzen. Das schöne Gesamtkonstrukt scheint regelrecht auf der exquisiten, weißen Spitzentischdecke zu schweben.

Ich erinnere mich an das marineblaue Kleid meiner Mutter, das mit den winzigen, weißen Punkten, dem gekreuzten Mieder und tiefen V-Ausschnitt, welches ihre kurvige Figur hervorhebt. Ihr dunkles Haar ist hinten zusammengesteckt und wir sehen ihre glatte Haut, das Halsband mit weißen Steinen und die passenden Ohrringe. Und das alles für eine fünfte Geburtstagsfeier zuhause.

Mein Kleid ist ein Hauch Satin und Tüll. Ein zu weiter Kragen liegt auf meinen schmächtigen Schultern. Meine Haare sind zuhause mit der Schere etwas ungenau kurz geschnitten worden und meine Arme hängen ohne jede Körperspannung an mir herab.

Wir starren konzentriert auf die Kerzen, als gebe es nur uns beide und die flackernden Flammen. Die einfache Schönheit des Fotos versteckt die Widerstandsfähigkeit meiner Mutter und die tiefere Signifikanz, welcher ich mir erst aus meiner heutigen Perspektive bewusst bin.

Wie viel es ihr bedeutet haben muss, den Geburtstag ihres eigenen Kindes in ihrer neuen Heimat Kanada mit einer Eszterházy-Torte zelebrieren zu können—den Geburtstag der Tochter, die sie fast nie hätte haben können, deren Existenz sie sich vor nicht allzu langer Zeit nicht einmal vorzustellen gewagt hätte, 17 Jahre alt und allein, verzweifelt ums Überleben kämpfend, hungrig, ausgemergelt, versteckt in verlassenen Tunneln und zertrümmerten Gebäuden, den eigenen Atem unterdrückend vor lauter Angst, dass die Nazis sie finden würden.

Ich schaue mir das Foto auf der Suche nach Hinweisen genauer an. Mit plötzlich schwitzigen Händen ziehe ich mich aus und streife mir das marineblaue Kleid meiner Mutter über, welches noch immer in meinem Schrank hängt, und frage mich: Wie schaffte sie es, so unbeschadet auszusehen? Wie war es ihr möglich gewesen, neu anzufangen, ohne ständig zurückzublicken und in grausamen Erinnerungen zu ertrinken?

Die erdrückenden Sorgen meiner Mutter ergeben nun Sinn für mich. Ich sehe die klaffende Wunde, die nur durch fehlerloses Verhalten meinerseits geschlossen werden konnte. Als die atmende Verkörperung ihres Überlebens wollte ich unbedingt vermeiden, ihnen Kummer zu bereiten, versuchte ich mit aller Macht, das zu erreichen, was ihnen verwehrt geblieben war, strebte danach ihre Verluste wiedergutzumachen und ihre Träume zu erfüllen.

Mit dem Verstreichen der Jahre wurde es immer schwieriger diese Erwartungen zu erfüllen. Es war nie genug. Ich war eine erfolgreiche, professionelle Musikerin, hatte einen tollen Mann und einen wundervollen Sohn. Doch ich hatte sie verlassen, als ich umgezogen war. Ich hatte ihr Leben zu einem stetigen Abschied gemacht.

*Eszterházy-Torte. Mama sagte immer, dass die besten Backwaren aus Ungarn kommen.*

## München

Nachdem ich die Grenze überquerte, schnellten goldene, mit Windmühlen bestückte Weiden an mir vorbei; auf den Hügeln standen hübsche Märchenhäuser; Kühe grasten in wohlgepflegten Feldern. Die Autobahn war von neuen Straßen und gesunden Städten umgeben. Ich stellte mir vor, wie meine Eltern auf dem Weg von Budapest nach Wien denselben Weg genommen hatten—unter Stroh versteckt in einem russischen Lastwagen und von Angst erfüllt. Hätten sie rausgucken können, als sie ihr zuhause in der Hoffnung auf ein neues Leben verlassen hatten, hätten sie mit Sicherheit ein anderes Bild vor sich gehabt als ich heute. Doch ihre Gedanken waren bestimmt sowieso zu sehr damit beschäftigt gewesen, sich vor einer Kontrolle an der Grenze zu fürchten, um über die Landschaft nachzudenken. Die Reise muss schrecklich gewesen sein, damals im Jahr 1946. Sie hatten sich noch immer in einer Welt wiedergefunden, die ihnen feindlich gesinnt schien, auch wenn Juden nicht mehr in verschlossene Viehwagen gesteckt und ins Ungewisse geschickt worden waren. Und überall in Europa waren die Straßen voll mit Flüchtenden wie ihnen gewesen.

Mein Zug erreichte den Südbahnhof von Wien. Ich sah stattliche, historische Bauten, hübsche Balkone, moderne Hochhäuser und farbenfrohes Graffiti an Tunnelwänden. Eine buntgemischte Menge betrat den Zug—Menschen aus verschiedensten Kulturen, jung und alt, mit jeder erdenklichen Hautfarbe, die Konversationen auf so gut wie jeder Sprache außer Ungarisch führten. Ich fühlte mich weit von zuhause entfernt.

Mein Zug kam pünktlich in München an. Schon Wochen zuvor hatte ich ein Zimmer in meiner liebsten amerikanischen Hotelkette gebucht, in der Hoffnung, dass ich mich in einem Marriott etwas wohler bei dem Gedanken fühlen würde, in Deutschland zu sein. Außerdem ging ich sicher, dass sich das Hotel in einem ruhigen

Wohngebiet befand, da ich einen leisen Zufluchtsort benötigte. Es stellte sich als eine wichtige Vorkehrung heraus.

Ich kämpfte in der riesigen Bahnstation mit meinem Koffer, während Unmengen an Menschen an mir vorbeieilten. Es war alles einfach zu viel und ich hatte zunächst Probleme, ein Taxi zu finden. Als ich es endlich geschafft hatte, sprach mein Fahrer kein Englisch. Verstand er, dass ich nur mit Kreditkarte zahlen konnte?

Es war düster und regnerisch. Das Hotel war etwas abgelegen vom Zentrum Münchens—abseits einer Stadt, die, wie ich später herausfinden sollte, geschäftig und hektisch war; Straßen voller Menschen, Autos und Fahrräder. Ich war zu müde, um mich direkt auf Entdeckungsreise zu begeben, also ließ ich mich ins Bett fallen, kuschelte mich unter die plüschige Decke und bestellte Zimmerservice.

Am nächsten Morgen fühlte ich mich ein wenig selbstbewusster und wagte mich in die U-Bahn, um zum Jüdischen Museum und zur Ohel-Jakob-Synagoge, über die ich gelesen hatte, zu gelangen. Ich erhoffte mir, mich dort nach einem privaten Guide erkundigen zu können, der mich nach Landsberg am Lech und St. Ottilien begleiten würde. Auf meine erste Hürde traf ich im U-Bahn-Tunnel. Wie sollte ich darauf kommen, welches Ticket ich brauchte? Die Ticketmaschinen waren automatisiert und die Anweisungen auf Deutsch. Doch ich war entschlossen meiner eigenen Unsicherheit nicht nachzugeben, zählte meine Euros zusammen und zog ein Ticket, dass ich für richtig hielt. Nachdem mich die Bahn erfolgreich an meinen Zielort befördert hatte, kroch ich wieder aus dem unterirdischen Wirrwarr empor und wurde von neuen Reizen überflutet—winzige Boutiquen und elegante Kaufhäuser, sowohl moderne als auch historische Fassaden, Cafés, Bistros und überall Menschen.

Hier am Marienplatz steht das Neue Rathaus: ein Gebäude im neugotischen Stil, erbaut zwischen 1867 und 1909 und berühmt für sein Glockenspiel. Alle paar Stunden tänzeln die Figuren im Turm. Von hier aus gehen viele Straßen in jede Richtung ab, als wären sie die Speichen eines gigantischen Rades.

Ich wanderte umher und schaute mich um. Es war ein aufregendes Gefühl, als ich den Maximilianplatz und den ehemaligen Standort des Regina-Palast-Hotels fand, wo mein Vater am 18. Januar 1948 aufgetreten war. Die Umgebung war umgestaltet und das Hotel durch Designerläden und futuristische Hochhäuser ersetzt worden. Trotzdem spürte ich die Präsenz meines Vaters, hörte den verlockenden Klang seines Cellos.

Irgendwann erschien das Jüdische Museum und Gemeindezentrum dann vor mir. Die Hauptausstellung bestand aus persönlichen Schilderungen von Münchens Juden in Form von Filmaufnahmen, die auf kleinen, von der Decke hängenden Bildschirmen übertragen wurden. Ein gewaltiger Teppich stellte eine Karte der Stadt dar und zeigte wo jene, die während des Holocaust verstorben waren, gelebt und gearbeitet hatten. Die jüdische Bevölkerung Münchens ist heute nur einen winzigen Bruchteil so groß wie die Zahl vor dem Krieg.

Der graue Beton und die metallischen Farben des Museums erinnern an das Jüdische Museum Berlin vom Architekten Daniel Libeskind. Es fühlte sich kalt, unfreundlich, einengend und wahrscheinlich absichtlich beunruhigend an. Ich eilte durch die Ausstellungen und kämpfte gegen den Drang an, zu fliehen. Lange, triste Korridore, quadratische Steinblöcke, massenweise Beton und unheimliche Architektur begleiteten mich bis ich eine Art Zuflucht erreichte. Durch transparente Dachfenster filterte fahles Licht und schien auf die Sitzreihen im Raum. Doch selbst hier konnte ich das unwirtliche Gefühl nicht abschütteln.

Als ich das Museum betreten hatte, wurde ich von einer Englisch sprechenden Ticketverkäuferin begrüßt. Nach der aufreibenden Erfahrung der Ausstellungen kehrte ich an ihren Schalter zurück, um nach einem Guide zu fragen. Sie riet mir einen Freund von ihr anzurufen, einen Israeli, der in der Stadt lebte und einen kundigen sowie vertrauenswürdigen Begleiter abgeben würde. Mit der Handynummer des Mannes sicher in meiner Handtasche ging ich zum Gemeindezentrum hinüber. Dort herrschten strenge Sicherheitsvorkehrungen. Die jungen, israelischen Wachen kontrollierten mich von Kopf bis Fuß. Ich fragte sie, wie es dazu kam, dass sie in München lebten. Eine Menge hauptsächlich junger, gebildeter, kosmopolitischer Israelis, die von deutschen Bürgern abstammten und eine doppelte Staatsbürgerschaft besaßen, waren in deutsche Städte gezogen— insbesondere nach Berlin, eine Stadt, die besonders viel zu bieten hatte. Mein Fragen nach dem Zweiten Weltkrieg wurden mit verdutzten Gesichtszügen beantwortet, obwohl sie weiterhin versuchten, hilfreich zu sein. War die Historie für sie etwas vergessenes, etwas, von dem sie nichts verstanden? Oder versuchten sie schlicht neue Identitäten für sich und ihre Familien aufzubauen, unbelastet von der schrecklichen Vergangenheit?

Als ich zurück im Hotel ankam, rief ich den israelischen Guide an. Meine Stimmung sank noch mehr, nachdem ich seinen offiziellen Ton und exorbitanten Preis gehört hatte. Mir wurde langsam klar, dass es nicht einfach werden würde, einen sympathischen Guide zu finden.

Das graue Wetter trug nur noch zur unfreundlichen Atmosphäre bei, welche ich am Tag zuvor erfahren hatte. In dem Versuch meine Stimmung zu heben, verbrachte ich den Morgen in meinem gemütlichen Bett und genoss ein spätes Frühstück; Suppe und ein Panini. Just in dem Moment, als ich fertig gegessen hatte, brach die Sonne durch die Wolkendecke und lud mich zu einer Tour ein, von der ich gehört hatte.

Broschüren hatten mir im Voraus meines Besuches versichert, dass ein Aufenthalt in München nicht vollständig ist, ohne den dreistündigen „Rundgang durch das Dritte Reich" und, für ein Paar Euros mehr, einen Trip nach Dachau gemacht zu haben. Für viele Touristen ist es das erste Konzentrationslager, dass sie besuchen. Genau wie ich wollen sie diesen Ort des Horrors mit eigenen Augen sehen. Ich buchte beide Touren.

Unsere zwanzigköpfige Gruppe bestand fast ausschließlich aus Nichtjuden, welche sich sicherlich auf das dreistündige

Reiseabenteuer freuten. Für mich offenbarte der Tag harsche und schreckliche Wahrheiten. Unser Guide, ein junger Brite, begann die Tour mit den Worten: „Wir fangen ganz am Anfang an." Wir stellten uns unter einen Baum und er versuchte, uns die Geschichte Deutschlands zu schildern und Hitlers unwahrscheinlichen Aufstieg zur Macht einen Kontext zu geben. Der Schatten konnte das Feuer in meinem Hals nicht lindern.

Deutschlands Kapitulation am Ende des Zweiten Weltkriegs stellte eine massive Demütigung dar. Dem Land wurde Territorium aberkannt und es musste hohe Summen an Reparationszahlungen abgeben. Was folgte war Armut und eine verzweifelte, unzufriedene Bevölkerung. Es brauchte einen Sündenbock und wie schon so oft zuvor in der Geschichte der Menschheit mussten die Juden herhalten.

Zu der Zeit schien Hitler ein unwahrscheinlicher Protagonist— ungehobelt, derb, unqualifiziert; scheinbar jemand, den andere Politiker manipulieren könnten. Doch es war Hitlers hypnotische Anziehungskraft und wahnhaften Worte, die das deutsche Volk anfachten. Die Bevölkerung lernte schnell Vorurteil zu Hass entflammen zu lassen und akzeptierte, dass Juden minderwertige Menschen waren. Schon bald hörten sie aus ihrer Sicht komplett auf, Menschen zu sein. Die Worte von Ben Ferencz, einem Chefankläger der Nürnberger Prozesse, pulsierten durch meinen Kopf: „Der Krieg macht ansonsten anständige Menschen zu Mördern."

Wir gingen zum riesigen Hofbräuhaus, wo Hitler die Nazi-Partei gegründet hatte. Ich dachte an die Bierkrüge, die hier von Berühmtheiten genossen worden waren. Wolfgang Amadeus Mozart hatte einst nicht weit entfernt gewohnt. Der Ort ließ ein unwohles Gefühl in mir aufsteigen. In dem gewaltigen Raum standen Reihen großer Holztische. Lichter hingen von der gewölbten, kunstvoll bemalten Decke, welche zur Zeit der Nazis mit Hakenkreuzen geschmückt wurde. Das ganze erinnerte mich an eine Mischung aus dem Gryffindor Gemeinschaftsraum in „Harry Potter" und einem Flugzeughangar.

Weniger als hundert Menschen kamen im Jahr 1920, um Hitler zuzuhören, doch er zog schon bald immer größer werdende Mengen an. Die Bierhalle war schon bald zu klein für die 7.000 bis 8.000 Menschen, die für die wöchentlichen Treffen und aufrührerische Rhetorik hierher pilgerten. Die Schutzstaffel traf sich nicht weit entfernt. Als Elitetruppe kontrollierte die SS die deutsche Polizei und später auch die Konzentrationslager.

Wir gingen weiter durch die Straßen der Nachbarschaft und erreichten eine Kunstgalerie. Die Architektur vom Haus der Kunst hatte deutsche Ideale widerspiegeln sollen; ein rechteckiges, massives Gebäude mit einem Wall aus Säulen.

Zur Zeit der Nazis war die Kunst im Inneren groß und eindrucksvoll; Darstellungen von Autorität, Männlichkeit und Macht, welche die Reinheit der Rasse propagierten und effektiv durch die Worte „Blut und Boden" repräsentiert wurden. In diesem Kontext verkörperte Blut die Idee, dass kulturelle Identität einzig und allein durch „reines Blut" definiert werden konnte; Boden stand für diejenigen, die auf dem Land arbeiteten, und feierte sie für ihren Beitrag.

Abstrakte und unrealistische Kunst, also moderne Kunst wie der Dadaismus sowie Expressionismus und Surrealismus wurden im Dritten Reich verachtet. Jene Stile wurden als ein gefährlicher Einfluss auf das deutsche Volk betrachtet. Künstler wie Marc Chagall, Paul Klee, Wassily Kandinsky, Max Ernst, Pablo Picasso, Vincent Van Gogh, und Henri Matisse hinterfragten Autorität, eine Idee, die negiert werden musste.

Ich fragte mich, wie viele Genies wohl geflohen waren. Wie viele hatten ihre eigene Kunst unterdrücken müssen? Wie viele Werke waren zerstört und nie erschaffen worden?

Joseph Goebbels, Hitlers Reichspropagandaleiter und berüchtigter Nazi, kontrollierte nicht nur die Kunst im Land, sondern auch das Radio, die Presse, das Theater und das Verlagswesen. Im Jahr 1933 inszenierte er das Verbrennen von Büchern. Zu dem Zeitpunkt wurden Juden bereits ihrer kulturell signifikanten Positionen enthoben. 1937 arrangierte Goebbels in einem Gebäude nahe des Hauses der Kunst eine Ausstellung für „Entartete Kunst"—Kunst von Juden, Kommunisten und Künstlern der Moderne—um sie lächerlich zu machen und zu entwürdigen. Sie wurden als giftig, undeutsch und unakzeptabel dargestellt. Die verachteten Kunstwerke wurden schmucklos neben abwertenden Texten aufgehangen. Womit Goebbels nicht gerechnet hatte war, dass Horden von Menschen kamen, um die unmoralische Kunst zu sehen.

Paradoxer Weise war Goebbels selbst nicht nur ein talentierter Redner, der die Ideologie der Nazis erfolgreich im deutschen Volk verbreitete und bei der Planung der Endlösung half, sondern auch ein leidenschaftlicher Kunstsammler. Er organisierte die Plünderung tausender Kunstwerke aus Galerien und jüdischen Heimen. Erst 2013 wurde eine große Menge gestohlener Kunst in einer Münchner Wohnung gefunden. Die Restitution wird bis heute fortgeführt.

Die Nazis konfiszierten wertvolle Instrumente. Sie verboten Theater- und Musikstücke sowie Bücher. Entartete Musik beinhaltete nicht nur die Meisterwerke jüdischer Komponisten wie Gustav Mahler, Felix Mendelssohn und Arnold Schönberg. Ganze Genres wurden als minderwertig und gefährlich erachtet, darunter auch die Musik von George Gershwin, Paul Hindemith und Igor Strawinsky sowie Jazz und atonale Musik.

Das alles ließ mich an die heutigen USA denken—Vorschläge, die Finanzierung des National Endowment for the Arts (NEA) zu reduzieren oder sogar einzustellen, und das Verbieten von Büchern. Bedeutet dies, dass auch wir die Freiheit von Kunst, Kultur und Denken nicht so sehr schätzen, wie wir es so oft behaupten?

Das Haus der Kunst zeigte mittlerweile alles *außer* deutscher Kunst. Obwohl es keine permanente Sammlung beherbergte, gab es dort eine große Varianz an kontemporärer Kunst zu betrachten; zum Beispiel die Werke des Menschenrechtsaktivisten Ai Weiwei, welcher wegen der Zensur in China nicht mehr in seinem Heimatland lebte und arbeitete.

Ein massives, öffentliches Monument—„Die Freuden des Jiddischen"—vom amerikanischen Bildhauer Mel Bochner stand neben dem Haus der Kunst. Zehn sarkastische, jiddische Worte, die in den Ghettos gesagt worden waren, um die Moral zu steigern, waren auf der Fassade in großen, gelben Druckbuchstaben zu erkennen—die Farbe erinnerte an die Sterne und Armbinden, welche von Juden getragen werden mussten:

PISHER, NEBBISH, KIBBITZER, KVETCHER, NUDNICK, MESHUGENER (lose übersetzt: Gör, Nerd, Witzbold, Nörgler, Nervensäge, Verrückter).

Als ich die Worte las, konnte ich nicht anders, als mich zu fragen, was Hitler und seine Spießgesellen wohl darüber denken würden.

Unsere Gruppe ging weiter zur nächsten „Attraktion" am Hofgarten vor der Bayerischen Staatskanzlei. Dort stand ein hohes Denkmal aus schwarzem Stein, das der Handvoll Studenten der Weißen Rose gedachte—eine Widerstandsgruppe gegründet von Hans Scholl, einem Medizinstudenten, und seiner Schwester Sophie—welche es gewagt hatten, sich dem Regime entgegenzustellen.

Die Apathie der Deutschen hatte Hans erzürnt. Er sah die Misshandlung von Juden mit eigenen Augen und hörte von Massenmorden und Deportationen. Widerstand schien die einzig richtige Antwort. Andere Studenten aus verschiedenen Städten, darunter auch Wien, schlossen sich ihm an. Das Ziel: so viel Unruhe zu stiften wie möglich, Sabotage zu verüben, Anti-Nazi-Flugblätter zu verteilen und die Bevölkerung dazu aufzufordern, den Faschismus abzulehnen. Es war gefährliche Arbeit. Züge wurden gut bewacht. Der Mangel an Druckstempeln und Papier erschwerte die Herstellung der Flyer. Eines Abends gingen Hans und zwei seiner Kameraden so weit, dass sie „Nieder mit Hitler" auf Fassaden malten und Hakenkreuze mit einem X durchstrichen. Sie schafften es sechs verschiedene Widerstandsflugblätter unter die Leute zu bringen, bevor sie jemand von der Universität an die Gestapo verriet. Die fünf Anführer der Studentengruppe und ihr Philosophieprofessor wurden 1943 hingerichtet—Sophie und Hans per Guillotine.

Heute gibt es in München dreißig Gedenkstätten, die Hans und Sophie Scholl ehren. Das Mahnmal vor dem wir standen erinnerte mich an einen übergroßen Grabstein auf dem unzählig viele kleine Steinchen lagen. Der Guide erklärte, dass die Platzwächter die Steine regelmäßig entfernten und sie jedes Mal wiederauftauchten. Er und die anderen Touristen schienen sich der Symbolik der uralten jüdischen Tradition, Kiesel auf einen Grabstein zu legen, nicht bewusst zu sein. Abgesehen davon, dass Steine Dauerhaftigkeit repräsentieren, bedeutet das Wort für Kiesel im Hebräischen „Bund"—die Verstorbenen werden durch die Besucher mit dem Leben verbunden. Ich erklärte der Gruppe, dass die Steine aus meiner Sicht eine tiefe Ehrung der heroischen Taten von Sophie, Hans und den anderen, die es wagten, ihr Wort gegen das Regime zu erheben, darstellten.

Wir bewegten uns eine schmale Straße entlang, erreichten einen der schönsten Plätze Münchens und standen vor der Feldherrnhalle—einer prunkvollen, beigefarbenen Wand mit drei gewaltigen Torbögen geschmückt mit Statuen. Hier befand sich einst das spirituelle Zentrum der nationalsozialistischen Bewegung.

Im Jahr 1923 versuchte Hitler mit dem sogenannten Bierkeller-Putsch die Weimarer Regierung zu stürzen. 2.000 Männer marschierten von der Feldherrnhalle ins Zentrum Münchens zum Marienplatz. Mehrere von Hitlers Schergen wurden getötet und sein Leibwächter warf sich in den Weg mehrerer Kugeln, um ihn zu schützen. Der Putsch brachte Hitler noch größere Berühmtheit und resultierte für ihn verblüffender Weise in einer nur vierjährigen Haftstrafe, obwohl es sich dabei eindeutig um Hochverrat gehandelt hatte. Hitler saß nur neun Monate seiner Strafe im Gefängnis von Landsberg am Lech ab. Dort—in Zelle Nummer 7—

schrieb er „Mein Kampf". Während Hitlers späteren Aufstieg zur Macht pilgerten 4.000 Mitglieder der Hitlerjugend zur Zelle Nummer 7, um dem Führer selbst und seinem abstoßenden Text Respekt zu zollen.

Die Geschichte von Landsberg am Lech, einem Städtchen etwa 97 Kilometer von München und 55 Kilometer von Dachau entfernt, ist maßgeblich von der Zeit des Nationalsozialismus geprägt. Während des Krieges befand sich dort ein Gefängnis, ein deutscher Armeestützpunkt und ein Netzwerk kleiner Zwangsarbeitslager, die zu Dachau gehörten.

Ich hatte vor kurzem erfahren, dass Sonia Beckers Mutter Fania und ihre Tante Henia dort zur Arbeit gezwungen worden waren. Sie hatten Tunnel in die Hügel graben müssen, die für die Alliierten unauffindbar gewesen sein mussten, um dort versteckte Munitionsfabriken zu beherbergen. Die Zwangsarbeiter hatten wie Ratten in Hütten gelebt, wo tausende an Kälte und Hunger starben. Ihre Knochen liegen über die Hügel verstreut.

Nachdem Krieg nutzten die Alliierten das Gelände als Vertriebenenlager, eines der größten in ganz Bayern. Dort fand auch das bedeutende Konzert von Leonard Bernstein und dem St. Ottilien Orchester statt. Die symbolische Wirkung von „Rhapsody in Blue" war unbestreitbar—triumphaler, amerikanischer Jazz komponiert von George Gershwin, dem erfolgreichen, jüdischen Komponisten aus Amerika, und gespielt von Leonard Bernstein, der jüdischen Musikikone aus Amerika, und einem Orchester aus jüdischen Holocaust-Überlebenden. Mein Vater verliebte sich in den mitreißenden Swing in Gershwins Musik und diese Liebe ging später auch in mich über. (1948 war „Rhapsody in Blue" erst zwei Jahrzehnte alt und seine spätere Popularität noch nicht abzusehen.)

Unsere Tour ging weiter und wir liefen an der Hochschule für Musik und Theater vorbei, welche die Bomben des Krieges überlebt hatte. Studenten rannten mit ihren Instrumenten rein und raus. Muntere Melodien schwebten zu uns herüber.

1936 hatte das Gebäude eine düstere Funktion: Hauptquartier der Gestapo. Hier wurde 1938 das Münchner Abkommen vom britischen Premierminister Chamberlain, Hitler und Repräsentanten aus Italien und Frankreich unterzeichnet. Man hatte gehofft das Abkommen würde Hitler von größeren Kriegshandlungen abbringen, indem es Deutschland das Annektieren der tschechoslowakischen Territorien in den Sudeten erlaubte. Im Nachhinein wurde offensichtlich, dass Chamberlains Kurzsichtigkeit nicht nur Hitlers Arroganz, sondern auch seinen weiterführenden Plan verkannt hatte. Schon bald darauf fiel Deutschland in Polen ein.

Und nun stand ich vor eben diesem Gebäude. Ich konnte mir vorstellen, wie die Hakenkreuzfahnen von den Balkonen gehangen und ein roter Teppich den Eingang geschmückt hatte. Jetzt war es eine Lehrstätte für Musik und Theater. Einmal mehr ein paradoxer Zustand. Ich glaube daran, dass Kunst Wunder erschaffen kann, dass sie Gemeinschaft schafft und Menschlichkeit ausdrückt. In diesem Gebäude Musik zu machen kam mir abscheulich vor; die melodischen Klänge stanken nach der fürchterlichen Vergangenheit.

Der Bereich wurde von zwei hübschen Parks flankiert. Die Straßen waren voll mit Autos und kauffreudigen Menschen, die in extravaganten Geschäften ein und ausgingen. Sie saßen gemütlich in Cafés, tranken Champagner oder Kaffee. Ich sah Frauen in farbprächtigen Dirndl, sah vor allem Bürger meines Alters oder älter, welche sich aktiv aber entspannt am Tag erfreuten. Ich sah Menschen so durchschnittlich wie ich. Einige freundlich, andere nicht; einige gebildet, andere nicht. Einige unhöflich und grob, andere nicht. Was wussten sie? Woran erinnerten sie sich? Und die große Frage: Sind wir heute anders?

Die erste Etappe der Tour ging zu Ende und zusammen mit der Gruppe lösten sich auch meine Gedanken auf. Die fünfstündige Tour durch Dachau am nächsten Tag würde mir genug Zeit zum Grübeln geben und ich hatte kaum genug Zeit, mich für den heutigen Abend von Rosch ha-Schana vorzubereiten. Ich hatte mich vor meiner Reise darum gekümmert den Gottesdienst in einem örtlichen Tempel wahrnehmen zu können.

Ich schaute mir die Karte der Stadt genau an und machte Beth Shalom aus. Der Tempel war nicht gerade nah am Hotel dran. Doch die Jahnstraße schien nicht weit davon entfernt zu sein. Ich entschied mich, die U-Bahn diesmal nicht zu riskieren. Vielleicht würde ich mit einem Taxi ja genug Zeit sparen, um dort vorbeischauen zu können.

Es war unmöglich, sich nicht mit dem Pförtner des Marriott Hotels zu unterhalten. Nach den üblichen Höflichkeitsfloskeln erzählte er mir von seinen Abenteuern auf dem Kontinent. Er war ein gesprächiger Herr und es gewohnt, dass sich Hotelbesucher darüber wunderten, einen schwarzen Amerikaner im Münchner Marriott arbeiten zu sehen. Der Mann erwähnte, dass er in der Armee der Vereinigten Staaten gedient hatte und in Afghanistan stationiert gewesen war. Danach hatte er sich entschieden nicht zurückzukehren, sondern nach Europa zu gehen. Seine Geschichten waren außerordentlich unterhaltsam, aber ich wollte unbedingt los zu meinem eigenen Abenteuer.

Das Hotel folgte einem strikten Protokoll bezüglich der Reihenfolge, in der man eines der vor der Tür stehenden Taxis nehmen konnte und der Pförtner war für die Einhaltung zuständig. Ich hatte ihm noch nicht von meiner Suche nach einem Guide erzählt. Als er endlich mal Luft holte, nutze ich den Moment und sprach das Thema an. Ich erklärte ihm, wieso ich einen Englisch sprechenden Taxifahrer brauchte. Der strahlend lächelnde Mann schritt entschlossen aus dem Hotel und die lange Reihe der Taxis entlang. Er begrüßte jeden Fahrer beim Namen, doch sein wahres Ziel erreichte er zum Ende der Schlange: seinen guten Freund Alexander. Charmant, großgewachsen und gutaussehend, mit dunklen Locken und einem einnehmenden Lächeln. Er reagierte enthusiastisch, als er hörte, wonach ich suchte.

Ich zeigte ihm eine Kopie von einer Einladung zu einem Radiokonzert meines Vaters mit der Adresse Jahnstraße 48 darauf.

Alexander hatte kein Problem, das vornehme, mehrstöckige, graue Wohnungsgebäude ausfindig zu machen. Basierend auf dem, was ich wusste, war es noch immer dasselbe Haus. Wir stiegen aus dem Auto, damit ich ein paar Fotos machen konnte. Selbst Alexander musste sich strecken, um ein Foto von der Adresse für mich zu machen, welche von wuchernden Büschen und Blumenkästen verdeckt wurde. Als es zu regnen anfing, schien es ihn nicht in Eile zu versetzen.

Er stellte das Taxameter aus, während er sich den Weg zum Tempel anschaute. Dort angekommen war ich von der unbelebten Umgebung und dem Hochhaus überrascht. Nicht gerade meine Vorstellung von einem Ort der Gemeinde, geschweige denn einem Tempel. Alexander war besorgt, dass wir vielleicht zu früh waren und es war weit und breit keine Menschenseele zu sehen, die uns zeigen könnte, wo der Eingang war. Er sprang aus dem Auto, um die Tür zu finden—vielleicht hinten rum? In der Zwischenzeit kam ein Polizeiauto an, scheinbar um das Tor den Abend über zu bewachen. Mir wurde in dem Moment klar, dass hier wohl strenge Sicherheitsvorkehrungen nötig waren, und realisierte mit einem Schaudern, dass jüdische Gebäude auch heute noch (oder heute wieder?) in Gefahr waren.

Alexander war sich sicher, dass man zu späterer Stunde in diesem Gebiet sicherlich kein Taxi finden würde und bestand darauf, bis zum Ende des Gottesdienstes auf mich zu warten. Ich stieg den langen Treppenaufgang im hinteren Teil des allzu weltlich aussehenden Gebäudes hinauf.

Oben angekommen traf ich auf einen Herren mit einer Checkliste. Nachdem er meinen Namen darauf fand, lud er mich mit einer herzlichen Geste ein. Frauen waren geschäftig am Vorbereiten. Ein spektakuläres Sortiment an Köstlichkeiten erfüllte die Räumlichkeiten mit himmlischen Düften—Zimt, Nelken, säuerliche Zitrone, scharfer Senf und wundervoll aufgetischtes Fleisch. Nach den Gebeten würde man Wein und Challa segnen und dann das Festmahl angehen.

Ich wurde von jedem wärmstens willkommen geheißen. „*L'Shana Tova*" (Frohes neues Jahr). Jemand führte mich in die

Synagoge hinab, wo die Sitze bereits von etwa fünfundsiebzig Besuchern gefüllt wurden; hauptsächlich jüngere Menschen, darunter auch einige Amerikaner. Ich sah einen Mischmasch aus Männern mit Zöpfen und in Jeans, Frauen in schimmernden Blusen und Herren in Anzügen. Aber alle Männer trugen die traditionelle Kopfbedeckung: die Kippa.

Statt einer Bima blickten wir auf ein simples, von einem weißen Tuch bedecktes Rednerpult. Silberne Stickerei formte einen Davidstern und ein paar Hebräische Buchstaben. Das Tuch war außerdem mit zwei großen, roten Granatäpfeln bestickt. Ansonsten schmückten nur noch zwei identische silberne Kerzenhalter den Raum. Der junge Rabbi leitete den Gottesdienst informell und fast komplett auf Deutsch, doch die hebräischen Gebete und Melodien waren mir bekannt und ich sang glücklich mit.

Es war schon so viele Jahre her gewesen, dass ich Rosch ha-Schana mit meinen Eltern in Toronto verbringen konnte. Rosch ha-Schana wird mit einem großen Festmahl gefeiert und ich erinnere mich Äpfel in Honig getunkt zu haben, um ein süßes neues Jahr einzuleiten; ich erinnere mich an Mamas Honigkuchen und das leckere, runde Challa mit Rosinen; ihre aromatische Rinderbrust und die herzhafte Bratensoße mit Karotten und Kartoffeln; ich erinnere mich an eine Beilage aus Granatäpfeln, an die saftigen, säuerlichen, blutroten Kerne.

Jedes Jahr an Rosch ha-Schana freue ich mich darauf, die süßesten Granatapfelkerne herauszupellen, was eine Erneuerung von Hoffnung und Glück für das neue Jahr symbolisiert. Auch heute noch behalte ich diese Tradition bei und gebe sie als Elternteil an meine Familie weiter und erkläre die tieferliegende Bedeutsamkeit des Granatapfels.

Die runde, gekrönte Form ist eine der ältesten und beständigsten Symbole des Judentums. Einige jüdische Gelehrte sind davon überzeugt, dass der Granatapfel die wahre verbotene Frucht des Garten Eden war.

Die Bibel beschreibt, wie der Granatapfel die Kleidung religiöser Oberhäupter schmückt. Die Frucht soll auf den Säulen vor dem Salomonischen Tempel in Jerusalem abgebildet gewesen sein und die Krone König Salomons soll ihrer Krone geglichen haben.

Ab dem Mittelalter verziert der Granatapfel so gut wie alle Tora, die heiligen Texte, welche aus den fünf Büchern Mose bestehen. Die metallenen Ornamente, welche unsere Torarollen krönen, sind uns unter dem hebräischen Namen für Granatapfel bekannt: *Rimmonim*.

Die Frucht symbolisiert Fruchtbarkeit und Erneuerung, verkörpert gutes und rechtschaffenes Verhalten. Laut dem traditionellen Glauben beinhaltet sie 613 Kerne, wovon jeder ein Gebot oder *Mizvot* (gute Tat) darstellt. Die Tora gebiet den Juden diese Gebote zu befolgen, um ein heiliges Leben zu führen. Selbst vom Granatapfel zu träumen wird als Omen der Weisheit gedeutet.

Die umfassende Metapher dieser Frucht hat auch heute im 21. Jahrhundert noch bestand. Trotz jahrtausendelanger Verfolgung hat das jüdische Volk die Fruchtbarkeit und Erneuerung erreicht, die der Granatapfel verspricht. Aus seinen Samen sind Menschen entsprungen—Menschen wie ich—die von Holocaust-Überlebenden aufgezogen wurden und nach einem guten und rechtschaffenden Leben streben.

---

Ich schaute mich in dem Raum um und begutachtete die kleine jüdische Gemeinde mit... ich bin mir nicht sicher—Neugier, Bewunderung, Besorgnis? Wieso sollte man versuchen hier in München ein Leben und eine religiöse Gemeinschaft aufzubauen? Hier in München wo die jüdische Bevölkerung so skrupellos dezimiert wurde? Die zweihundertfünfzig Kopf große Versammlung hatte sich der Erneuerung verschrieben.

Die Gemeinde brach häufig in Lachen aus. Trotz meiner eigenen Zurückhaltung fühlte ich mich unter ihnen wohl. Es war an sich wie in jeder jüdischen Gemeinde—die Menschen unterhielten sich, gingen raus und wieder rein, starrten offen umher und gingen wieder raus und rein. Nach den rituellen Segenssprüchen über Wein, Brot, Äpfeln und Honig eilten alle zum Essen—auch das typisch. Als kleine, leichte Person ist man in solchen Situationen definitiv benachteiligt. Ich schaffte es, mir ein Stück Kuchen zu schnappen, bevor Alexander auftauchte. Der Polizei gefiel sein Aufhalten vor dem Tempel nicht. Wir schnellten zurück zum Auto, nachdem mir noch ein Täschchen mit Köstlichkeiten in die Hand gedrückt wurde.

Auf der Fahrt zurück ins Hotel führten wir eine ausgesprochen nette Unterhaltung, die mir den Mut gab, das volle Ausmaß meiner Mission in Deutschland auszuplaudern—die Orte zu finden, an denen mein Vater mit dem St. Ottilien Orchester aufgetreten war. Trotz der begrenzten Informationen, die ich dafür zur Hand hatte, war ich fest dazu entschlossen, den Spuren meines Vaters zu folgen.

Alexander bot seine Dienste für einen Tag der Detektivarbeit an. Zufälligerweise hatte er 7 Jahre lang in Landsberg gelebt gehabt. Anders als der eingebildete, israelische Guide, der darauf bestanden hatte nur mit Adresse loszufahren, da es in Landsberg kein Vertriebenenlager mehr gab, und gemeint hatte, Bernstein hätte in den Sechzigern zum ersten Mal in München dirigiert, wusste Alexander, welcher genauso alt war wie ich, von der Geschichte der Stadt, weil er in der deutschen Armee gedient hatte und in den Siebzigern in Landsberg stationiert gewesen war. Der Israeli hatte stündliche Bezahlung und eine mindestens vierstündige Anstellung gefordert, während Alexander dazu bereit war alle drei Zielorte—Landsberg, Feldafing und St. Ottilien—für eine festgelegte Summe ohne zeitliche Einschränkungen abzuklappern. Er hatte meine Mission zu der seinen gemacht.

Er schlug vor, zuerst im Rathaus nach historischen Dokumenten zu fragen, um zumindest eine Idee darüber zu erlangen, wo wir vielleicht Überbleibsel der verlassenen Lager finden könnten. Außerdem hatte er die Idee an einem Wochentag, nämlich Freitag, zu fahren, weil dann die Regierungsbüros offen waren. (Der Israeli hatte am Sonntag fahren wollen.) Auf

Alexander zu treffen war *bashert*—ein jiddisches Wort, dass so viel heißt wie „vorbestimmt". Wir einigten uns darauf, uns um 8:30 Uhr zu treffen. In der Zwischenzeit wappnete ich mich für den Besuch des Konzentrationslagers von Dachau.

**Entr'acte 2010**

Ich schlafe nicht viel diese Nacht. Am nächsten Morgen bringt mich die U-Bahn zum Hauptbahnhof. Hier gibt es mehr Gleise als Gates in einem Flughafen. Züge pfeifen, Babies schreien, Reisende stolpern und der überwältigende Gestank von Kraftstoff erfüllt die Luft und lässt die vielen angepriesenen Backwaren und Sandwiches ekelhaft erscheinen. Egal wohin ich gehe, um nach Gleis 32 zu suchen, scheine ich mich gegen Menschenmassen stromaufwärts kämpfen zu müssen.

Als ich endlich ankomme und mich zum Rest der Gruppe geselle, warten wir nicht lange, bis auch der Guide eintrifft. Er führt uns die Treppen hinunter und wir Touristen folgen ihm wie eine Sippe Mäuse, die Angst haben verloren zu gehen. Ich lasse den jungen Mann nicht aus meinem Blick—schlaksig, mit langem, zerzaustem Haar, zerrissenen Jeans, einem abgenutzten Rucksack und ein paar schwarzen Tattoos auf seinen dürren Armen. Sein selbst, seine gesamte, legere Präsenz, scheint so weit entfernt von meinen turbulenten Emotionen.

Wir zwölf schaffen es alle in die Bahn. Ein älteres Paar, dass sich liebevoll an den Händen hält und leise Französisch spricht. Eine hübsche, junge Blondine auf einer Auszeit vom Friedenscorps, die ihre Wanderausrüstung justiert. Zwei korpulente Frauen mit riesigen, dunklen Sonnenbrillen, Strohhüten und Tragetaschen, die auffällig aufrecht stehen, scheinbar um niemanden neben sich zu berühren. Eine Gruppe ausgelassener Teenager, gerade fertig mit ihrem Auslandssemester, und ein junges japanisches Paar mit mehreren hochwertigen Kameras und einem Kinderwagen. Zuletzt die kleinste von allen, schick angezogen und frisiert (so wie es meine Mutter erwartet hätte), aber mit herabhängenden Schultern.

Was für ein wundervoller Tag—im Licht der Sonne zieht die

Landschaft saftig grün an mir vorbei. Dachau ist ein 1.200 Jahre altes, malerisches und wohlhabendes Städtchen nahe München. Durch die Fenster des Zuges kann ich Blumenkästen erkennen, die charmante, kleine Häuschen schmücken. Ich sehe Kopfsteinpflasterstraßen und habe einen atemberaubenden Ausblick auf die Alpen. Die Bewohner Dachaus fahren Fahrrad, ältere Frauen lachen und beißen in perfekt geformte, rote Äpfel (ohne auf das Kerngehäuse zu achten) und junge Leute verspeisen genüsslich ihr schmelzendes Eis. Ein Schild verkündet:

TOUR DACHAU DEUTSCHLAND. EINE WUNDERSCHÖNE STADT NORDWESTLICH VON MÜNCHEN MIT MEHR ZU BIETEN ALS NUR DEM KONZENTRATIONSLAGER!

Wir steigen aus und sammeln uns in einem weitläufigen Areal, um uns ein paar einführende Informationen vom Tour-Guide geben zu lassen. Selbst für diejenigen, welche bereits etwas über die Geschichte des Ortes wissen, eröffnen die Details eine neue Perspektive—wie die allgemeine Bevölkerung, davon viele moralisch rechtschaffen, dem unerbittlichen Sog des Faschismus verfielen waren.

„Versetzten wir uns für einen Moment zurück in die Zeit der Zwanziger", sagte er. „Der Börsencrash in den USA im Jahr 1929 führte zu einer weltweiten Wirtschaftskrise." Er erklärte, dass die Stimmung in Deutschland besonders hoffnungslos war. Noch immer von der Niederlage im Ersten Weltkrieg beschämt litten die Deutschen in den Dreißigern unter dreißig Prozent Arbeitslosigkeit. Die verzweifelte Nation betrachtete ihre Regierung mit Frustration und damit einher ging die wachsende Unterstützung der Nationalsozialistischen Deutschen Arbeiterpartei (NSDAP)—eine bis dato eher unbekannte politische Gruppierung—in der Hoffnung, dass ein radikaler Wandel Besserung bringen würde. Obwohl die Partei bei den Wahlen von 1932 nur ein Drittel der Stimmen erhielt, festigte sie ihre Macht zunächst durch das Formen einer Koalition. Paul von Hindenburg, damaliger deutscher Reichspräsident, erklärte Hitler widerwillig zum Kanzler. Die Nazis standen für extremen Nationalismus, totalitäre Herrschaft und fanatischen Antisemitismus. Demokratische Ideale waren dem Tod geweiht.

Das Lager in Dachau wurde nur ein paar Wochen nach Hitlers Ernennung zum Kanzler am 22. März 1933 als ein Konzentrationslager für politische Gefangene eröffnet. Die NSDAP riss die politische Kontrolle des Landes vollständig an sich und unterdrückte jede Stimme gegen das Regime. Protestanten, Geistliche, Kommunisten, Künstler und Akademiker wurden ihre Rechte genommen und in Dachau inhaftiert. Prozesse gab es keine. Gerechtigkeit war nicht mehr. Ziel war es, jeden Widerstand durch Einschüchterung und Aufruhr zu unterdrücken und vollständige Autorität zu gewährleisten. Viele der Gefangenen wurden systematisch umgebracht—einige arbeiteten sich zu Tode, andere wurden einfach hingerichtet. Zu Beginn wurde das Lager von gewöhnlichem Gefängnispersonal geführt, doch Heinrich Himmler ließ diese schon bald durch SS-Männer ersetzen.

Ich kann nicht anders, als mir immer wieder dieselbe Frage zu stellen: Wie hätte man diese Entwicklungen im Keim ersticken können? Wie viele Bürger stellten sich am Anfang seiner Übernahme gegen Hitler? Immer wieder sehen wir, wie Bevölkerungen von Tyrannen geblendet werden. Selbst heute lassen sich Menschen von Politikern täuschen, auch in Sachverhalten, wo die Wahrheit offensichtlich scheint.

Zunächst ignorierte die politische Mitte Hitlers aufrührerische Rhetorik. Sie konnten sich nicht vorstellen, dass Diktatur eine ernste Gefahr in einem Land darstellte, wo die Freiheit der Sprache und Gedanken durch Gesetze geschützt war. Solche Zeiten waren vorbei, dachten sie. Aber Hitler beschloss direkt nach seiner Amtsübernahme das Ermächtigungsgesetz, ein direkter Eingriff in die Verfassung, der es ihm erlaubte Erlasse ohne Abstimmung des Reichstags zu verordnen. Bei dem Gedanken an unsere heutige Selbstzufriedenheit läuft es mir kalt den Rücken runter. Wären wir dafür gewappnet uns einer solchen Übernahme entgegenzustellen?

Ein mörderischer Übergriff von achtzig Führungspersonen der Nazi-Sturmabteilung festigte Hitlers Kontrolle über Deutschland endgültig. Als Hindenburg 1934 starb, nahm Hitler zusätzlich die Rolle des Präsidenten ein und ernannte sich selbst zum Führer; vor den Augen der Welt war er vom gescheiterten Künstler aus Österreich zum mächtigen Demagogen geworden. Rede- und Pressefreiheit wurden unterdrückt und andere Parteien verboten. Bücher, Musik und Kunst, welche die Nazis als minderwertig betrachteten, wurden ebenfalls verboten. Und trotzdem blieb ein großer Teil der Bevölkerung im Bann Hitlers giftiger Worte.

Schon 1920 war das Ziel der Nazis, die Juden von der arischen Gesellschaft zu trennen. Sie wollten, dass das deutsche Volk ausschließlich aus blonden, blauäugigen Menschen mit makelloser, weißer Haut, einem perfekten Körperbau und „reinem" Blut bestand. Zwischen 1933 und 1939, als der Krieg ausbrach, wurden über vierhundert Gesetze zur Einschränkung der Juden erlassen. Das Regime konfiszierte Kameras, Radios und Fahrräder. Sie verboten den Juden, sich in öffentlichen Parks aufzuhalten und erlaubten ihnen nur in gewissen Geschäften (wo sie den Hintereingang nehmen mussten) zwischen 14 und 17 Uhr einzukaufen. Sie verboten das Besuchen von Schulen und schlossen jüdische Läden. Gewalttätige Banden, die sich als Miliz bezeichneten, brauchten keine Ausreden, um Juden zu schikanieren, zu demütigen und zu beklauen—genau wie die *Nyilas* in Ungarn. Auch in den heutigen USA haben wir militante Gruppierungen und zwar eine ganze Menge im ganzen Land verteilt. 2011 verzeichnete das Southern Poverty Law Center 334 solcher bewaffneter Gruppen.

1935 hatte die SS die komplette Kontrolle über Dachau, wo man Widersacher problemlos loswerden konnte. Die Menschen, die durch Tore mit den Worten „Arbeit macht frei" schritten kamen aus 34 Ländern, darunter deutsche Dissidenten, „Asoziale" (was, so scheint es mir, praktischer Weise jeden sonst nicht unterzubringenden bezeichnen konnte), Zeugen Jehovas, Roma, Homosexuelle, schwarze, körperlich oder geistig behinderte und Juden. Ich bin überrascht zu erfahren, dass zwei Drittel der in Dachau Inhaftierten nichtjüdische politische Gefangene waren. Kommunisten, Gewerkschafter, Sozialdemokraten. Allein die

Priesterbaracken von Dachau hielten mehrere tausend Geistliche gefangen, um Deutschland zu „entchristlichen". Die Gesamtzahl der Insassen variiert enorm von Historiker zu Historiker. Viele gehen davon aus, dass die Schätzungen von 200.000 Inhaftierten und 40.000 Ermordeten potentiell um einiges zu gering sind.

Dachau war ein wichtiger Bestandteil der deutschen Kriegsmaschinerie. Man brauchte billige Arbeitskräfte für die Munitionsfabriken. Die Bürger der Stadt rechtfertigten oder ignorierten, was im Lager vor sich ging.

Ich lernte jetzt erst, dass Dachau das am längsten bestehende Konzentrationslager der Nazis war, das erste von tausenden, die in ganz Europa errichtet wurden. 12 Jahre lang verbreiteten und verfestigten die Nazis ihre Ideologie und legten die Grundlagen für die brutale Vernichtungskampagne, welche die Welt erschüttern sollte. Und alles was in den Lagern geschah, wurde zuerst in Dachau ausprobiert.

Ich blicke mich um. Beim Eingang ins Lager gibt es jetzt eine große Grünfläche und ein modernes Gebäude mit einem Buchhandel, einem Imbiss und WCs, genau wie für jede andere Touristenattraktion. Eine große Menge Menschen sind hier, um Dachau zu sehen—alte und junge Menschen aus vielen Ländern, von denen mir die meisten nicht jüdisch erscheinen. Zumindest für mich ist es schwer, die touristischen Ergänzungen mit der Geschichte dieses Ortes zu vereinbaren.

Unser Guide weist auf die originalen Wachtürme hin. Eine große Steinplattform ist zu erkennen, der Ort an dem Neuankömmlinge auf die SS-Offiziere trafen und wo ihr Schicksal besiegelt wurde. Die Hauptwache schickte den nächsten Gefangenen in der Reihe entweder nach rechts (junge Männer und Frauen, die sie für stark genug zum Arbeiten hielten, und besonders attraktive, junge Frauen für andere schreckliche Zwecke) oder nach links (die entbehrlichen Gefangenen, welche sofort in den Tod geschickt wurden: Schwangere, Alte, Behinderte, Verletzte oder einfach jeder, der die Wachen in irgendeiner Form genervt hatte). Drei Lagen Stacheldrahtzaun umgaben den hohen Wall. Um die Befestigungsanlage machte ein tiefer, breiter Graben jeden

Fluchtversuch zum Suizid—ein Ausweg, den viele trotzdem nahmen.

Die zwei beleibteren Damen in unserer Gruppe gehen voraus und treten durch das schmiedeeiserne Tor, unter dem spöttischen Worten „Arbeit macht frei" hindurch. Dasselbe Mantra hing am Eingang so mancher Konzentrationslager und verhöhnte die Sklavenarbeiter, die täglich ein- und ausmarschierten. Wut kocht in mir auf, als ich Teenager dabei sehe, wie sie vor dem berüchtigten Schild lachend Selfies machen.

Wir folgen durch das Tor und erreichen ein weitläufiges Areal, wo die täglichen Zählappelle noch vor Morgengrauen und abends nach 12 Stunden Zwangsarbeit im Schmutz bei schneidendem Wind, prasselndem Regen und glühender Hitze stattgefunden hatten. Ich stelle mir vor, wie ein unglücklicher Gefangener die Aufmerksamkeit einer der Wachen auf sich zog—warum auch immer, ein Fehltritt oder pure Willkür—was zur gewalttätigen Vergeltung gegen die gesamte Gruppe führte. Die Insassen müssen in ständiger Angst vor Prügel, Peitsche und Strick gelebt haben. Eine der entsetzlichen Einschüchterungsmethoden bestand darin, jeden zehnten Inhaftierten in einer Reihe zu erschießen, während der Rest zitternd daneben stand.

Der Tour-Guide führt uns in die Baracken. Die Betten sind neu und der erdig warme Geruch von frisch gehacktem Holz und sauberen Böden scheint mir trügerisch und unpassend.

In den ersten Baracken, wo politische Gefangene vor dem Krieg festgehalten worden waren, hatte man einer Person ein Bett zugewiesen. Während wir von einem Raum in den nächsten gehen, soll dies den fortschreitenden Prozess des Horrors darstellen. Der letzte Raum ist der, in dem Juden schliefen. Wir zwölf und der Kinderwagen passen kaum hinein.

In den frühen Vierzigern beherbergten diese Baracken zunächst sechzig jüdische Männer, doch später drängten sich dort hunderte. Gefangene schliefen auf der Seite nebeneinander und quetschten sich wie Sardinen zu viert, fünft oder sechst in ein Bett. Zumindest war ihnen dadurch nicht ganz so kalt. Diesen Raum mit eigenen Augen zu betrachten, raubt mir jeden Mut. Eine mittelalterliche Toilette für die vielen Insassen. Dysenterie verbreitete sich wie ein Lauffeuer. Die Männer waren zu schwach, um sich aus ihren Sardinenbüchsen zu befreien, und lagen in ihren eigenen Exkrementen. Häufig starben die Hälfte der vier bis sechs Männer über Nacht. Ironischerweise lässt Typhus die Haut nach frisch gebackenem Brot riechen. Trotzdem muss der Gestank von ungewaschenen Körpern, Durchfall und verwesenden Leichen einem den Verstand geraubt haben.

Zu essen bekamen sie fauliges Schwarzbrot und ein wenig wässrige Suppe. Sie hatten keine Möglichkeit, sich zu waschen, und verbrachten Monate in derselben schäbigen Gefängniskleidung. Typhus sprang zusammen mit den Läusen von einem Insassen zum nächsten. Doch egal wie krank man war, man schleppte sich immer zum Appell, um das schicke, moderne medizinische Gebäude zu vermeiden, wo statt der Behandlung von Krankheiten, abscheuliche Experimente durchgeführt wurden.

Unser Guide geht erzählt weiter. Dachau war ausschließlich ein Lager für Männer gewesen, erklärt er. Diese Aussage verwirrt mich und ich erhebe meine Stimme: „Ich weiß von mindestens zwei Frauen, die in Dachau inhaftiert waren." Alle gucken mich an, als ob sie mich zum ersten Mal wahrnehmen. Der Guide bittet mich, zu erläutern. „Die Mutter und die Tante meiner Freundin waren Zwangsarbeiter im Kaufering Konzentrationslager. Zum Ende des Krieges wurden sie eingesammelt und durch die Hauptstraßen von Landsberg bis nach Dachau marschiert, wo der Tod auf sie wartete."

Nun scheint er verwirrt zu sein und nimmt seine Notizen zur Hand. Dann erklärt er. Dachau wurde als Transitlager für viele andere Orte benutzt. Tausende von Gefangenen wurden nach Dachau gebracht, um von dort weitergeschickt zu werden. Jedes Mal, wenn neue Gefangene ankamen, wurden Selektionen durchgeführt. Die Wachen wiesen arbeitsfähige Männer und Frauen Arbeitslagern zu, wo sie für den Bau von Straßen und Schienen oder zur Arbeit in den Minen gebraucht wurden; die sehr jungen, sehr alten und körperlich oder geistig behinderten wurden nach Auschwitz oder anderen Vernichtungslagern in den Tod geschickt. Du nach rechts, du nach links. Einige der anderen Tour-Teilnehmer scheinen verblüfft. Eine ältere Dame, die wohl nie daran gedacht hat, dass es lebende Nachkommen gibt, fragt: „Du kennst Leute, die diesen Ort überlebt haben?" Ihre Ungläubigkeit zieht mir den Magen zusammen.

Beim Lager befindet sich ein Museum. Dort werden Bilder und Besitztümer der dort verstorbenen, auf Video aufgenommene Interviews mit Überlebenden und Poster mit antisemitischer Propaganda ausgestellt.

Die befreiende Armee war nicht auf das vorbereitet, was sie in Dachau vorfanden. Der General war dem fauligen Gestank 48 Kilometer lang gefolgt, bis seine Truppen den Karneval des Schreckens erreichten. Kurz vor den Toren fanden sie neununddreißig Zugwagons, die mit über 2.000 Leichen vollgestopft waren. Im Inneren warteten Skelette auf sie, die vorgaben Menschen zu sein.

Der Horror wurde detailliert auf entsetzlichen Fotos festgehalten. Amerikanische Soldaten zwangen die Bürger Dachaus dazu, durch das Lager zu laufen, um sich mit eigenen Augen anzuschauen, was sie sich so lange geweigert hatten wahrzunehmen. Sie waren beschämt und benommen. Als Tourist kann man sich die Hölle des Lagers natürlich nie wirklich vorstellen—der Gestank nach Fäkalien, die verwesenden Leichen, die eitrigen Wunden. Filmaufnahmen zeigen die Bürger, wie sie sich die Nasen bedeckten, wie sie sich abwandten, um sich zu übergeben, während sie selbst die Leichen an ihre letzte Ruhestätte beförderten. Die Bilder sind zu überwältigend; das ältere Paar und ich verlassen den Raum.

Die Gebäude, die noch stehen, sind die Krematorien und die Gaskammer. In den Krematorien wurden hingerichtete Gefangene verbrannt, aber ob die Gaskammer für mehr als nur „Übung" benutzt wurde, bleibt unklar. Ein Schild erklärt: „Dies ist das Zentrum eines potentiellen Massenmords. Der Raum wurde als Dusche ausgegeben und mit Duschköpfen versehen, um die Opfer hinters Licht zu führen und Widerstand zu vermeiden. In 15 bis 20 Minuten hätte man hier hundertfünfzig Menschen mit dem Giftgas

Zyklon B ersticken können." Touristen dürfen sich das Gebäude von Innen anschauen. Das japanische Paar weigert sich. Doch ich sammele meine Kraft, atme tief ein und trete in die grauenhafte Kammer.

Wie in einem Fiebertraum nehme ich den quadratischen, schmutzigen und feuchtkalten Raum war, dessen Wände und Boden aus glatten Backsteinfliesen bestehen, die keinerlei Platz zwischen einander lassen—hermetisch abgeriegelt. Die Duschköpfe, aus denen das giftige Gas geströmt wäre, konnte man hier betrachten, bevor sie von Touristen als makabre Souvenirs gestohlen wurden. Ein kleines Fenster lässt etwas Licht in die Kammer fallen. Von hier hätten die Nazis ihre Opfer beobachten können; nackte Opfer, die sich auf ihre erste echte Dusche nach Monaten freuen und dann langsam ersticken. Ihre Schreie hallen in meinen Ohren wieder. Tränen verschleiern mir die Sicht und ich renne aus dem Gebäude in das helle, sonnige Tageslicht. Unser Guide bemerkt meine Flucht, kommt zu mir herüber und legt einen beschützenden Arm um mich, während wir neben dem Ausgang stehen. Zumindest gibt es heute einen.

Plötzlich fällt mir etwas Farbe auf, die um die Ecke hervorblitzt und dem tristen Grau dieses Ortes trotzt. Grell pinke und rote Begonien umgeben ein wunderschönes Steindenkmal geschmückt von einem Davidstern—eine von drei heiligen Stätten in Dachau; eine für das Judentum, eine für das Christentum und eine für die russisch-orthodoxe Kirche.

Eine helle Skulptur fällt mir ins Auge. Innerhalb dreier, immenser Kreise, die einen gewaltigen Maschendrahtzaun darstellen, sind miteinander verschränkte Dreiecke abgebildet. Sie formen mehrere Davisterne. Die anderen Touristen und ich erfahren ihre düstere Bedeutung. Die Nazis zeichneten alles im Lager sorgfältig auf, dazu gehörten auch die Insassen. Doch die Gefangenen hatten für sie keine Namen. Gefärbte Stoffabzeichen wiesen sie aus. Kommunisten und andere Staatsfeinde mussten rote Dreiecke tragen; ausländische Zwangsarbeiter, hauptsächlich Polen, trugen Blau; deutsche „Straftäter" trugen grüne Dreiecke; Roma braune; pinke für Homosexuelle; und die Juden trugen natürlich Gelb. Auch schwarze Menschen, die in Deutschland lebten, wurden grausam behandelt.

Die meisten der Inhaftierten wurden zwei Gruppen zugeordnet (fast jeder konnte als Staatsfeind bezeichnet werden)—ein jüdischer Kommunist, ein homosexueller Straftäter—und zwei überlappende Dreiecke formten einen Davidstern. Und es gab noch mehr grausame Klassifizierungen. Einige Gefangene trugen die farbigen Abzeichen mit einem schwarzen Balken, wodurch diese Männer für schrecklichste Misshandlungen freigegeben wurden; ein kreisförmiges Emblem wies Insassen willkürlich den schlimmsten Arbeiten zu: die Strafkolonie, Steinbrüche und der so gut wie sichere Tod.

Wir begeben uns still zum letzten Denkmal hinüber: ein Monument aus schwarzem Marmor, welches einem Grabstein gleicht und den hier gestorbenen gewidmet ist. Die Gruppe liest die Inschrift im Licht der Sonne:

*Möge das Beispiel jener, die hier zwischen 1933 und 1945 gestorben sind, weil sie sich den Nazis widersetzten, dabei helfen, die Lebenden zur Verteidigung von Frieden und Freiheit und Respekt zu vereinen.*

Ich denke an meine Eltern und schicke diesen Wunsch zusammen mit einem stillen Gebet gen Himmel.

Das Lager wird bald für Touren geschlossen. Ich höre ein Wirrwarr aus Sprachen—Italienisch, Spanisch, Englisch und Deutsch (so mannigfaltig wie damals die Insassen)—als wir uns zum letzten Bus begeben. Auf der Fahrt zurück sehe ich ein letztes Schild:

*Dachau—die Bedeutsamkeit dieses Ortes wird nie aus der Geschichte Deutschlands zu tilgen sein. Es steht für alle Konzentrationslager, welche die Nazis in ihrem Territorium errichteten.*

Die Masse Touristen quetscht sich gerade so in den Bus. Es ist unangenehm eng, wenn auch nur für die Fahrt zum Zug—nicht mit der Fahrt in einem Viehwagen ins Ungewisse zu vergleichen, erinnere ich mich. Es herrscht absolute Stille. Worte haben keinen Platz.

Die Gruppe trennt sich am Hauptbahnhof und ich nehme die U-Bahn zurück in mein gemütliches Hotel. Als ich mein Zimmer erreiche, verschließe ich die Tür, ziehe mich aus und nehme eine heiße Dusche—so heiß, wie ich ertragen kann, aber kein Schrubben der Welt kann meinen inneren Tumult wegwaschen. Einmal mehr betrachte ich mein Leben als freie Person und denke an die Zeit, als meine Familie diesen Luxus nicht hatte. Obwohl ich so viel über den Holocaust gelesen habe, wie ich konnte—über den Wahnsinn, das Leid, die Angst und den Tod—war ich nicht auf das vorbereitet, was ich an diesem sonnigen Tag erlebt habe. In Dachau wollte ich der Frage nachgehen, wie es zu all dem gekommen war. Doch sie blieb unbeantwortet.

**Entr'acte 2013**

Ich schrecke aus dem Schlaf. Ohne wirklich wach zu sein, stolpere ich ins Badezimmer und schaue in den Spiegel. Ich sehe geschwollene Augenlider und eine tiefe Furche, die einer Messerwunde gleicht, auf der linken Seite meines Gesichts—ähnlich der, welche meine Mutter jeden Morgen im Gesicht hatte. Darüber hatte ich mich immer gewundert. Nun frage ich mich, ob sie jedes Mal voller Furcht erwacht war.

„Schatz, ich weiß nicht, wie du das machst", sagt meine 82 Jahre alte Tante Eva. „Wieso erweckst du die Toten zum Leben? Ich kann darüber nicht reden. Ich habe jede Nacht Alpträume."

Doch ich lasse nicht nach und frage sanft weiter: „Wie bist du den Nazis entgangen?"

Eva weigert sich, darüber zu sprechen. Einmal, vor Jahren, erzählte sie mir davon, wie sie auf ihrem Bauch über die Donau gekrochen war. Im Dunkeln. In der Kälte. Kugel waren an ihr vorbeigesurrt. Sie hatte mit ansehen müssen, wie *Nyilas* manche in ihrer Gruppe erschossen hatten, wie andere von brutalen Hunden zerfleischt worden waren, doch sie hatte sich in Sicherheit bringen können.

Sie versteckten mich in einer Gemüsekammer. Ich hatte eine Bank, auf der ich liegen konnte. Die Kammer war nicht mal hoch genug, um aufrecht zu stehen. Es war so dunkel, ich hatte Angst. Und es war immer so kalt und ich konnte den muffigen Geruch kaum ertragen. Doch raus gehen ging nicht. Ach und Mäuse, Mäuse waren da auch."

„Wer hat dich versteckt?" fragte ich.

„Die Eltern meiner Stiefmutter (Christen). Sie hatten ein kleines Haus außerhalb von Budapest. Es war am Ende ihres Gartens, weißt du, ein Loch im Endeffekt, im Dreck, wo sie ihr Gemüse für den Winter trockneten. Dort versteckten sie mich. Wenn sie konnten, brachten sie mir spät nachts etwas zu essen. Ich hörte das Kreischen der Bomben."

„Wie alt warst du da?"

„Ein kleines Mädchen. Ich muss etwa 13 gewesen sein? Ich kann darüber nicht reden. Ich habe jede Nacht Alpträume."

Als ich aufwuchs, war Eva sowas wie meine Vertrauensperson, eine wunderschöne, ungarische Frau—man stelle sich Eva Longoria vor, mit pechschwarzem Haar, kokettem Blick und sinnlichen Lippen; glamourös wie Zsa Zsa Gabor, mit dem einnehmenden Akzent und einem *„Anyukám"* oder „Daaahlink" vor jedem Satz; pietätlos und unverblümt wie Samantha Bee, mit frechen, vor Sarkasmus triefenden Einwürfen. Eva und Tibi waren außerordentlich gewieft. Sie hatten exotische Orte bereist, waren für jeden Spaß und jede Party zu haben und alles in allem einfach kein bisschen wie meine konservativen Eltern. Eva war einer der wenigen Menschen, auf die mein Vater manchmal hörte, und die einzige, die mich nach einem Konflikt mit meinen Eltern besänftigen konnte. Aber ihre eigene, fürchterliche Vergangenheit; darüber schwieg sie.

Jetzt habe ich ihre Alpträume: Ich starre mitten in der Nacht an die Decke, entkräftet, mein Herz erfüllt von Angst. Mich plagt die Insomnie meines Vaters. Schlaflose Nächte und alltägliche Kopfschmerzen. Ich hatte seine Probleme nie mit den Erinnerungen, den Verlusten und dem Trauma in Verbindung gebracht. Jetzt fühle ich mich ängstlich und allein, wie er es getan hatte, trotz meines lieben, verständnisvollen Mannes neben mir.

Ich hatte gedacht, ich würde ein paar Monate in Minneapolis verbringen, vielleicht ein Jahr oder zwei. Stattdessen blieb ich dort und ließ mein voriges Leben zurück. Wie war ein gutes, jüdisches

Mädchen aus Toronto in Minnesota gelandet? Einem Ort, von dem ich nie wirklich gehört hatte. Selbst jetzt frage ich mich manchmal, was ich hier mache—vor allem seitdem Harris ausgezogen ist, vor allem seitdem meine einzigen nahen Verwandten Rob und Sara, ihre Kinder und Eva sind, die alle in Toronto leben. Vielleicht war ich nach Minneapolis gekommen, weil ich... naja, weil es einfach komplett anders war als zuhause, weil es weit entfernt von den Menschen war, die mich kannten, eine Stadt mit offenen Plätzen, Flüssen, Seen und nur wenigen Juden. Und trotzdem muss ich zugeben, dass mein Leben auch hier isoliert war, noch immer vor der Welt geschützt. Ich habe über 34 Jahre meines Lebens auf der Bühne verbracht—bin jeden Tag nur zur Orchesterhalle und zurück gefahren, habe nie Müll auf der Straße, ein Graffiti an der Wand, eine Sozialwohnung oder Menschen in Eile zur Arbeit laufen gesehen. Wenn ich keinen Auftritt hatte, übte ich zuhause; sah so gut wie nie einen Menschen anderer Hautfarbe und hörte selten einen Akzent. Ich kam fast nie mit betrunkenen in Kontakt und verbrachte nicht einen Abend in Bars oder Nachtklubs. Ich trank keinen Alkohol und rauchte keine Zigaretten. Genau wie meine Eltern. Ich schätze unsere Muse—die Musik—diente uns als eine Art Luftblase, in der wir schwebten und uns vor dem Schmerz der Welt versteckten.

**St. Ottilien**

Die Erzabtei St. Ottilien, einst ein notdürftiger Zufluchtsort für Holocaust-Überlebende, hatte nicht mehr viel mit den unscharfen, 60 Jahre alten Fotos gemein, die ich kannte. Wie ein Film Noir, der plötzlich mit Farbe gefüllt wurde, tauchten blühende Felder, üppiges Farmland und das neugotische Kloster mit dem achteckigen Turm vor mir auf. Es war ein glorreicher Tag; ein azurblauer Himmel, zwitschernde Vögel und eine spektakuläre Aussicht auf die Alpen in der Ferne. Es schien mir absurd, sich vorzustellen, was mein Vater hier erlebt hatte.

Alexander parkte und wir gingen einen von Bäumen gesäumten Weg entlang zur Kirche. Dabei liefen wir an einem

Café, ein paar Läden und Skulpturen vorbei. Der erweiterte Ort ähnelte nun einem kleinen Dorf. Es gab eine Schule, eine Bibliothek, einen Kurort, private Häuser für Gäste der Benediktiner und eine Druckerei, wo spirituelle Texte verlegt wurden.

Wir machten bei einem Büro halt. Während Alexander dem Mönch an der Rezeption unser Vorhaben erklärte, las ich von den guten Taten und nachdenklichen Leben der Benediktiner, die in fünfundfünfzig Klöstern in zwanzig Ländern dienten.

Der Abt erklärte, dass sich keiner an das Konzert von 1945 erinnerte, aber die Benediktiner sich dieser schrecklichen Zeit bewusst waren. Die Gestapo hatte das gesamte Kloster 1941 übernommen und die Mönche vertrieben. Jene, die Widerstand leisteten, wurden festgenommen, doch manche der vertriebenen Mönche schlossen sich dem Kampf gegen die Nazis an. Ein ziemlich krasser Kontrast zu dem stillen Leben des Betens und Nachdenkens, für das die Benediktiner bekannt sind.

Nachdem Krieg, gingen die Mönche zurück nach St. Ottilien und verschworen sich dem Wiederaufbau ihres Klosters und ihres Landes. Sie bauten ein jüdisches Krankenhaus für Überlebende. Nur eines der Gebäude steht bis heute. Obwohl viele der Verletzten und Kranken trotz der medizinischen Fürsorge starben, wurden zwischen 1946 und 1948 auch vierhundertsiebenundzwanzig Kinder geboren, darunter eine Freundin von mir und Freunde von Sonia. Neues Leben im Chaos.

Ich sollte einige Jahre später mit eben diesen Freunden nach St. Ottilien zurückkehren, doch 2010 hatte ich keine Ahnung, was mich erwarten würde.

Der Mönch bot uns eine Karte des Geländes an und markierte einen Ort, den wir nicht verpassen sollten, mit einem Kreis—den jüdischen Friedhof. Alexander und ich spazierten entlang eines von Lehmwänden flankierten Pfades. Ich posierte für ein Foto mit der beeindruckenden Kirche und schaute sie mir genauer an—die gotische Tür geschmückt von Trauben-ähnlichen Mustern in türkisem und schwarzem Eisen, ein atemberaubendes Interieur aus weißem Stein, die gewölbte Decke, die sich kreuzenden Bodenfliesen und die riesige Orgel.

Weiter den Pfad entlang trafen wir auf ein eisernes Tor mit einem goldenen Davidstern. Innerhalb des wohlgepflegten jüdischen Friedhofs wurden die Grabsteine von einer hohen Hecke bewacht. Die größte Gedenkstätte ist mit sechzehn eingravierten Namen von Menschen, die innerhalb einer Woche im Mai 1945 gestorben waren, und so vielen mehr, die im Moment ihrer Befreiung zu krank gewesen waren, um noch gerettet werden zu können, versehen. Hunderte Kiesel ehrten ihre Ruhestätte und ich legte ein paar dazu, während in der Ferne die Glocken feierlich erklangen.

Nur 19 Kilometer entfernt, etwa eine Stunde westlich von München mit dem Auto, liegt die mittelalterliche Stadt Landsberg an dem Fluss Lech. Weder das Vertriebenenlager noch der Militärstützpunkt, wo Alexander gedient hatte, befanden sich noch dort, aber ich wusste, dass es irgendwo in der Stadt Monumente und Mahnmäler gab. Ich hatte die Adresse der städtischen Archive bei mir, doch obwohl wir an einem Freitag dort waren, standen wir vor verschlossenen Türen. Nicht weit entfernt von uns stand ein vornehm aussehender Gentleman in einem terrakottafarbenen Kamelhaarblazer und weißem Hemd. Sein Koffer schien vor Papier fast zu platzen. Obwohl er sich mit jemandem unterhielt, unterbrach ihn Alexander: „Wüsste der Herr zufällig von Monumenten in Andenken an den Zweiten Weltkrieg?"

Eben dieser Herr, Franz Xavier Rößle, ehemaliger Bürgermeister von Landsberg, war persönlich für die Installation dieser Denkmäler verantwortlich gewesen. *Schon wieder bashert.* Er erzählte uns von einer Reihe an Gedenkstätten und wo sie sich befanden, was wir alleine niemals herausgefunden hätten. Viktor Frankl, Autor von „Der Mensch auf der Suche nach Sinn", hatte eine kulturelle Auszeichnung von der Stadt erhalten, und die nach ihm benannte Allee befand sich gleich die Straßen runter. Rößle erhoffte sich, für die Archive der Stadt mehr über Leonard Bernsteins Konzert in Landsberg zu erfahren, und ich versprach, ihm eine Kopie des Programms zu schicken. Er winkte mir auf Wiedersehen und versicherte mir, dass wir voneinander hören würden.

Alexander und ich stiegen die Hügel auf Straßen hinauf, die im Zickzack nach oben führten und von kleinen Häuschen umgeben wurden. Der Weg führte uns nach Kaufering VII, welches zu dem Netzwerk der zu Dachau gehörenden Konzentrationslager gehörte. Dabei konnte man einem prominent platzierten Grabstein nicht aus dem Weg gehen, auf dem die herzzerbrechende Widmung eines Sohnes an seine Mutter, die dort gestorben war, auf Englisch eingraviert war.

Jüdische Sklaven schliefen in dürftigen Hütten an der kalten Luft und das nach langen Tagen harter Arbeit. Sie bauten für deutsche Soldaten Bunker und huben Gräben aus. Egal wie sehr sie hungerten und vor Erschöpfung dahinsiechten, 3.555 Juden zwischen 11 und 70 mussten täglich zur Arbeit und zurück marschieren. Die große Mehrheit überlebte die brutalen Verhältnisse in Kaufering nicht. Auch Sonias Mutter und Tante, Fania und Henia, wurden hier gefangen gehalten.

Man stelle sich vor: In den eisbedeckten Hütten von Kaufering I brachten sieben ungarische Mütter sieben Babies zur Welt. Jemand hatte Mitleid und schmuggelte einen winzigen Herd in eine der Hütten, um den armen Neugeborenen Wärme zu spenden. Doch eine Nazi-Wache fand es heraus. Er verprügelte den „Täter" ohne jede Gnade. Aber unerklärlicherweise wurden die Babies nicht, wie so viele andere, durch eine Injektion in das kleine Herz getötet.

1945 befreiten Amerikanische Soldaten die sieben Frauen und ihre Kinder. Sie vergossen Tränen bei dem Anblick dieses Grauens, dieses Wunders. Nach dem Krieg zog eine der Frauen mit ihrem Mann und ihrem Baby nach Toronto. Mit der Zeit eröffnete sie ihr eigenes Geschäft: Miriam's Fine Judaica Gift Shop auf der Bathurst Street. Den Laden gibt es bis heute. Ich bin schon hunderte Male daran vorbeigefahren. Falls meine Mutter die Familie gekannt hatte, hatte sie es nie erwähnt.

Es war schwer sich vorzustellen, dass solche Gräuel in einem charmanten, altmodischen Städtchen wie diesem geschehen waren.

Noch weiter oben trafen wir auf ein besonders verstörendes Relikt in einem Pagode-ähnlichen Bau aus Holz umgeben von Steinen—ein Viehwagen, welcher benutzt worden war um unzählige Gefangene in den Tod zu schicken. Dicke Metallstangen passten durch metallene Löcher, um die Türen von außen zu verriegeln. Neben dem Wagon stand ein einsames Denkmal von einem Sohn an seinen Vater. Ich musste mich daran erinnern, wieso ich hier war. Ich presste meine Fingernägel in meine Oberschenkel, um wieder in die Gegenwart zu gelangen. Alexander las die Inschrift: „Der unendliche, kostenlose Arbeitskräfte-Vorrat der Nazis bestand aus Juden, die noch genug Kraft hatten, um zum Arbeiten von Auschwitz nach Kaufering gebracht zu werden. Sobald die Sklaven körperlich am Ende waren, bestiegen sie den Zug erneut für ihre letzte Reise—zurück nach Auschwitz und in die Gaskammer.

Irgendwann fanden wir dann den Veranstaltungsort von Bernsteins Konzert, wo sich jetzt der Kindergarten der Stadt befand. Vor dem Krieg war Landsberg ein deutscher Armeestützpunkt gewesen; die Saarburg Kaserne. Am 9. Mai 1945 lebten 6.870 Menschen in dem Vertriebenenlager von Landsberg—nicht alle davon Juden.

Wie auch in den anderen Vertriebenenlagern bevor die JDC eingriff, mussten die Überlebenden in Landsberg zunächst zusammen mit ihren Unterdrückern leben und das weiterhin von Stacheldraht eingezäunt. Das US Holocaust Memorial Museum erklärt: „Major Irving Heymont, ein Offizier des 5. Infanterieregiments der US-Armee, welches das Konzentrationslager von Gunskirchen, ein Nebenlager von Mauthausen, befreit hatte, erhielt den Silberstern für besondere Tapferkeit vor dem Feind. Als der Krieg endete, wurde er damit beauftragt das Vertriebenenlager in Landsberg, Deutschland, zu führen." Major Heymont spürte das Leid der vertriebenen Opfer und im September 1945 ließ er alle Nichtjuden aus dem Lager bringen. Später las ich, dass Heymont geheim gehalten hatte, dass er selbst auch Jude war. Sein Vater war ursprünglich aus Russland gekommen.

Auf den Wänden des Kindergartens befindet sich ein weiteres Denkmal, welches den ehemaligen Standort des Vertriebenenlagers markiert. Der Spielplatz ist nach Anne Frank benannt. Er ist erfüllt von Leben und—so hoffe ich—einer besseren Zukunft.

Als wir auf dem Weg zu unserem nächsten Stopp durch die Hauptstraße fuhren, fiel mir eine große Skulptur aus Stein und Eisen auf. Sie stand direkt neben der alten Stadtmauer und bildete einen Todesmarsch in Basrelief ab. Gefangene waren die fast 80 Kilometer von Kaufering nach Dachau durch die Stadt gestolpert, durch eben die Straßen, auf denen wir uns jetzt befanden. Das Monument wurde von einem deutschen Geschäftsmann in Auftrag gegeben und darauf eingraviert steht die Frage: „Wie konnte es sein, dass die Bewohner der Stadt nichts davon wussten oder nichts davon sahen?" Die Vorteile kostenloser Arbeitskräfte und florierender Industrie sowie der bloße Wunsch sich selbst nicht in Gefahr zu bringen, müssen wohl wichtiger gewesen sein. Ich frage mich oft: *Was hätte ich oder wir alle unter denselben Umständen getan? Was können wir—sollten wir—in Anbetracht heutiger Gräueltaten tun?*

Ich brauchte eine Pause. Wir spazierten entlang der Kopfsteinpflasterstraßen der Stadt und nahmen die pinken, blauen und gelben Pastelltöne der alten Gebäude wahr, bis wir ein Restaurant mit einem herrlichen Antipasti-Angebot erspähten. Meine ersten Bisse schmeckten noch immer nach Trauer. Doch Alexander gab ausschweifende Anekdoten von sich und auch wenn es schwer zu glauben war, lachten wir eine ganze Menge in unserer Mittagspause. Die gute Stimmung war auch in unseren bisherigen Erfolgen begründet. Alexanders Geduld, Hartnäckigkeit und Sprachgewandtheit waren der ausschlaggebende Faktor. Er sprach Menschen einfach so auf der Straße an, um nach dem Weg oder anderen Informationen zu fragen—was ich selbst nie getan hätte—und so gut wie jeder, auf den wir trafen, war äußerst hilfsbereit.

Wir verspeisten genüsslich Knoblauch-Calamari, mit Schafskäse gefüllte Artischocken und Capellini in Sahnesauce. Die

Gerüche und Geschmäcker waren so weit von dem entfernt, was ich in Dachau erwartet hatte, dass ich fast darüber lachen musste. Zwischen den freudigen Bissen erzählte mir Alexander seine Lebensgeschichte.

Er war einige Jahre nach dem Krieg geboren und hatte eine schwere Kindheit gehabt. Seine Mutter hatte ihn als Jugendlichen beim Militär eingeschrieben—um ihn loszuwerden. Er erhielt so gut wie keine Bildung zum Thema Zweiter Weltkrieg und die Jahre zwischen 1938 und 1945 blieben in Schweigen gehüllt. Tatsächlich war ein Großteil des Video- und Fotomaterials, dass wir heute zur Verfügung haben, noch nicht veröffentlicht worden. Das geschah erst nach der Wiedervereinigung Deutschlands im Jahr 1990. Die dritte Generation seit dem Zweiten Weltkrieg—die Generation meines Sohnes—lernt nur wenig über den Holocaust. Sind wir Menschen auf ewig dazu verdammt, unsere Fehler zu wiederholen?

Ungläubiger Schock hatte von Alexander Besitz ergriffen, als er die Bilder des Holocaust zum ersten Mal erblickte. Heutzutage brachte er Menschen häufig nach Dachau. Die Touristen sind meistens, so erzählte er mir, nicht auf das vorbereitet, was sie dort erleben. Verblüffte Engländer, Deutsche, Italiener und Spanier fragen sich, ob ihre Großeltern vielleicht involviert gewesen waren. Als Resultat daraus graben einige in ihrer eigenen Familiengeschichte, um herauszufinden, welche Rolle ihre Vorfahren gespielt hatten, wobei sie manchmal schmerzhafte Wahrheiten enthüllen.

In Feldafing, unserem letzten Halt, wurde es uns nicht so einfach gemacht wie bisher. Der Inhaber des größten Hotels, die Person, die am hilfreichsten hätte sein können, wies uns unfreundlich ab. Er wollte nichts mit unserem Vorhaben zu tun haben, selbst nachdem ich ihm erklärte, dass Leonard Bernstein in Feldafing vor tausenden Vertriebenen aufgetreten war.

Feldafing war ein Sommer-Camp der Hitlerjugend gewesen, 32 Kilometer von München entfernt, bevor es im Mai 1945 zum Vertriebenenlager wurde und 3.000 ungarische Überlebende beherbergte. Es bestand aus Stein- und Holzbaracken und nicht viel mehr. Genau wie in Landsberg dauerte es eine Weile, bis die nichtjüdischen Vertriebenen aus Polen und Ungarn mit den jüdischen Überlebenden von Dachau ersetzt wurden. Die Amerikaner glaubten weiterhin fest an ihr Repatriierungsprojekt, doch Juden, die in ihre Heimat zurückkehrten, wurden oft weiter diskriminiert wenn nicht sogar getötet, und die Tatsache, dass Europa weiterhin nicht sicher für die jüdische Bevölkerung war, machte sich unter ihnen schnell breit.

Das Vertriebenenlager von Feldafing war das erste seiner Art, dass trotz mangelnder Hygieneeinrichtungen und Versorgung ein gewisses Maß an Normalität erreichte. Einwohner organisierten weltliche und religiöse Schule und etablierten eine Bibliothek, ein Krankenhaus und einen Rabbinerrat. Mehrere Zeitungen wurden herausgebracht und zwei Theatergruppen und ein Orchester sorgten für die Unterhaltung. Feldafing wurde zu einem Beispiel für kooperatives Zusammenleben, ähnlich wie in einem *Kibbuz*.

Das Gemeinschaft und Bildung der Kinder absolute Priorität für die Vertriebenen hatte, war auf den Bildern, die ich von meiner Mutter in Windsheim gesehen hatte, eindeutig gewesen—sie kuschelte jemandes Kind, kochte auf einem provisorischen Herd und half bei der Feldarbeit. Meine Eltern und viele andere führten ihre Bildung fort—sie lernten Handwerke wie das Schneidern, die Zimmerei, das Schweißen oder, wie im Falle meines Vaters, verbesserten ihr Können in der Musik.

Alexander und ich konnten den genauen Standort des Vertriebenenlagers nicht ausfindig machen, doch auf den Hügeln trafen wir auch einen weiteren Friedhof. Dieser hatte zwei Seiten. Auf der christlichen Seite blühten Blumen und Bäume neben stattlichen Monumenten, doch hinten, auf der anderen Seite einer breiten Hecke—der jüdischen Seite—fanden wir heruntergekommene und verwahrloste Ruhestätten vor. Die Gräber, die einen Stein hatten, wiesen zumeist 1945 als das Sterbejahr aus. Eine Menge quadratischer Steine im Boden waren mit keinem Namen oder erkennbaren Merkmalen versehen.

Es war fast 18 Uhr. Zeit ins Marriott zurückzukehren, runterzukommen und auf unseren Erfolg anzustoßen. Der nette Pförtner stieß fürs Abendessen mit dazu. Nach der aufwühlenden

Katharsis des Tages führte uns das Gespräch zum Thema Gerechtigkeit und Toleranz—unser Verständnis wurde durch des Pförtners Erfahrungen von Rassismus erweitert. Ich hatte nicht gewusst, dass in amerikanischen Einheiten im Zweiten Weltkrieg Rassentrennung geherrscht hatte. Eine Truppe bestehend aus schwarzen und asiatischen Soldaten, die 183. Sturmpioniere, waren an der Befreiung von Dachau beteiligt gewesen und das komplett aus schwarzen Mitgliedern bestehende 761. Panzerbataillon hatte Gunskirchen und Buchenwald befreit. (*Vielleicht waren sie es gewesen, die meine Tante Magda und meinen Großvater befreit hatten?*) Einer der Soldaten, E.G. McConnell, Empfänger des Violetten Herzes für Tapferkeit, war in Jamaica, New York, geboren worden, wo rassistische Unterdrückung eine alltägliche Tragödie dargestellt hatte. Als er die Hölle des Lagers betreten hatte, verstand McConnell: „Dies ist, was Hass anrichten kann."

Die Saat des apokalyptischen Krieges war in München gesät worden, doch meine Begegnungen mit so vielen hilfreichen und netten Deutschen hatten meine Vorurteile zerstört. Ein bedeutender Tag des glücklichen Zufalls—ein Tag, den nur das Wort *bashert* beschreiben kann—an dem ich gefunden hatte, was ich suchte. Und mein Bedürfnis zu fliehen war verschwunden.

Nach dem Abendessen und zurück in meinem Zimmer schaute ich mir das Foto meines Vaters aus dem Jahr 2009 an, welches ich mitgebracht hatte—auf dem er zum ersten Mal das unscharfe Bild vom St. Ottilien Orchester in Landsberg betrachtet hatte. Auf dem Foto, dass er sich angeschaut hatte, ist er ein gutaussehender, junger Mann und steht neben den anderen Musikern und Leonard Bernstein. Die Augenbrauen meines alten, gebrechlichen Vaters auf dem Foto, dass ich mir anschaute, zeugten von Überraschung bei dem Anblick seiner selbst. Ich brach für einen Moment zusammen und hielt mir das Foto ans Gesicht. „*Papa, Ich hab's geschafft!*" Die Emotionen des Tages überwältigten mich und meine Tränen hörten den Rest der Nacht nicht auf zu fließen.

So vieles hatte sich in den letzten 65 Jahren verändert. Die Shoah erschien mir in Deutschland so weit entfernt, noch weiter als in Budapest. Ich spürte die Abwesenheit der jüdischen

Gemeinde, eine Population die auf weniger als 10.000 geschrumpft war. Trotzdem war das Leben vorangeschritten. Hitler wurde allgemein als verrückter Fanatiker verstanden und die Ereignisse und Standorte jener Zeit waren faktisch und detailliert aufgezeichnet worden, doch all das erklärte nicht—ging nicht darauf ein—dass ihm fast die ganze Nation gefolgt war. Einige enthusiastisch, andere gewillt, manche still daneben stehend. Doch nur die wenigstens leisteten Widerstand. Aber zumindest ich erfuhr in München von Reue, Sühne und Gnade, was mir das nötige Verständnis gab, um gewissen Groll hinter mir zu lassen, und die Kraft die nächsten Schritte auf meiner spirituellen Reise zu wagen.

Um 5 Uhr am nächsten Morgen holte mich Alexander ab und fuhr mich zum Flughafen. Ich verabschiedete mich von ihm, wohl wissend, dass meine innige Umarmung niemals ausreichen würde, um meine Dankbarkeit auszudrücken. Meine unvergessliche Pilgerfahrt half mir einen Abschluss zu finden und eröffnete mir eine neue Perspektive auf die Zukunft. Ironischerweise musste ich nach meiner Ankunft zuhause meine Orchesterkarriere offiziell beenden—eine weitere Parallele zum Leben meines Vaters. Doch mit der Zeit schaffte ich den angsteinflößenden Übergang in ein neues Leben. Ich hatte alles gelernte in mich aufgenommen und den Mut gewonnen, die Vergangenheit hinter mir zu lassen.

*Der wohlgepflegte jüdische Friedhof am St. Ottilien Kloster.
Die Steine repräsentieren Permanenz und verbinden mich und
mein Gebet mit den Toten.*

*Die Bronzeskulptur auf den Straßen von Landsberg. Das
Monument dominiert die Hauptstraße von Landsberg, den Standort
des Todesmarsches von Kaufering nach Dachau im Jahr 1945.
Darauf steht geschrieben: „Wie konnte es sein, dass die Bewohner
der Stadt nichts davon wussten oder nichts davon sahen?"*

*Gedenkstein in München. Das Denkmal wurde an dem ehemaligen Standort der Hauptsynagoge errichtet. Die Inschrift verweist auf die Verfolgung von Juden und die Zerstörung der Synagoge in der Kristallnacht vom 9. auf den 10. November 1938.*

**Entr'acte 2009**

Was hab ich mir dabei gedacht? Ein paar Dollar für eine von Mamas Handtaschen? Heute bedeuten sie eine Verbindung zu ihr. Ich nehme das Paket von My Sister's Closet, einem örtlichen Vintage-Laden, werfe meinen Mantel ab, packe die exquisite Wildlederhandtasche aus und schneide das beleidigende Preisetikett ab. Ich blicke hinein: "Le Goût du Jour, Paris 12. Rue Cambon."

Auf einem Trip nach Toronto, um mich um ein paar Details nach dem Tod meiner Mutter (fast ein Jahr zuvor) zu kümmern, überfiel ich regelrecht ihre Kleiderschränke und sortierte Schuhe, Hüte und Klamotten aus, schnell und absichtlich sorglos, um den Schmerz nicht hinauszuzögern. Mein Vater beobachtete mich still von seinem Rollstuhl aus. Die Schubladen waren voll mit Seiden-, Woll- und Samtschals—azurblau, bernsteinfarben, scharlachrot und jadegrün—Lederhandschuhen, Kleidern und Schuhen, welche kaum in die vier riesigen Plastiksäcke passten, die ich mitgebracht hatte. Ich hielt mich davon ab, Mamas Handtaschen anzugehen, die für sie ein Zeichen des Luxus und des guten Geschmacks gewesen waren. Mit einem Seufzen und einem Blick zu meinem Vater kniete ich mich hin und nahm die Säcke mit, als er gerade nicht hinschaute.

Mein schockierender Fauxpas bei My Sister's Closet veranlasst mich dazu, meine Kommode unter die Lupe zu nehmen. Ich verteile den Inhalt auf meinem Bett—Satin, Brokat, Seide, Samt, Strass und Pailletten. Eine aufwendig bestickte, goldgerahmte Tasche gleicht einem royalen Wandteppich. Darauf formen winzig kleine, weiße Perlen elegante Blütenblätter.

Mama hatte viel für ihren paillettenbesetzten Pompadour übrig gehabt—grauschwarzes, geometrisches Stickwerk mit Kunstperlen, die einen Kiss-Lock-Verschluss bilden. Ich zögere für einen Moment, sehne mich nach ihrem Geruch—Chanel Nr. 5—und drücke die Tasche an mein Gesicht. Doch sie riecht alt und muffig.

Als ich jung war, schienen Handtaschen die Geheimnisse der Weiblichkeit in sich zu tragen. Später stellte sich heraus, dass es Haarnadeln, Zahnstocher, Gesichtspuder, ein Handspiegel in schwarzem Wildleder, ein hübscher, kleiner Fächer für plötzliche Hitzewallungen und ein Kamm für Notfälle war. Doch am wichtigsten und allgegenwärtigsten war ein Foto von meinem Bruder und mir.

Es gab noch mehr Kleidungsstücke und Accessoires zu beachten. Mama hatte so ihre Schwierigkeiten mit den schweren Schneefällen während der harschen Winter Torontos. Doch klobige Stiefel kamen ihr deswegen trotzdem nicht in die Tüte. Hochhackige Designerstiefel—selbst wenn sie nur aus zweiter Hand waren—mussten jederzeit zur Verfügung stehen; ein schwarzes und ein braunes Paar. Meine Mutter trug immer ein paar Schuhe in einer Filztasche mit sich. Das Heim einer Person mit schmutzigen Schuhen zu betreten war undenkbar, aber barfuß einzutreten wäre noch eine größere Beleidigung gewesen. Ich dachte mir immer nur, dass es wahrscheinlich entgegen ihres Modeverständnisses ging. Erst später erfuhr ich die tiefere Bedeutung ihres Handelns. Nur während einer Schiv'a, der achttägigen Trauerperiode nach dem Tod eines geliebten Menschen, laufen wir barfuß. Dinge wie Spiegel oder Schminke sind nicht erlaubt, da sich die Trauernden nicht auf ihr Äußeres konzentrieren sollen. Wir sitzen in der Zeit auf niedrigen Hockern, um zu symbolisieren, dass uns der Verlust nach unten zieht.

Freunde und Bekannte sind im Namen ihrer Ehre dazu verpflichtet, Essen zu bringen, zu Besuch zu kommen, zu trösten und die Trauernden als Gemeinschaft zu umarmen.

Wenn ich in den Spiegel schaue, sehe ich ihr Gesicht—dieselben haselnussbraunen Augen, glatte Haut und auffällige Stirn. Man sagt mir, dass wir uns ähneln—temperamentvoll, umsichtig und rechthaberisch. Obwohl ich doch hoffentlich ein bisschen weniger kritisch bin.

Die tief verankerten Verhaltensmuster ergeben heute Sinn. Nachdem sie als Teenager dafür verfolgt worden war Jüdin zu sein, sehnte sich meine Mutter nach Feinheit und Anstand, klammerte sich an Schönheit und Harmonie und strebte danach, die Vergangenheit hinter sich zu lassen.

Bilder meiner Mutter als junge Frau schwirren mir durch den Kopf —barfuß in einem verschlissenen Mantel und voller Angst. Ich versuche mich den Visionen zu stellen. Sie versteckt sich in Kellern, leeren Lagerhäusern und Trümmern—voller Angst.

Trotz Entbehrungen, Furcht und Verlust beschwerte sie sich nie. Soweit Rob und ich es beurteilen konnten, hatte sie die Vergangenheit aus ihrer Erinnerung getilgt. Erst jetzt weiß ich ihre Entschlossenheit voll zu würdigen—sich ein Leben in Kanada aufzubauen, eine Familie zu gründen und sicherzustellen, dass mein Vater, Rob und ich gediehen. Sie war mit Grips, Widerstandsfähigkeit und einer großzügigen Menge Chuzpe vorangeschritten.

Kinder von Holocaust-Überlebenden kämpfen ihr Leben lang mit dem genetischen Trauma, dass ihnen in die Wiege gelegt wurde. Wir sind uns schmerzhaft bewusst, dass unsere Leben auf dem unwahrscheinlichen Überleben unserer Eltern beruht und innerlich fühlen wir uns oft, als ob wir selbst es waren, die die Schrecken miterlebt haben. Für unsere Eltern verkörpern wir eine schuldbelastete Frage: Wieso waren sie am Leben und so viele andere tot? Unsere Generation repräsentiert ihr Vermächtnis und es ist schwer nicht zu versuchen, ihr Überleben durch die Erfolge der Kinder zu rechtfertigen. Die Erwartungen an uns sind hoch—erfolgreich sein, sich tadellos verhalten, nach außen und innen Perfektion widerzuspiegeln, Schönheit zu vermitteln und kreieren und niemals selbstgefällig zu werden. Ich weiß, dass die ständigen Sorgen auf mich übergegangen sind. Habe ich Harris ungewollt dasselbe mitgegeben? Hoffentlich nicht.

Meine Eltern sind beide nicht mehr hier. Ich weiß genug über ihre Geschichte, um ein Schicksal zu erfüllen, dass ich nie für möglich gehalten hätte. Doch Unsicherheit bleibt mein stetiger Begleiter: Bin ich dazu bereit, mich im Namen der zweiten Generation zu äußern? Ich habe Entschlossenheit, Durchsetzungsvermögen und Disziplin verkörpert, aber es ist schwer, mich zu öffnen, Angst und Schuld hinter mir zu lassen, Freude und Glück zu empfinden. Und was ich aus erlebt habe, es stinkt nach Privileg im Vergleich zu dem, was meine Eltern durchgemacht haben, verglichen mit dem, was nichtweiße Menschen auch heute noch jeden Tag durchmachen. Wie kann ich endlich Frieden mit dem Sturm in meinem Inneren schließen?

## 13

# EIN LEBEN IN ISOLATION

„Meine Ohren machen es mir unmöglich weiter aufzutreten", murmelte ich sotto voce. Nach mehreren langen Sekunden der Stille und einem trüben Nicken des Maestro, stolperte ich aus dem Raum.

Nachdem ich in die Staaten zurückgekehrt war, hatte ich einen Termin bei Osmo Vänskä gemacht. In seinem Studio, spärlich dekoriert, typisch finnisch, das imposante Konzertpiano neben dem schwarz lackierten Schreibtisch voller Musik—wo wir geprobt, Künstler begrüßt und zahllose Stücke zusammen erkundet hatten—beendete ich eine 31 Jahre lange Karriere in nicht mehr als ein paar Minuten.

Ich hatte nicht den Mumm meinen Kollegen ins Gesicht zu schauen, also ließ ich für jeden von ihnen eine Abschiedsnachricht da und schritt zum letzten Mal aus der Orchestra Hall. Bittere Tränen flossen meine Wangen herab, als ich nachhause fuhr—zu einem abgeschotteten Leben als Musikerin, die sich vor Geräuschen fürchtet. Ich war daran gewohnt regelmäßig von tausenden Menschen umgeben zu sein, einen vollgepackten Terminkalender zu haben und eine Künstlerin zu sein. Nun war mir all das genommen worden und ich fiel in eine tiefe Depression.

Monate vergingen in Trauer—der Verlust meines Vaters belastete mich nun im Einklang mit dem Verlust meiner Karriere.

Von all den Dingen, die meine Seele zum Singen brachten, war die Musik am dominantesten—auf emotionaler und physischer Ebene. Schon meine frühesten Erinnerungen waren von ihr getränkt. Fantastisches, schwebendes Summen hatte mich in den Schlaf gewogen. Melodien hallten in meinem Mark wider. Die Musik hatte nach mir gerufen und ich hatte freudig geantwortet.

Tausende Symphonien später, Noten über Noten und Noten, waren es nun diese einst beschwingenden Töne, die mich attackierten. Es fraß mich innerlich auf und die aufgezwungene Stille ließ mich ausgehüllt zurück. Ich konnte es nicht ertragen, mein Studio auch nur zu betreten—ein Stillleben aus haufenweise Notenpapier. Jahrzehntelang geprobte Klänge schwirrten heimatlos umher. Mein Cello, mein ständiger Begleiter seit der Kindheit, lag leblos in seinem Koffer. Der Schrank voller langer, schwarzer Kleidung—unsere vorgeschriebene Uniform—glatter Seide, cremigen Taft, hauchdünnem Samt und geschmeidiger Spitze verspottete mich. Ich riss jedes einzelne Kleid vom Bügel, warf es auf den Boden und stopfte sie in Säcke; auf zur Spende.

Jeden Morgen begrüßte mich ein Nebel des Verlusts und ein Gefühl der Panik. Nur mein Welpe konnte mich aus dem Bett holen. Mein eigener Identitätsinn fiel in sich zusammen. Wer war ich ohne die Musik?

Einst so lebhaft und extrovertiert wurde ich nun still und zurückhaltend. Vom Lärm des Lebens verbannt, von menschlichem Kontakt isoliert und der Musik getrennt, wuchs in mir der Hunger nach dem Kreieren.

**Entr'acte 2011**

Eines der ersten Dinge, die ich als junge Cellistin lernte, war, dass ein Blatt Musik still wartet. Ein Musikstück, erklärt Pianist Jeremy Denk, ist „gleichzeitig ein geschriebenes Buch und ein Buch, dass darauf wartet geschrieben zu werden." Musik zu spielen ist ein Akt der Wieder- *und* Neuerschaffung, welche die Intention des

Komponisten zum Leben erweckt. Um uns zu verbessern, beruhigen wir zunächst Körper und Geist, arbeiten uns in unseren Gedanken durch das Meisterwerk und schaffen einen Platz, in dem die Seele kreieren und träumen kann. In der Stille unserer Studios —nachdem wir die Noten auf dem Blatt technisch gemeistert haben—improvisieren, erfinden und konzipieren wir eine Interpretation; eine Zusammenkunft von dem Willen des Komponisten und unserer Persönlichkeit.

Kunst kann in Isolation nicht gedeihen. Ein Autor muss gelesen werden; ein Schauspieler muss gesehen werden; ein Musiker muss gehört werden. Unser Schaffen geht über unsere Studios, Schreibtische und Ateliers hinaus und erblüht in den Beziehungen und Verbindungen mit dem Rest der Welt. Während der Proben und Auftritte wird unsere Musik von denen, die mit uns spielen und vor uns spielten, von dem Ort selbst und der Reaktion der Zuschauer mitgeformt.

Ein Konzert bringt eine Art gemeinschaftliche Konzentration hervor, eine Atmosphäre, die jedem Zuhörer erlaubt, auf einer tieferen Ebene des Seins zu existieren und sich den Emotionen der Musik hinzugeben. Genau wie im Theater entsteht das Drama im hin und her, im ein- und ausatmen—jede Pause erlaubt der Musik, sich voll zu entfalten. Ein Konzert ist immer einmalig, egal wie bekannt die gespielten Stücke; deswegen gibt jeder Künstler alles, um etwas einzigartiges zu kreieren, vielleicht sogar etwas unerwartetes und über unser Selbst hinausgehendes. Ohne Stille taumelt die Musik durch einen undurchsichtigen Nebel—wir können ihre Klänge nicht erkennen, ihre Bedeutung nicht entziffern.

Geräuschlosigkeit ist unserer lärmenden Welt fremd, doch sie kann große Kraft in sich tragen. Momente der Stille mögen Trauer ausdrücken, zum Denken anregen oder Gebete inspirieren und uns somit helfen, wichtige Wahrheiten zu ergründen. Doch Stille ist nicht die vollständige Abwesenheit von Geräuschen, denn die Winde wehen, die Wellen brechen, die Vögel singen und unsere Herzen; unsere Herzen schlagen noch immer.

Wir Musiker, welche die Disziplin aufgebracht haben, Stunden über Stunden allein mit der Musik zu verbringen, wissen welch eine erfrischende Wirkung in Stille verbrachte Zeit haben kann. Keine wertvolle Erfindung, kein großartiger Gedanke oder Meisterwerk war je anders zustande gekommen. Aber für mich bedeutet die Stille nun plötzlich mein Ende.

Die Ärzte gaben zu, dass mein seltener Zustand nicht ausführlich erforscht war. Es gäbe tatsächlich nicht mehr, dass ich tun könnte. Howie suchte unbeirrt monatelang weiter, bis er endlich auf eine Klinik stieß, die sich auf Hyperakusis und Tinnitus spezialisiert hatte. Sie gehörte zur Oregon Health and Sciences University in Portland. Doch ich erhielt erst für drei Monate später einen Termin.

Als es Zeit war, die Reise dorthin auf mich zu nehmen, betrat ich das Flugzeug mit den schützendsten Ohrenstöpseln, die ich finden konnte. Ich war voller Sorge wegen der anstehenden Untersuchungen.

Ich quetschte mich zusammen mit einer Reihe Spezialisten in einen winzigen Untersuchungsraum, wo sie mein Gehör testeten. Jede Berührung meiner Ohren fühlte sich wie eine kleine Erschütterung an. Nach zwei Tagen und zwölfstündiger Untersuchung passten mir die Ärzte ein speziell programmiertes Hörgerät an. Sie erklärten mir, dass diese Dämpfungsglieder mit einer Fernbedienung kontrolliert werden konnten und die Lautstärke der Außenwelt reduzieren würden, ohne die Deutlichkeit der Geräusche einzuschränken.

Der letzte Schritt bestand darin, sie zu testen. Ich zuckte vor Anspannung zusammen, bevor der Doktor überhaupt einen Ton von sich gab. Er zückte einen Löffel und haute ihn gegen eine Schüssel. Doch es tat nicht weh. Wir gingen in die öffentlichen Räume der Klinik, sogar am lauten Café vorbei. Doch es tat nicht weh. Eine Frau in High Heels klackte vorbei. Doch es tat nicht weh. Der nicht vorhandene Schmerz kam einem Wunder gleich.

Man erklärte mir, dass ich unter dem Schutz meines neuen

Hörgeräts die nächste Phase der Behandlung angehen konnte—ein Desensibilisierungsprogramm, um meinem Gehirn beizubringen, Geräusche wieder zu akzeptieren. Ich sollte den Lärm um mich herum ausblenden. In anderen Worten: Ich sollte mein für die Musik jahrzehntelang antrainiertes Feingefühl für Töne absichtlich verlernen. Die Spezialisten gaben mir ein ganzes CD-Arsenal mit angenehmen Klängen mit: Regen, Wind und Wellen. Ich sollte sie mir für ein paar Minuten anhören und die Zeit dann langsam über die nächsten Monate hinweg auf mehrere Stunden täglich erhöhen, als leise Hintergrundgeräusche für meine alltäglichen Aktivitäten. Ich sollte es wirklich langsam angehen, warnten sie mich, vielleicht über ein Jahr hinweg oder länger, *adagio*, und die Lautstärke Stück für Stück erhöhen. So könnte sich meine Toleranz eventuell verbessern. Aber sie gaben mir auch eine schmerzhafte Wahrheit auf den Weg: Wegen des immensen Schadens, den mein Gehör erlitten hatte, würde es wahrscheinlich nie wieder Normalität erreichen.

Ich wappnete mich für die Antwort auf die wichtigste Frage: Was war mit der Musik? Ihre Aussage blieb vage. Ich würde nie wieder als Musikerin in einem Orchester agieren können, vielleicht nie wieder laute Orte ertragen, doch obwohl es keine Erfolgsgarantie für die Behandlung gab, war eine erhebliche Verbesserung durchaus möglich... vielleicht sogar genug, um wieder Cello zu spielen?

Ich wollte mich nicht der Verzweiflung hingeben, also wurde ich stattdessen zur eifrigsten Patientin; innerhalb weniger Monate verbesserte sich meine Toleranz. Mit meinem Hörgerät konnten mein Mann und ich sogar ausgehen und einen leisen Film anschauen, ein paar Freunde zu uns einladen und ein Restaurant besuchen, solange wir den Massen an Wochenenden aus dem Weg gingen. Aber mir juckte es in den Fingern. Ich wollte Musik machen. Zwei Jahre nach meinem Trip zur Klinik in Oregon, nach zwei Jahren der Desensibilisierung, betrat ich mein Studio, nahm das Cello aus seinem roten Koffer und erlöste uns beide von der Zwangspause. Zögernd und sanft. Zunächst mit einem Stöpsel im linken Ohr. Doch ich bewegte meine eingerosteten Finger. Meine

Muskeln schmerzten und meine Fingerkuppen scheuerten sich an den schlanken Metallsaiten wund. Für mich hörte es sich wie ein völliger Anfänger an. Aber ich blieb dran.

Mit der Zeit sollte ich es schaffen, wieder *Kol Nidrei* zu spielen —wenn auch ohne ein Orchester—und die Musik in das Erzählen der Geschichte meiner Eltern zu integrieren.

Es erforderte Mut, 1980 nach Minneapolis zu ziehen. Ich sorgte mich nicht, wegen der hohen Erwartungshaltung im Orchester oder wegen haufenweise Schnee und eisigen Temperaturen. Minneapolis wurde als eine der antisemitischsten Städte der USA betrachtet.

Im Amerika der Dreißiger wurden Politik und Geschäftswelt von einer protestantischen Elite kontrolliert und es herrschte die allgemeine Ansicht, dass Juden eine niedere Position in der Gesellschaft einzunehmen hatten. „Eingeschränktes" oder „exklusives Klientel" bedeutete so viel wie „kein Einlass für Juden".

In Minneapolis verschwendete man keine Zeit an solcherlei Euphemismen. Große Firmen wie Dayton's, 3M, General Mills und Pillsbury weigerten sich offen, Juden einzustellen. Vereine wie Kiwanis, Lions Clubs und AAA verweigerten Juden die Mitgliedschaft. Vielerorts, darunter auch vorm hippen Calhoun Beach Club, wurden Schilder aufgestellt: „Juden, Hausierer und Hunde nicht erlaubt"; „Kein Einlass für Juden"; „Christen präferiert, keine Juden". Offenkundiger, weit verbreiteter Rassismus gegen alles, was nicht als „Weiß" galt. In gewissen Gegenden der Stadt konnte man kein Haus kaufen und keine Wohnung beziehen, wenn man „nicht vollblütig zur weißen Rasse gehörte."

Selbst in Howies Jugend, in den Sechzigern, gab es in Minneapolis geheime, rechtsextreme, antisemitische Gruppierungen mit achthundert Mitgliedern. Jüdischen Medizinstudenten wurde die Weiterbildung verwehrt und jüdische Ärzte durften in vielen Krankenhäusern nicht arbeiten. Jüdische Anwälte wurden bei manchen Firmen grundlegend nicht eingestellt. „*Pscht! Erheb keinen Aufruhr! Fall nicht auf!*", zischten die Menschen—genau so, wie meine Eltern sich fühlten.

In den Dreißigern und Vierzigern entschieden sich viele meiner Glaubensgenossen—wegen der außerordentlich hohen Zahl blonder Menschen in der Stadt—dazu, ihre jüdischen Namen zu skandinavisieren, um der Verfolgung zu entgehen, so wie meine Familie ihren ungarisiert hatte—eine weiter Generation von Juden, die ihren Namen änderten und ihre Haare färbten. Auch meine dunklen Locken wurden heller, gebe ich zu. Nicht gewillt einzugestehen, dass ich mich als Blondine wohler in meiner Haut fühlte, färbte ich meine Haare so wie meine Mutter—davon überzeugt, dass ich schlichtweg die grauen Strähnen verstecken wollte.

Ich war in einer Stadt mit einer großen und öffentlichen jüdischen Gemeinde aufgewachsen. Jüdische Häuser waren einladend mit einer Mesusa bestückt und in Restaurants waren Bagel, Matzeknödelsuppe, Pastrami-Sandwiches mit Roggenbrot und berühmte Backwaren wie Schokoladen-*Babka*, nussgefüllte *Rugelach* und Hamantaschen mit Aprikosen erhältlich. Ich hatte mich nie wirklich damit angefreundet in einer so versteckten Gemeinde zu leben und mich stattdessen abgeschottet. Die Musikwelt ist von sich aus schon isoliert. Wenn man die meiste Zeit des Tages auf der Bühne verbringt, bleibt der Kontakt zu Nichtmusikern gering und der vollgepackte Tour-Kalender entfernt einen noch weiter vom Alltag der anderen Mitmenschen.

Das Ende meiner Karriere war die Chance, diesen Tatsachen ins Gesicht zu schauen und meine Werte zu überdenken. Schon zu oft haben Vorurteile und Entmenschlichung gegenüber jenen, die anders scheinen oder anders denken, zu Gewalt und Gräueltaten geführt—eine Tatsache, die meine eigene Familiengeschichte blutrot unterstreicht. Hat der Holocaust uns irgendetwas bleibendes beigebracht? Genozide werden auch heute noch begangen; die Rohingya in Myanmar, das Volk der Nuer im Südsudan, Christen und Jesiden im Irak und Syrien und viele mehr. Auch hier in den USA stellt der Rassismus ein allgegenwärtiges Übel dar. Obwohl ich mich bis heute nicht ganz wohl dabei fühle, mich als Jüdin zu „outen" und öffentlich als solche zu sprechen, verstehe ich, dass ich bereits zu lange in Isolation gelebt hatte. Menschen über den Holocaust aufzuklären, unseren Teil im Kampf gegen Intoleranz und Unterdrückung beizutragen und nach *Tikkun Olam*, dem jüdischen Gebot die Welt zu heilen, zu streben; das ist die Bürde und die Hoffnung meiner Generation von Überlebenden.

Die Namen von Helden und Heldinnen erklingen in meinen Ohren— Raoul Wallenberg, Chiune Sugihara, Oskar Schindler, Carl Lutz, Varien Fry, Sir Nicholas Winton, Hanna Szenes, Ho Feng-Shan, Irena Sendler, Jan Karski und über 25.000 andere, die ihre Leben riskierten, um Juden zu retten. Und auch in meiner Lebenszeit gab es leuchtende Vorbilder, welche im Namen der Machtlosen ihre Stimme erhoben: Rosa Parks, Nelson Mandela, John Lewis, Martin Luther King Jr., Nobelpreisträgerin Malala Yousafzai, Klimaaktivistin Greta Thunberg und Ruth Bader Ginsburg.

Trotzdem bereitete mir mein eigener Weg zunächst Sorge. Ich war wegen meiner Ohrverletzung so lange haltlos durch die Dunkelheit geirrt, hatte verzweifelt versucht nicht in den unsichtbaren Abgrund zu fallen. Um wahrlich nach vorne schauen zu können, musste ich erst mein Selbstbewusstsein wiederfinden.

Eine Freundin schlug mir das James P. Shannon Leadership Institute vor—ein einjähriges Programm über die Amherst Wilder Foundation in St. Paul, welches Führungspersönlichkeiten von Gemeinschaften erlaubt, sich zu erholen, Kraft zu tanken und zu reflektieren. Sie sagte mir, dort würde ich lernen, meine Ziele neu zu definieren, Klarheit gewinnen und meine Effektivität verbessern. Genau was ich brauchte.

Die anderen Teilnehmer kamen aus jeder erdenklichen Ecke der Vereinigten Staaten und stellten die vielfältigste Gruppe von Menschen dar, mit der ich je zu tun hatte—Individuen unterschiedlichster Kulturen, Nationen, Glauben, Hautfarben und Lebensgeschichten—und die zur Abwechslung nicht aus Musikern bestand. Während der Wochenendausflüge wurden wir von unserem Leiter Steve—ein Mann mit gewisser Ähnlichkeit zu Tom

Hanks, einem Kinnbart, einem kompakten Körperbau und frechen Gesichtsausdrücken—angestachelt, angefeuert und herausgefordert; wir diskutierten, wie wir persönliche Veränderungen zum erreichen unserer Ziele angehen konnten. Wir entwickelten Strategien, machten Rollenspiele, setzten uns mit Problemen sozialer Gerechtigkeit auseinander und besprachen, wie wir unseren Gemeinschaften besser dienen konnten. Die Texte von Parker Palmer und Paul Hawken sowie die weisen Worte von Bertrand Russell waren für mich besonders anregend: „Der Mensch ist ein leichtgläubiges Tier, das an etwas glauben muss. Wenn keine guten Gründe zu glauben vorhanden sind, gibt er sich mit schlechten zufrieden." Bei jedem Treffen fühlte ich, meine Energie und meinen Optimismus wachsen, selbst bei den merkwürdigsten Aufgaben—Dinge, zu denen ich mich zuvor noch nie getraut hatte.

Unser Ziel am Ende des Jahres war es, einen Fünfjahresplan zu formulieren und der Gruppe zu präsentieren. Fünf Jahre? Ich hatte keine Vorstellung von den nächsten paar Monaten.

Der Tag des Vortragens kam immer näher. Ich saß an meinem Schreibtisch vor einem leeren Computerbildschirm. Einfallslos. Die Musen Kalliope, Euterpe und Klio—Dichtung, Musik und Geschichtsschreibung—zeigten sich nicht. Die Geschichte meiner Eltern schwirrte mir im Kopf umher, doch die Zukunft und ein Weg, das gelernte umzusetzen, entgingen mir. Nach mehreren Tagen des fruchtlosen Grübelns und der Frustration, las ich mir noch einmal die Schilderungen meines Vaters durch. Dann arrangierte sich die Geschichte sanft zu einem rhythmischen Gedicht (obwohl ich noch nie ein Gedicht geschrieben hatte). Vielleicht ein multimediales Theaterstück—eine Präsentation mit Erzählung, Diashow und Cello, welche die Erfahrungen meiner Eltern im Holocaust wiedergibt. Das würde auch das Ziel erfüllen, eine Konversation über Rassismus einzuleiten. Der Gedanke daran, wieder vor einem Publikum zu spielen, entflammte in mir die Lust, mich an mein Instrument zu setzen.

Ich sammelte hundertachtzig Bilder aus Archiven und persönlichem Besitz zusammen—Fotos meiner Familie aus den

Vierzigern, vom US Holocaust Memorial Museum, von Individuen verschiedener Kulturen und von zuletzt geschehenen Genoziden. Ich brachte altes und neues so zusammen, dass sie mit meiner Erzählung einhergingen. Unter der Überschrift „Wir ähneln uns viel mehr, als das wir uns unterscheiden" ließ ich die Bilder als Gesamtheit sprechen: ein Junge mit auffälligen Hasenzähnen; ein Navajo-Schamane und sein mit Federn versehener Kopfschmuck; eine somalische Frau mit einem Kopftuch und einem eingewickelten Säugling in den Armen; kichernde Jugendliche in Palästina; ein peruanischer Junge, der sich um seine Schafe kümmert; eine japanische Geisha im Kimono und mit Kirschblüten im Haar; ein amischer Bauer; eine Hindu im türkisen Sari, die sich hinter ihrem Schal versteckt; ein schwarzer Amerikaner, der mit seiner Tochter kuschelt; blonde, rothaarige und brünette Kinder, die fröhliche Lieder singen.

Menschen hoffen. Uns allen ist Familie wichtig. Wir brauchen Nahrung und Schutz, sehnen uns nach Freiheit und Liebe. Trotzdem sind wir in die Hölle herabgestiegen, dem Wahnsinn verfallen. Diese Fotos kamen als nächstes: von homosexuellen Gefangenen mit dem pinken Dreieckabzeichen und von Ghettos, Viehwagen, Stacheldraht, Skeletten und Sklaven; Abbildungen des Hakenkreuzes und des Davidsterns in mehreren Sprachen: *Juif, Jood, Jude*; ein Schild auf dem steht „Stelle offen: nur Weiße" und die bronzenen Schuhe am Donauufer. Dazu kamen Fotos meiner Mutter: ihr Ausweis, auf dem sie als STAATENLOS definiert worden war. Am Ende fügte ich ein Bild von meinem Vater beim Cello spielen hinzu; ein Bild von Händen, welche die Erde umfassen; von Helden und Heldinnen und den denkwürdigen Worten von Elie Wiesel: „Nichts zu sagen ist die größte aller Sünden."

Ich hatte vor, in den fünf Schlüsselmomenten Cello zu spielen, anregende Werke, mit denen mein Vater aufgetreten war, aus fünf verschiedenen Ländern, und die Präsentation mit dem Stück zu beenden, das ich in seinen letzten Tagen an seiner Seite gespielt hatte: den Beginn von Johann Sebastian Bachs „Cello Suite Nr. 1". Zum ersten Mal erwies sich der technologische Aspekt der

Präsentation zwar als kompliziert, aber als der einfachste Teil. Das Cello fühlte sich in meinen Händen wie ein Fremdkörper an. Doch wenn mein Vater in der Lage gewesen war, seine Spielkunst nach dem Leiden des Krieges wieder aufzubauen, dann konnte auch ich heilen.

Ich amüsierte meine Shannon-Kollegen, als ich einen Projektor, meinen Computer, einen kleinen Strohkoffer, einen Notenständer und mein Cello in den Hörsaal schleppte. Ich nahm mein Cello aus seinem Koffer, richtete PC und Bildschirm ein und öffnete die Strohtasche. Der schrille Teppich passte nicht zu meinen Ausstellungsstücken: ein Baguette, eine Menora, ein paar uralte Schnappschüsse und Plastikfesseln, die echt aussahen. Als ich mir einen gelben Stern bedruckt mit dem Wort „Jude" ansteckte, wurde die Gruppe still. Ich stimmte mein Instrument, leitete die Diashow ein und begann mit Ravels heißblütigem *„Pièce en forme de Habanera"*. Ich las die Musik von den Notenblättern meines Vaters ab, die er in seiner eigenen Handschrift kopiert hatte. Langsam entspannten sich die Muskeln in meinem Nacken. Für meine lyrische Ansprache stand ich auf und die Bilder im Hintergrund waren zeitlich auf meine Worte abgestimmt. Doch am wichtigsten war, dass die Klänge des Cellos in all ihrer Fülle erklangen, dass Bach von meinen Händen floss wie einst vor langer Zeit von den meines Vaters, egal wie schwer ich mich dabei tat.

Als das Stück zu Ende ging, bemerkte ich Steves bebende Unterlippe. Einige in der Gruppe tupften sich die Augen. Mir war, als würde ich Mamas *„Bravo-oh-OH"* hören. Der in Emotionen getauchte Hörsaal war ein Beweis für die transformative Macht der Musik. Mein Weg in die Zukunft hatte sich mir gezeigt.

Ich blickte mich in dem Raum um, war dankbar für die Unterstützung der Gruppe und schwor, mich dem besseren Dialog zwischen den Menschen zu verschreiben. Es sollte zwei weitere Jahre der Heilung brauchen, doch ich verlor nie wieder den Glauben daran, dass der simple Akt des Teilens von Geschichten zu größerem Verständnis, tieferer Verbundenheit und einer Erhebung unserer Menschlichkeit führen kann. Durch meine Worte und die Musik des Cellos sollte ich meinem Streben nach

*Tikkun Olam* nachgehen, in dem Wissen, dass die Vergangenheit meiner Eltern lehrreich für die Generationen der Zukunft sein würde.

*Raoul Wallenberg, schwedischer Held. Budapest, Ungarn, 12. Mai 2012: Eine Briefmarke in Ungarn mit dem Gesicht von Raoul Gustaf Wallenberg (1912-1947).* Quelle: Olga Popova, Shutterstock Royalty-free stock photo ID: 559569658.

*Denkmal im Raoul Wallenberg Park.*

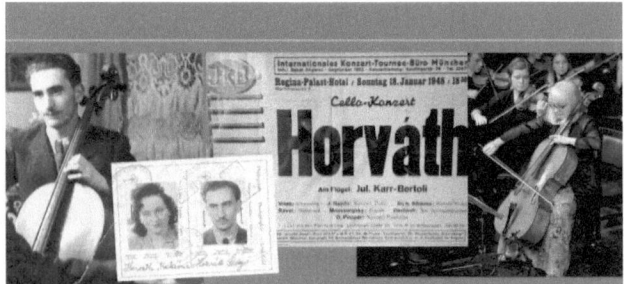

*Meine Präsentation zum Thema soziale Gerechtigkeit.* Quelle: Fotoillustration benutzt mit freundlicher Genehmigung von Bettina Dehnhard, Kommunikationskoordinatorin des Germanic-American Institute, Saint Paul, Minnesota.

***Studenten teilen ihre Gedanken.*** *Ich wurde dazu eingeladen, mit meiner Präsentation zum Thema soziale Gerechtigkeit vor Studenten der St. Cloud State University aufzutreten und eine Diskussion für das jährliche Event „Create CommUNITY" zu leiten, welches Dialog zum Thema Rassismus anregen soll. Erste Reihe, von links nach rechts: ein Student aus Sierra Leone, meine Piano-Begleitung Heather MacLaughlin, ich mit einem Davidstern auf der Brust; hinter und leicht rechts von mir steht Hedy Tripp, Professorin im Fachbereich Ethnische- und Frauenstudien im Programm Asiatisch-Amerikanische Studien an der St. Cloud State University, Saint Cloud, Minnesota.*

# 14

# WENN GESCHICHTE UMGESCHRIEBEN UND GELEUGNET WIRD

„A-S-S-H-O-L-S: Ich habe die Association of Auschwitz Survivors, Survivors of the Holocaust and Other Liars [Verband von Auschwitz-Überlebenden, Überlebenden des Holocaust und anderen Lügnern] gegründet... Oh, Sie finden das taktlos? Ich sehe keinen Grund, in Bezug auf Auschwitz taktvoll zu sein. Es ist Schwachsinn. Es ist eine Legende. Ich werde das Schlachtschiff Auschwitz versenken."

An dem Abend im Kino spürte Howie mein Schaudern. Ich packte die Armlehnen, um mich gegen die Verleumdungen und Lügen zu wappnen. Ein Keuchen aus meiner Brust durchbrach die Stille.

Als der Film „Verleugnung", basierend auf einem Buch von der amerikanischen Historikerin Deborah Lipstadt, im September 2015 erschien, wollten Howie und ich ihn uns angucken. Für Juden ist die Verleugnung des Holocaust ein allgegenwärtiges Thema. Der berüchtigte Gerichtsfall zwischen Lipstadt und dem Holocaust-Leugner David Irving im Jahr 1999 wird in dem Film authentisch nachgespielt. Oscargewinnerin Rachel Weisz spielt Lipstadt: eine Forscherin, Autorin und Professorin für moderne, jüdische Geschichte und Holocaust-Studien an der Emory University in Atlanta.

In dem Film wehrt sich Lipstadt gegen den wachsenden Angriff auf die Wahrheit des Holocaust. In den späten Neunzigern prangerte sie die Schriftsteller und Redner an, die den Holocaust leugneten, und attackierte den rechtsextremen Mann, der den unrechtmäßigen Kreuzzug anführte: David Irving. Irving schlug zurück. Er beschuldigte Lipstadt und den Penguin Verlag der Verleumdung und klagte sie an.

Die europäischen Juden, die das historische Inferno des Holocaust überlebt hatten, erwarteten von Lipstadt, dass sie sie im Gerichtssaal repräsentierte; in ihren Namen sprach, das Leid und den Massenmord bezeugte. Doch kein Überlebender wurde als Zeuge aufgerufen. Selbst Lipstadt sagte nicht als Zeugin aus. Es hätte nur die Leugner bestärkt. Die Verteidigung verfolgte eine kühne Strategie; sie versuchten nicht den am besten dokumentierten Genozid der Geschichte zu beweisen, sondern zu bestätigen, dass Irving absichtlich gelogen sowie Fakten fabriziert und verdreht hatte, um seine antisemitischen Ansichten zu verbreiten. Der Gerichtssaal war voll mit internationalen Pressevertretern.

Irving behauptete, Lipstadt hätte eine weltweite Verschwörung angeführt, um ihn zu diskreditieren. Als jemand, der in einigen Zirkeln hoch angesehen war, der etwa dreißig Bücher über den Zweiten Weltkrieg verfasst hatte, sollte man ihn ja wohl als Akademiker ernst nehmen, meinte er. Lipstadts Anwälte sammelten die Meinungen verschiedener Historiker, die Irvings Lebenswerk unter die Lupe nahmen und die darin enthaltenen Aussagen prüften.

Der Film stellt Irvings absurde Meinungen dar. Ich sank immer weiter in meinen Sitz, während ich mir die Nachstellung seiner makabren Zeugenaussage anschaute. Er wies Zeichnungen von Auschwitz und Augenzeugenberichte als legitime Quellen ab. Er behauptete, der Holocaust wäre ein von den Juden erfundener Mythos, und stellte die Tode als „normale Opfer des Krieges" dar. Er bezichtigte die Alliierten, die Fotos der tausenden von Leichen für Propagandazwecke gefälscht zu haben. Er stellte „Das Tagebuch der Anne Frank" als „einen Roman der Romantik" dar, etwa wie „Vom Winde verweht". Diskussionen über die Realität der Gaskammern verworren sich in seinen abscheulichen Kalkulationen. „Wie viele Leichen kann man realistisch betrachtet in Aufzügen stapeln?", stachelte Irving und jedes Wort triefte vor Sarkasmus. „Sie sagen es gab keine Türen?"

Die Bilder schlugen mich regelrecht nieder. Ich hielt den Drang zu schreien zurück und fiel den Abgrund in die Vergangenheit hinab: Freunde und Familie meiner Mutter in Auschwitz vernichtet, der größte Friedhof der Welt. Ich erinnerte mich an Ada, die enge Freundin meiner Mutter, die ohne Betäubung sterilisiert worden waren und dessen Eltern und Geschwister ermordet worden waren; ich erinnerte mich an meine neunzigjährige Bekannte Mary Neumann, die im Alter von 16 zur Waise geworden war; ich erinnerte mich an die Mutter von Trudy, die im Alter von 39 ermordet worden war. Keine hinterlassenen Spuren, keine Kalenderdaten zum Gedenken, kein Grabstein zum Besuchen. Wie konnte man die massenweise in Block 5 ausgestellten Schuhe, Koffer, Brillen und Krücken nicht als Beweise anerkennen? Und Block 4 Raum 5, wo die abrasierten Haare von 140.000 Opfern verwahrt waren? Ein Drittel der in Auschwitz ermordeten kamen aus Ungarn. Dort leugneten weder die Opfer noch die daneben gestandenen oder Täter, was passiert ist.

Richard Evans, ein Oxfordabsolvent, Autor und Experte für deutsche Geschichte des 19. und 20. Jahrhunderts, stand den Anschuldigungen gegen Irving zunächst skeptisch gegenüber. Aber nachdem er Irvings Fußnoten und Quellen ausführlich geprüft hatte, musste er eingestehen, dass Irving wissentlich falsche Informationen publiziert hatte.

„Ich war auf das bloße Ausmaß der Täuschung nicht vorbereitet... Seine vielen Fehler... kalkuliert und absichtlich... Ein verworrenes Netz aus Verzerrungen, Verheimlichungen und Manipulationen."

Als Lipstadt den Sieg errang, führte die Euphorie um die internationalen Schlagzeilen dazu, dass Juden hofften, dies würde auch andere Holocaust-Leugner delegitimieren. Doch so kam es nicht. Je weiter wir uns zeitlich von dem Horror der Shoah entfernen, desto mehr Menschen sind bezüglich der Vergangenheit und jener Epoche ignorant.

Auf dem Weg vom Kino nachhause herrschte in unserem Auto absolute Stille. Sobald wir ankamen, brachte mich meine masochistische Neugier dazu, auf Irvings Webseite zu gehen. Das Foto von ihm stank nach Selbstverherrlichung. Was er dort verbreitete ließ mich vor Ekel zurückschrecken—erniedrigende Schmährede, so abscheulich abstoßend, dass ich mich beim Lesen wie ein schleimiger Voyeur fühlte. Ich knallte mein Laptop wütend zu.

**Entr'acte 2015**

In der Nacht singen meine Träume ein Klagelied. Meine Eltern weinen und mein Sohn ruft nach mir. David Irving blickt wie ein gewaltiger Turm auf mich herab. *Ich sehe nicht einmal jüdisch aus.* Meine haselnussbraunen Augen weiten sich panisch und starren zu ihm hinauf:

Ich höre die beißenden Hunde bellen.

Ich schufte mich an der Erde zugrunde.

Ich schmecke das Tierfutter, dass sie Essen nennen.

Ich empfinde Angst, Demütigung und Erniedrigung.

Ich höre die Totenstille.

Ich rieche die ungewaschenen Körper, Fäkalien und schwarzen Feuer der brennen Körper in Auschwitz: 1.000 in 15 Minuten.

Ich zittere auf dem eisigen Marsch ohne Nahrung und Wasser.

Ich bezeuge die gnadenlose Barbarei.

Ich ringe nach Luft im Viehwagen, wo ich mich mit Männern, Frauen und Kindern zusammendränge wie abgepackte Sardinen.

Ich schrumpfe in der Dunkelheit.

Noch bevor ich wieder völlig bei wachem Bewusstsein bin, realisiere ich, dass dieser Traum Wirklichkeit ist—ein Alptraum, der mich umgibt. Holocaust-Leugner wie Irving greifen mein innerstes Selbst an.

Der Schmerz und die Wut, die Scham und das Verstecken. Um ihre Nachkommen zu beschützen und ihr Leid nicht weiterzugeben, schwiegen viele Überlebende über das Geschehene. Es wollte sowieso keiner wirklich hören, was sie zu erzählen hatten, nicht in Amerika, nicht in den Fünfzigern. Der Holocaust war zu nah, zu unmittelbar, zu abscheulich. Kommunismus war jetzt der Feind und Deutschland ein Verbündeter. Familien fürchteten sich vor dem Schreckgespenst des Atomkriegs und bauten Bunker. Als Kind sah ich Poster:

ÜBERLEBEN BEI NUKLEARER ATTACKE—WIE SIE SICH, IHRE FAMILIE UND IHRE GEMEINDE VOR EINER ATTACKE SCHÜTZEN KÖNNEN—Dieses Buch rettet vielleicht ihr *Leben*!

Meine Eltern wollten unbedingt in Kanada reinpassen, sehnten sich danach unauffällig und in Frieden zu leben. Sie sprachen nicht über ihre Vergangenheit. Und trotzdem gehörte ihr gesamtes Umfeld zum geheimen Klub. Holocaust-Überlebende bildeten eine natürliche—wenn auch stille—Gemeinschaft gegen das Grauen.

Trotz der Versuche unserer Eltern, uns vor ihrem eigenen Schmerz zu schützen, gaben sie ihn unserer Generation mit. Wir erfuhren den Terror, die Erniedrigung und den Verlust an ihrem Verhalten, sahen das Leid in ihren Blicken, und unsere Psyche trägt den Stempel ihrer Angst. Ich verstand bereits früh: Jude zu sein, war ein Grund getötet zu werden.

Ihre gesamten Leben hinweg waren meine Eltern misstrauisch gegenüber Autorität gewesen, hatten sich vor Menschen in Uniform gefürchtet und ihren Glauben geheim gehalten. Sie trugen tiefe Narben mit sich, sowohl physische als auch geistige, und ich muss zugeben, das tue ich auch. Die Angst meine jüdische Identität zu offenbaren—eine Angst, die sie mir eingebläut haben—ist nur schwer abzuschütteln.

Nach zielgerichteten Versuchen, über mein jüdisches Selbst zu sprechen, ohne mich vor den Konsequenzen zu fürchten, dachte ich, ich sei meinem Kokon entsprungen; ich glaubte, lebensverändernde Verluste und die Schwierigkeiten meiner Kindheit verarbeitet zu haben, und meinte zu wissen, wohin mein Leben mich führen würde. Das alles fiel in sich zusammen, als mich die politischen Ereignisse von 2015 zurück in den Abgrund zogen.

Ich höre die Hölle unter uns rumoren. Holocaust-Leugnung, Hass gegen Muslime, Schwarze, Asiaten, Juden und andere ethnische und religiöse Gruppen. Es brodelt und bezwungen geglaubte Monster zeigen sich einmal mehr. Wegen meiner Familiengeschichte erkenne ich sie als das unheilvolle Omen, dass sie sind und in mir kochen Wut und Hilflosigkeit auf. Die abscheulichen Sprüche der „alternativen Rechten" hallen in meinen Ohren wieder: „Deine Rasse gehört zurück in den Ofen."; „White lives matter." (Weiße Leben zählen); „Hitler hätte den Job zu Ende bringen sollen." Unsere heutigen „Fake News" erklingen im Einklang mit der Propaganda der Nazis.

Sie mögen meinen, ich reagiere über. *Das sind nur einzelne Extremisten und Verrückte*, möchte man mir vielleicht entgegnen. Obwohl Holocaust-Leugner irrational erscheinen mögen, spiegeln sie das extreme Ende einer noch immer weit verbreiteten, antisemitischen Haltung wieder, welche durch „Fake News" und „alternative Fakten" weiter angefacht wird—oder zumindest öffentlicher und unverblümter zum Vorschein kommt. Ihre Worte spornen andere an, ihre Vorurteile durch aggressive Taten sprechen zu lassen. Sie sind gefundenes Fressen für Neo-Nazis und ihre Sympathisanten weltweit und dienen dazu, gezielt die Wahrheit zu verhüllen, zu provozieren, Aufruhr hervorzurufen und Gewalt anzustiften.

Historiker und andere Akademiker beschreiben, dass Holocaust-Leugnung und andere oder dazugehörige Formen der modernen Hetze Elemente aus der Zeit vor 1945 wiederaufgreifen. Leugner diskreditieren Berichte über den Holocaust als einen gewaltigen Komplott, um die westliche—„Weiße"—Welt zu beschämen und in den Dreck zu ziehen. Selbst in den Vierzigern glaubten viele Amerikaner nicht an das Ausmaß des Grauens. Die Schilderungen der systematischen Vernichtung von Juden durch Hitlers Regime müssten Propaganda sein, um die Regierung zur Bevorteilung von Juden zu drängen, sagten sich nicht wenige.

Es geht so weit, dass einige sogar den Nationalsozialismus wieder als legitime, politische Ausrichtung anpreisen. Solche Menschen geben sich als legitime Forscher aus und versuchen so, die Gesetzte und Ideologie der Nazis neu zu etablieren und die Welt davon zu überzeugen, dass der Holocaust nur ein von den Juden fabrizierter Mythos ist, der ihre eigenen, boshaften Zwecke unterstützt. Diese Gruppen verbreiten ihr Gift auf der ganzen Welt und rekrutieren stetig neue Mitglieder—einfach gemacht durch das Internet.

Um das Vermächtnis meiner Eltern und Juden überall vor diesem Angriff zu schützen, kann ich diesem Thema nicht aus dem Weg gehen.

Der Holocaust stellt eine klaffende Wunde in der Weltgeschichte da, ein Schrecken, der in seinem Ausmaß und seiner Dokumentation über alles andere hinaus geht. Eine Regierung hatte das Ausrotten eines ganzen Volkes beschlossen, die systematische Vernichtung aller Juden weltweit.

Leider sind Massenmorde keine Seltenheit in der Geschichte des Menschen, sowohl vor dem Holocaust als auch danach—Armenien, Ruanda, Kambodscha, Darfur, Bosnien und die Liste hört da leider nicht auf.

Der Begriff Genozid existiert erst, seitdem er 1944 von Raphael Lemkin geprägt wurde. Die Vereinten Nationen beschloss im Dezember 1948 die Konvention über die Verhütung und Bestrafung des Völkermordes.

Hier in den USA wurden zwischen 1492 und 1900 achtzig Prozent der indigenen Bevölkerung ausgelöscht. Die Sklaverei war ein von der amerikanischen Regierung geduldetes und gefördertes

Geschäft und brutaler Rassismus hält hier bis heute an. Waren dies barbarische Handlungen unzivilisierter Menschen? Oder sind Anstand und Menschlichkeit nicht wirklich grundlegende Aspekt von dem, was wir als zivilisiert erachten? Die Endlösung der Nazis kostete sechs Millionen Juden das Leben. Sieht so eine aufgeklärte Welt aus?

Obwohl Antisemitismus so alt ist wie der jüdische Glaube selbst, stellte die Klassifizierung des Juden als eigene Rasse Ende des 19. Jahrhunderts einen signifikanten Wandel dar. Ein Jude war fortan ein Jude, egal wo er lebte. Andere ethnische, kulturelle oder gesellschaftliche Kontexte wurden zweitrangig. Ist das auch heute noch so? Bin ich Amerikanerin, die zufällig auch jüdisch ist, oder gehöre ich nicht dazu, weil ich Jüdin bin? Würde man mich als „Weiße" kategorisieren oder nicht, weil ich Jüdin bin? Sollten solcherlei Fragen nicht irrelevant sein, wenn es um unsere Rechte und unser friedliches Zusammenleben geht?

Leugner geben sich als Forscher aus und behaupten, sich nur um die Wahrheit zu sorgen; nur die Fehler in der Geschichtsschreibung korrigieren zu wollen. Und der Holocaust ist nicht der einzige Teil der Weltgeschichte, den gewisse Menschen für unangenehm halten und widerlegen wollen. Der Genozid an Armeniern durch das Osmanische Reich ist genau wie der Holocaust durch umfangreiches dokumentarisches Material belegt und wird trotzdem noch von vielen geleugnet, auch in der heutigen Türkei. Allzu häufig wird die Wahrheit von Menschen verdreht oder Teile von ihr unter den Teppich gekehrt, damit sie in das eigene Weltbild oder die eigene Agenda passt. Merken sie es überhaupt noch?

Unsere Leben sind so hektisch und wir sind so sehr von hastig formulierten Meinungen umgeben, die nur auf unsere sofortige, kurze Aufmerksamkeit aus sind, dass wir uns schwer tun, uns einem Sachverhalt ernsthaft zu widmen, wenn es länger als zehn Sekunden dauert. Für viele sind Schlagzeilen das gesamte Ausmaß ihres Nachrichtenkonsums. Algorithmisch konstruierte Meinungsblasen im Internet machen es einfach, sich selbst in der eigenen Sichtweise zu bestärken und andere Perspektiven zu ignorieren. All das steht unserem Pfad zu Anstand, Menschlichkeit, Gleichheit und ehrlichem sowie gut gemeintem Austausch im Weg. Doch heute haben die Spannungen zu gewaltbereiten, totalitären Regierungen nicht nur das Potential zur Katastrophe sondern zur Apokalypse.

Trotz der vielen Organisationen, die Frieden und Toleranz predigen und die Hoffnung auf ein besseres Miteinander durch eine Kultur des Gewissens und der Integrität repräsentieren, fehlt unserer Gesellschaft als Ganzes das moralische Rückgrat. Liegt es noch in unserer Macht, für Frieden und Gerechtigkeit auf der Welt zu sorgen? Verschlimmern sich die durch Angst vorm Anderen entfachten und in der Menschengeschichte so tief verankerten Probleme des Rassismus und der Intoleranz nur noch mehr? Das Internet ermöglicht es uns, das Leid auf der ganzen Welt zu betrachten. Wir sehen Flüchtende, die unsere Hilfe brauchen. Sind die meisten von uns nicht tatenlose Zeugen; Menschen die nur daneben stehen und zuschauen? Sind wir so anders, als diejenigen, die dabei zusahen, wie die Juden in die Lager von Dachau gezwungen wurden? In unsere heutigen Welt ist es absurd zu behaupten, *wir wussten nichts davon.*

Ich dachte über den Film nach, angeekelt und angespornt, und unterdrückte meine Zweifel und Sorgen, um fortan das richtige zu tun. Denn wenn ich nicht gewillt war, die Geschichte zu erzählen, wie konnte ich dann von anderen besseres erwarten? Das Jahr 2016 stank nach abscheulicher Intoleranz und Hass. Ich wappnete mich für den intensivsten und bedeutendsten politischen Kampf meines Lebens.

Bis zum November machte ich mir immer wieder weis, dass die rassistische Rhetorik Donald Trumps nicht die Meinung der amerikanischen Bürger widerspiegeln konnte. Dann gewann er die Wahl.

**Juden, die 1943 gesammelt und nach Treblinka gezwungen wurden.** Dies geschah nach dem Aufstand im Warschauer Ghetto—einer vierwöchigen Rebellion von jüdischen Widerstandskämpfern. Der ängstliche kleine Junge wurde nie identifiziert, doch der deutsche Offizier mit dem Gewehr ist Josef Blösche, ein Mann der durch Fotos von Generalleutnant Jürgen Stroop berüchtigt wurde, der durch die Bilder das „Können" des Mannes beweisen wollte—das Können im Kampf gegen Juden, die kaum mehr als Steine zur Verfügung hatten, um sich zu wehren. Quelle: Mit freundlicher Genehmigung des United States Holocaust Memorial Museum, Washington, DC.

**Viehwagen aus dem Holocaust, nahe Landsberg.** Drei Wagons aus den Vierzigern stehen auf den Hügeln über Landsberg.

***Zerbrochene Grabsteine in Budapest.*** *Leider kein seltener Anblick: zerbrochene Grabsteine und Monumente in jüdischen Friedhöfen—das Resultat von Vandalismus.*

***Der Stereotyp des Strippenziehers.** Die Karikatur des gefährlichen Juden aus den Vierzigern hat ihren Weg in unsere heutige Zeit gefunden.* Quelle: United States Holocaust Memorial Museum—Ein antisemitisches Poster: „Hinter den Feindmächten: der Jude".

# 15

# DIE ANGST VORM WACHSENDEN ANTISEMITISMUS

Ich war überrascht, meinen Briefkasten voll vorzufinden. Ein fetter Umschlag erwartete mich: „Karte enthalten". Als ich ihn aufriss, sah ich ein kleines Heft darin. Die roten und schwarzen Buchstaben schienen mich regelrecht anzuschreien: „917 AKTIVE HASSGRUPPEN IN DEN USA IM JAHR 2016."

Plötzlich unbeholfen und mit schwitzigen Händen schaute ich mir die Karte der USA darunter an, markiert mit leuchtenden Symbolen, welche die extremistischen Gruppen darstellten. Meine Augen werden von dem blauroten Diagramm auf dem unteren Teil der Seite angezogen, welches besagt: Anzahl anti-muslimischer Gruppen um 197 % gestiegen. Die Zahl von gegen die Regierung gerichteten Gruppen explodierte von 200 während George W. Bushs Amtsperiode auf 998, als Obama im Weißen Haus saß. Anfang 2016 war sie auf 917 zurückgegangen, zumindest fürs Erste.[1] Neo-Nazi-Gruppen sind in so gut wie jedem Staat der Nation präsent.[2] Wir Minnesotans erzählten gerne davon, wie schön unser Leben hier ist, aber das Diagramm zeigte, dass wir im Jahr 2016 zehn aktive Hassgruppen im Staat hatten. Alaska und Hawaii waren die einzigen Staaten ohne offenkundig rassistische Organisationen. Das Southern Poverty Law Center verfolgte über 1.600 extremistische Gruppen im ganzen Land.

Das widerliche Wahljahr brachte das Schlimmste im Land hervor. Donald Trump schlug zu. Seine Schmähreden—frauenverachtend, xenophob und rassistisch—wurden plötzlich normalisiert. Extremistische Gruppen und Individuen krochen aus ihren Löchern hervor und schlossen sich seiner beleidigenden Rhetorik an.

Ich war überzeugt, dass dies isolierte Meinungen widerspiegelte (kamen sie nicht von Randgruppen?), und beteiligte mich zum ersten Mal als Freiwillige, um potentielle Wähler anzurufen, unterschrieb Petitionen und äußerte lautstark meine politische Ideologie: Zusammen sind wir stärker. Am 8. November, der Wahlnacht, stellten Howie und ich Champagner kalt und waren bereit, zu feiern. Doch im Laufe der Nacht saugten sich rote Egel auf der Wahlkarte fest, bedeckten mehr und mehr von dem Blau und näherten sich unvermeidlich den benötigten 270 Wahlleuten an. Wir hockten auf dem Sofa, der Champagner blieb unberührt. Howie gab um 2 Uhr morgens auf und ging zu Bett, aber ich blieb regungslos da, nicht in der Lage das Resultat zu verarbeiten, nicht in der Lage einen Ton von mir zu geben.

Ein Sturm braute sich in mir zusammen. Trotz abscheulicher Aussagen über Frauen, Behinderte, Muslime, Schwarze und Lateinamerikaner sowie rücksichtsloser Bemerkungen zur Umwelt, der Presse, anderen Regierungen (sowohl verbündete als auch verfeindete) und abwertenden Kommentaren zu internationalen Bestimmungen, war Trump gewählt worden—ein Mann, der einzig und allein durch Vetternwirtschaft zu Geld gekommen war, ein Mann ohne politische Vergangenheit, bekannt für Finanzvergehen und mit geringer Unterstützung außerhalb der weißen Bevölkerung. Die Übereinstimmungen zum unerwarteten Aufstieg Hitlers waren ein Schlag in die Magengrube. Gewalttätige Aufeinandertreffen auf politischen Veranstaltungen und der plötzliche Anstieg von politisch motivierten Übergriffen nach der Wahl—1.094 in den ersten 34 Tagen—ließen moralische Grenzen langsam zerbröckeln. Religiöse und ethnische Gruppen mussten Hasstiraden über sich ergehen lassen; es kam täglich zu Konfrontationen zwischen Rechten und Linken sowie zu einem

Anstieg in antisemitischer Rhetorik und das nicht nur in den USA. Die Neigung nach rechts war ein globales Phänomen. Hass spaltete einmal mehr die Welt.

**Entr'acte 2016**

„Notfall-Überlebensausrüstung für alle Situationen"—*Hol es dir auf Amazon, bei REI, deinem Ausstatter für Patrioten.* Ich lese mich durch die am besten bewertetsten Überlebensausrüstungen und höre die Stimme meiner Mutter: „Sag niemande, dass du *judisch* bis. Sei nett!" Widersprüchliche Gedanken fliegen mich durch den Kopf: sich offen zu äußern, würde ein schlechtes Licht auf die gesamte Gemeinschaft werfen, auf alle Juden. Halt dich bedeckt; wir müssen für das Gute einstehen, das Richtige tun. Sag deine Meinung, leiste Widerstand; wir sollten eine Tasche mit dem Wichtigsten packen—vor allem Seife—falls wir fliehen müssen.

Muslime und Immigranten sind das Ziel rassistischer Übergriffe, doch einmal mehr sind auch Juden in Gefahr. Ich sorgen mich über die Ansichten der Menschen, die in unserer Nachbarschaft wohnen—in den stattlichen Backsteinhäusern aus der Jahrhundertwende, mit Säulen und umschließenden Veranden, und in den bescheidenen Stuckdoppelhäusern und Studiowohnungen um die Ecke—wo amerikanische Flaggen stolz im Wind wehen.

An diesem Novembertag leuchtet der Himmel in wunderschönem Blau, voller Ironie, und goldene Blätter schweben in der sanften Brise. Doch als ich mit dem Hund spazieren gehe, verkrampft sich mein Magen. Ein 5 Monate alter Dalmatiner, ein Golden Retriever und ein kuscheliger Shih Tzu schnüffeln und schmiegen sich aneinander. Sie scheinen gut miteinander auszukommen. Als die junge Besitzerin des Dalmatiners an mir vorbeischlendert, wünscht sie mir einen schönen Sonntag. *Würde sie dasselbe sagen, wenn sie wüsste, dass ich Jüdin bin?* Als ich an einem geparkten Polizeiauto vorbeigehe, frage ich mich: *Beobachtet er mich? Habe ich etwas falsches getan?*

Ich versuche mein inneres Gleichgewicht zu wahren,

hoffnungsvoll und positiv zu bleiben, doch alles zerrt mich in die entgegen gelegene Richtung. Potentielle Desaster sammeln sich in meinem Kopf: verbannte Immigranten, Klimawandel, Atomkrieg, Gewalt auf den Straßen. Die Paranoia meines Vaters frisst mich auf und ich näher mich dem Abgrund. Ich, eine Verfechterin von Menschenrechten? Ich glaube nicht. Ich schaue mir erneut die Karte des Hasses an.

„Gibt es keine Gruppen, die für *Liebe* stehen?", fragt Howie.

Die Wahl von 2016 hat dringliche Konversationen unter Juden entfacht. Diejenigen von uns, die Kinder von Überlebenden des Holocaust sind, schwanken zwischen dem Impuls, uns zu verstecken, und dem Schwur, Widerstand zu leisten. Zu welcher Seite gehöre ich? Zu den Juden, die davon überzeugt sind, dass das alles an ihnen vorbeiziehen wird, solange sie sich bedeckt und ihre Köpfe gebeugt halten? Oder zu denen, die handeln, um eine schreckliche Zukunft zu verhindern?

Was hätten meine Eltern gewollt? Sie hatten mich nach den Grundsätzen ethischen Verhaltens erzogen; zum lösen menschlicher Konflikte; zu Respekt gegenüber Freiheit sowie der Würde und Rechte eines jeden Menschen. Und trotzdem windet sich mein ganzer Körper, mein ganzer Geist, bei dem Gedanken einzugreifen—wie Perseus auf dem Weg zu Medusa, voller Angst vor Schlangen und Höhlen, voller Angst, zu Stein zu erstarren.

Als Harris ein kleiner Junge war, stellte ich meine Sorgen hinten an, weil ich ihm unbedingt jüdische Werte mitgeben wollte—mit denen zu teilen, die weniger haben; Altruismus, Mitgefühl und Geduld; sowie Kreativität und Beharrlichkeit durch Klavierstunden. Wir schrieben ihn in der Sonntagsschule ein und feierten 2007 seine Bar Mitzwa. Im selben Jahr gaben wir dem bettelnden Harris nach und hießen den kleinen Welpen Oreo bei uns zuhause willkommen—auch um ihm einen Kumpanen zu geben und Verantwortung zu lehren. Jedoch muss ich zugeben, dass mich die Anschaffung eines Hundes genauso erfreute wie Harris, weil Rob und ich nie Haustiere haben durften.

Ich versuchte meinem Sohn, die Geschichte seiner Großeltern beizubringen, ohne ihn dem Trauma auszusetzen, mit dem ich lebte. Auf einer Orchestertour spielten wir in Amsterdam. Dort besuchten Howie, Harris und ich das Anne Frank Haus. Wie jedes Kind hatte er Spaß daran, das geheime Nebengebäude zu erkunden, wo Familie Frank zwei Jahre lang versteckt gelebt hatte, bis sie verraten worden war. Ich nahm die kleine Hand meines Sohnes in die meine, zeigte auf ein Ausstellungsstück und sagte: „Schatz, Oma musste auch so einen Stern tragen." Ich glaube er verstand.

Doch die Erinnerung ruft alte Geister hervor und meine Gedanken driften ab. September 1944: ein allzu reales Phantom— während mein Vater in Bor schuftet, erreicht Familie Frank nach dreitägiger Zugreise Auschwitz. Die Türen werden ruckartig geöffnet. „Raus. Raus mit euch. Schnell!" Die Flutlichter blenden die Gefangenen, doch das Knurren der Hunde und Knallen der Peitschen lässt sie wissen, wo sie sind. Männer und Frauen werden getrennt. Einige werden sofort in die Gaskammer geschickt. Es ist das letzte Mal, dass Anne ihren Vater sieht. Zwei Monate später werden die Schwestern, nicht mehr als Skelette, nach Norddeutschland in das Lager Bergen-Belsen gebracht, wo der Typhus wütet. Anne und Margot Frank überleben das Elend nicht —zwei von tausend, die der Infektionskrankheit täglich zum Opfer fallen. Nur ein paar Wochen später wird Bergen-Belsen im April 1945 befreit.

Mit einem Schock komme ich plötzlich wieder im Jahr 2016 zu mir, desorientiert und mit dem nagenden Drang, die Vergangenheit zu verstehen, ihr etwas für die Zukunft abzugewinnen. Unsere Familie führt ein weltliches und angepasstes Leben. Auch wenn wir den Gottesdienst an den Hochheiligen Tagen nie verpassen, haben Howie und ich ein kulturell gemischtes Umfeld; Freunde mit denen wir Weihnachten, Ostern, Hanukkah und Pessach feierten. Wir kamen als Menschen zusammen und sind uns nur selten uneinig gewesen.

Heute ist es schwer dasselbe Einigkeitsgefühl zu empfinden, dass ich erfahren hatte, als ich vor Jahren in der Basilika aufgetreten war. Wie kann es sein, dass ich wieder in den Fesseln meiner Mutter gefangen bin, sie enger und enger werden? Meine Herkunft und Religion zu offenbaren bleibt nicht leicht. Meine Stimme verfällt in einem schnellen diminuendo: „Tut mir Leid, an dem Tag habe ich keine Zeit zum Treffen/Lehren/Auftreten/Teilnehmen. Weißt du, es ist ein... *jüdischer Feiertag.*" *Pfff.* Es kommt alles wieder.

Im folgenden Jahr, 2017, vergrößern sich unsere Angst und Ungläubigkeit noch mehr. Die Anzahl von Hassgruppen steigt auf 954 an und antisemitische Übergriffe nehmen zu. Bombendrohungen, umgeworfene Grabsteine, Vandalismus, Graffiti. Überall im Land. Die größte Synagoge im Staat Washington ist mit den Worten „Holocau$t i$t erfundene Ge$chichte!" beschmiert.

Die Empörung steigt, als das Anne Frank Menschenrechtsdenkmal in Boise verunstaltet wird. Eine der Marmortafeln, die um die lebensgroße Bronzestatue stehen, der einzigen amerikanischen Denkstätte zu ihren Ehren, und mit der Allgemeinen Erklärung der Menschenrechte beschrieben ist, „wies eine rassistische Beleidigung und eine Nachricht, die erklärte, dass Schwarze keine Menschen sind, auf."[3] Im August kommt es zur Versammlung „Vereint die Rechte" in Charlottesville, Virginia, wo sich Neo-Nazis aus dem ganzen Land treffen, umher marschieren und rufen: „Juden werden uns nicht ersetzen!"

Wie kann das hier geschehen? Erkennen wir unser Land überhaupt noch wieder? Obwohl diese extremistischen Gruppierungen Minderheiten, Immigranten, Frauen und Homosexuelle hassen, sind das primäre Hassobjekt jener, die sich selbst als Nachfolger der Nazis in Europa betrachten, immer noch die Juden. Sie beharren darauf, dass wir der Erzfeind sind; verantwortlich für alles, was falsch läuft auf der Welt. Wenn das verbreiten dieser Ideologie nicht so gefährlich wäre, müsste man fast darüber lachen. Juden machen nur 2 % der US-Bevölkerung und gerade mal 0,2 % der Weltbevölkerung aus.

Unser Tempel wird nun durchgehend von der Polizei bewacht. Ich machen mir Sorgen, weil unser Haus das einzige auf unserer Straße ohne Weihnachtsdekoration ist, ohne einen auffällig dekorierten Baum, den man vom Gehweg aus sehen kann. Wann immer ich meine multimediale Präsentation zur sozialen Gerechtigkeit vortrage, multipliziert sich meine Furcht um ein vielfaches.

Das von meinen Eltern vermutete nationalistische, rassistische Gedankengut kann nicht mehr abgestritten werden. Neo-Nazis und andere anti-muslimische, homophobe, immigrations- und regierungsfeindliche Gruppen befinden sich unter uns. Der Schein von Harmonie hat sich verdunkelt und die menschlichen Abgründe unserer Welt offenbart.

Und das alles verbreitet sich heute nicht nur über ausgehändigte Schriften und gesprochene Worte, sondern vor allem und am schnellsten über das Internet—die perfekte Brutstätte für „Fake News". Menschen posaunen einfach ihre Meinung in die Welt hinaus, ohne Raum für Diskussion und Prüfen der Fakten zu lassen. Verschwörungstheoretiker finden leichter als je zuvor Abnehmer für ihre Fabeln, weil die sozialen Medien die Welt schneller und einfacher verbindet als alles andere zuvor. Über diese sozialen Medien konsumieren viele auch einen Großteil ihrer Nachrichten, was zum Problem wird, wenn diese Plattformen jede Aussage gleichwertig verbreiten, ohne Fakten und Quellen zu prüfen. Wie soll man in dem Sumpf aus Nachrichten, übersättigt von aus der Luft gegriffenen Behauptungen, noch legitime von fabrizierter Berichterstattung unterscheiden?

Obwohl Propaganda nicht neu ist, bricht es mir doch das Herz. Mir schwindet die Kraft und es scheint das einfachste, den Laptop zu schließen und das Internet, mein Handy, den Fernseher und das Radio auszumachen. Aber ich kann nicht einfach den Kopf in den Sand stecken. Das ist keine echte Lösung. Nicht für jemanden, dessen Familie den Holocaust durchgemacht hat.

*Antisemitisches Graffiti in Frankreich.* Auch bei uns kommt es zu solchem Vandalismus. Und nicht nur die Zerstörung von Eigentum und Bombendrohungen nehmen zu, sondern auch gewalttätige Attacken gegen Juden. Quelle: Quatzenheim, France - Feb 20, 2019— Sunset over Jewish cemetery in Quatzenheim near Strasbourg with vandalized graves with Nazi symbols blue spray-painted on the damaged graves. Royalty-free stock photo ID: 1319923592.

*Harris und Oreo.* Das neueste und süßeste Mitglied unserer Familie brachte etwas Licht und Leichtigkeit in unser Leben.

**Entr'acte 2011**

Robs Hündin hat fürchterliche Angst vor der finster dreinschauenden Büste Beethovens, die auf dem Konzertflügel meiner Familie sitzt, seitdem ich denken kann. Sie zittert, doch um ehrlich zu sein, hellt ihre Überreaktion die Stimmung ein wenig auf. Es ist schön, dass Rob und ich einen Moment der Leichtigkeit teilen können. Wir treffen uns zum letzten Mal in der Wohnung unserer Eltern. Ihre Gemälde, welche wir verteilen werden, lehnen an den Wänden. Mein 25 Jahre alter Neffe Aaron, Robs ältester Sohn, setzt sich einen der schicken Hüte unseres Vaters auf und stolziert zum hohen Spiegel im Flur. Obwohl Aaron dunkle Augen hat, ist seine Ähnlichkeit zu Papa im selben Alter fast schon unheimlich. Ich halte den Atem an und warte bis sich mein Puls beruhigt.

Nachdem mein Vater verstorben war, lebten Ian und Cristy weiter kostenlos in der Wohnung, bis wir alles abwickeln konnten, doch nun ist sie verkauft. Als Testamentsvollstrecker hat Rob sich um alles gekümmert.

Da Ian und Cristy abgesehen von ihrem Bett und ihrer Kleidung nicht viel besitzen, geben wir ihnen Einrichtung, Küchengeräte und Utensilien sowie ein paar Sets Knochenporzellan mit. Jedes Enkelkind darf sich etwas von den Gemälden, Schnickschnack und Schmuck aussuchen und erhält, so wie es sich mein Vater wünschte, Geld für ihre Bildung. Ich gebe ein paar der wunderschönen Schals meiner Mutter an die ehemaligen Schüler meiner Eltern, aber nicht bevor ich nicht an jedem noch einmal gerochen habe. An einigen haftet noch immer das Chanel Nr. 5 Paris, ein Geruch, der mich als Kind zum Würgen gebracht hat. Selbst die meisten der dekorativen Kissen werden verteilt.

Die überwältigende Endgültigkeit trifft mich, als alle gehen und die Wohnung leer steht, abgesehen von dem jahrzehntealten meergrünen Sofa. In meiner Kindheit klebte die allgegenwärtige Plastikabdeckung immerzu hinten an meinen Beinen. Sie wurde nur abgenommen, wenn Gäste zu Besuch kamen, weswegen das Sofa fast unbenutzt aussieht, aber keiner will es haben.

Ich lehne mich zurück in die samtigen Polster und flüster: „Oh, Mama." Erinnerungen so unerträglich, dass sie nicht darüber reden konnte, vor allem nicht vor Rob und mir—ihren eigenen Kindern. Es schmerzt mich, an die von mir missverstandenen Wutausbrüche meines Vaters zu denken. In Wahrheit überschatteten sie nie seine Großzügigkeit, seine Liebe und die vielen Dinge, die er mir einverleibte—eine großartige Arbeitsmoral, die Liebe zur Literatur und Kunst und natürlich seine Leidenschaft für Musik und Schönheit. Hier haben wir gelernt, wie wichtig es war, die Wahrheit zu sagen, Altruismus zu fördern und Gerechtigkeit zu fordern.

Ich fragte mich, ob mein Vater—22 Jahre alt, als er von den Nazis mitgenommen wurde—nicht auch Eigenschaften entwickelte, die über Paranoia, Misstrauen und Zorn hinausgingen und ihm halfen, zu überleben. Glück war das wichtigste—das, was die lebenden von den toten Opfern trennte—das haben so viele Überlebende bezeugt. Doch sicherlich brauchten diejenigen, welche das Glück hatten am Ende eine Überlebenschance zu erhalten, mehr. Scharfsinn. Wachsamkeit. Mut. Hoffnung. Wenn einem alles genommen wird, was bleibt dann noch? Einzig die Willenskraft—der Widerstand der Seele. In seinem lebensverändernden Werk „Der Mensch auf der Suche nach Sinn" erklärt Viktor Frankl, dass er selbst im Angesicht der größten Schrecken nicht mit „Nichts" dastand. Er hatte seinen Verstand. Und dort, im tiefsten Inneren, blieb er frei. Ist das nicht Widerstand?

Wären die Dinge anders gekommen, wenn die Juden Europas gewusst hätten, was kommen würde? Das lässt sich nicht beantworten. Doch die, die in der Lage waren zu kämpfen, taten es. 20.000 bis 30.000 jüdische Partisanen erhoben die Waffen. Sie versteckten sich in Wäldern, nutzten List und Sabotage, um die Nazis zu schwächen. Sie fälschten Dokumente, verteilten Flugblätter, schlossen sich Guerillakämpfern an und zerstörten Munition, zu dessen Produktion man sie zwang. Sie unterstützen die Luftwaffe der Alliierten und schmuggelten Kinder in Sicherheit. Einige führten Flüchtende zu Fuß durch Bergpässe. Andere bewahrten Rezepte und Lieder unseres Volkes, hielten geheime Gottesdienste ab oder lehrten Hebräisch. Sie versuchten Hoffnung durch Kultur zu schaffen— schrieben Gedichte, spielten Musik, führten Theaterstücke auf, komponierten, sangen und tanzten. Ist das nicht Widerstand?

Diese Gedanken erfüllen die Wohnung. Ich höre eine Melodie und spüre die Anwesenheit meiner Eltern. Ich schaue mich noch einmal um, packe mir Beethoven und entschließe, das Sofa zu behalten.

# TEIL V

## EIN RUNDER ABSCHLUSS: GEDENKEN UND VERSÖHNUNG

Dies ist die Aufgabe: in der dunkelsten Nacht zu wissen, dass der Morgen kommt, dass der Fluch zum Segen werden kann,
Pein zu Gesang...
durch die Hölle zu gehen und weiter an die Güte Gottes zu glauben—
dies ist die Aufgabe und der Pfad.

—Rabbiner Abraham Joshua Heschel (1907-1972)

# 16. ALS ICH FÜR MEIN VOLK IN DEUTSCHLAND SPIELTE (LANDSBERG, 2018)

Das leise Klingeln lässt sich in dem lauten Restaurant kaum vernehmen. Ich wühle in meiner Handtasche auf der Suche nach dem Handy, krame es heraus und sehe eine Nummer, die mit +49 beginnt. *Ein Anruf aus dem Ausland? Aus Europa?* Ich gehe ran. Eine dunkle, vor Emotionen bebende Stimme flüstert: „Ist da Janet? Oh, Janet. Es ist so schön, dich zu hören. Ich rufe aus Landsberg an. Es gibt eine Menge zu besprechen." Jahre sind vergangen, seitdem ich in Landsberg war, doch dieser Anruf bringt mich zurück. In der Musikwelt sagen wir *D.C., Da Capo*, noch einmal von vorne anfangen. Ich habe keine Ahnung, dass die Coda, der Abschluss meines Lebenswerkes, noch vor mir liegt.

Exakt 8 Jahre nach dem nasskalten Tag im Januar 2009, an dem mir mein Vater zum ersten Mal erzählte, dass er mit Leonard Bernstein aufgetreten war, entschieden Howie und ich spontan nach Miami zu fliegen. Wir waren noch immer benommen von dem Wahlresultat von 2016 und hofften, dass das warme Wetter unseren Stress schmelzen würde. Wieso nicht dem eisigen Minnesota und den Sorgen entfliehen? Wir suchten uns ein Hotel am Strand, aber trotzdem nah am jüdischen Gemeindezentrum gelegen, aus. Dort hatte es vor kurzem eine Bombendrohung gegeben. Orthodoxe Juden spazierten offen und ohne Angst auf der Promenade—die Frauen von Kopf bis Fuß in lange, schwarze Kleider gehüllt, selbst im Wasser, mit einem Tuch oder einer Perücke, um die Haare zu bedecken, wie es ihr Glaube vorschrieb. Der sanfte Gesang des Ozeans wirkte schmerzlindernd, als wir den perfekten, weißen Sand entlanggingen.

Zufällig machten auch Sonia Beker und ihr Ehemann Urlaub in Miami. Wir hatten uns seit Jahren nicht gesehen. Sonia schlug vor, dass wir uns im Hakkasan, dem chinesischen Restaurant im Fountainebleau Hotel, treffen. Das Restaurant, ein Labyrinth aus dunklem Holz um eine leuchtend blaue Bar, war zu Feier des Jahres des Hahns rot geschmückt. Das ebenso farbenfrohe Essen—wunderbar zubereitetes Fleisch angerichtet mit Gemüse, Granatapfelkernen und lila Blumen; orange Teigtaschen serviert in einzelnen Bambusbehältern—machten es zum perfekten Ort für ein Wiedersehen. Wir unterhielten uns ununterbrochen.

Während unserer Woche in Miami erhielt Sonia eine Email aus Landsberg von zwei Menschen, die wir beide nicht kannten. Die Nachricht beschrieb den Plan—ins Leben gerufen von den deutschen Bewohnern Landsbergs—ein Konzert zu organisieren, dass im Mai 2018 als Andenken zum 70. Jubiläum des Konzerts von Leonard Bernstein und dem St. Ottilien Orchester stattfinden sollte. Sie erhofften sich, zu Ehren von Sonias Onkel—einem hochtalentierten Musiker, Dirigenten und Komponisten, der während des Holocaust gestorben war—den Wolf Durmashkin Composition Award (WDCA) zu etablieren, einen internationalen Preis für Komponisten. Das Konzert und eine dazugehörige Ausstellung würden vom bayerischen Ministerium für Kultur unterstützt werden. *Wären wir gewillt, teilzunehmen?*

Wir waren überrascht, dass sie die Organisation ohne unser Zutun in Gang gebracht hatten, und antworteten sofort. *Natürlich sind wir dabei!* Eine Frau namens Karla Schönebeck, eine der Direktoren, schrieb zurück:

26. Januar 2017

Liebe Sonia,

Ich habe soeben den Sohn von einem der deutschen Ärzte, die in St. Ottilien halfen, kennengelernt. Damals war er 15 Jahre alt. Das Piano, auf dem deine Mutter Fania spielte, gehörte ihm. Es existiert noch immer. Es wurde vor ein paar Jahren restauriert und befindet sich jetzt in München. Ich bat ihn, ein Foto von dem Piano zu machen, und er versprach mir, dies zu tun. Er kommt auch zum Konzert nach Landsberg, um dich kennenzulernen.

Beste Grüße, Karla

Ein Trip nach Deutschland nächstes Jahr im Mai? Wieso nicht. Ich stellte mir den Frühling dort wundervoll vor und meine Skrupel bezüglich Deutschland waren auf meiner Pilgerfahrt im Jahr 2010 zum Großteil verflogen. Sonia und ich besprachen, wie wir die Reise wahrlich Bedeutsam machen könnten. Vielleicht sollten wir in St. Ottilien eine Gedenktafel zu Ehren unserer Eltern errichten lassen? Ich erinnerte mich an das altmodische, kleine Städtchen Landsberg am Lech—malerisch an einem See gelegen, mit einer Basilika aus dem 15. Jahrhundert, einem mit Türmen versehenen Tor, einem märchenhaften Schloss und einem barocken Rathaus. Pastellfarbene Fassaden—Mintgrün, Koralle, Lavendel und Gelb— blicken auf die Kopfsteinpflasterstraßen herab.

Sonia und ich stellten uns vor, dass... Ich weiß nicht, was wir uns vorstellten. Das ihr Gemeindeorchester ein paar Liedchen spielen würde? Das ein junger, deutscher Komponist ein Preiszertifikat erhalten würde, wahrscheinlich von Sonia präsentiert? Das eine Handvoll Menschen zusammenkommen würde, um an das Konzert vor 70 Jahren zu erinnern?

Karla hatte eine ganz genaue Vision und arbeitete hart daran, sie zu verwirklichen, wie wir später erfuhren. Das Ereignis nahm über die nächsten Monate hinweg immer mehr Form an und entfachte die Vorstellungskraft der gesamten Region. Acht

Gründungspartner boten ihre Unterstützung an, darunter der Kulturfonds Bayern, die Stadt Landsberg am Lech, die Bayerische Philharmonie und der Verein dieKunstBauStelle.

Im Jahr 2018 würde es auch weltweit Gedenkfeiern zu Leonard Bernsteins 100. Geburtstag geben. Tausende, von den globalen Medien eingefangene Konzerte würden seine Kompositionen in den Vordergrund bringen; seine Broadway Hits—zum Beispiel „West Side Story"—würden neu aufgeführt werden; und man würde seine Vorlesungen in Harvard, Dokumentarfilme über ihn und aufgenommen Auftritte ausstrahlen.

Im August 2017 erhielt ich den ersten Entwurf für das Programm und verstand, dass es um einiges ambitionierter war, als Sonia und ich erwartet hatten. Die „Internationale jüdisch-deutsche Woche Mai 2018" sollte nicht nur aus einem Konzert und dem Wolf Durmashkin Preis bestehen, sondern auch ein Galadinner, Touren von Sehenswürdigkeiten, eine Pressekonferenz und eine offizielle Zeremonie für das 70. Jubiläum der Gründung des Staates Israel veranstalten. Der von John Michalczyk produzierte Dokumentarfilm „Creating Harmony: The Displaced Persons' Orchestra of St. Ottilien"—der Film, den ich im August 2009 mit meinem Vater gesehen hatte („Da. Da bin ich. Und wieder. Ich hatte so viel Haare!")—sollte seine deutsche Premiere feiern und zwar mit dem Produzenten im Publikum.

Nach dem Programm erhielt ich eine Nachricht von Karla.

August 2017

Liebe Janet,

Obwohl ich dir seit einem Monat nicht geschrieben habe, habe ich dich natürlich nicht vergessen. Wir haben das Programm ein wenig verändert. Ich würde es präferieren, einmal mit dir zu telefonieren, weil es so aus meiner Sicht einfacher zu besprechen ist. Wärst du so lieb und würdest mir deine Nummer geben und ich ruf dich an? Das Orchester wird von der Bayerischen Philharmonie gestellt, wo Mark Mast, ein ehemaliger Schüler von

Leonard Bernstein, der Hauptdirigent ist. Wie schon gesagt, es gibt eine Menge zu besprechen.

Wärmste Grüße, Karla

Als mein Handy zur Mittagszeit klingelte und die Nummer mit der +49 anzeigte, musste ich aus dem lauten Café rennen, um hören zu können. Die Verbindung war schlecht. Während Karla sprach, ging ich den Parkplatz auf und ab. Die Kieselsteine knirschten unter meinen Schuhen. „Janet, es ist mir eine Ehre, mit dir zu sprechen. Wir freuen uns sehr, dass du und deine Familie nach Landsberg kommen."

Ich hatte Schwierigkeiten auszudrücken, wie viel mir dieser Trip bedeutete. Karla fragte mich, ob mein Vater je darüber gesprochen hatte, in St. Ottilien aufgetreten zu sein. Nein, erklärte ich, er hatte nie über diese Zeit oder das Orchester gesprochen, bis ich ihm zufällig eine Frage zu Bernstein gestellt hatte. Doch ich erinnerte mich an den Namen St. Ottilien; hatte es als Kind immer wieder gehört—St. Ottilien, St. Ottilien, St. Ottilien—ohne zu wissen, was es bedeutete.

Dann wurde sie plötzlich merkwürdig still und murmelte einen Moment später: „Es ist unfassbar schrecklich, was die Nazis wundervollen Menschen wie deinen Eltern angetan haben. Wir können die Menschen nicht zurückbringen, doch wir müssen alles erdenklich mögliche tun, um die nächsten Generationen aufzuklären. Und es muss von Menschen wie mir kommen, von durchschnittlichen Deutschen." Ich hielt inne, um jedes Wort in seiner Fülle aufzunehmen. „Jetzt, wo der Antisemitismus wieder ansteigt, müssen wir umso mehr dafür sorgen, dass es *nie* wieder passieren kann."

Wir beide waren für eine Weile emotional überwältigt. Als sie sich wieder gefangen hatte, informierte mich Karla über mehr Details. „Am 10. Mai 2018 werden wir zwei Konzerte geben, so wie es Bernstein vor 70 Jahren in Landsberg tat. Unser Plan ist es, das Programm so gut wie möglich nachzustellen, „Rhapsody in Blue" ist natürlich dabei und so weiter. Doch nichts könnte bedeutsamer für alle von uns, deine

Familie und all die anwesenden Juden sein, als wenn du *Kol Nidrei* spielen würdest. Würdest du das machen? Es wäre uns eine Ehre."

Mehr als ein Jahrzehnt war vergangen, seitdem ich das Stück in der Basilika in Minneapolis gespielt hatte. Es in Deutschland zu spielen, wo so viele ermordet worden waren, in der Stadt, wo mein eigener Vater nach seiner Flucht aus dem Arbeitslager aufgetreten war, wären ein riesiges Privileg und gleichzeitig eine noch größere Verantwortung.

Ich vermittelte die gewaltige Verbindung, die mein Vater, ich und das jüdische Volk zu *Kol Nidrei* haben, über diesen winzigen Apparat in meiner Hand, den ganzen Weg über den Atlantik bis nach Deutschland. Ich war mir sicher, dass sie mich verstand. Das ursprüngliche Programm von 1948 würde neu aufgeführt werden und das Zusammenkommen der Landsberger Bevölkerung mit den Nachkommen von Überlebenden eine lautstarke Nachricht an meinen Vater sein.

Als ich an meinen Sitz im Restaurant zurückkehrte, konnte ich kein Bissen zu mir nehmen.

Die Direktoren, Karla Schönebeck und Wolfgang Hauck, sowie der von Hauck geleitete Verein dieKunstBauStelle, riefen eine weltweite Anfrage für musikalische Kompositionen aus—für den von der WDCA gesponserten Wettbewerb.

*Der Verein dieKunstBauStelle fördert Kunst, Kultur, kulturelle Bildung und kulturelle Jugendprojekte.*

*Der 10. Mai 2018 markiert das 70. Jubiläum vom Konzert des Vertriebenen-Orchesters und von der Gründung des Staates Israel (14. Mai 1948). Vor diesem historischen Hintergrund suchen wir nach jungen Musikern, welche die Umstände, Stimmungen, Emotionen, Verluste, Kämpfe und auch den Widerstand aus diesem Kontext in eine Komposition weben und sie für unseren Wettbewerb einreichen.*

Emails flogen hin und her. Pläne änderten sich täglich—oder so kam es mir zumindest vor. Karla und Wolfgang liefen vor Ideen regelrecht über; Vorschläge, die selbst für professionelle Musikensembles ambitioniert waren. Ich muss zugeben, ich war nicht ganz ohne Skepsis.

Doch was mich wirklich innerlich auffraß, lag ganz allein an mir: *Kol Nidrei* üben und spielen und mit meinem handgefertigten, unersetzlichen Cello aus dem 18. Jahrhundert nach Übersee fliegen. Cellisten kaufen einen Extrasitz für ihr Instrument, wenn sie fliegen, oder riskieren irreparablen Schaden in dem ungeheizten, ungeschützten Gepäckabteil. Die Kosten eines Extratickets nach Deutschland wären absurd. Aber da mich auch nur der Gedanke daran, dass jemand mein Cello auf ein Gepäcklaufband schmiss, zum Schaudern brachte, entschied ich, mir ein Cello zu leihen. Nachdem Anfragen in und um München zu nichts führten, bot mir Sebastian Toettcher, ein ehemaliger Klassenkamerad, der nach Berlin gezogen war, an, mir sein wertvolles, italienisches Instrument auszuleihen. Das bedeutete in Berlin landen, mit dem Zug nach München und mit noch einem Zug nach Landsberg. Ein Cello und mehrere Stücke Gepäck mit sich zu schleppen, ist nie ohne seine Komplikationen, vor allem nicht, wenn man mehrmals umsteigen muss, doch die Chance Sebastian wiederzusehen und einen Blick auf Berlin zu werfen, würden mich gehörig kompensieren.

Der Plan war ein paar Tage zu früh anzukommen, um dem Jetlag entgegenzuwirken und mich mit dem Cello anzufreunden, welches wahrscheinlich größer als meins war.

Das Programm begann Form anzunehmen. Guy Mintus, ein junger Jazz-Pianist und Komponist aus Israel, sollte „Rhapsody in Blue" spielen, und Tenor Yoed Sorek sollte einige der hebräischen und jiddischen Lieder singen, die Teil des ursprünglichen Programms gewesen waren. Der Terminkalender sah mehrere Proben mit verschiedenen Orchestern in München und Landsberg vor. *Kol Nidrei* dauert nur 12 Minuten. Wieso so viele Proben? So viel üben würde einiges an Ausdauer kosten, vor allem auf einem fremden Cello. Und dann waren da noch meine Ohren. Würden sie dem ganzen standhalten?

Ich bat um nähere Erläuterung. (*Bereitete ich ihnen zu viel Ärger?*) Ein Cello mehrmals von München nach Landsberg und zurück zu transportieren, würde ein großes Auto oder einen Kleinbus erfordern. Außerdem erklärte ich, ist es üblich das Cellosolisten auf einem hohlen Holzpodium auftreten, ähnlich dem, worauf der Dirigent steht—eine rechteckige Box, die lang genug für den Stachel des Cellos ist. Den Cellisten über der restlichen Bühne zu platzieren, verbessert den Klang. Hatte die Bayerische Philharmonie so etwas parat?

Das finale Programm löste Schock in mir aus. Das Konzert war eng mit Musikstücken, Liedern und Reden getaktet und meine Augen blickten erschrocken auf meinen eigenen Namen:

Die Besetzung für das Orchester der Bayerischen Philharmonie

(zur Nachstellung des historischen Konzerts von 1948)
9 Streicher: 4 Violinen, 2 Bratschen, 1 Bass und 2 Cellos (eines davon Janet Horvath) 9 Holzblas-/Blechblas-/Schlaginstrumente: 1 Fagott, 1 Oboe, 1 Klarinette, 1 Trompete, 1 Horn, 1 Flöte, 1 Posaune (nur Gershwin), 1 Schlagzeug, 1 Akkordeon

Auf einmal machte mein dicht bepackter Terminkalender, mit zwei unterschiedlichen Orchestern, zwei unterschiedlichen Orten, dem täglichen Pendeln zwischen Landsberg und München und der absurden Anzahl an Proben, Sinn. Karla und Wolfgang waren davon ausgegangen, dass ich eine der siebzehn Musiker im Orchester sein würde. Der tiefliegende Schmerz der letzten Jahre brach erneut an die Oberfläche. Wie sollte ich erklären, dass es für mich unmöglich war, mit dem Orchester aufzutreten? (*Ich bereitete ihnen zu viel Ärger.*) Ich erklärte meinen Zustand und welchen Einfluss er auf mich hatte. Innerhalb eines Orchesters ist der Lärm unausweichlich, doch wenn ein Solist vor dem Orchester sitzt herrscht ein völlig anderer Geräuschpegel. Ein feierliches, bewegendes Werk wie *Kol Nidrei* ist nicht allzu schrill, doch selbst ein kleines Orchester macht mit „Rhapsody in Blue" eine Menge Lärm. Mein Solo, die anderen orchestralen Stücke und drei kontemporäre Werke zu proben und vorzuspielen war nicht machbar. Ich musste leider ablehnen. Ich hoffte Karla und Wolfgang würden es verstehen.

Meine Sorgen vergrößerten sich, je näher das Abflugdatum kam. Ich hatte noch immer so viele Fragen zum Ablauf und Schwierigkeiten mich auf das zu konzentrieren, was in meiner Kontrolle lag; auf meine Mission—meinen Vorfahren Frieden zu schenken, eine Brücke zur nächsten Generation zu bauen und die emotionale Bedeutung von *Kol Nidrei* auf das Publikum wirken zu lassen.

Das Kammerorchester der Bayerischen Philharmonie hatte bereits begonnen, dass Bernstein-Programm und die Wettbewerbskompositionen einzustudieren. Karla war damit beschäftigt, Ausstellungen zu konzipieren, um über die Tragödien aufzuklären, die während des Holocaust in Landsberg und Umgebung ihren Lauf genommen hatten.

Mit großer Expertise gelang es einer Gruppe Freiwilliger, die Ankunft von allen vierzig von uns—Künstler, Kinder von Überlebenden und bedeutende Gäste—vorzubereiten. Sie hatten die Treffen, das Abholen am Flughafen, die Unterkünfte, Ausstellungen, Gastredner, Abendessen und Filmvorführungen arrangiert. Sie hatten aufwendige Broschüren und Programmhefte erstellt und Touren für die Gedenkstätten des Holocaust organisiert. Und dazu kamen noch viele andere Überraschungen.

Howie entschied sich, nur einen Rucksack mit nach Europa zu nehmen. In Anbetracht dessen, was wir alles zu tragen hatten—mein Koffer voller Abendschuhe, einem Kleid für den Auftritt und vielen anderen schicken Klamotten für vornehme Anlässe; mein Handgepäck mit dem keilförmigen Cellokissen, der Musik, extra Saiten und unseren Computern—fragte ich: „Wäre es nicht besser, wenn du auch einen Koffer eincheckst?" Er war der Meinung

„nein". Es hatte keinen Sinn, darüber zu diskutieren. Ich musste noch ein passendes Outfit für *Kol Nidrei* finden. Das Kleid solle nicht zu formell oder zu extravagant sein und lang genug, um mit gespreizten Beinen sitzen und das Cello halten zu können. (Ich habe schon den ein oder anderen Ladenbesitzer verärgert, indem ich mir zwischen die Beine haute, um zu sehen, ob das Material dehnbar genug war, um dem Cello Platz zu machen.) Und keine Stöckelschuhe. Auf dem Weg die Bühne hinauf umzukippen, ist der Alptraum eines jeden Musikers. Meine Zweifel an Howies Entscheidung rückten in den Hintergrund.

Ich hatte meine Finger wund trainiert, Passagen immer wieder wiederholt, mich mit ihnen so vertraut gemacht wie mit meiner eigenen Haut. Ich hatte alle Papiere zusammengesammelt—die Musik, die Adressen, die Tickets und Reisepässe—und jeden Aspekt der Reise akribisch durchdacht. Am Tag des Fluges erwachte ich ungewöhnlich entspannt. Howie, der selten und ungerne vorausplant, jedoch nicht.

Die Idee mit dem Rucksack schien mir verrückt, aber Howie war fest entschlossen. Er stöhnte und grummelte, drückte und quetschte, bis er den Reißverschluss endlich zu bekam. Gerade so. Seine Sportschuhe, Schlappen und Anzugschuhe mussten in eine Außentasche gezwängt werden. Schwer bepackt machten wir uns auf den Weg zum Flughafen. Nachdem wir eingecheckt und unser Terminal erreicht hatten, hievte mein Ehemann sein Ungetüm auf den Rücken. Naja fast. Ich konnte gar nicht hinschauen. Das Gewicht zog ihn regelrecht nach hinten, wie die Krümmung eines Bogens ohne Pfeil. Er bekam kaum einen Fuß vor den anderen. Wir hatten noch Kilometer vor uns, bis wir zum richtigen Gate gelangten, also sagte ich mit Nachdruck: „Howie. Warte hier. Ich suche nach Rädern für das Ding. Das kannst du nicht durch ganz Europa schleppen!"

Ich eilte durch die Korridore und jagte nach einem hoffnungslos altmodischen Gegenstand: einem Gepäckkarren. Mehre Verkäufer in verschiedenen Gepäckgeschäften antworteten nur mit Verwirrung. Doch nach einer Weile und nicht weit vom Aufgeben entfernt, holte ich mir eine Flasche Wasser in einem größeren Kiosk. Und da fand ich ihn, zwischen Magazinen und Souvenirs, den Gepäckkarren für nur $29.99. Howie blickte verblüfft auf, als ich triumphal zurückkehrte. Zusammen kämpften wir die dehnbaren Schnüre um das Rucksackmonster.

Das Flugzeug war voll. Trotz Howies außergewöhnlichem Talent überall schlafen zu können, gelang es ihm nicht. Als wir unseren ersten Stopp erreichten, den Flughafen London Heathrow am frühen Morgen, verlangsamten sich seine Schritte zu einem Krabbeln. Trotzdem schafften wir es, unser Gepäck zu finden, ein Taxi zu rufen, dem Fahrer zu erklären, wohin wir mussten und im Hotel einzuchecken. Keiner von uns beiden achtete besonders auf unser Gepäck. Ich sehnte mich nach einer guten Mahlzeit und einer heißen Dusche und Howie musste unbedingt ins Bett. Der Concierge erklärte uns, dass unser Zimmer in ein paar Stunden bereit sein würde.

Der Geruch eines herrlichen, englischen Frühstück stieg uns in die Nase—frisch gebackenes Brot, Eggs Benedict, Speck, britische Wurst, Black Pudding, gegrillte Tomaten, hausgemachte Baked Beans auf Toast, eine Auswahl an Marmelade und Nutella und natürlich Tee (oder, wenn es sein musste, Kaffee). Wir gaben uns dem Festmahl hin. Stunden vergingen, bis uns das sich nachdrücklich entschuldigende Personal ein kleineres Zimmer, um zumindest Duschen und sich umziehen zu können, anbot. Sie versprachen, unsere Taschen in das vorläufige und später in das richtige Zimmer zu bringen, sobald es bereit war.

Howie hatte ein Arbeitstreffen zur Mittagszeit im Hauptrestaurant des Hotels vereinbart. Das Gepäck kam nicht an und Howie musste seinem Klienten unrasiert und ungeduscht entgegentreten. Ich kam nach, nachdem ich eine wundervoll heiße Dusche genossen hatte—wobei ich die Finger meiner linken Hand so trocken wie möglich behielt (ein Cellist sollte keine aufgeweichten Fingerspitzen haben).

Nach einem Dreigänge-Mittagessen und dem vergeblichen Versuch ordentlich auszusehen, gab uns das Hotelpersonal am späten Nachmittag endlich unseren richtigen Zimmerschlüssel. Mein Mann fiel sofort ins Bett und schlief ein. Ich wühlte im

Gepäck herum, nahm ein paar Badezimmerartikel heraus, legte ein paar Teile um, die sonst vielleicht Falten bekommen würden und bemerkte Howies Rucksack—die Außentaschen waren leer. Ich schüttelte Howie wach.

„Howie!! Deine Schuhe sind weg! Sie sind irgendwo rausgefallen."

„Sehr schön, Schatz", murmelte er.

Ich rief beim Flughafen, unten beim Empfang und im Fundbüro an. Kein Glück. Die Kosten schwellten in meinem Kopf an. Aufgrund einer Beinverletzung trug Howie nur „die besten Schuhe der Welt"—Mephistos. Ich suchte im Internet nach einem Geschäft und fand eines in der Nähe. Nach unruhigem Schlaf, in dem ich mich nicht wegen meines bevorstehenden Ereignisses, sondern wegen Schuhen, Sorgen machte, gingen wir am nächsten Morgen zu dem Laden. Zum Glück waren die Mephistos dort um einiges billiger als in den USA und es gab tatsächlich eine Auswahl an schicken Exemplaren. Ein unverhoffter Segen. Mode war noch immer nicht Howies Stärke. So konnten wir endlich seine 15 Jahre alten, abgenutzten Sportschuhe ersetzen und ich musste mich nicht schämen, mit ihm gesehen zu werden!

Nach der temporären Ablenkung des Schuhabenteuers ereilten mich wieder die alten Ängste. Wie würde sich das Cellos wohl anfühlen? Würde das Schulorchester gut sein? Würden Harris, Rob und Sara gut ankommen? Würden *wir* gut ankommen? Ich kämpfte mit dem Bevorstehenden—mit meinen Emotionen und der immensen Bedeutsamkeit des Auftritts. Würde ich den Mut aufbringen können, um öffentlich als Jüdin die Bühne zu betreten?

Am nächsten Tag flogen Howie und ich mit gut verstauten Schuhen nach Berlin. Vom Flughafen nahmen wir eine Bahn zu Sebastian nachhause. Er und ich waren Schüler von Starker an der Indiana University gewesen. Wir hatten uns auch danach ab und zu in den USA getroffen, doch da Sebastian nun in Berlin lebte, hatten wir uns viele Jahre nicht gesehen. Unsere Freundschaft hatte seitdem keinen Schaden genommen, unsere Bauchumfänge aber schon. Er und seine Frau begrüßten uns herzlich. Wir speisten gut und unterhielten uns über die Vergangenheit. Wir imitierten

Starkers Art zu sprechen—seinen starken, ungarischen Akzent und wie er Konsonanten regelrecht ausspuckte. „Du spielst auf sehr hohen Niveau." „Bei den Spielen eines Instruments sind musikalische und künstlerische Ziele die Motivation für Effizienz."

Während der Nachtisch im Ofen lag, sehnten sich meine Finger nach dem Cello. Ich fragte mich, ob Sebastian mich sein Cello mit ins Hotel nehmen lassen würde oder erwartete, dass ich bei ihm zuhause übte. Er führte mich nach oben in sein Studio. Dort wartete das Cello an seinem Ehrenplatz. Sebastian holte das Instrument liebevoll und vorsichtig aus seinem Koffer.

Weiches Wildleder hing wie ein Lätzchen von den Schultern, um den Boden und die Seiten vor Knöpfen, Manschetten, Ketten oder Gürteln zu schützen. Das kastanienbraune Holz war unversehrt. Sebastian empfahl mir seinen Lieblingsbogen und schlug vor, dass ich auch den anderen ausprobierte (jeder Bogen liegt anders in der Hand und hat Einfluss auf den Klang). Dann händigte er mir das Instrument aus und verließ den Raum. Ich hielt den Atem an und ließ den Bogen über die Saiten gleiten. Ein glatter, tiefer Ton. Ich verbrachte die nächsten paar Stunden mit dem verführerischen Cello, bis es mir seine Geheimnisse offenbarte. Es war größer als meins und die Saiten gaben mehr Widerstand. Ich würde mehr Kraft gebrauchen und vorsichtig sein müssen, mich nicht zu sehr zu beanspruchen.

Nachdem ich fertig war, kam Sebastian zurück und packte sein Baby wieder ein. Ich sprach das Proben und die Reise nach Landsberg an. Sebastian hätte nicht verständnisvoller sein können. Er hatte nicht nur kein Problem damit, dass ich das Instrument zum Hotel und in den Zug mitnahm, sondern hatte auch vor, nach Landsberg zu fahren, mich spielen zu hören und das Cello dann zurück mit nach Berlin zu nehmen.

Am nächsten Morgen, nach dem Üben, kam Sebastian zu unserem Hotel und wir machten uns auf zu den Sehenswürdigkeiten Berlins. Wir besuchten die Neue Synagoge, ein Gebäude mit eindrucksvoller ostmaurischer Architektur, erbaut im Jahr 1859; Checkpoint Charlie, wo viele Ostdeutsche versucht hatten in den Westen zu entkommen; das Brandenburger

Tor, welches zur Zeit des Dritten Reiches zum Symbol der Nazi-Macht geworden war; und einige der hippen, modernen Stadtteile Berlins, wonach wir uns in ein Café in der Nachbarschaft saßen und eine Frühlingsdelikatesse genossen—dicken, weißen Spargel getränkt in Knoblauchbutter und mit Kartoffeln serviert. Nach dem Mittagessen überraschte uns Sebastian mit Karten zu einer Abendvorstellung von Kammermusik in der Berliner Philharmonie, wo ich ein Jahrzehnt zuvor mit dem Minnesota Orchester gespielt hatte. Der erste Blick auf das Gebäude rief eine tiefe Melancholie hervor. Wie sehr ich es doch vermisste, in solch prachtvollen Hallen aufzutreten. Das Programm an dem Abend beinhaltete Schuberts „Klaviertrio Nr. 1" in B-Dur, ein Stück, dass ich zu spielen liebte, doch es dauerte nicht lange, bis ich an nichts mehr dachte als die wunderschöne Musik.

In der Nacht weckten mich meine Sorgen. Es würde nicht leicht werden mein Handgepäck, den enormen Koffer, Howies verdammten Rucksack mit Karren und das Cello in seinem weißen Glasfaserbehälter zum Berliner Hauptbahnhof zu transportieren— der größte Bahnhof Europas: ein mehrstöckiges Monster aus Stahl und Glas mit gewölbten Decken und riesigen Rolltreppen. Alles super High-Tech. Wir erfuhren, dass man auf Bildschirmen entlang der Schienen erkennen kann, wo man stehen sollte. Man sollte dort warten, wo man in der Nähe seiner Plätze im Zug steht, weil er nur kurz hält. Zum Glück hatten wir das im Voraus herausgefunden. Wir näherten uns dem richtigen Ort entlang der Schienen, Howie döste auf einer Bank ein und ich holte uns noch schnell Kaffee und Knabbereien.

Die Bahn kam auf die Minute genau pünktlich an. Hunderte andere Passagiere und wir stiegen ein, ohne zu bemerken, dass das Bahnhofspersonal kurz zuvor die Ausrichtung des Zuges gedreht hatte. Wagon Nummer 20 war zu Nummer 1 und Wagon Nummer 1 zu Nummer 20 geworden. Während die Bahn langsam an Geschwindigkeit gewann, versuchten wir verzweifelt unsere Sitze zu finden und realisierten, dass sie sich am anderen Ende des Zuges befanden.

„Entschuldigung. Entschuldigen Sie mich. Vorsicht." Ich

versuchte, mich durch den engen Gang voller Gepäck und anderer Passagiere zu kämpfen, welche mir auch noch entgegenkamen. Ein schwerer Gang stromaufwärts, auf dem ich das Cello hoch und vor mir trug, damit es nicht zu Schaden kam. Es wäre einfacher gewesen, nach Landsberg zu laufen. Als wir unsere Plätze erreichten, lief mir der Schweiß den Rücken runter, meine Arme fühlten sich an wie schlaffe Nudeln und mein ganzer Oberkörper zitterte vor Anstrengung.

Nach einer mehr als fünfstündigen Fahrt lief unser Zug in Landsberg ein. Ich machte eine charmant aussehende, blonde Frau in einer pinken Jacke und mit einer kanariengelben Handtasche aus. Sie hielt ein Schild hoch: Janet Horvath. Welch ein willkommener Anblick! Das Personal von WDCA hatte sich um alles gekümmert und wartete mit einem großen Wagen in der Nähe. Ich musste das Cello nicht weit schleppen.

Auf dem Weg in die Stadt streckte ich meinen Nacken, um die Orte, die ich 2010 besucht hatte, ausfindig zu machen. Die pastellfarbenen, mit Fresken versehenen Fassaden, das abgetretene Kopfsteinpflaster, der mittelalterliche Kirchturm und der Geruch von Kaffee mit Schlag, Knackwurst und Bier nahmen meine Sinne ein. Es war noch immer schwer, sich hier Chaos und Gewalt vorzustellen.

Wir fuhren auf eine schmale Einfahrt, die zu einem altertümlichen Gebäude nahe des Stadtzentrums gehörte. Michael, der Hotelbesitzer, nahm uns in Empfang. Wir konnten nicht anders, als seinen rasierten Kopf und sportliche Figur zu bemerken; sein Jeanshemd und seine bayerischen Lederhosen. Er führte uns in den schmucklosen Frühstücksraum. Dann checkte er uns ein, gab uns die Zimmerschlüssel und nahm sich mehrere Stücke Gepäck. Die äußere Wendeltreppe war schmal und komplett aus Beton—gefährlich, gerade mit einem Cello in der Hand.

Michael hüpfte hinauf und stellte unser Hab und Gut in einen kahlen, quadratischen Raum mit dunklem Holzboden. Absolut ausreichend, dachte ich mir, mit bauschigen, jadegrünen Vorhängen und einfachen Holzmöbeln. In der Ecke standen ein

Schreibtisch und ein armloser Stuhl, perfekt fürs Üben. Howie und ich waren die ersten Gäste für das Ereignis. Ich entschied mich, ein paar Stunden zu spielen und meinen Muskeln, noch immer steif vom Tragen des Cellos, etwas lockerndes zu tun zu geben. Howie machte so lange ein Nickerchen.

Fürs Abendessen fuhren wir die steile Straße hinauf und nach links. „Landsberg sieht aus wie ein Ski-Ort", merkte Howie an. Ich sah das große Monument, dass ich bereits kannte. Darstellung einer horrenden Szene—skelettartige Körper marschierten ihrem Tod entgegen, auf eben jener Straße, nach Dachau. Mir drehte sich der Magen bei dem Gedanken um, dass dieser Anblick zum Alltag der Menschen hier gehörte.

Wir parkten vor einem vertrauten Eingang. Es war das Restaurant, wo ich 2010 mit Alexander Mittag gegessen hatte. Der Lärm angeregter Unterhaltungen und das himmlische Aroma von gebratenem Fleisch beförderten mich für einen Moment zurück zu dem Tag vor acht Jahren.

Wir saßen mit zwei Freiwilligen; Conny, die uns hergefahren hatte, und Felicitas. Zusammen genossen wir ein wundervolles Mahl—Antipasti, Calamari, Pasta und mehr als ein paar Gläser Lambrusco. Felicitas sah typisch deutsch aus; ihre blonden Haare waren sorglos zurückgebunden und eine Katzenaugen-Brille saß auf ihrer Stupsnase. Sie versorgte uns mit Details für das bevorstehende Event und erklärte: „Ich bin dafür zuständig, die Gäste jederzeit dorthin zu bringen, wo sie hin müssen." Fast ohne Akzent erklärte sie mir, dass sie fließend jiddisch sprach und jiddische Lieder sang, obwohl sie keine Jüdin war. Ich hörte stolz und eine Menge Entschlossenheit heraus.

Felicitas wandte sich an Conny: „Sei nicht so bescheiden! Erzähl's ihnen. Du bist eine großartige Fotografin und wirst diese Woche wundervolle Fotos schießen!"

Conny lief rot an. „Nicht wirklich." Sie war kaum zu hören in dem lauten Café. Nach einem Moment des Zögerns sagte sie: „Ich muss euch was sagen." Dann, noch leiser: „Ich habe noch nie einen Juden kennengelernt und natürlich keine Kinder von Holocaust-Überlebenden. Es machte mich ganz nervös, euch zu treffen, und ich fühlte mich unwohl in Anbetracht dieses Ortes und all den Geschichten. Ich fragte mich, wie ihr wohl reagieren würdet. Uns Deutschen gegenüber. Doch ihr seid so unfassbar nett." Sie nahm meine Hand in die ihre und wir drückten fest und herzlich zu. Danach ging die Unsicherheit auf beiden Seiten mit jedem Bissen Pasta zurück.

Am nächsten Morgen führten uns die Aromen von frisch gebackenen Brötchen, Butter, Marmelade, Käse und Kaffee in den hellen, kleinen Frühstückssaal. Er war in durch Holzgitterwände getrennte Nischen aufgeteilt, deren Tische bereits mit Dekoration, Besteck und leckerem Essen gedeckt waren. Das Wasser lief mir im Mund zusammen.

Eine junge Frau eilte mit einem Korb voller handbemahlter, hartgekochter Eier in den Raum. Sie waren zu hübsch zum Essen. Sie grüßte freundlich. „Hallo! Guten Morgen. Ich bin Michaels Schwester. Ich kümmere mich tagsüber um euch. Ich kann jederzeit mit Waschen, Auskunft und Leckereien dienen. Was ihr auch braucht. Wolfgang Hauck wird dich am Nachmittag abholen, Janet, und mit dir für ein Treffen mit Birgit Abe, der Dirigentin, zur Musikschule fahren." Die erste Probe mit den Schülern sollte direkt danach stattfinden. Mit gehörig Zeit mich aufzuwärmen, begab ich mich wieder auf unser Zimmer, während Howie durch die Stadt schlenderte und sich an dem malerischen Ausblick auf den See erfreute.

Wolfgang fuhr in die Einfahrt, nickte mir wortlos zu, hüpfte aus der weißen Geländelimousine, nahm mir das Cello ab und hievte es in den Kofferraum. Er schien jünger, als ich ihn mir vorgestellt hatte—seine rauen Gesichtszüge und muskulöse Statur standen im Kontrast zu seinem dünner werdenden Haar. Wolfgangs Emails hatten eine etwas schroffe Art suggeriert, doch auf unserem stillen Weg zur Musikschule kam er mir sehr entspannt vor.

Wir parkten vor einem vornehmen Steingebäude. Das Äußere wurde von einem Basrelief in der Form eines Hufeisens geschmückt; kindliche Engel, die Instrumente spielten, über einer schwarzen Doppeltür und einem gewölbten Portikus, auf dem „Stadt. Sing-u. Musikschule" stand. Natürlich hatte das gewaltige

Gebäude keinen Aufzug. Ich musste mehrere Pausen machen, um Luft zu holen, doch ich kämpfte mich mit dem Cello vier Stockwerke hinauf. Musikalische Klänge kamen mir aus den Klassenzimmern entgegen—dröhnende Posaunen und Hörner und das Stimmen von Cellos. Haufenweise Notenständer, ein Tisch voller Violinekoffer und blaue, rote und schwarze Cellokoffer, die entlang der langen Halle standen, erinnerten mich an meine Zeit im Konservatorium. Frau Abe, die Violinelehrerin und Dirigentin, war auch jünger, als ich erwartet hatte—zierlich mit einem Kurzhaarschnitt und zarter Stimme. Ich hoffte, dass sie den Respekt der Schüler genoss. Nachdem wir einander vorgestellt wurden, packte ich mein Cellos aus und wir besprachen das Stück: Ich erklärte, wo ich besonders sanft spielte, wo sich die Rubatos befanden und wo ich das Tempo gerne verschob.

Ein Kribbeln sammelte sich in meiner Brust, als die Schüler reinkamen. Sie waren jung. *Sehr* jung. Der Posaunespieler konnte nicht älter als 12 sein!

Jeder der jungen Musiker packte sein Instrument aus und begann, sich aufzuwärmen. Ein wildes Gemisch von Tönen erfüllte das Zimmer. Ich war gerade dabei, nach meinen Ohrstöpseln zu greifen, da hob Wolfgang seine Arme. Die Schüler hörten aufmerksam zu, wie er meine Rolle in der kommenden Woche und die Bedeutsamkeit ihres Beitrags zu *Kol Nidrei* erklärte. Sobald er fertig war, justierten die Schüler ihre Instrumente und Birgit gab den Takt vor. Das Tempo war viel zu schnell, viel zu glatt und formlos. Ich stoppte das Orchester und fragte die Dirigentin, ob ich ein paar Worte über das Stück sagen dürfte. Dann drehte ich meinen Stuhl um, damit mich die Gruppe besser sehen und hören konnte, und begann mit leidenschaftlichem Gestikulieren zu erklären, obwohl ich nicht sicher war, wie viel Englisch die Schüler verstanden.

„Das Stück ist eine feierliche Bitte um Vergebung zu Eröffnung des heiligsten Tages des jüdischen Kalenders. Es beginnt mit von Trauer erfüllter Sehnsucht. Darin steckt Angst, sogar Melancholie. Nutzt euren tiefsten Klang mit einer Menge warmen Vibrato. Beim Buchstaben B alternieren das Orchester und das Cellosolo. Das

Cello ist *dolce*—zärtlich und liebevoll. Bitte begleitet mich in dem Teil sanft, doch wenn das Orchester antwortet, stellt euch vor ihr würdet mir widersprechen! Da solltet ihr forte und mit einem festen, entschlossenen Rhythmus spielen."

Ich hörte auf zu sprechen, damit die Schüler ihre Notizen machen konnten. Während ich versuchte, sie über das Stück aufzuklären, wartete Birgit geduldig und warf ab und zu ein deutsches Wort ein.

„In der nächsten Phrase würde ich das Tempo gerne nach vorne schieben. Der Teil schnappt regelrecht nach Atem und ist voller Verzweiflung. Benutzt vielleicht eine düsterere, rauere Klangfarbe. Dann, beim Buchstaben E, ändert sich alles. Ein liebliches Harfensolo stimmt ein. Die Melodie gleicht einem Sonnenaufgang —sie schenkt Hoffnung und Kraft, wird immer selbstbewusster. Lasst den Tönen hier viel Luft zum Atmen. Die Musik offenbart einen frohen Abschluss. *Vielleicht sind wir Menschen doch würdig.* Am Ende wird es stiller. Erfüllt von innerem Frieden schweben wir zum Himmel hinauf, in dem Wissen, dass Er uns vergibt."

Fünfzig Paar Augen waren auf mich fixiert. Ich hielt für einen Moment inne, hoffte, dass sie mich verstanden hatten, und hatte eine letzte Bitte.

„Es kann leicht passieren, dass man das Cello und sein weiches Bariton übermannt. Ein Cello zu begleiten erfordert, vorsichtig zuzuhören und ebenso vorsichtig zu spielen."

Wir begannen erneut, diesmal deutlich langsamer. *Adagio ma non troppo.* Die Intonation war alles andere als fehlerfrei und zwischenzeitlich verlor ich mich, wie ein kleines Entchen im Sumpf. Wir stoppten noch einmal. „Tut mir Leid. Bitte. Wir dürfen hier nicht verweilen. Nicht langsamer. Bläser. Würdet ihr diesen Teil bitte einmal allein probieren, zum Stimmen?"

Schüler und Amateure tendieren dazu, den Dirigenten zu ignorieren und sich in ihren eigenen Aufgaben zu verlieren, weswegen sie oft Probleme bei schwierigeren Begleitungen haben. Wir wiederholten die Passage drei oder vier Mal. Der Raum war fensterlos und warm, aber groß genug, dass die Geräuschkulisse nicht zu überwältigend wurde.

Wir arbeiteten über eine Stunde konzentriert weiter und schon bald begannen sie, es zu verstehen. Ich wiegte mit der Melodie, sang mit und nickte im Rhythmus.

„Das ist super! Gut! Danke!" Als wir den Mittelteil des Stückes erreichten, stoppte die Dirigentin das Orchester und erklärte, dass unsere Zeit um war. Mir war es recht. Schweiß lief mir den Rücken runter und meine Arme und Schultern hatten begonnen zu schmerzen. Ich hatte aber das Gefühl, dass dieses Cello nicht laut genug war. Mehrere Leute versicherten mir, dass ich gut zu hören war, doch ich fühlte mich als würde mein Klang von dem der Kinder bedeckt werden. Darum müssten wir uns nächstes Mal kümmern.

Die Schüler gingen neben mir die Treppen herunter und unterhielten sich aufgeregt. Sie warteten mit mir, bis Wolfgang mich mitnahm. Sobald ich zurück im Hotel war und bevor ich irgendetwas anderes tat, schickte ich Birgit einen Link von *Kol Nidrei* vom letzten Jom Kippur Gottesdienst in unserer Synagoge, damit sie ein besseres Gefühl für den Kontext des Werkes bekam und die intensive Stimmung effektiver an die Kinder vermitteln konnte. Die nächste Probe stand erst in ein paar Tagen an. Ich hoffte die Schüler würden sich merken, woran wir bereits gearbeitet hatten.

Während der Probe war Howie die Promenade am See entlang spaziert und hatte die hübsche Szenerie, die mittelalterlichen Türme, die charmanten Häuschen, Cafés und farbenprächtigen Vögel bewundert.

Gerade rechtzeitig zum Abendessen kamen unsere Freunde aus Washington, DC, Anat und Avi Bar-Cohen an. Anat war ebenfalls ein Kind von Holocaust-Überlebenden und führte die Gruppe „Children of Survivors (Generation After)" in Washington an. Nur wenige Wochen vor dem Trip hatte Anat endlich die Kopie eines auseinanderfallenden, beschmutzten Dokuments erhalten, dass ihren Geburtsort enthielt: Türkheim, Deutschland. Anat hatte gewusst, dass sie in einem Vertriebenenlager nahe München geboren war, aber sie hatte bis dahin nie eine Geburtsurkunde gesehen und daher keine Informationen über den genauen

Standort der Stadt gehabt. Ich schaute mir die Kopie noch einmal an und bemerkte diesmal das Datum: 9. Mai 1947. Ich würde *Kol Nidrei* an ihrem Geburtstag spielen.

Michael, der Hotelbesitzer, empfahl uns ein Restaurant, dass nur wenige Schritte entfernt auf dem zentralen Platz der Stadt gelegen war. Der verführerische Geruch von Schnitzel lockte uns in das historisch anmutende Etablissement. Während unseres köstlichen Mahls zeigte Anat mir Fotos und andere Erinnerungsstücke, die sie mitgebracht hatte—sogar eine Adresse (Barhofstraße 235) und ein Foto von dem Gebäude, in dem sie geboren war. Trotzdem würde Anat Hilfe brauchen, um den genauen Standort des Vertriebenenlagers in Türkheim ausfindig zu machen. Das Personal, mit dem ich bis jetzt zu tun gehabt hatte, war großartig. Sie würden uns in den kommenden Tagen sicherlich gerne helfen.

Am nächsten Morgen wanderten wir vier den Fluss entlang in den Wald und atmeten die frische Luft ein. Wir erspähten drei Hirsche, die sich genüsslich an Brombeeren erfreuten. Danach spazierten wir zurück in die Stadt und suchten uns einen Imbiss aus, wo wir noch mehr köstliche Spargelgerichte probieren konnten.

Später am Abend und Montagmorgen kamen die anderen Gäste und Teilnehmer an. Eine beeindruckende Zusammenkunft von Menschen aus der ganzen Welt, darunter auch unsere Freundin Deb Filler—Schauspielerin, Komikerin und Produzentin des Films „Mr. Bernstein". Debs Vater, Sol Filler, ein Überlebender von Auschwitz und Zeuge des Konzertes von 1948, war von Bernsteins inspiriertem Vortrag von „Rhapsody in Blue" überredet worden, weiterzuleben.

## Deutsch-jüdische Woche
## Die Besetzung

**Familie Durmashkin:**

Sonia Beker, Tochter der Überlebenden Fania Durmashkin, und ihr Ehemann Steve
Rita Gurko Lerner, Vivian (Gurko) Reisman und Abe Gurko, die drei Kinder der Überlebenden Henia Durmashkin

**Familie Horvath/Kleyman:**

Janet und Robert Horvath, Tochter und Sohn des Überlebenden George Horvath
Howard und Harris Kleyman, mein Ehemann und mein Sohn
Sara Shiewitz, Roberts Ehefrau, deren Eltern auch Überlebende waren

**Künstler*innen:**

Birgit Abe, Dirigentin des Landsberger Schulorchesters
Deb Filler, Schauspielerin, Komikerin, Autorin, Tochter eines Überlebenden und Produzentin von dem Film „Mr. Bernstein"
Mark Mast, Dirigent, Bayerische Philharmonie
John Michalczyk, Regisseur und Produzent von „Creating Harmony: The Displaced Persons Orchestra at St. Ottilien"
Guy Mintus, Pianist und Komponist
Yoed Sorek, Tenor
Schüler des Landsberger Schulorchesters

**Ehrengäste:**

Anat und Avi Bar-Cohen aus Washington, DC
Michael Bernstein, Neffe von Leonard Bernstein
Max Lewkowicz, Filmproduzent aus New York
Abba Naor, Vizepräsident des Internationalen Dachau-

Komitees, Überlebender des Konzentrationslagers Kaufering und Förderer des WDCA

Hannah Rosenbaum-Erlichman und ihr Ehemann Irving aus Israel. Hannahs Eltern waren Überlebende

Franz Rößle, ehemaliger Bürgermeister von Landsberg

Emanuel Rotstein, Münchner Regisseur

Professor Alexander Tamir, ein Überlebender, der ursprünglich aus Litauen kam und in Israel lebte

Sebastian Toettcher, Cellist und Freund

**Veranstalter:**

Karla Schönebeck und Wolfgang Hauck

**Freiwillige:**

Patricia, Andrea, Conny, Felicidas

**Gewinner des WDCA:**

Bracha Bdil, 1. Platz

Rose Miranda Hall, 2. Platz

Otto Wanke, 3. Platz

Karla arbeitete unermüdlich an der Ausstellung „Von Litauen bis nach Landsberg", welche Montagnachmittag, am 7. Mai, seine Eröffnung feierte. Nachdem uns mehrere Redner willkommen geheißen hatten, schauten wir uns die historischen Fotos an und betrachteten die Poster, welche die ernüchternde Geschichte des Gebiets erläuterten—auf Deutsch und Englisch. Keine Details wurden ausgelassen. In dieser Region standen die elf Konzentrationslager von Landsberg und Kaufering, die zu Dachau gehörten und wo sich Henia und Fania Durmashkin fast zu Tode geschuftet hatten. Nur um

Haaresbreite hatten sie die unmenschlichen Bedingungen überlebt.

Im Juni 1944 wurden sie und andere Juden aus Litauen und Ungarn dazu gezwungen, drei riesige Bunker unter der Erde zu bauen und dort versteckt Kampfflugzeuge zu produzieren. 30.000 unterdrückte und misshandelte Gefangene allein in Landsberg. Und das öffentlich. Nachdem die 12. Panzerdivision der US-Armee den Ort am 27. April 1945 befreite, mussten sich die Bewohner der Stadt, das von ihnen ignorierte Unheil anschauen und die Toten mit ihren bloßen Händen begraben. Selbst als Landsberg ein Vertriebenenlager wurde, blieb es ein elender Zufluchtsort bis zu seinem Ende im Jahr 1950. Die Zahl der hier verstorbenen Opfer war umstritten. Schätzungen rangierten zwischen 14.500 und 44.000 jüdischen Inhaftierten.

Welch ein absurder Kontrast zu dem idyllischen Morgen, den wir am selben Tag genossen hatten. Und einige der Menschen, die neben uns durch die Ausstellung wandelten, waren wahrscheinlich Nachfahren der Bewohner, welche die Gräueltaten solange ignoriert hatten—aus Angst, fehlendem Mitgefühl oder blankem Hass.

Ein paar Stunden später schauten wir uns eine andere Ausstellung an, diesmal im Foyer des Rathauses. An den gelben Steinwänden hingen große Fotos und Poster von den Mitgliedern des Orchesters, die hier mit Leonard Bernstein aufgetreten waren. Der Flügel, auf dem Fanny Durmashkin gespielt hatte, wurde auf dem oberen Treppenabsatz prominent zur Schau gestellt und sah beeindruckend aus. Daneben stand Franz Rößle, der ehemalige Bürgermeister, welcher mir so hilfreich Auskunft gegeben hatte, als ich das letzte Mal hier gewesen war.

Danach sammelte sich die gesamte Gruppe zu einem Festmahl in einem griechischen Restaurant. Mehrere lange Tische, mit Blumen und weißen Tischdecken dekoriert, wurden zusammengeschoben und boten gerade genug Platz für uns alle. Englisch, Deutsch, Jiddisch und Hebräisch sowie die verführerischen Gerüche von Dolmadakia, Souvlaki, Moussaka und Zournadakia erfüllten die Luft um uns herum. Doch wir blieben nicht lange. Um 20 Uhr wurde der Dokumentarfilm „Creating Harmony: The Displaced Persons Orchestra at St. Ottilien" mit deutschen Untertiteln vorgeführt. Danach gab es eine Konversation mit dem Regisseur und Produzenten John Michalczyk.

Während die Bilder an meinen Augen vorbeizogen, zog es meine Gedanken zurück in das Jahr 2009, als mein Vater und ich den Film zum ersten Mal gesehen hatten. Ich konnte seine Stimme hören und seine Anwesenheit spüren: „Unglaublich, Janetkém. Wie du has die gefunden..." Viele der Gäste und Bewohner Landsbergs hatten den Film noch nie gesehen. Vor allem direkt nach den Ausstellungen hatte er eine immense Wirkung auf die Zuschauer.

Als nächstes stand ein Besuch der Erzabtei von St. Ottilien an. Am frühen Dienstagmorgen stiegen Howie, ich, Familie Durmashkin, der Rabbiner aus München und fünfundvierzig weitere Gäste in die Busse. Eine Gruppe Mönche hatte uns bereits erwartet und führte uns für eine offizielle Zeremonie zu einer Lichtung. Dort auf dem Gras stand etwas, dass von einem einfachen, weißen Tuch bedeckt war. In Anlehnung an die Art und Weise, wie ein jüdischer Grabstein enthüllt wird, hoben Sonia und der Rabbiner den Stoff zusammen an und enthüllten eine bronzene Denkmalplakette. Bevor Sonia die Inschrift laut vorlas, erklärte der Erzabt unsere Anwesenheit zu einem Akt des „besonderen Gedenkens". Wir gedachten Dr. Grinzburg, der das Krankenhaus hier etabliert hatte; wir gedachten Robert Hilliard und Edward Herman, den zwei Soldaten, die durch unermüdliches Briefe schreiben an die amerikanische Regierung, auf die schrecklichen Bedingungen im Vertriebenenlanger aufmerksam gemacht hatten; wir gedachten den Musikern des Ex-Konzentrationslager-Orchesters, welche 1945 zuerst in St. Ottilien aufgetreten waren. Die Plakette wurde permanent dort installiert, wo wir standen, neben dem Entbindungsheim, wo zwischen 1945 und 1949 über vierhundert Kinder zur Welt gekommen waren.

Während wir durch das Gelände der Abtei liefen, waren immer wieder Anekdoten zu vernehmen; über die Eltern, die eine Schule für die Kinder improvisiert hatten; über einen Vater und seinen Bruder, die vier Jahre als Polizisten im Lager agiert hatten; über eine Mutter, die für die Leute Knöpfe wieder angenäht hatte; über das Paar, das sich hier kennengelernt und geheiratet hatte. Jede Erinnerung stellte ein ewiges Band zu St. Ottilien dar.

Vor acht Jahren hatte ich den jüdischen Friedhof mit Alexander besucht. Dort machten wir diesmal unseren letzten Halt. Die Grabstätten waren noch immer gut gepflegt. Auf ihnen standen die Namen so vieler, die trotz Befreiung im Mai 1945 verstorben waren, die alleine unter der Erde lagen, ohne Familien, die sie besuchten. Der Anblick brachte uns dazu, spontan das *Kaddisch* aufzusagen—das jüdische Trauergebet. Die Glocken der Kirche erklangen zu den Tränen auf unseren Wangen.

Nach einem einfachen Mittagessen für Gäste und Personal, machte sich ein Großteil der Gruppe nach Dachau auf. Ich ging für meine zweite Probe in der Musikschule nach Landsberg zurück. Obwohl ich bereits 2010 in Dachau gewesen war, hätte ich die Erfahrung gerne mit den anderen geteilt. Der Ort hatte bis Anfang der Sechziger als Lager für Flüchtende fungiert und war seitdem neu wieder aufgebaut worden.

Die Gaskammern und Krematorien—die Orte des unvorstellbaren Leids. Kein Klageruf der Welt könnte je dem Ausmaß unseres Schmerzes Ausdruck verleihen.

Die Schüler waren diesmal um einiges besser vorbereitet. Sie hatten einen Tag Zeit gehabt, um ihre eigenen Parts zu üben und sich einzuverleiben, was ich ihnen über das Stück erzählt hatte. Birgit war dankbar, *Kol Nidrei* im religiösen Kontext gehört zu haben, und war bereit, ihre Schüler in die nötige Form zu bringen.

Wir begannen dort, wo wir aufgehört hatten, bei dem leuchtenden zweiten Thema, aus dem musikalischen Rahmen eines Gedichts von Byron: „O weint um Die". Das Harfensolo soll uns entfachen—Licht und Glauben in unsere Herzen bringen. Birgit positionierte die junge Harfenspielerin zentral vorne, damit sie nicht in den anderen Klängen unterging. Während unseres himmlischen Duetts, veränderte sich die Atmosphäre im Raum. Die Idee der Musik nahm seine Form an. Die nächsten zwei Stunden vergingen wie im Flug. Wir arbeiteten daran, Intonation, Rhythmus und, am wichtigsten, die sanfte Klangfarbe zu perfektionieren.

Am Abend wurde wieder zusammen gegessen—was auch sonst? Gigantische, saftige Wiener Schnitzel mit gerösteten Kartoffeln, Rotkohl und dickem Schwarzbrot. Ich befand mich in der Gesellschaft von Menschen, die sich anfühlten wie wiedergefundene Verwandte, obwohl ich sie erst seit dieser Woche kannte. Ich blieb nicht allzu lang und trank nicht allzu viel Wein. Früh am nächsten Morgen sollten Harris, Rob und Sara für die Gala und meinen Auftritt eintreffen.

Der Rest der Gruppe hatte eine weitere Tour geplant, diesmal zu einem Zwangsarbeitslager; Kaufering VII. Sie wollte morgens los, doch Franz Rößle bot mir an, mich später abzuholen, falls ich genug Zeit dazu hatte.

2.300 Insassen hatten dort unter katastrophalen Umständen geschuftet. Nur Überbleibsel des Lagers waren noch verblieben, doch unsere Vorstellungskraft erweckte die Enge, Krankheiten und Grausamkeiten der Vergangenheit zum Leben. Das Böse weilte hier noch immer wie ein Geist in unseren Herzen. Sonia und Deb fanden einen Blumentopf umgeschmissen vor, der dort für den jährlichen Tag des Gedenkens an die Shoah und jüdisches Heldentum—Jom haShoah—platziert worden war. Zusammen mit einer deutschen Frau, die ich nicht kannte, stellten sie den Topf vorsichtig wieder aufrecht hin und richteten Blumen und Erde wieder ordentlich her.

Wir stiegen weiter einen überwachsenen Pfad hinab und ich fragte mich, worauf oder auf wem ich da wandelte. Ein Zugwagon tauchte vor uns auf. Eine heruntergekommene Plakette beschrieb: „Unbekannter". Grab tausender Unbekannter. Wie eigreifend es doch war, dort zusammen zu stehen, Arm in Arm, und an die vielen Überlebenden zu denken, die geliebte Menschen verloren hatten und keine Gräber besuchen konnten.

Ich eilte zurück zum Rathaus. Wie viele Generalproben lief es nicht besonders gut. Ein Mischmasch aus umliegenden Geräuschen war dabei alles andere als hilfreich. Das Personal saugte den Teppich des Saals, Freiwillige zerrissen farbiges Klebeband und befestigten es an reservierte Sitze—kein Geräusch, dass man mit der Stimmung von *Kol Nidrei* assoziiert—Audio- und Videoingenieure werkelten an Mikrofonen rum und die Kinder kicherten still. Dazu kam dann noch eine lange Diskussion zwischen den Veranstaltern, wie lange die Schüler des Orchesters brauchen würden, um Stühlen, Mikrofon- und Notenständern sowie Dirigenten- und Cellopodien auszuweichen und sich für die Eröffnung des Programms mit Mendelssohns „Ouvertüre" zu ihren Plätzen auf der Bühne zu begeben. Sollten die Kinder auftreten, die Bühne verlassen und mit mir dann später wieder betreten? Oder sollten sie still dasitzen und den elf Rednern zuhören, bis *Kol Nidrei* an der Reihe war?

Wir hörten abrupt auf. Unsere Zeit war um. Auch die anderen Musiker wollten die Akustik des Saals ausprobieren.

Weil es keinen Rückzugsort hinter der Bühne gab, flüchtete ich ins Hotel, um in mein Kleid zu schlüpfen und mich zu beruhigen. Ein paar Minuten bevor es losging, machte ich mich wieder auf den Weg zum Saal. Es war keine einfache Aufgabe, das Cello an Mülltonnen, Holzpaletten, Autos und Motorrädern vorbei zu manövrieren und die versteckte Bühnentür ausfindig zu machen, wie so oft in der Gasse auf der anderen Seite des Gebäudes. Ein betongrauer Gang führte in Richtung Bühne. Ich keuchte mich die drei Stockwerke hinauf zum kahlen Kämmerchen, dass mir für den Abend als Kabine dienen sollte. Der kühle Raum hatte keine Sitzmöglichkeit. Ich schloss mich den fünfzig polternden Schülern an, die im Gang warteten, und versuchte, die richtige Stimmung für die Veranstaltung aufzubringen—selbstbewusste Musik würde den Nebel der Unsicherheit vertreiben, Empathie entfachen und uns als Menschen vereinen; darum ging es an diesem Abend.

Es war eng auf den Treppen zur Bühne. Als man uns das Signal gab, spielte der kleine Posaunist ein paar Töne aus „Star Wars" und die Schüler gingen voraus. Ich wartete, bis sie sich positioniert hatten, bewegte mich dann vorsichtig mit dem Cello in der Hand durch den schmalen, dunklen Treppengang und tauchte hinter saphirblauen Samtvorhängen auf der Bühne auf. Der gefüllte Saal und die Anwesenheit von Familie und Freunde, sowohl alte als auch neue, ermutigten mich. Ich nahm das Mikrofon in die Hand.

Meine einführenden Worte wurden von Karla ins Deutsche übersetzt und beschrieben die historische und spirituelle Signifikanz dieses Werkes für das jüdische Volk und insbesondere für meine Familie. Ich erzählte davon, dass mein Vater *Kol Nidrei* 30 Jahre lang jedes Jahr in unserer Synagoge gespielt hatte und ich diese Tradition für weitere 30 Jahre bis heute fortführte. *Kol Nidrei* repräsentiert unsere Pflicht, um Vergebung zu bitten, und inspiriert uns dazu, bessere Leben voller *Teshuva*, *Tefillah* und *Tzedakah*—Empathie, Mitgefühl und Gerechtigkeit—zu führen.

Ich berührte die geliebten Perlen meiner Mutter und nahm meinen Platz in der Mitte der Bühne ein, während das Licht gedimmt wurde. Das Publikum wurde von Dunkelheit verschluckt. Ich fühlte die Umarmung meines Vaters und die Geister meiner Vorfahren neben mir. Das klagende Eröffnungsmotiv—D' D-D-#C' C#-C#-A'—schimmerte im Zwielicht des Saals. Mein Bogen schwebte über die Saiten und der melancholische Klang des Cellos entfaltete sich zu einem Aufruf, welcher die Zuhörer in ihr Innerstes führte; zu Ehrfurcht, Besinnung und Jubel. Wir stiegen zu einer mystischen Dimension empor, brachten die Geister jener, die hier gestorben waren, zusammen mit jenen, die nach Versöhnung suchten.

Das abschließende hohe A verklang in den Weiten jener höheren Existenz, *morendo*. Tränen auf der Bühne und ein anhaltendes Seufzen im Publikum brachten uns zurück in unsere weltliche Realität. Mein gesamter Körper bebte, während ich mich langsam erhob. Die jungen Musiker hatten erstaunliches geleistet und das Publikum belohnte uns mit enthusiastischem Applaus; Beweise für die vereinenden Gefühle, die wir empfanden.

Zusammen waren wir über Schmerz und Hass hinaus zu uneingeschränkter Hoffnung emporgestiegen.

Mehrere jiddische und hebräische Lieder aus den Ghettos folgten, gesungen von Yoed Sorek und begleitet von Guy Mintus. Eine wundervolle Arie von Wolf Durmashkin, welche wahrscheinlich seit 50 Jahren nicht gesungen worden war und vielleicht das einzige erhaltene Werk des Komponisten darstellte, erhielt ihre Premiere. Die Noten des Liedes befinden sich im US Holocaust Memorial Museum.

Stolze Familienmitglieder hatten strahlende Lächeln auf ihren Gesichtern, als die drei Preisträger die Bühne betraten. Abgeschlossen wurde das Programm von „Yerushalayim" (Jerusalem), einer optimistischen Ballade über die Verletzlichkeit der Freiheit, die Chance auf Gnade und die Idee eines besseren Lebens.

Wir wollten nicht, dass der Abend zu Ende ging. Während der Feier in der Lobby erhielt ich emotionale Umarmungen von Familie, Freunden, Schülern, Rednern und Veranstaltern. Die Eltern der jungen Musiker waren stolz und glücklich, dass ihre Kinder die Möglichkeit gehabt hatten, *Kol Nidrei* zu spielen. Sie glaubten, es würde einen lebenslangen Effekt auf sie haben, und ich hoffte, sie würden Recht behalten. Menschen verschiedenster Herkunft, Religion und Nationalität erhoben ihre Gläser zu Ehren von uns, einander und dem transformativen Ereignis im Rathaus. Für mich war es besonders schön, dass Harris, Howie, Rob und Sara Teil dieses Erlebnisses waren.

Am nächsten Tag kamen Menschen aus der ganzen Region für das Bernstein Jubiläumskonzert ins Rathaus von Landsberg. Es war proppenvoll. Ein schwarzes Auto, worin die Führungsperson der jüdischen Gemeinde umgeben von seinen Leibwächtern saß, fuhr vor das Gebäude; eine alte, jüdische Frau, die während des Krieges von dem Haushälter eines Priesters versteckt worden war, erschien; ehemaliger Bürgermeister Franz Rößle, ein Benediktinerbruder aus St. Ottilien und der Rabbiner aus München traten ein; Michael Bernstein, Leonard Bernsteins Neffe, der die Familie Bernstein repräsentierte, kam an; und Alexander Tamir, ein Überlebender und Musikprofessor aus Israel, fuhr in seinem Rollstuhl zu Bracha Bdil, seiner Schülerin, welche den WDCA gewonnen hatte, und feierte sie glücklich. Tamir hatte von Wolf Durmashkin gelernt; 1942, als er 11 Jahre alt gewesen war, hatte er einen von Wolf organisierten Wettbewerb im Ghetto von Vilnius gewonnen. *Bashert* wohin man auch schaute.

Wir nahmen aufgeregt Platz—die rechtschaffenen Nichtjuden, die Unterstützer des Festivals, die jungen, deutschen Musiker, die Preisgewinner und ihre Familien und natürlich die anderen jüdischen Gäste, mit denen ich dieses außergewöhnliche Abenteuer teilte.

Auf die drei Wettbewerbsstücke und Debs ausgezeichneten Film „Mr. Bernstein" folgte George Gershwins „Rhapsody in Blue" mit Pianosolist Guy Mintus. Er wurde von siebzehn Mitgliedern der Bayerischen Philharmonie, angeführt von Dirigent Mark Mast, begleitet. Guys aufregendes Klavierspiel und die atemberaubende Atmosphäre rissen uns mit. Nach dem die letzte Note verhallt war, brach das Publikum in Jubel aus. Inmitten all der Euphorie konnte ich nicht anders, als mich zu fragen: Was würden unsere Eltern von dieser Zusammenkunft halten?

Unsere Gastgeber hatten an unserem letzten Abend in Landsberg noch eine Überraschung für uns—ein Sabbat-Gottesdienst und Mahl. Laut der Tora gedenkt Sabbat dem Tag, an dem Gott nach der Erschaffung der Welt ruhte. Nach sechs Tagen Arbeit sollten wir Menschen Seinem Beispiel folgen und uns einen Tag lang erholen.

Wolfgang Hauck hatte sein Büro provisorisch zur heiligen

Stätte umfunktioniert. Der Rabbiner aus München brachte eine Bima und Gebetsbücher aus den Vierzigern mit und hielt den ersten Sabbat-Gottesdienst in der Geschichte von Landsberg ab. Danach sammelten wir uns im anliegenden Raum. Ein langer Tisch war mit Blumen, weißer Tischdecke, Challa, hohen, weißen Kerzen und einem Kiddusch-Becher fürs Segnen des Weins gedeckt worden. Als das festliche Mahl zu Ende war, sangen wir Lieder, Deb erzählte Witze und wir stießen auf unsere neuen deutschen Freunde an. Ich blickte über den Tisch hinweg zu Rob, Sara, Howie und Harris, welche sich an der Szene um uns herum erfreuten.

Wir ließen die Ereignisse der Woche Revue passieren; Erlebnisse, die für uns über das weltliche hinausgingen. Anat hatte das Haus ihrer Geburt gefunden. Als die heutigen Bewohner sie hineingelassen hatten, hatte sie dort ein Poster für eine Vorführung von „Rhapsody in Blue" gesehen. Ein deutsches Paar, welches es sich zur Lebensaufgabe gemacht hatte, ein Holocaust Denkmal zu schaffen, hatte Hannah Rosenbaum-Erlichman ein Foto ihrer Eltern gezeigt, dass sie selbst noch nie gesehen hatte. Wir hatten eine Plakette in St. Ottilien installiert, wie Sonia und ich es uns vorgestellt hatten. Wir sind als Menschen zusammen gekommen— eine Woche voller geteilter Erfahrungen. Und ich hatte als Andenken an meine Eltern und alle, die ihre Leben an den Holocaust verloren hatten, *Kol Nidrei* in Deutschland gespielt.

Musik hatte unsere Herzen geöffnet und unseren spirituellen Hunger gestillt. Die wogenden Harmonien hatten uns umschlossen und an Orte gebracht, die wir nie für möglich gehalten hätten. Wir umarmten einander, versprachen, uns wiederzusehen, und wünschten einander Schalom—Frieden, Zufriedenheit, Freiheit und den Segen der Einigkeit.

*Unsere Gruppe*. Von links nach rechts: John Michalczyk, Vivian Reisman, Guy Mintus, Sonia Beker (neben Guy und teilweise versteckt in zweiter Reihe), Bracha Bdil (7. von links), daneben Professor Alexander Tamir und Hannah Rosenbaum-Erlichman. Von rechts nach links: Howie, Anat Bar-Cohen (3. von rechts), Janet (4. von rechts; hinter mir steht Avi Bar-Cohen), Rita Lerner (7. von rechts), Abe Gurko (9. von rechts) und daneben, ganz in der Mitte, Deb Filler.

*Janet, Rob, Sara und Harris vor den Ausstellungsfotos*. Wir standen vor dem Poster meines Vaters. (Howie schoss das Bild.)

*Janet stellt* **Kol Nidrei** *vor. Ich vermittelte nicht nur die große Bedeutsamkeit des Stückes, sondern auch des Anlasses; dort zu spielen, wo mein Vater vor 70 Jahren aufgetreten war.*

*Janet spielt* **Kol Nidrei.** *Ich bete, dass die Klänge der Versöhnung noch lange in den Herzen der Menschen widerhallen werden.*

# NACHWORT

Eines der wichtigsten Gebote des Judentums ist es, seine Eltern zu ehren. Vielleicht versuchen deswegen so viele Kinder von Holocaust-Überlebenden die Vergangenheit ihrer Eltern zu verstehen, vor allem solange sie noch bei uns sind. Wir streben danach, ihre Geschichten zu etwas zu formen, dass als Andenken weiterlebt.

Meine Eltern lebten und liebten auf die einzige Art und Weise, die sie kannten. Ihre Leben waren ohne Vorwarnung in einen tiefen Abgrund gezogen worden. Sie sehnten sich nach Ordnung, vielleicht um sich selbst zu beweisen, dass man das Chaos überwinden kann. Musik versorgt meine Familie mit dieser Ordnung und mit einem Ventil für die Emotionen, die in uns brodeln. Durch die Musik interagierten meine Eltern mit dieser Welt, ihren Menschen und darüber hinaus. Sie bot Katharsis und Genuss. Heute verstehe ich, wieso sie sich so fordernd und unsicher verhielten.

Man kann Widerstandsfähigkeit danach definieren, wie schnell die Symptome eines Traumas abklingen. Meine Mutter verkörperte Widerstand. Das schrecklichste, was man sich vorstellen kann, war ihr geschehen. Und trotzdem führte sie ein Leben voller aufmüpfigem Optimismus. Sie verkündete offen ihre Meinung, setzte sich für die Unterdrückten ein und verfolgte eisern unsere Bildung in Sachen Moral und Ethik. Mein Vater verkörperte die Symptome seiner Erfahrungen. Nun, da ich ein wenig über Epigenetik weiß—dass Trauma genetisch vererbt werden kann—erkenne ich, wie ich seine Ängste und Sorgen in meinem eigenen Leben mit mir schleppe.

Die schmerzhaften Erinnerungen meiner kindlichen Vorstellungen ereilen mich so gut wie täglich. Doch die Geschichte meiner Eltern zu kennen—nachdem ich so lange mit dem Enigma gelebt hatte—ist ein Segen. Es lässt die Panik, Paranoia, Wut und obsessive Liebe meiner Eltern in neuem Licht erscheinen. Kein Wunder, dass ich mir ständig Sorgen mache, immerzu das Gefühl habe hart arbeiten und die Schwachen verteidigen zu müssen. Ich fühle mich verantwortlich für die, die ermordet wurden, und schuldig für jeden Genuss—genug zu essen, heiße Duschen, wohlriechende Seife, weiche Betten, ein Dach überm Kopf, Freiheit.

Ich konnte nicht wissen, dass die unschuldige Frage, die ich meinem Vater 2009 stellte, so viel Gutes herbeiführen würde. Sobald die Stille durchbrochen war, fühlte ich mich wohler in meiner eigenen Haut. Ich denke viel darüber nach, wie ich all das Gelernte benutzen sollte. Wie ich meine Fähigkeiten und mein Wissen auf die nächste Generation übertragen und sie über Diskriminierung und Ungerechtigkeit aufklären kann. Ich fühle mich privilegiert, weil ich einen Abschluss finden konnte—für mich, meine Familie und hoffentlich für alle, die in Landsberg persönlich oder geistig anwesend waren. Und ich fühle mich gesegnet, weil ich gelernt habe, dass ich an der Vergangenheit festhalten und trotzdem der Zukunft entgegen schreiten kann. Ich habe mich dazu verschworen, durch die transformative Macht der Musik einen positiven Einfluss auf die Welt zu nehmen, so wie es meine Eltern vor mir taten.

Wir Kinder von Holocaust-Überlebenden kämpfen weiter mit unserer Geschichte und dem wachsenden Antisemitismus in der heutigen Welt. Unser Rabbi verglich es mit einem Virus, der einen immunschwachen Körper angreift. Wir sind anfälliger für lebensgefährliche Ansteckungen. Gleichzeitig sind die Diskriminierung und Schmähreden gegen Juden erste Anzeichen des allgemeinen Verfalls. Mehr Ausgrenzung und Gräuel werden folgen. Die Stärke unserer Gesellschaft besteht in dem guten Befinden einer jeden Person, egal welche Religion, welches Geschlecht und welche Hautfarbe. Je mehr sich die Welt nach rechts lehnt, desto mehr werden die Menschen vergessen und leugnen. Doch nun, da unsere Art zu Leben und unsere Leben selbst in Gefahr sind, liegt es an uns zu handeln. Und es ist dringend.

# EIN GENOZID-WÖRTERBUCH
## SPRACHE DER TÄUSCHUNG

„Nazi-Sprache damals und heute"

Nachforschungen haben ergeben, dass die Nazis über 35.000 Begriffe (viele davon abgekürzt), Sprüche und Euphemismen in ihrer offiziellen Kommunikation benutzten, um Intentionen zu verschleiern und traditionale Sprache in ihrem Sinne umzuformen.

*Code—Substantiv*

1. *Ein Kommunikationssystem für Effizienz oder Geheimhaltung. Ein systematischer Versuch, direkte Sprache zu vermeiden und Handlungen zu verheimlichen.*

2. *Eine Reihe von einer Regierung implementierter Gesetze, Verordnungen oder Regeln zur Gewährleistung der öffentlichen Sicherheit.*

Es folgt eine Liste von Genoziden und terroristischen Gruppen, die Massenmorde begangen haben, sowie von damit zusammenhängenden Worten und Code-Sprache.

## A

*Afghanistankrise*: Die Taliban terrorisieren das afghanische Volk durch Hinrichtungen, Attentate und politischen Aufruhr. Seit 2001 verloren 100.000 Zivilisten ihr Leben, viele davon Mädchen, Frauen und nichtmuslimische Minderheiten. Hunderttausende Menschen wurden aus ihrer Heimat vertrieben.

*Aktionen*: Missionen zur Suche, Findung und Ermordung von Juden.

*Aktion Reinhardt*: Tarnname für die systematische Ermordung der Juden Polens. Die drei Hauptstandorte des von 1942 bis 1943 ausgeführten, heimlichen Plans waren Belzec, Sobibor und Treblinka. Beweise der Massenmorde wurden vertuscht.

*Aktion 1005*: Auch bekannt als Sonderaktion. Ein geheimes, internes Projekt zur Verschleierung von Beweisen für die systematische Tötung von Regimefeinden, welches 1942 begann. Sonderkommandos, bestehend aus Zwangsarbeitern und Gefangenen, mussten Leichen exhumieren, häufig aus Massengräbern, die menschlichen Überreste verbrennen und dann die verbliebenen, größeren Knochen zerschmettern oder zermahlen.

*Aktion T4*: Die systematische Tötung von körperlich oder geistig behinderten und alten Menschen.

*Al-Assad Regime*: Bezieht sich auf den ehemaligen Staatspräsidenten Syriens, Hafiz al-Assad, der das Land von 1970 bis 2000 diktatorisch regierte und an dem syrischen Staatsstreich von 1963 beteiligt gewesen war. Die Konflikte während seines Regimes führten zur Vertreibung von der Hälfte der syrischen Bevölkerung und zu über 500.000 Toden.

*Al-Qaida*: Ein Netzwerk islamistischer Extremisten und Dschihadisten. Von den Vereinten Nationen, der NATO, den USA und vielen anderen Ländern als Terrororganisation eingestuft.

*Al-Shabaab*: Militante Gruppe mit Verbindungen zu al-Qaida; verantwortlich für die Einstellung des UN World Food Program in Somalia, welches unter Hungersnot leidenden Regionen des Landes helfen sollte. Schätzungen ergeben, dass etwa 258.000 Menschen in Somalia zwischen 2010 und 2012 ihr Leben an Mangelernährung verloren. Das Land ist außerdem das Ziel US-amerikanischer Luftangriffe. Mitglieder von al-Shabaab werden mit Autobomben und anderen terroristischen Akten, die zu zivilen Toden führten, in Verbindung gebracht.

*Anfal-Operation*: Die zwischen 1986 und 1989 durchgeführten genozidalen Maßnahmen des irakischen Baath-Regimes unter Saddam Hussein gegen die kurdische Bevölkerung und andere Minderheiten.

*Anschluss*: Der Propaganda-Begriff der Nazis, um die Annektierung Österreichs im Jahr 1938 zu beschreiben.

*Antifa*: Das Wort entstand aus dem italienischen *Fascisti* und dem Gegenstück *Antifascisti*. In Deutschland beschreibt es den Widerstand gegen Hitlers Faschismus; Antifaschisten. Eine linksorientierte, antifaschistische und antirassistische politische Bewegung; hauptsächlich dezentralisiert; führt direkte Handlungen gegen rechtes Gedankengut aus. Obwohl ein Großteil ihres Aktivismus keine Gewalt beinhaltet, stellen sich Antifa-Mitglieder der Bedrohung des Faschismus immer wieder auch mit Gegengewalt.

*Antifaschistische Aktion*: Eine militante Gruppierung, die in der Weimarer Republik von der Kommunistischen Partei Deutschlands gegründet wurde und von 1932 bis 1933 aktiv war. Sie diente und dient als Inspiration für links-orientierte, anti-kapitalistische, anti-faschistische, anti-imperiale und anti-zionistische Bewegungen.

*Arbeit macht frei*: Die Worte, die über den Toren mehrerer Konzentrationslager standen. Sarkastisch und zynisch, denn die harte Arbeit machte die Insassen wirklich frei; im Tode.

*Arbeitslager*: Zwangsarbeitslager wurden den gesamten Krieg hindurch benutzt, um die Kriegsmaschinerie in Gang zu halten.

*Arier*: Die Idee der deutschen Herrenrasse; einer noblen,

überlegenen Art Mensch reinen Blutes und Herkunft mit weißer Haut, blondem Haar und blauen Augen, basierend auf dem Konzept eines germanischen oder nordischen Ideals. Sie war die Grundlage für die von den Nazis propagierte Rassenhierarchie und der daraus resultierenden Vernichtung von „Fremdkörpern", insbesondere den Juden.

*Äthiopischer Bürgerkrieg*: Konflikt zwischen zahlreichen Rebellenbewegungen und der kommunistischen Zentralregierung Äthiopiens von 1974 bis 1991.

*Ausmerzen*: Ein Begriff, der zum Beispiel das Beseitigen einer Insektenplage beschreibt und als Euphemismus für die Ermordung von Juden benutzt wurde.

*Ausschaltung*: Ein weiterer Euphemismus für die Ermordung von Juden.

*Aussiedlung*: Ein besonders verlogener Euphemismus für die Ermordung von Juden.

LAGER:

- Auschwitz oder Auschwitz-Birkenau, Polen—Vernichtungslager.

B

*Babyn Jar*: Ein Tal in der Ukraine und der Standort mehrerer Massaker an Juden durchgeführt von deutschen Truppen, das erste davon im Jahr 1941—ein zweitägiger Massenmord an 33.771 Juden. Viele tausend mehr wurden am selben Ort zusammen mit Roma, Kommunisten, sowjetischen Gefangenen und sowjetischen Zivilisten getötet.

*Badeanstalten*: Gaskammern.

*Blitzkrieg*: Blitzschnelle Invasionsstrategie, mit maßgeblichem Einsatz von Panzerdivisionen und Luftwaffe, die vor allem für die frühen Erfolge der Nazis im Zweiten Weltkrieg verantwortlich war.

*Blut und Boden*: Propagandaspruch der Nazis, welcher sowohl die Ideologie des reinen Blutes als auch den Stolz auf das Vaterland und die besondere Bedeutsamkeit der Bauern, die den deutschen Boden bearbeiteten, unterstrich. Heute ein Spruch von rassistischen Nationalisten, Faschisten und anderen rechtsextremen Gruppen, der auf die Ideologie der Nazis anspielt.

*(Zweiter) Burenkrieg*: Konflikt zwischen Großbritannien und den beiden Burenrepubliken Oranje-Freistaat und Südafrikanische Republik von 1899 bis 1902. Die Briten benutzten die Strategie der verbrannten Erde und ließen tausende Dörfer und Farmen in Flammen aufgehen, um ihren Feinden Ressourcen zu entziehen. Zivilisten wurden in Konzentrationslagern gesammelt.

*Boko Haram*: Eine islamistische, terroristische Gruppierung im Nordosten Nigerias.

LAGER:

- Belzec, Polen—Vernichtungslager.
- Bergen-Belsen, Deutschland (Sterbeort von Anne Frank).
- Birkenau (Auschwitz-Birkenau), Poland—Vernichtungslager.
- Buchenwald, Deutschland (wo mein Großvater inhaftiert war).

C

*Christen bevorzugt*: Hieß so viel wie „keine Juden".

*Codex Judaicus*: Gesetze zur Einschränkung der Rechte von slowakischen Juden. Der Codex enthielt zweihundertsiebzig Artikel.

LAGER:

- Chełmno, 50 Kilometer von Lodz entfernt, Polen.

# D

*Davidstern*: Juden wurden von den Nazis dazu gezwungen, sich durch das Tragen eines Davidsterns zu erkennen zu geben.

*Deep State*: Ein Wort, dass zu einer Verschwörungstheorie gehört, welche behauptet, es gäbe innerhalb der US-amerikanischen Regierung ein heimliches, korruptes Netzwerk, welches in vielen Versionen der Verschwörung in versteckte Kooperationen mit anderen Regierungen verwickelt ist.

*Der Angriff*: Deutsche Zeitung gegründet von Joseph Goebbels voller Propaganda für das Nazi-Regime und seine Ideale.

*Der Ewige Jude*: Antisemitischer Propagandafilm aus dem Jahr 1940. Eine Pseudo-Dokumentation, die einen absurden und abscheulichen Stereotyp widerspiegelte, in dem Juden als Ratten dargestellt wurden, die Krankheiten verbreiten.

*Durchgangslager*: Ort an dem Gefangene festgehalten wurden, bis sie in andere Lager geschickt wurden.

LAGER:

- Dachau, Deutschland.
- Demblin, Polen.
- Drancy, Paris—Sammel- und Durchgangslager.

# E

*Ein Reich, Ein Volk, Ein Führer*: Propagandaspruch der Nazis, der auf zahllosen Postern und Publikationen erschien und im Radio und Reden zu hören war.

*Einsatzgruppen*: Ideologisch geschulte, deutsche Sondereinheiten, die für viele Massenmorde im Zuge der Nazi-Feldzüge verantwortlich waren.

*Einsatzkommando*: Mobile Einheiten, die zu den Einsatzgruppen gehörten.

*Endlösung*: Die geplante, systematische Ausrottung der ethnischen Juden, egal aus welchem Land sie kamen oder welche Religion sie verfolgten und selbst wenn sie nur zum Teil Jude waren.

*Entartete Kunst*: Kunst die aufgrund ihrer (ideologischen) Minderwertigkeit verboten und geächtet wurde; dazu gehörten Autoren wie Thomas Mann und Bertolt Brecht, jüdische Musiker wie Felix Mendelssohn und Gustav Mahler sowie die Maler Marc Chagall, Max Ernst und Paul Klee.

*Eugenik*: Theorien und Anwendungen zur vermeintlichen Verbesserung der menschlichen Erbanlage. Die Wurzeln der Eugenik reichen bis in die Mitte des 19. Jahrhunderts. Sie war die Grundlage für zahllose rassistische Handlungen auf der ganzen Welt, darunter auch die Idee der Nationalsozialistischen Rassenhygiene, welche unter anderem den Holocaust begründete. In den USA wurden Menschen, die als minderwertig galten, zu Opfern von Sterilisationsinitiativen, die von der amerikanischen Regierung gefördert wurden. Menschen, die in Armut lebten, geistig oder körperlich behindert waren, schwarze und lateinamerikanische Frauen sowie Ureinwohnerinnen Nordamerikas waren die Ziele dieser horrenden Handlungen. Zwangssterilisationen fanden über Jahrzehnte hinweg statt und werden bis heute in Frauengefängnissen durchgeführt.

*Evakuation*: Vor 1942 hatten die Nazis vor, die Juden aus Europa zu zwingen und zu verbannen. Ab der Wannseekonferenz 1942 wurde der Begriff Evakuation zu einem Euphemismus für Vernichtung.

*Exklusives Klientel*: Code für „keine Juden".

# F

*Fake News*: Ein zeitgenössischer Begriff für Fehlinformationen und/oder Propaganda.

*Fremdblütig*: Von nicht deutschem Blut/nicht deutscher Abstammung.

*Führer*: Anführer mit absoluter Macht und Autorität. Die Bezeichnung für Adolf Hitler in Nazi-Deutschland.

LAGER:

- Flossenbürg, Deutschland.

# G

*Gaskammer*: Effiziente Konstruktion für Massenmorde. Gefangenen wurde erzählt, sie würden duschen dürfen, damit sie sich nicht weigerten, in die große Kammer zu gehen. Dann wurde der Raum mit dem Gas Zyklon B gefüllt und die ahnungslosen Gefangenen erstickten.

*Gentiles Only*: Auf Deutsch: Nur Nichtjuden, also keine Juden.

*Ghetto*: Juden wurden in vorbestimmte Gebiete gezwungen, die schnell überfüllt waren, in denen es an Überlebensnotwendigem mangelte und die häufig von hohen Mauern und Stacheldraht umgeben waren. Es war ihnen nicht erlaubt, den Bereich zu verlassen.

*Gleichschaltung*: Ein Unterfangen der Nazis zur ideologischen Einheitlichkeit von Kunst und Kultur. Musik, Malerei, Literatur, etc. mussten in das nationalsozialistische Weltbild passen oder wurden verboten. Dies sollte unter anderem das einheitliche und konforme Denken der Bevölkerung gewährleisten.

LAGER:

- Grini, Norwegen.
- Gross-Rosen, Deutschland—ein Netzwerk von bis zu hundert Lagern in Deutschland, der Tschechoslowakei und Polen.

# H

*Hamas*: Eine palästinensisch-nationalistische, sunnitisch-islamische fundamentalistische Organisation mit einem starken militärischen Flügel; sie gilt zusammen mit der schiitischen Gruppe Hisbollah als terroristische Organisation. Beide Gruppen bekämpfen Israel und sind als Folge des arabisch-israelischen Konflikts entstanden. Die Hamas entstand 1988 während der ersten palästinensischen Intifada gegen Israel, während die Hisbollah um 1982 während des libanesischen Bürgerkriegs entstand. Die Hamas hat ihren Sitz im Gazastreifen, während die Hisbollah ihren Sitz im Libanon hat, aber beide wurden vom Iran unterstützt. Sie sind gegen ihre arabischen Herrscher aufgebracht, bekämpfen auch Sunniten, andere Schiiten und Christen und rufen zur Zerstörung Israels auf.

*Hassgruppen*: Nationalistische, rassistische Gruppierungen, häufig mit separatistischen Strömungen, deren Ideologie auf der Überlegenheit der Weißen Rassen und dem Hass auf Juden, Muslime, Schwarze und Lateinamerikaner beruht. Laut dem Southern Poverty Law Center gab es im Jahr 2018 1,020 Hassgruppen in den USA.

*High Yellow*: Abfälliger Begriff zur Beschreibung eines hellhäutigen Schwarzen.

*Hauptsturmführer*: Ein Offiziersrang der SS und SA.

*Hilfsmittel*: Zum Beispiel Gas-Transporter, in denen Menschen getötet wurden.

*Hisbollah*: Islamistisch-schiitische Partei und Miliz im Libanon.

*Hitlerjugend*: Institution der Nazi-Partei zur Indoktrination der deutschen Jugend.

*Holocaust-Leugnung*: Die Behauptung, dass der Holocaust nie geschehen, sondern ein von den Juden in die Welt gerufener Mythos sei, eine Verschwörung, um Sympathie für Juden zu gewinnen. Erklärt die toten Juden zu üblichen Opfern des Krieges. Eine rechtsradikale, durch Fakten widerlegte Position.

# I

*Idi Amin*: Militäroffizier und diktatorisch regierendes Staatsoberhaupt Ugandas von 1971 bis 1979. Er wurde als der Schlächter von Uganda bekannt.

*Internally Displaced Persons* (IDP): Menschen, die aus ihrer Heimat fliehen mussten oder vertrieben wurden und keine international anerkannte Grenze überschritten haben. In Afghanistan gibt es etwa eine Millionen IDPs.

*I.G. Farben*: Eines der größten Chemieunternehmen der Welt und ansässig in Deutschland. Zur Zeit des Dritten Reiches kollaborierten sie wissentlich und willentlich mit den Nazis zur Herstellung von enormen Mengen von Zyklon B, dem Gas, welches zur Ermordung von Millionen von Menschen benutzt wurde.

*IS*: Eine terroristisch agierende Miliz, die zu ihrer Hochzeit große Teile Iraks und Syriens kontrollierte und sich selbst zum Islamischen Staat ernannte. Sie predigt religiösen Fundamentalismus und ist für den Tod vieler tausend Menschen verantwortlich.

*Isolationism*: Eine Politik, die vorsieht, die eigene Nation von anderen Ländern zu isolieren, indem man internationale Abkommen ablehnt und außenpolitischen Verstrickungen aus dem Weg geht. Damit geht eine strikte Anti-Immigrationspolitik einher.

# J

*Judenfrage*: Einige europäische Autoren, Philosophen und Theologen waren vor allem ab Mitte des 19. Jahrhunderts der

Meinung, dass die Präsenz der Juden ein Problem in der Gesellschaft darstellte, welches gelöst werden musste. Sie diskutierten, ob Juden Zivilrechte und Gleichberechtigung erhalten sollten, und ob sie sich im Sinne der Integration besser anpassen und Traditionen aufgeben müssten.

*Judenfrei*: Der nationalsozialistische Wunsch nach einem Deutschland (einem Europa/einer Welt) ohne Juden.

*Judenrat*: Ein Rat zur Repräsentation der jüdischen Gemeinschaft. Die Nazis zwangen Juden dazu, solche Räte in den Ghettos zu formen. Mitglieder des Rates mussten zum Beispiel die Selektion für die Nazis ausführen; unter den Juden entscheiden wer lebt und wer stirbt.

*Judenrein*: Siehe „Judenfrei".

*Judeocide*: Englischer Begriff zur Beschreibung des Völkermords an Juden. Im Zusammenhang mit dem Zweiten Weltkrieg im weiteren Sinne mit den Worten Holocaust und Shoah gleichzusetzen, obwohl *Judeocide* spezifischer auf die Juden als Hauptopfer der Nazis eingeht.

*Jüdische Verschwörung*: Rassistische Idee, dass Juden Nachrichten, Banken und Medien kontrollieren, die sowohl zur Zeit des Zweiten Weltkriegs als auch heute verbreitet wird.

*Josef Stalin*: Diktator der Sowjetunion von 1927 bis 1953. Die Sowjetunion war Mitglied der Alliierten im Zweiten Weltkrieg.

LAGER:

- Janowska, Polen.

K

*(Zweiter) Kongokrieg*: Begann im Jahr 1998 in der Demokratischen Republik Kongo und involvierte neun afrikanische Länder. Der Konflikt kostete 5,4 Millionen Menschen das Leben. *Effacer le tableau* war die operative Bezeichnung für den

Völkermord an den Mbuti und anderen Pygmäenstämmen von 2002 bis 2003 während des Ituri-Krieges. Der Zyklus von Gewalt und Vernichtung hält bis heute an. Mehr als 13 Millionen Kongolesen brauchen humanitäre Hilfe.

*Konzentrationslager*: Ein Ort an dem große Mengen an Menschen gefangen gehalten, zur Arbeit gezwungen, misshandelt und/oder hingerichtet werden.

*Krematorium*: Speziell angefertigte Öfen zur Verbrennung von Leichen, die während des Holocaust für die Opfer der Gaskammern benutzt wurden.

*Kristallnacht*: Die Kristallnacht beschreibt die Nacht vom 9. auf den 10. November 1938. Jüdische Geschäfte und Synagogen wurden zerstört; Heime, Krankenhäuser und Schulen geplündert. 1.000 Synagogen wurden verbrannt und 7.000 Läden lagen in Trümmern. Hunderte starben und 30.000 Juden wurden gefangen genommen und in Konzentrationslager gesteckt.

*Ku Klux Klan*: Eine Hassgruppe, die 1856 gegründet wurde und in den meisten Südstaaten Amerikas bis heute existiert. Die berüchtigtste Gruppierung dieser Art in den USA. Sie steht für die Überlegenheit der Weißen Rasse und verachtet Schwarze, Juden, Muslime, Immigranten, die gesamte LGBTQ+ Gemeinschaft und Katholiken. Der Ku Klux Klan ist eine gewaltbereite Terrororganisation. Ihre Mitglieder sind dafür bekannt, weiße Kutten mit spitz zulaufenden Kapuzen zu tragen.

LAGER:

- Kaufering/Landsberg, Deutschland.
- Koldytschewo, Belarus.

# L

*Lagerbordell*: Ein Bordell in Arbeits- und Konzentrationslagern. Frauen wurden zur Arbeit in diesen Bordellen gezwungen. Sie dienten als Arbeitsanreiz und Belohnung für Kapos und andere privilegierte Gefangene sowie Nazis.

*Lebensborn*: Von Heinrich Himmler gefördertes Programm in Nazi-Deutschland, welches die Geburtenrate arischer Kinder erhöhen sollte. Himmler befahl SS-Offizieren, Kinder im Sinne der Rassenhygiene zu zeugen. Nur junge Frauen, die gründliche und strenge Untersuchen bestanden, wurden für das Programm zugelassen. Die Kinder, welche als Teil von Lebensborn geboren wurden, wurden von der SS aufgezogen.

*Lebensraum*: Hitler erklärte, dass das deutsche Volk mehr Territorium brauchte; mehr Lebensraum: Das Wort wird daher mit den Eroberungszielen der Nazis assoziiert.

*Lebensunwertes Leben*: Ein Konzept, welches den pseudowissenschaftlichen Erkenntnissen der Eugenik und damit zusammenhängenden Rassenhygiene entsprang und die Sterilisierung und Ermordung „minderwertiger" Menschen rechtfertigte.

*Lügenpresse*: Aggressiver und diffamierender Propagandaslogan im Dritten Reich, um Hass gegen Kommunisten und Juden zu schüren. Jede Kritik an Hitler und seinem Regime wurde als Lügenpresse bezeichnet und somit verleumdet. Der Begriff kam zuerst in einem Buch im Jahr 1918 auf. Er wird noch heute von rechten Zusammenkünften und Gruppierungen benutzt, um Journalisten und der internationalen Presse die Legitimität abzustreiten.

LAGER:

- Le Vernet, Frankreich—Internierungslager.

# M

*Massaker von Nanking*: Der Massenmord und die Massenvergewaltigung begangen von den japanischen Besatzern in der damaligen chinesischen Hauptstadt Nanking im Jahr 1937.

*Massaker von Ponary*: Die Massenmorde der Nazis an über 100.000 Menschen, darunter vor allem Juden, aber auch polnische Regimegegner und sowjetische Kriegsgefangene, nahe der heutigen litauischen Hauptstadt Vilnius. Von Juni 1941 bis Juli 1944 wurden Opfer zum Marsch in einen Wald im südwestlichen Teil der Stadt gezwungen und dort erschossen. Danach wurde Juden befohlen, die Körper zu verbrennen und Beweise zu vertuschen.

*Massaker von Srebrenica*: Genozid während des Bosnienkrieges (1992-1995), bei dem über 8.000 Bosniaken (slawische Muslime) ermordet wurden.

*Mein Kampf*: Hitlers autobiografisches Manifest, welches seine politische Ideologie und antisemitischen Meinungen erklärt.

*Mischlinge*: Juden mit nichtjüdischen Vorfahren oder einem nichtjüdischen Ehepartner.

*Misogyn*: Frauenfeindliche Person.

*Mulatto*: Abwertender Begriff, welcher von dem spanischen Wort *Mulato* (Maultier) herrührt und Nachkommen gemischter Herkunft beschreibt; ein weißes und ein schwarzes Elternteil.

LAGER:

- Majdanek, Polen.
- Mauthausen, Österreich.

# N

*Nacht und Nebel*: Der Tarnname für ein Dekret von Hitler aus dem Jahr 1941, welches heimliche Aktivitäten zur Entführung von Individuen in die Wege leitete, welche die deutsche Regierung unterminierten oder sich ihr in irgendeiner sonstigen Form entgegenstellten.

*Nebenlager*: Viele Lager der Nazis hatten kleinere, dazugehörige Lager. Buchenwald hatte über hundert von diesen sogenannten Nebenlagern. Auch Dachau hatte viele, unter anderem Kaufering.

*Neo-Nazis*: Eine gewaltbereite soziale und politische Bewegung, welche die Ideologie der Nazis wiederbeleben möchte.

*Nürnberger Gesetze*: Rassistische und antisemitische Gesetze, welche 1935 in Nazi-Deutschland erhoben wurden.

*(Das) N-Wort*: Ein verabscheuungswürdiger, bis heute benutzter Begriff zur Beleidigung und Erniedrigung schwarzer Menschen.

*NJA*: Akronym für *No Jews Allowed* (keine Juden erlaubt).

LAGER:

- Natzweiler-Struthof, Frankreich.
- Nordhausen, Deutschland.

O

*Obersturmführer*: Zweiter Offiziersrang der Schutzstaffel (SS), vergleichbar mit einem Oberleutnant. Zu den potentiellen Verantwortungsbereichen eines Obersturmführers gehörten die eines Gestapo-Offiziers, Konzentrationslageraufsehers und Waffen-SS Kommandanten.

*Octoroon*: Abwertender Begriff zur Beschreibung einer Person, die zu einem Achtel schwarz ist.

*Organisation Todt*: Eine paramilitärische Bautruppe der Nazis, benannt nach ihrem Anführer Fritz Todt.

*Osama bin Laden*: Gründer und bis zu seinem Tod im Jahr 2011 Anführer von al-Qaida. Unter anderem verantwortlich für die Planung der Terroranschläge vom 11. September 2001 in New York.

*(Umsiedlung nach) Osten*: Deportation nach Osten, häufig nach Polen, insbesondere Auschwitz.

*Ostjuden*: Jiddisch sprechende Juden aus osteuropäischen Ländern.

LAGER:

- Ohrdruf, Deutschland—ein Nebenlager von Buchenwald.

P

*Palestine Liberation Organization* (PLO): Die Palästinensische Befreiungsorganisation hat es sich zur Aufgabe gemacht, Palästina von der Besatzungsmacht Israel zu befreien.
*Pogrom*: Gewalttätige Ausschreitung gegen eine ethnische, nationale oder religiöse Minderheit.
*Pol Pot*: Kambodschanischer Politiker, der das Land von 1975 bis 1979 regierte. Er war Anführer der Roten Khmer und verantwortlich für den Völkermord in Kambodscha.
*Protokolle der Weisen von Zion*: Ein berüchtigter und weit verbreiteter Text, ursprünglich publiziert im Jahr 1903, der vorgibt, die Pläne jüdischer Verschwörer zur Beherrschung der Welt wiederzugeben. Ein antisemitisches Pamphlet und völlige Fiktion.

LAGER:

- Plaszow, Polen.

Q

*Quadroon*: Abwertender Begriff zur Beschreibung einer Person, die zu einem Viertel schwarz ist.
*Quisling*: Ein abschätziges Wort zur Beschreibung eines

Verräters und/oder Kollaborateurs. Benannt nach Vidkun Quisling, der als norwegischer Faschistenführer mit den Nazis kollaborierte.

# R

LAGER:

- Ravensbrück, Deutschland—ein Konzentrationslager für Frauen mit mindestens zehn Nebenlagern. Außerdem ein Übungsstützpunkt für 3.500 SS-Wachen.

# S

*Saddam Hussein*: Ehemaliger irakischer Präsident und Diktator. Unter anderem verantwortlich für das Vertreiben von 40.000 schiitischen Muslimen, einem Massaker in Dudschail im Jahr 1982, dem Völkermord an Kurden im Jahr 1988 und der Invasion von Kuwait im Jahr 1990, welche den Zweiten Golfkrieg begann.

*Schutzstaffel (SS)*: Ursprünglich Hitlers Leibgarde und später die Elitetruppe der Nazis, welche die deutsche Polizei und das Konzentrationslagersystem konntrollierte.

*Shoah*: Hebräisches Wort für „Katastrophe", welches den Völkermord der Nazis an den Juden beschreibt und mit dem Holocaust gleichzusetzen ist.

*Sicherheitsdienst*: Der Geheimdienst der SS in Nazi-Deutschland.

*Skinheads*: Gefährliche und gewaltbereite rechte Gruppierungen, deren Mitglieder der Ideologie von Neo-Nazis folgen.

*Sonderaktionen und Sonderbehandlung*: Euphemismen für die Hinrichtung von Juden.

*Sturmabteilung (SA)*: Eine paramilitärische Kampforganisation, die 1921 gegründet wurde und maßgeblich an dem Aufstieg

Hitlers beteiligt war. Sie führte Gewalt gegen Juden und Nazi-Gegner aus und war der SS untergeordnet. Auch als Braunhemden bekannt.

LAGER:

- Sachsenhausen, Berlin, Deutschland.
- Sobibor, Polen.
- Stutthof, nahe Danzig, heutiges Polen.

# T

*Taliban*: Radikalislamische Terrororganisation, die Afghanistan kontrolliert.

*Tausendjähriges Reich*: Eine Vorstellung der Nazis, welche sich auf die erhoffte Beständigkeit des von ihnen regierten deutschen Reiches bezieht.

LAGER:

- Theresienstadt, nahe Prag, heutiges Tschechien.
- Treblinka, nahe Warschau, Polen.

# U

*Übermenschen*: Überlegene Menschen nach dem Ideal der Nazis.

*Umsiedlung*: Euphemismus für die Deportation in ein Vernichtungslager.

*Untermenschen*: Minderwertige Menschen in den Augen der Nazis; Juden, Roma, Slawen, Angehörige von LGBTQ+, Schwarze. Sie wurden als primitive Tiere betrachtet, die es nicht wert waren,

Rechte zu besitzen und zu leben. Dazu gehörte auch jede Person „unreinen Blutes".

## V

*Verbrennungskommando*: Ein Zwangsarbeitskommando, dass Leichen verbrennen musste.
*Vergasungskeller*: Keller zum Vergasen von Menschen.
*Vernichtungslager*: Lager für die systematische Tötung von Menschen.
*Volljude*: Jemand, der von mindestens drei jüdischen Großeltern abstammte.
*Völkermord an den Armeniern*: Der Massenmord des Osmanischen Reiches an 1,5 Millionen ethnischen Armeniern im Jahr 1915.
*Völkermord an den Rohingya*: Ein fortlaufender Genozid an der ethnischen Minderheit der Rohingya, wovon fast alle Mitglieder sunnitische Muslime sind, in Myanmar.
*Völkermord in Darfur*: Die systematische Tötung der Fur, Masalit, Zaghawa und anderen Stämmen in Darfur. 2013 schätzte die UN 300.000 Tote. Ein bis heute fortgeführter Genozid.
*Völkermord in Kambodscha*: Die systematische Verfolgung und Tötung von Kambodschanern durch die Roten Khmer unter dem Regime von Pol Pot von 1975 bis 1979. Dabei kamen je nach Schätzung zwischen 750.000 und 2,2 Millionen Kambodschaner ums Leben.
*Völkermord in Ruanda*: Innerhalb von etwa hundert Tagen, vom 7. April bis Mitte Juli 1994, töteten Angehörige der Hutu-Mehrheit ungefähr fünfundsiebzig Prozent der in Ruanda lebenden Tutsi-Minderheit sowie Hutu, die sich am Genozid nicht beteiligten. Zwischen 800.000 und 1.000.000 Menschen verloren ihr Leben.

## W

*Waffen-SS*: Der Militärzweig der SS.
*Weimarer Republik*: Erste parlamentarische Demokratie im

Deutschen Reich, welche das Kaiserreich 1918 ablöste und mit der Machtergreifung Hitlers 1933 endete.

LAGER:

- Westerbork, Niederlande

## X

Xenophobie: Aggressive Ablehnung von Menschen aus einer anderen Kultur, einem anderen Volk, einer anderen Region, einer anderen Gemeinde oder einer anderen Religion; Fremdenfeindlichkeit.

## Z

*Zion*: Ursprünglich eine Burg des vorisraelitischen Stadtstaats Jerusalem. Zion wurde nach der Eroberung durch König David und dem Bau des ersten Jerusalemer Tempels unter Salomo zum Synonym für den Wohnsitz des Gottes Israels. Zion steht für Jerusalem, das Land Israel und die jüdische Nation.

*Zwangsarbeit*: Während des Zweiten Weltkriegs wurden Gefangene zur Herstellung von Munition, zum Graben von Gruben und Massengräbern und zur Arbeit in Minen, Fabriken und Steinbrüchen gezwungen. Sie arbeiteten als Sklaven, ohne Bezahlung und unter schrecklichen Bedingungen, und waren essentiell, um die Kriegsmaschinerie am Laufen zu halten.

*Zyklon B*: Von I.G. Farben produziertes Gas, welches für die Ermordung von Millionen von Menschen während des Holocaust benutzt wurde.

Dieses Wörterbuch ist unvollständig. Laut dem US Holocaust Memorial Museum etablierten die Nazis und ihre Verbündeten zwischen 1933 und 1945 über 44.000 Lager und andere Stätten zur Inhaftierung von Menschen (unter anderem Ghettos) in ganz Europa.

In den heutigen USA gibt es in so gut wie jedem Staat Hassgruppen; insgesamt 1.020 (stand 2018, Southern Poverty Law Center).

# DANKSAGUNG

Ich habe dieses Buch für meine Eltern und die Millionen anderen, deren Leben für immer vom Holocaust gezeichnet wurden, geschrieben. Obwohl es fast mein ganzes Leben gedauert hat, diese Geschichte ans Tageslicht zu bringen, gibt es noch mehr zu erzählen—über sechs Millionen, wenn wir die Erfahrungen der Nachkommen mitzählen.

Die vielen Menschen, die mir bei der Recherche und den technischen Aspekten des Buches geholfen haben, verdienen meinen tausendfachen Dank. Ohne die Expertise und das technische Wissen meines Sohnes Harris Kleyman hätten es diese Seiten niemals über meinen eigenen Computer hinausgeschafft. Doug Lang war eine große Hilfe mit den Fotos. Linda Levi von der JDC, Judith Cohen und Michlean Lowy Amir vom US Holocaust Memorial Museum sowie Esther Brumberg vom Museum of Jewish Heritage danke ich für ihre Unterstützung und Geduld, während ich mich durch ihre Archive gewühlt habe. Meine tiefste Dankbarkeit gilt auch jenen Menschen, die ihre Geschichten mit mir geteilt und mir auf meinen Odysseen in Ungarn und Deutschland geholfen haben.

Dieses Buch wäre ohne Sonia Beker, ihr Buch „Symphony on Fire" und ihre Fotos nicht zustande gekommen. Tatsächlich waren die Ermutigungen ihrer gesamten Familie—Rita Lerner, Abe Gurko, Vivian Reisman—und die Inspiration von meinen Schwestern im Geiste, deren Eltern auch Überlebende des Holocaust waren, Anat Bar-Cohen und Deb Filler, maßgeblich an meinem Schaffen beteiligt.

Walter Elias und András Koltai in Ungarn waren mir eine enorme Hilfe bei der genealogischen Recherche.

Die Unterstützung meiner Professoren an der Hamline University in St. Paul, Minnesota—Larry Sutin, Deborah Keenan, Katrina Vandenberg und Laura Flynn—ist in ihrer Signifikanz nicht in Worte zu fassen.

Herzlichen Dank ebenfalls an Michael Dennis Browne, Stephen Paulus, Michael O'Connell, Martin Goldsmith, Marin Alsop, James A. Grymes, Leonard Bernstein und alle Musiker und Künstler, welche der Welt Schönheit schenken, selbst wenn sie nicht schön erscheint.

Aufrichtigen Dank an meine ersten Lektoren, die an mich geglaubt haben—Jenniey Talman, Gwendolyn Freed, Barbara Elvecrog—und an die ersten Leser Bonnie Gainsley, Jennifer Hildebrandt, Melanie Heuiser-Hill, Pam und Cory Biladeau, Diane Tremaine, Walter und Ruth Elias sowie Nora Shulman, welche dabei halfen, dieses Buch zum Singen zu bringen. Auch meinem High School Englischlehrer William Martyn möchte ich von ganzem Herzen dafür danken, dass er mich schon damals dazu ermutigte, zu schreiben. Er ist mir immer ein wichtiger Mentor sowie aufbauender und kritischer Leser gewesen.

Und natürlich bin ich Liesbeth Heenk von Amsterdam Publishers auf ewig dafür dankbar, an mich geglaubt und dieses Buch herausgebracht zu haben.

Weitere tausend Dank für die immense Unterstützung und weisen Worte meines Bruders Robert Horvath, meiner Schwägerin Sara Shiewitz und meinem Mann Howard Kleyman, welche die gesamten Jahre hinweg, während ich dieser Geschichte obsessiv nachging, hinter mir standen. Howie ermutigte mich dazu, mir meinen MFA zu verdienen, für meine Recherche zu reisen und beschwerte sich nie über die vielen Monate, die ich wie festgeklebt vor dem PC verbrachte. Egal wie sehr ich mich in der Vergangenheit verlor, er blieb immer ein Ruhepol an meiner Seite, feuerte mich an, wenn ich zweifelte, und zelebrierte meine Entdeckungen.

# BUCHCLUB-FRAGEN

Inspirieren Sie die Geheimnisse und Geschichten in diesem Buch dazu, Ihrer eigenen Familie Fragen zu stellen?

Gab es Parallelen zu Ihrem eigenen Leben, die Sie besonders berührten? Wie könnten Sie dem weiter nachgehen?

Wie vieles von der Historie in diesem Buch war Ihnen bewusst? Was davon werden Sie mit Ihrer Familie, Ihren Freunden, Arbeitskollegen oder Ihrer Gemeinde besprechen?

Ein Zitat von Bertrand Russell besagt: „Der Mensch ist ein leichtgläubiges Tier, das an etwas glauben muss. Wenn keine guten Gründe zu glauben vorhanden sind, gibt er sich mit schlechten zufrieden." Kann es wirklich sein, dass all die Täter des Holocaust von Grund auf böse waren? Was für Verhalten kann Krieg rechtfertigen oder erklären?

Das mangelnde Mitgefühl der Mitmenschen, die während des Holocaust nicht eingriffen—nicht zur Hilfe kamen—hatte eine tiefe und lebenslange Wirkung auf die Überlebenden und ihre

Familien. Wie können wir so etwas jetzt und in der Zukunft verhindern? Haben Sie Ideen, wie Sie die Gesellschaft positiv beeinflussen könnten? Wie können Sie sich heute für Flüchtende einsetzen?

# ANHANG

*Ungarisches Paprika-Hähnchen*

Paprikasauce ist die Basis für so manches ungarisches Gericht. Der übliche Favorit mit der Sauce ist Hähnchen, aber es schmeckt auch vorzüglich mit Kalb- oder Rindfleisch, Kartoffeln und Karotten—dann hat man Goulasch—oder einer ganzen Menge mehr Paprika, Kartoffeln und Würstchen (scharfes, vegetarisches oder Geflügelwürstchen)—dann hat man Lecso.

2 mittelgroße Zwiebeln, *gehackt*
2 Esslöffel Pflanzenöl
1 dickes Hähnchen, *gehäutet*
(Ich nähme ein junges Brathuhn, gewaschen und in serviergerechte Stücke geschnitten.)
2 große, reife Tomaten, *in Stückchen geschnitten*
*oder* 1 Pint Kirschtomaten, *halbiert*
1 grüne Paprika, *in 2,5 cm große Stücke geschnitten*
1/2 rote Paprika, *in 2,5 cm große Stücke geschnitten*
1/2 gelbe Paprika, *in 2,5 cm große Stücke geschnitten*
1 gehäufter Esslöffel süßes, ungarisches Paprikapulver
(oder die scharfe Variante, wenn man das lieber mag)

2 Knoblauchzehen, *kleingehackt*  
Salz und Pfeffer nach Geschmack  
(Optional: ein Klacks Sour Cream)

Zubereitung:

1. Benutze einen Schmortopf mit Deckel. Bedecke den Boden mit dem Öl und lass es heiß werden. Wenn das Öl erhitzt ist, gib die Zwiebeln dazu, bis sie braun sind und rühr regelmäßig um.
2. Füge die Paprika- und Tomatenstücke hinzu und brate sie für 2 Minuten an. Nimm den Topf vom Herd und rühre Paprikapulver, Salz, Pfeffer und Knoblauch hinein.
3. Stell den Topf zurück auf den Herd und gib das Hähnchen und genug Wasser, um das Fleisch gerade abzudecken, dazu. Tu den Deckel auf den Topf und lass es eine Stunde lang kochen. Rühr dabei ab und zu um und füge etwas Wasser hinzu, wenn nötig.
4. Mit Reis oder Teigtaschen servieren. Optional mit einem Klacks Sour Cream versehen.

Für 4-6 Personen, schmeckt noch besser am nächsten Tag und lässt sich gut einfrieren.

### *Székely Kaposzta oder Székely Goulasch*

Ungarn hat wahrscheinlich mehr Gerichte mit Kohl als jedes andere Land. Ungarische Rezepte spezifizieren nur selten, ob es sich bei der benötigten Zutat um Kohl oder das beliebtere Sauerkraut handelt, weil sie davon ausgehen, dass der Leser dies wissen sollte (ein wenig wie in der Barockmusik).

3 Dosen Sauerkraut (deutsches, wenn möglich)  
30-40 g Pflanzenöl  
2 große Zwiebeln, *gehackt*

4 reife Tomaten, *gehackt*
*oder* 2 Behälter süße, Kirschtomaten, *halbiert*
Jeweils 1 rote, grüne und gelbe Paprika, *in Stücke geschnitten*
2-3 Esslöffel ungarisches Paprikapulver
2 Esslöffel Knoblauch (oder je nach Geschmack mehr)
Ein paar Lorbeerblätter
Salz und Pfeffer nach Geschmack
(Optional: Kümmel)
1/4 l Wasser oder Tomatensaft
Etwa 1,5 kg geschnittenes Rindfleisch für Eintopf (Nichtjuden könnten auch Schweinefleisch nehmen)

(Manchmal gebe ich ein geräuchertes Truthahnbein dazu, schneide das Fleisch vom Knochen, sobald es durch ist, und tue es zurück in den Eintopf für den rauchigen Geschmack. Nichtjuden könnten dasselbe mit einer geräucherten Schweinshaxe machen.)
Behälter Sour Cream (für Nichtjuden oder nichtkoschere Köche)

Zubereitung:

1. Spüle das Sauerkraut mehrere Minuten lang mit kaltem Wasser ab (um den sauren Geschmack zu reduzieren). Trockne es gut und wringe verbliebenes Wasser aus.
2. Erhitze das Öl in einem großen Schmortopf. Füge die Zwiebeln hinzu und brate sie an, bis sie braun sind.
3. Gib die Paprika- und Tomatenstücke hinzu und brate alles weitere 5 Minuten lang an. Rühr regelmäßig um.
4. Nimm den Topf vom Herd, füge Paprikapulver und Knoblauch hinzu und rühr sorgfältig um.
5. Gib das Fleisch und das Wasser (oder Tomatensaft) dazu, bis das Fleisch gerade bedeckt ist. Rühr um und füge die anderen Gewürze hinzu. Tu den Deckel auf den

Topf und lass das Ganze für 2 Stunden auf niedriger Hitze köcheln. Rühr ab und zu um.
6. Füge das Sauerkraut hinzu und würze nach Belieben. Gut umrühren bis das Sauerkraut von der Sauce bedeckt ist.
7. Brate das Ganze für eine weitere Stunde und rühr regelmäßig um, damit das Sauerkraut nicht festklebt. Wenn es anfängt am Topfboden zu kleben, füge mehr Wasser hinzu.
8. Nimm den geräucherten Truthahn aus dem Topf, schneide das Fleisch vom Knochen und gebe das Fleisch zurück in den Topf.
9. Mit Reis oder Quinoa servieren und (solange du nicht koscher kochst) einen üppigen Klacks Sour Cream hinzugeben.

Das Gericht schmeckt noch besser am Tag danach und lässt sich gut einfrieren. Wenn man vor hat, es einzufrieren, sollte man die Sour Cream weglassen.

*Häftlings-Personal-Karte von meinem Großvater Nándor aus dem Lager Weimar - Buchenwald. Oben rechts steht die Häftlingsnummer meines Großvaters—97-587—dieselbe Nummer, wie auf dem Buchenwald-Ausweisdokument mit dem Foto meines Vaters. Links stehen die persönlichen Details: Name, Geburtsdatum, Adresse, Einweisungsdatum (19. November 1944). Rechts werden physische Details und Sprachkenntnisse beschrieben. Unten ist das Dokument mit einem Stempel versehen: „Von der US-Armee befreit".*

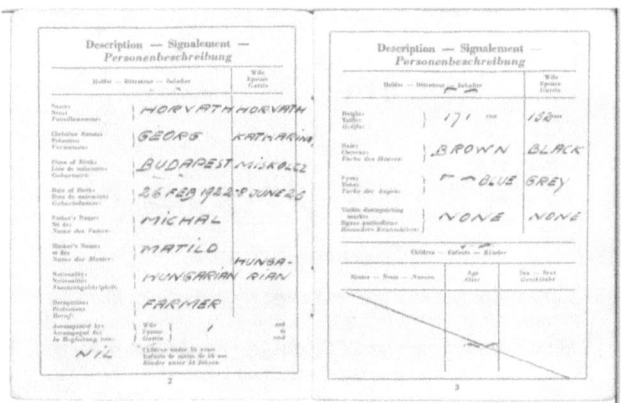

*Visum auf dem mein Vater als Bauer ausgewiesen ist.*

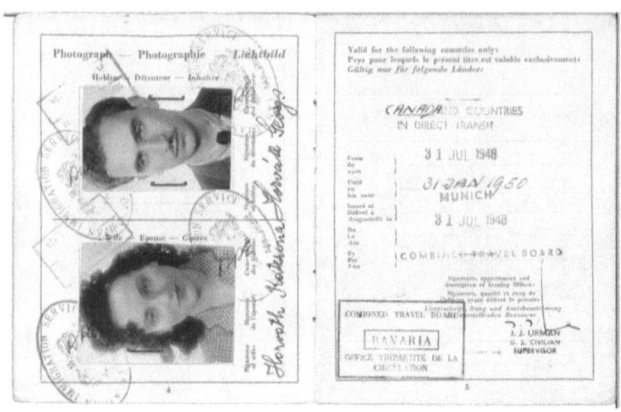

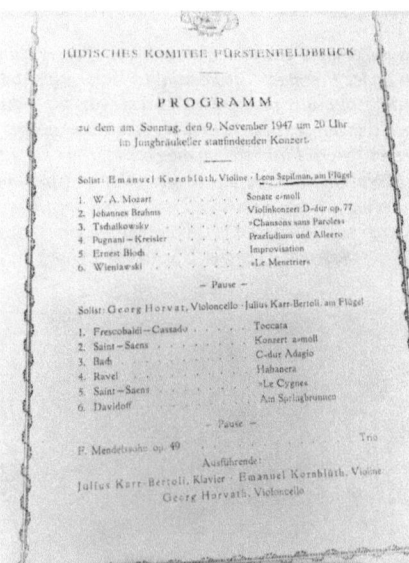

*Die vielen Auftritte meines Vaters.* November 1947: Jüdisches Komitee Fürstenfeldbruck (eine Stadt westlich von München). Der Pianist Leo Szpilman war ein Cousin des Protagonisten in dem Film „Der Pianist" von Roman Polanski.

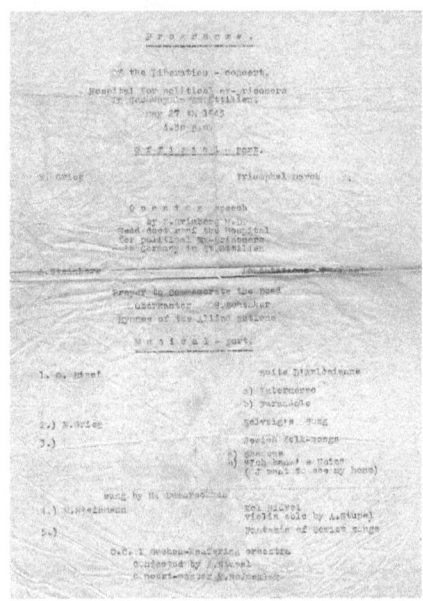

***Programm des Befreiungskonzerts am 27. Mai 1945.*** Kol Nidrei war Teil dieses ersten Auftritts des St. Ottilien Orchesters. Das Dokument wurde netterweise von Dr. Robert Hilliard und Cyrill Schaefer zur Verfügung gestellt (siehe dphospital-ottilien.org).

*Die handgeschriebenen Schilderungen meines Vaters.*

# ÜBER DIE AUTORIN

**Janet Horvath** ist eine professionelle klassische Musikerin, Rednerin und Autorin. Sie war die Stellvertretende Solocellistin des Minnesota Orchesters von 1980 bis 2012. Mit Kammermusik und als Solistin im Symphonieorchester ist sie in ganz Amerika, Kanada und Europa aufgetreten. Außerdem war sie zu Gast in Podcasts, im Fernsehen und im Radio, unter anderem auf den Sendern BBC, CBC und NPR.

Als beitragende Autorin für das Online-Magazin Interlude. HK hat sie über dreihundertfünfzig Artikel über klassische Musik und Musiker/innen verfasst. Von ihr geschriebene Essays sind in nationalen Zeitungen wie der *New York Times*, *The Atlantic*, *The Minneapolis Star Tribune* und den internationalen Musikpublikationen *Musical America*, *Chamber Music America*, *Strings Magazine*, *The Brass Herald* und *Strad Magazine* erschienen.

Sie ist die Autorin des preisgekrönten Buches *Playing (Less) Hurt—An Injury Prevention Guide for Musicians* und hat mit

Instrumentalist/innen an einer holistischen Herangehensweise an die musikalische Schaffung gearbeitet. Als Pionierin sowie Autorität in Sachen medizinischer Probleme von Musiker/innen und leidenschaftliche Unterstützerin der Künste ist Janet sowohl unter Amateuren als auch professionellen Musikern, unter Lehrer/innen, Schüler/innen und Gesundheitspersonal bekannt. Ihre Meisterklassen und Seminare wurde von Orchestern wie der San Francisco Symphony, Utah Symphony, Indianapolis Symphony und Boston Symphony sowie auf Universitäten, Konservatorien und Konferenzen im ganzen Land als großartig bezeichnet.

Durch ihre geschriebenen und gesprochenen Worte und musikalischen Auftritte regt Janet zu versöhnlichen und heilenden Gesprächen an, spendet spirituellen Trost und erkundet die lebensbringenden Kräfte der Musik. In unserer sich so schnell bewegenden Medienlandschaft wimmelt es, trotz der Bemühungen so vieler Menschen, noch immer von Unsicherheit und Uneinigkeit. Janet hofft sich den Konsequenzen der Intoleranz entgegenstellen zu können und versucht produktive Konversationen über Ungleichheit und die Gräuel des Rassismus in Gang zu bringen.

Frau Horvath hat einen Master-Abschluss in Musikdarbietung von der Indiana University und einen MFA im Kreativen Schreiben von der Hamline University in St. Paul, Minnesota.

Ihre Artikel zum Thema klassische Musik erscheinen auf interlude.hk. Mehr Informationen zur Autorin und ihrem Schaffen können auf ihrer Webseite janethorvath.com gefunden werden.

# AMSTERDAM PUBLISHERS HOLOCAUST BIBLIOTHEK

Die Reihe **Holocaust Überlebende erzählen** besteht aus den folgenden Geschichten von Überlebenden:

*Holocaust Erinnerungen von Hank Brodt: Eine Kerze und ein Versprechen, von Deborah Donnelly*

Wie wird der vierzehnjährige Junge die Grausamkeiten auf sich alleingestellt überleben und seine Menschlichkeit behalten können?

Diese schockierenden Erinnerungen des Holocaust-Überlebenden Hank Brodt (1925-2020) zeigen persönliche Einblicke in die innere Welt eines Jungen unter der Herrschaft des Nazi-Regimes. Sie offenbaren fürchterliche Wahrheiten auf ehrliche und sachliche Art und Weise.

Hank Brodt durchlebte eine der dunkelsten Abschnitte in der Menschheitsgeschichte: Er überlebte den Zweiten Weltkrieg. In eine arme Familie in Boryslaw (Polen) hineingeboren, wurde er in ein Waisenhaus gegeben. Hanks Kindheit zerbricht, als die Nazis Polen gewaltsam an sich reißen. In den darauffolgenden Jahren kämpft er täglich um sein Überleben und mit dem Verlust seiner gesamten Familie. Seine Welt bestand aus stillem Widerstand, unsichtbaren Tränen und stillen Schreien, während er Arbeitslager und Konzentrationslager durchquerte, darunter eines, welches aus Schindlers Liste bekannt ist.

Es ist schwer vorstellbar, dass jemand, der solch schreckliche Ereignisse mitmachen musste, weiterleben und ein Leben in Dankbarkeit leben konnte- und das bis heute. Mithilfe seines standhaften Mitgefühls für andere, gelang es Brodt, seine Menschlichkeit zu behalten und weitermachen zu können.

Hank Brodts Holocaust-Memoire ist eine notwendige Erinnerung an eine der schlimmsten Zeiten in der Menschheitsgeschichte.

*Rette meine Kinder: Vom Überleben und einem unwahrscheinlichen Helden, von Leon Kleiner und Edwin Stepp*

Ein jüdischer Junge und seine Geschwister fliehen einer von Hass zerstörten Welt. Ein berüchtigter, brutaler Antisemit, der Juden jagt. Wieso riskiert dieser Mörder sein Leben, um das der Kinder zu retten?

Ein Elfjähriger und seine Geschwister kämpfen nach dem Einmarsch der Nazis in Polen um ihr Überleben. Wieder und wieder gelingt es ihnen, dem sicheren Tode zu entkommen, als die mörderischen Faschisten versuchen, ihre Heimatstadt Tluste für judenrein zu erklären. Doch es scheint, das Glück habe sie verlassen, als die Deutschen den Befehl geben, ihr Arbeitslager zu liquidieren.

Unerwartete Hilfe kommt von Timush, einem Mann, der für seine abscheulichen Taten gegen Juden bekannt ist. Nachdem er den Ruf ihrer Mutter: „Rette meine Kinder!" vernimmt, als sie zu ihrer Hinrichtung marschiert wird, setzt Timush alles daran, das Leben der Kinder zu retten und wenn es das eigene Leben ist.

*Rette Meine Kinder* ist eine wahre Geschichte über die Verwandlung eines Mannes, der einst von Hass und Gewalt getrieben war. Dieser Mann erbringt das höchste Opfer, um jene zu retten, die er einst töten wollte.

Gewinner der International Impact Book Awards 2011 in der Kategorie Life Experiences.

*Aufschrei gegen das Vergessen: Erinnerungen an den Holocaust, von Manny Steinberg*

Manny Steinberg (1925-2015) verbrachte seine Jugendzeit in den Konzentrationslagern Auschwitz, Vaihingen an der Enz und Dachau. Steinberg war insgesamt sechs Jahre in diesen Konzentrationslagern interniert und nahm sich nach seiner Befreiung vor, seine Autobiographie *Aufschrei gegen das Vergessen. Erinnerungen an den Holocaust* zu schreiben. Damit erfüllte er sich ein selbst auferlegtes Versprechen. Es dauerte zehn Jahre, bis er seine Lebensgeschichte zu Papier gebracht hatte und jetzt wird "Aufschrei gegen das Vergessen" von so vielen Lesern auf der ganzen Welt gelesen. Es erfüllt den Autor mit Dankbarkeit, dass seine Stimme gehört wird. Steinberg wollte Deutschland nie wieder besuchen, änderte aber jüngst seine Meinung im April 2015.

Der 90-jährige wurde mit weiteren sieben Überlebenden eingeladen, um an der Gedenkfeier zur 70-jährigen Befreiung des Konzentrationslagers Vaihingen an der Enz beizuwohnen, dem letzten Konzentrationslager, in dem Steinberg inhaftiert war. Begleitet wurde er auf dem für ihn sehr bewegenden Besuch von seiner Familie und von Freunden. Er besuchte mit ihnen auch das Konzentrationslager Dachau.

Steinbergs Lebensgeschichte umfasst das Wunder, wie ein Mann dazu bestimmt war zu überleben. Das Buch ist einerseits zwangsläufig ein Bericht menschlicher Grausamkeit, andererseits ein Zeugnis der Kraft von Liebe und Hoffnung. Durch die Veröffentlichung seiner Holocausterinnerungen wollte der Autor sicherstellen, dass auf der Welt niemals vergessen wird, was sich während des Zweiten Weltkriegs ereignete. Steinberg's eindrücklich geschilderte Erinnerungen gewähren historische Einblicke und beeindrucken als Plädoyer für Gerechtigkeit und Menschlichkeit in jeder Generation!

„Es vergeht kein Tag, an dem ich nicht an meine Kindheit oder an meine Familie denke, aber so lange es mir erlaubt ist, auf dieser Erde zu sein, wache ich jeden Morgen mit dem Gefühl von Glück und Segen auf."

"Als die deutschen Soldaten die Menschen töteten, die ich liebte, erkannte ich, dass mein Lebenszweck nicht bloß darin bestand auf der Welt zu sein, sondern zu leben."

*Tote Jahre: Eine jüdische Leidensgeschichte, von Joseph Schupack*

Vierzig Jahre danach erinnert sich ein in Polen aufgewachsener Jude an die Jahre der Verfolgung. Er beschreibt das Leben in Radzyn, einer typisch jüdischen Shtetl-Gemeinschaft im damaligen polnischen Generalgouvernement, dem Vorhof von Treblinka, Majdanek und Auschwitz, und dann den Untergang dieser Welt, wie er ihn, gerade 17 geworden, erlebt hat: mit zunehmenden Schikanen, ständiger Bedrohung, Grausamkeiten und nackter Gewalt; mit der Verschleppung und Ermordung der Geschwister, Eltern, Freunde; mit der Ausrottung einer ganzen Volksgemeinschaft.

Er beschreibt den eigenen Leidensweg und den verzweifelten Kampf ums Überleben, seine Erlebnisse in den Ghettos, in Majdanek, Auschwitz und anderen Konzentrationslagern wie Dora-Nordhausen und Bergen-Belsen. Er beschreibt seine Begegnungen mit Leidensgenossen, Kindern und Erwachsene, Gläubigen und Ungläubigen, Mutigen und Müdegewordenen, Hungrigen, Kranken, Erniedrigten. Es sind die Stimmen der Opfer, die er zu Gehör bringt. Das macht diesen nüchternen, um Wahrheit bemühten Bericht zur eindringlichen Anklage gegen den Wahnsinn des Antisemitismus.

"Ein unbeschreibliches Zeugnis der Grausamkeit, welches tiefe und ungeschönte Einblicke in die Abgründe des unmenschlichen Leidens und Sterbens in der Hölle zulässt."

*Holocaust Memoiren einer Bergen-Belsen Überlebenden.*
*Klassenkameradin von Anne Frank, von Nanette Blitz Konig*

# Ein Denkmal zu Ehren des unverwüstlichen menschlichen Geistes

In diesen eindrücklichen Holocaust Memoiren schildert Nanette Blitz Konig ihre erstaunliche Überlebensgeschichte vom Zweiten Weltkrieg, während dem ihre Familie und Millionen andere Juden von den Nazis inhaftiert wurden und in hoffnungsloser Gefangenschaft lebten. Nanette ging auf das Joods Lyceum (jüdische Schule) in Amsterdam und war eine Klassenkameradin von Anne Frank. Sie sahen sich in Bergen-Belsen wieder, kurz bevor Anne starb. Während dieser emotionalen Treffen erzählte Anne, wie sich ihre Familie in einem Hinterhaus versteckte, von der Deportation, von ihrer Zeit in Auschwitz und von dem Plan ihr Tagebuch nach dem Krieg zu veröffentlichen. Diese ehrliche Geschichte vom Zweiten Weltkrieg beschreibt den durchgehenden Kampf ums Überleben, unter den brutalen, von den Nazis auferlegten, Bedingungen im Konzentrationslager. Darauf folgt Nanettes langer Weg zur Genesung nach dem Krieg und ihr harter Kampf gegen die Auswirkungen von Hunger und Krankheit. Sie erzählt davon, wie sie sich Stück für Stück ein neues Leben aufbaute, heiratete und eine Familie gründete.

Preisgekrönte Autorin und Holocaust-Überlebende Nanette Blitz Konig (geboren im Jahr 1929) ist dreifache Mutter, sechsfache Großmutter und vierfache Urgroßmutter. Sie lebt in der brasilianischen Stadt São Paulo.

**Ihre Holocaust Memoiren sprechen im Namen jener Millionen von Menschen, die ihrer Stimme für immer beraubt wurden.**

*Liebesgrüße aus Auschwitz : Die inspirierende Geschichte des Überlebens, der Hingabe und des Triumphs zweier Schwestern Erzählt von Manci Grunberger Beran, von Daniel Seymour*

Mukačevo in der Tschechoslowakei. Zwei junge Mädchen, Manci und Ruth Grunberger, wachsen zusammen mit ihren sechs Geschwistern in einer liebevollen, jüdischen Familie am Fuße der Karpaten auf, eine friedliche Region, bis sie von Ungarn im Jahr 1938 annektiert wird.

Sowie der Zweite Weltkrieg über Europa hinwegfegt, rückt das Territorium immer mehr in den Fokus der Nazi-Endlösung. Familie Grunberger wird nach Auschwitz deportiert, wo Josef Mengele darüber entscheidet, wer lebt und wer stirbt. Manci und Ruth verlieren ihren Vater, ihre Mutter und alle sechs Geschwister an die Gaskammern.

Die beiden Schwestern überleben sieben Monate in Auschwitz und einen fünfmonatigen Todesmarsch durch die Sudeten unter der Aufsicht von brutalen SS-Wachen, bevor sie nahe der dänischen Grenze gerettet werden. Verwandte aus Philadelphia hören von ihrem Überleben und kurz darauf sind Manci und Ruth unter den ersten Flüchtenden des Holocaust, die in die Vereinigten Staaten auswandern.

Aus diesen traumatischen Anfängen erblühen zwei erfüllte Leben. Die Schwestern haben unterschiedliche Werte, Interessen und Bewältigungsmethoden und doch wird das persönliche Band zwischen den beiden—die selbstlose, bedingungslose Liebe zueinander—über die Jahre hinweg nur noch stärker.

Ihre einzelnen Memoiren—erzählt in der ersten Person und begleitet von historischem Kontext—kommen zusammen, um ein erstaunliches Bild von Widerstandsfähigkeit und Überlebenswillen zu erschaffen. Ein Triumph des menschlichen Geistes, der sich über neun Jahrzehnte erstreckt.

*Holocaust Erinnerungen: Vernichtung und Überleben in der Slowakei, von Paul Davidovits*

Diese Holocaust Memoiren begannen mit einem Fotoalbum, einem der wenigen Familienbesitztümer, die den Zweiten Weltkrieg überlebten. Nach dem Tod seiner Mutter ging das Album in den Besitz von Paul Davidovits über, dem bewusst wurde, dass er die einzig noch lebende Person war, die sich noch an die Menschen auf den Fotos, an ihre Beziehungen zueinander und an ihre Lebenswege erinnern konnte.

Davidovits erzählt nun die Geschichten der Bewohner seiner verlorenen Welt und führt uns durch seine Kindheit. Er schildert nicht nur eindrucksvoll den erschütternden und traumatischen historischen Verlauf, sondern schwelgt auch in den ergreifenden Momenten, die geprägt sind von Liebe, Mut, Großzügigkeit und Humor.

Davidovits' Geschichten sind einzigartig und fein geschliffen. Obwohl seine Memoiren persönlich sind, schwingt in seinen lebhaften Beschreibungen des Überlebens und des menschlichen Geistes, im Angesicht von Unmenschlichkeit und scheinbar unüberwindbaren Hindernissen, etwas Universelles mit, das für jede kommende Generation relevant bleiben wird.

*Mein Marsch durch die Hölle. Die erschreckende
Überlebensgeschichte eines jungen Mädchens, von Halina Kleiner
und Edwin Stepp*

Ein junges Mädchen ist plötzlich auf der Flucht vor den Nazis in ihrer Heimatstadt in Polen. Nachdem sie eine Aktion überlebte, mit der Czestochowa vollständig judenrein gemacht werden sollte, versuchen sie und ihr Vater in den späten Nachtstunden zurück nach Hause zu gelangen.

Als sie von einem Polizisten angesprochen werden, läuft Halina unerklärlicherweise von ihrem Vater weg und beginnt ihren langen Weg des Überlebens. Als sie es leid ist zu fliehen, meldet sie sich freiwillig für ein Arbeitslager. Diese Entscheidung verschafft ihr etwas Zeit, denn die Deutschen benötigen dringend Arbeitskräfte für die Kriegsanstrengungen. Halina arbeitet vom Herbst 1943 bis Januar 1945 in drei verschiedenen Lagern. Zunächst sind die Lager erträglich, auch wenn die Häftlinge hart arbeiten müssen und nur wenig zu essen bekommen. Aber mit der sich anbahnenden Kriegsniederlage der Deutschen verschlechtern sich auch die Bedingungen. Die Juden werden von Krankheiten heimgesucht und ihre Peiniger werden immer grausamer.

Als klar wird, dass der Krieg verloren ist, räumt die SS die Lager und schickt über 2.000 Frauen auf einen vier Monate langen Marsch, bei dem die Häftlinge in einem der kältesten Winter

Europas über 800 Kilometer zurücklegen. Halina war eine von nur etwa 300 Frauen, die den Todesmarsch von Volary überlebten, und entschloss sich schließlich dazu, ihre höllische Überlebensgeschichte zu Papier zu bringen.

*Das Cello singt noch immer. Eine generationsübergreifende Geschichte vom Holocaust und der transformativen Macht der Musik, von Janet Horvath*

Eine gewaltige Geschichte von drei Generationen im Schatten des Holocaust. „Das Cello singt noch immer" ist die mitreißende, bewegende und wahre Darstellung einer persönlichen Entdeckungsreise durch die Vergangenheit. Als Kind leidet Janet unter der bedrückenden Stille um die Erfahrungen ihrer Eltern. George und Katherine, zwei professionelle Musiker und Überlebende des Holocaust, haben ihre Erinnerungen aus dem Zweiten Weltkrieg begraben, damit sie selbst leben können. Nur in der Musik drücken sich ihre versteckten Emotionen aus.

Nach fünf Jahrzehnten der Geheimnisse fällt Janet plötzlich eine Offenbarung in den Schoß und sie beginnt den schweren Weg zur Erkundung ihres schrecklichen Erbes. Sie erfährt, dass ihr Vater nach dem Krieg mit einem zwanzigköpfigen Orchester aus ehemaligen Konzentrationslagerinsassen in ganz Bayern aufgetreten war. Obwohl Janet selbst Cellistin geworden ist, hatte ihr Vater bis dahin nie davon erzählt. Zwei dieser Konzerte wurden im Jahr 1948 von dem legendären amerikanischen Maestro Leonard Bernstein dirigiert.

Janets Vater hatte mehr Glück als die meisten. Er wurde zur Zwangsarbeit in den Kupferminen von Bor ausgesucht und entging somit der Deportation in ein Vernichtungslager. Im Arbeitslager erhielt er ein Paar Handschuhe von einer Nazi-Wache, die der Musik besonders zugetan war, damit er seine Cello spielenden Hände schützen konnte.

Janets Memoiren sind ergreifend und erleuchtend. Durch eine Prise Humor und Anekdoten, die nur so vor Leben sprühen, verwebt sie die Leben ihrer Eltern mit dem ihren und fängt die Intensität ihrer Lebenserfahrungen authentisch ein. Die tiefliegenden Wunden der Familie werden durch die heilende Kraft der Musik geschlossen und ihre musikalische Schaffung verbindet Menschen von Generation zu Generation.

**Werden Sie Mitglied im AP Review Teams**

Rezensionen sind in einer Welt, die von den sozialen Medien beherrscht wird, sehr wichtig. Das Feedback zu Holocaust-Büchern ist mehr als nur eine Kundenrezension; es zeigt auch die Relevanz und Bedeutung solcher Bücher für die heutige Gesellschaft.

Bitte besuchen Sie die Webseite AmsterdamPublishers.com (oben auf der Seite), wenn Sie dem AP-Rezensionsteam beitreten und mindestens eine Rezension auf Amazon für eines unserer Bücher abgeben möchten. Sie werden über Neuerscheinungen informiert und erhalten die Möglichkeit, zu lesen und zu rezensieren.

# ANMERKUNGEN

### 1. Ein Konzert mit Leonard Bernstein im Mai 1948

1. Aus einem Artikel von Masha Leon für „The Forward".

### 8. Eichmann in Budapest, Eine Geschichte von Monstern getarnt als Menschen

1. yellowstarhouses.org
2. ushmm.org
3. Auf Englisch wurde der vollständige Bericht erst im November 1944 publiziert.
4. Es herrschten erbitterte Debatten über das Ausmaß der Nazi-Tötungsmaschinerie und das ethische Dilemma eines Bombardements. Was wenn man auch die Insassen getroffen hätte? Außerdem hätte ein Bombenangriff Mitte Juli nicht die etwa 310.000 ungarischen Juden gerettet, welche die Deutschen zwischen dem 15. Mai und 11. Juli 1944 ermordeten. [ushmm.org; Brittanica.com]

### 15. Die Angst vorm wachsenden Antisemitismus

1. 2018 stieg die Zahl auf 1.020.
2. In Kalifornien gibt es 79 Gruppen.
3. Southern Poverty Law Center Hatewatch, Mai 2017.

www.ingramcontent.com/pod-product-compliance
Lightning Source LLC
LaVergne TN
LVHW041223080526
838199LV00083B/2157